Schriftenreihe der Arbeitsgemeinschaft
für Friedens- und Konfliktforschung e. V. (AFK)

herausgegeben im Auftrag
des Vorstandes der AFK

Band XVI

Bernhard Moltmann/Eva Senghaas-Knobloch (Hrsg.)

Konflikte in der Weltgesellschaft und Friedensstrategien

Mit Beiträgen von:

Hanne-Margret Birckenbach-Wellmann, Manfred Efinger,
Heinz Gärtner, Bettina Girgensohn-Marchand, Peter Heitkämper,
Karl Holl, Otto Kimminich, Helmut König,
Arnold Köpcke-Duttler, Martin List, Bernhard Moltmann,
Renate Mulzer-Grasse, Dieter Riesenberger, Volker Rittberger,
Christiane Rix, Eva Senghaas-Knobloch, Kurt P. Tudyka,
Birgit Volmerg, Hermann Weber, Wolfram Wette,
Klaus Dieter Wolf und Michael Zürn

 Nomos Verlagsgesellschaft
Baden-Baden

CIP-Titelaufnahme der Deutschen Bibliothek

Konflikte in der Weltgesellschaft und Friedensstrategien / Bernhard Moltmann; Eva Senghaas-Knobloch (Hrsg.). Mit Beitr. von Hanne-Margret Birckenbach-Wellmann . . . – 1. Aufl. – Baden-Baden: Nomos Verl.-Ges., 1989
  (Schriftenreihe der Arbeitsgemeinschaft für Friedens- und
  Konliktforschung e.V., AFK; Bd. 16)
  ISBN 3-7890-1866-X
NE: Moltmann, Bernhard [Hrsg.]; Birckenbach-Wellmann, Hanne-Margret [Mitverf.]; Arbeitsgemeinschaft für Friedens- und Konfliktforschung: Schriftenreihe der Arbeitsgemeinschaft . . .

1. Auflage 1989
© Nomos Verlagsgesellschaft, Baden-Baden 1989. Printed in Germany. Alle Rechte, auch die des Nachdrucks von Auszügen, der photomechanischen Wiedergabe und der Übersetzung, vorbehalten.

INHALTSVERZEICHNIS

Vorwort   7

I. Einleitung

Bernhard Moltmann und Eva Senghaas-Knobloch   11
Chancen des Friedens in der Weltgesellschaft

II. Weltgesellschaft: Idee und Realität

Martin List   29
Was heißt "Weltgesellschaft"?
Versuch einer Bestimmung des Begriffs für den interdisziplinären Gebrauch

Kurt P.Tudyka   63
Weltgesellschaft - Unbegriff und Phantom

III. Konfliktformationen in der Weltgesellschaft

Heinz Gärtner   71
Internationale Konflikte.
Ein Überblick über Theorien und Befunde

Wolfram Wette   100
Konfliktforschung und Geschichtswissenschaft

Hermann Weber   108
Die Kategorie des Staates in der Analyse internationaler Konflikte.
Ein Diskussionsbeitrag aus völkerrechtlicher Sicht

Bettina Girgensohn-Marchand   113
Sozialpsychologische Anmerkungen zur Konfliktthematik

Arnold Köpcke-Duttler   121
Von der Friedenspädagogik zur transkulturellen Bildung.
Gedanken zu einer solidarischen Weltgesellschaft

IV. Ansätze für Friedensstrategien

Karl Holl   129
Selbstverständnis und Programmatiken der Friedensbewegungen und des Pazifismus in historisch-vergleichender Sicht

Otto Kimminich 151
Zur Bedeutung des Völkerrechts für die Streitschlichtung
in der Weltgesellschaft

Christiane Rix 172
Völkerrechtliche Ansätze aus politikwissenschaftlicher
Sicht - ein Kommentar

Volker Rittberger 183
Frieden durch Assoziation und Integration?
Anmerkungen zum Stand der Forschung über Internationale Organisationen und Regime

Klaus Dieter Wolf 206
"Gerechter Frieden" durch internationale Regime?

Manfred Efinger und Michael Zürn 224
Umweltschutz und Ost-West-Konfliktformation. Zur Bedeutung problem- und situationsstruktureller Faktoren für die Entstehung internationaler Regime

Dieter Riesenberger 243
Politikwissenschaftliche Ansätze aus geschichtswissenschaftlicher Sicht - ein Kommentar

V. Friedenspolitisches Handeln und Subjektivität

Helmut König 251
Zivilisation, Staat und Sicherheit

Hanne-Margret Birckenbach 271
Weder Fluch noch Segen.
Thesen zur Ambivalenz des Zivilisationsprozesses

Peter Heitkämper 283
Friedenspädagogik, friedenspolitisches Handeln und Subjektivität

Renate Mulzer 301
Sozialpsychologische Ansätze aus friedenspädagogischer
Sicht - ein Kommentar

Birgit Volmerg 305
Friedenspädagogische Ansätze aus sozialpsychologischer
Sicht - ein Kommentar

Verzeichnis der Autorinnen und Autoren 311

Über die Arbeitsgemeinschaft für Friedens- und Konfliktforschung (AFK) 313

Vorwort

Astronauten, die von einem Aufenthalt im All auf die Erde zurückkehren, berichten übereinstimmend von einem Gefühl großer Liebe zu diesem Planeten, den sie aus der Ferne im Universum als klein, aber sehr schön erlebt haben. Man mag diese Äußerungen als sentimental beiseite schieben, sie erhalten aber ihren Wert, wenn man sie als Zeugnis einer "von außen" erlebten Einheit dieser Erde als Welt auffaßt. Gleichzeitig aber ist der von Menschen bewohnte Globus in verschiedene "Welten" zerrissen, die sich durch ihre Aussichten, Frieden und Wohlergehen zu erlangen, erheblich voneinander unterscheiden. Die einen haben viele Möglichkeiten, die anderen haben wenige oder keine. Die einen bauen ihr Potential immer weiter aus, die anderen sehen sich ihrer Lebens- und Überlebensbedingungen beraubt.

Die wissenschaftliche Diskussion hat sich seit über zwanzig Jahren mit der Spannung zwischen Einheit und Zerrissenheit auf der Erde beschäftigt, nicht zuletzt aufgerüttelt durch die Berichte und Studien internationaler Expertengruppen, die unter Titeln wie "Grenzen des Wachstums", "Das Globale Gleichgewicht", "Global 2000" oder "Unsere gemeinsame Zukunft" erschienen sind und eine erhebliche Resonanz gefunden haben. Auch der Aufschwung der Friedens- und Konfliktforschung seit den 60-er Jahren stützte sich auf die zunehmende Einsicht in die weltweit wirksamen Bedrohungen für Sicherheit und Leben der Menschen, die es offensichtlich erforderlich machen, ihnen mit neuen, gemessen an bisheriger Politik "unkonventionellen" Ansätzen zu begegnen. Der Problemdruck ist seitdem nicht geringer geworden, aber die analytische Beschäftigung damit hat sich mittlerweile ausdifferenziert und auf viele verschiedene Foren auch außerhalb des Wissenschaftsbereichs verlagert. Heißt das, die Engagierten in der wissenschaftlichen Erforschung des Friedens hätten sich auf die bekannten und anerkannten Problemfelder zurückgezogen und das Interesse an übergreifenden Fragestellungen verloren?

Herauszufinden, ob dem tatsächlich so ist, und zu fragen, wo die Friedensforschung derzeit angesichts der skizzierten Situation steht, war für die Arbeitsgemeinschaft für Friedens- und Konfliktforschung (AFK), der wissenschaftlichen Vereinigung der Friedensforscherinnen und -forscher in der Bundesrepublik Deutschland, Anlaß, ein wissenschaftliches Kolloquium zu organisieren, das mit dem Thema "Konflikte in der Weltgesellschaft und Friedensstrategien" vom 19. bis

21. Februar 1988 in der Theodor-Heuss-Akademie in Gummersbach stattfand.Um den fachübergreifenden Dialog zu diesen Fragen zu befördern, bedurfte es allerdings einiger Vorkehrungen bei der Gestaltung des Programms. Den Vorträgen zu Weltgesellschaft und Konfliktformationen von Vertretern der Politikwissenschaft - als einer Disziplin mit ursprünglich selbst integrativem Anspruch - folgten Anfragen und Thesen von seiten der Geschichtswissenschaft, der Völkerrechtswissenschaft, der Sozialpsychologie und der Pädagogik, die von je her die Arbeiten der Friedens- und Konfliktforschung mitgestaltet haben. In der zweiten Runde kamen diese Disziplinen dann mit ihren eigenständigen Ansätzen zu Problemen der Konfliktverarbeitung im Sinne von Kriegsverhütung und Gewaltminderung zu Wort. Und in einer Schlußrunde schließlich wurde der Versuch gemacht, nochmals spezifisch einzelwissenschaftliche Ansätze und Erkenntnisse für eine gewaltüberwindende Weltgesellschaft von seiten benachbarter Disziplinen her zu kommentieren. Auf diese Weise sollte die bloße Parallelität der Päsentation von Forschungsvorhaben und Forschungsergebnissen in einen produktiven Streit und wechselseitigen Erkenntnisgewinn transformiert werden. Wenngleich Autorinnen und Autoren wie das Auditorium den Regievorstellungen für diesen interdisziplinären Dialog ein gutes Maß an Autonomie entgegensetzten, kann man doch an den Beiträgen und Diskussionen ablesen, daß Funken übergesprungen sind und eine ernsthafte, teilweise heftige Auseinandersetzung in Gang gekommen ist.

Diese Publikation legt nun die Beiträge zu dem Kolloquium vor, ergänzt durch Aufsätze, die im Anschluß daran verfaßt worden sind und die Diskussion vertiefen. Bei der Herausgabe haben wir uns entschlossen, die Aufsätze unter fünf Gesichtspunkten und Überschriften zu gruppieren. Sie mögen helfen, den Gang der Diskussion nachzuvollziehen, und anregen, den aufgenommenen Faden nicht wieder fallen zu lassen. Einen *Überblick* über die Problemstellung und den Diskussionsstand gibt der einleitende Beitrag mit dem Titel "Chancen des Friedens in der Weltgesellschaft". Das Für und Wider des Begriffes *"Weltgesellschaft"* findet seinen Niederschlag in den Aufsätzen von Martin List und Kurt P.Tudyka. Die *Analyse realer Konflikte* in weltgesellschaftlichen Zusammenhängen setzt mit dem Beitrag von Heinz Gärtner ein, der einen Überblick über die Kriegsursachen- und Konfliktforschung gibt. Wolfram Wette, Hermann Weber, Bettina Girgensohn-Marchand und Arnold Köpcke-Duttler ergänzen das politikwissenschaftliche Bild aus historischer, völkerrechtlicher, sozialpsychologischer und pädagogischer Sicht. Sie benennen eine Reihe von konfliktträchtigen Faktoren und zeigen Möglichkeiten auf, ihnen zu begegnen. Wie Friedensstrategien aussehen könnten und in welchem Verhältnis diese zur normativen Ausrichtung auf den Frieden stehen, wird unter der Überschrift *"Ansätze für Friedensstrategien"* aus der Perspektive der Geschichtswissenschaft (Karl Holl), des Völkerrechtes (Otto Kimminich) und der Politikwissenschaft (Volker Rittberger, Klaus Dieter Wolf, Manfred Efinger und Michael Zürn) entwickelt. Die interdisziplinäre Diskussion nehmen Christiane Rix als Politologin und Dieter Riesenberger als Historiker auf. Christiane Rix setzt sich mit dem völkerrechtlichen, Dieter Riesenberger mit dem politikwissenschaftlichen Zugang auseinander. Unter dem Zwischentitel *"Friedenspolitisches Handeln und Subjektivität"* sind die Beiträge versammelt, in denen die individuellen Handlungsperspektiven im Kontext der weltgesellschaftlichen Entwicklung herausgearbeitet werden. Für Helmut König und Hanne-Margret Birckenbach bietet die Auseinandersetzung mit Theorien über den Zivilisationsprozeß eine Möglichkeit, Beziehungen zwischen Problemen in der Weltgesellschaft und Subjektivität zu beleuchten. Ihnen zur Seite steht der Beitrag von Peter Heitkämper über Ertrag und Desiderate der friedenspädagogischen Diskussion. Die Beiträge von Renate Mulzer und Birgit Volmerg gehen kritisch auf die verschiedenen Zugänge zur Subjektivitätsproblematik ein und entwickeln aus friedenspädagogischer und sozialpsychologischer Sicht Kriterien für den Umgang mit Problemen in der Weltgesellschaft.

Die Publikation basiert auf dem Engagement der Teilnehmerinnen und Teilnehmern am 15. wissenschaftlichen Kolloquium der AFK. Den Autorinnen und Autoren dieses Bandes danken wir für ihre Bereitschaft und Geduld, sich auf unser interdisziplinäres Publikationsprojekt einzulassen. Unser Dank gilt ferner dem Vorstand der AFK mit seinem Vorsitzenden Klaus Jürgen Gantzel, der die Veröffentlichung dieses Bandes in der Schriftenreihe der Arbeitsgemeinschaft gefördert hat, und schließlich besonders auch Gabriele Herbrig, die mit Umsicht und Interesse die Druckvorlage hergestellt hat. In der Hoffnung, daß Fragestellung und Ertrag des Buches die Friedens- und Konfliktforschung anregen, sich mit Problemen der Weltgesellschaft verstärkt auseinanderzusetzen, übergeben wir diesen Band seinen Leserinnen und Lesern.

Heidelberg und Bremen, den 15. August 1989

Bernhard Moltmann und *Eva Senghaas-Knobloch*

Bernhard Moltmann und Eva Senghaas-Knobloch

CHANCEN DES FRIEDENS IN DER WELTGESELLSCHAFT

1. Zur Themenstellung

Friedens- und Konfliktforschung ist in den 60-er Jahren als Forschungsprogramm gegen Gewalt entworfen worden, ein Forschungsprogramm, das fachübergreifende Kompetenz verlangte. Es ging darum, das Zusammenwirken von Gewaltverhalten und gewaltträchtigen Strukturen innerhalb der modernen Gesellschaften und zwischen Staaten aufzuspüren und diese Erkenntnisse einem breiten gesellschaftspolitischen Reflexionsprozeß zu erschließen. Den Anstoß zu diesem wissenschaftsinnovativen Impuls gab unter anderem die anhaltende Gefahr eines Nuklearkriegs im Zusammenhang mit dem Ost-West-Konflikt. Die Beobachtung, daß unterhalb der Glocke dieser Gewaltdrohung herkömmliche kriegerische Gewalt sowie Konfliktpotentiale auf Grund sozialer Ungerechtigkeit und uneingelöster Autonomieansprüche allgegenwärtig sind, förderte eine Differenzierung und Spezialisierung von Fragestellungen und Forschungsansätzen.

Während sich die Forschungslandschaft der Friedens- und Konfliktforschung zunehmend zerklüftete und eher durch eine Vielzahl getrennter Reviere als durch gemeinsame theoretische Perspektiven gekennzeichnet war, entwickelte sich anderenorts die Vorstellung von der *einen*, in ihrem Leben gefährdeten Welt als Anstoß für eine neue, einigende Praxis. Neben der Rüstungsdynamik zogen dabei zwei Themen besondere Aufmerksamkeit auf sich: die - weltweit gesehen - zunehmend prekäre Lage bei der Befriedigung menschlicher Grundbedürfnisse, einschließlich der Menschenrechte, und die globalen Gefährdungen der Umwelt. Unter diesen Vorzeichen wurde programmatisch die Bewußtwerdung der Menschheit in der Weltgesellschaft gefordert. Unrecht und Ungerechtigkeit, Willkür und Gewalt und die Gefährdungen der gemeinsamen natürlichen Lebensgrundlagen lassen sich nicht mehr auf Dauer vor einer aufmerksamen Öffentlichkeit verbergen.

In dieser Situation ist die Friedensforschung herausgefordert, ihre Erkenntnisse aus den verschiedenen Forschungsrichtungen und Disziplinen zusammenzutragen und sich den folgenden Fragen zu widmen:

- Weltgesellschaft :
  Um welche Zusammenhänge geht es, wenn von Weltgesellschaft die Rede ist?
  Was spricht für den Begriff, was spricht dagegen?
  Welche Konflikte lassen sich in der Weltgesellschaft identifizieren?
  Welche Anregungen kann die Konfliktforschung aus der Konzeption der Weltgesellschaft gewinnen?

- Friedensstrategien:
  Welche friedenspraktischen Vorstellungen sind implitzit oder explizit mit den verschiedenen Konfliktanalysen verbunden?
  Welche Handlungsmöglichkeiten werden mit Blick auf weltgesellschaftliche Zusammenhänge thematisiert, um gewaltvermeidend oder zumindest gewaltmindernd mit Konflikten umzugehen?

- Friedensforschung:
  Welchen Beitrag kann und soll Friedensforschung zur Analyse von Problemen in der Weltgesellschaft leisten?
  Welche Probleme ergeben sich aus einer weltgesellschaftlichen Perspektive für den notwendigen interdisziplinären Dialog?.

2. "Weltgesellschaft"

Der Begriff der Weltgesellschaft hat im Laufe seiner Geschichte nichts an Anziehungskraft verloren. Der Reiz liegt darin, Gemeinsames über Trennendes hinweg hervorzuheben. Hatte das Gemeinsame einmal die positive Konnotation von Fortschritt, Modernisierung und Entwicklung[1], so hat sich dies unter den Vorzeichen der heutigen Zeit eher in das Gegenteil gewandelt. Gegenwärtig wird eher eine globale Gefährdungsgemeinschaft auf Grund weltweit wirkender

---

[1] Diese Bedeutung schwingt beispielsweise auch in den kritischen politik-ökonomischen Ansätzen mit.Vgl. die Tutzinger Thesen zu einem Curriculum der Wissenschaft von der "Internationalen Politik", in: Krippendorff (1973), S.367.

Bedrohungen gesehen, die von Menschen ausgelöst, aber offensichtlich nicht mehr kontrolliert werden. Mit der eingestandenen Unfähigkeit, den Gefahren zu begegnen, mischt sich die Furcht, daß die Zeit ablaufen könne, ohne daß angemessene Lösungen gefunden werden. Die historische Entwicklung hat - so heißt es auch im jüngsten der großen Weltberichte[2] - ein Stadium erreicht, in dem der Zugewinn an Fortschritt in einen unkontrollierten Zuwachs an Risiken und Unsicherheiten umschlägt und eine "dauerhafte Entwicklung" verhindert. Das Stichwort einer globalen "Risikogesellschaft" - unter Aufnahme einer Formulierung von U. Beck[3] - geht um. Die Gefahren und Risiken halten sich nicht mehr an Grenzen, sondern haben weltumspannende Ausmaße erreicht. Noch in den 70-er Jahren hatte es ausgereicht, die Gegenwart als "Industriezeitalter" oder als "Atomzeitalter" zu bezeichnen, um mit dem Verweis auf die dominierenden wirtschaftlichen und militärisch-technischen Faktoren die Charakteristika der Zeit herauszuheben. Wenn nun mit dem Wortteil "Welt" ein neuer Akzent gesetzt wird, dann in der Absicht, einen neuen Denkanstoß zu geben, auf bislang wenig berücksichtigte Zusammenhänge zu verweisen und neue Handlungshorizonte aufzuzeigen.

Ein Blick auf die Enstehungsgeschichte (siehe die Hinweise von *W.Wette*[4]) von Welt-Vorstellungen lenkt die Aufmerksamkeit darauf, daß globale Konzepte zunächst in der Regel aus der Sicht der jeweiligen Weltmacht formuliert wurden, um die Reichweite ihres Herrschafts- und Machtanspruches zu beschreiben. In übertragenem Sinne kann dies auch für die Aspirationen von Religionen und Weltanschauungen gelten. Die Welt war jene, die unter der Kontrolle oder Einfluß der jeweiligen hegemonialen Macht stand. Das Bild der "einen Welt" (one world) wurde in den 40-er Jahren dieses Jahrhunderts aufgestellt, um isolationistischen Ideen, vor allem in den Vereinigten Staaten von Amerika, zu begegnen. Die Bestrebungen zur Abschottung scheinbar gesicherter Sphären gegen Einflüsse von außen haben auch heute nichts an Aktualität verloren. Nach dem 2.Weltkrieg diente der Verweis auf "Welt" dazu, Reichweite und Rahmen weltweit politisch wirksamer Friedens- und Ordnungsbemühungen, zum Beispiel der Vereinten Nationen, abzustecken. In der Tradition des Pazifismus finden sich allerdings schon zu Beginn des 20.Jahrhunderts (aufgezeigt am Beispiel des Werkes von A.H.Fried bei *K.Holl*) Überlegungen, daß die Internationalisierung der Gesellschaft auf der Basis

---
[2] Brundtland-Bericht (1987).
[3] Beck (1986).
[4] Die *kursiv* geschriebenen Namen beziehen sich auf Autorinnen und Autoren dieses Bandes.

einer mondialen Interessengemeinschaft das geeigneteste Mittel sei, den Krieg als Instrument der internationalen Politik abzuschaffen. Im Aufbau einer internationalen Rechtsgemeinschaft sah man dazu den ersten Schritt, dem dann die Gründung einer politischen Gemeinschaft folgen sollte.

Der Gebrauch des Ausdrucks "Weltgesellschaft" legt es nahe, die sozialen Beziehungen, nicht aber den Staat in den Mittelpunkt der Überlegungen zu rücken. "Versteht man die Welt als Weltgesellschaft, dann interessiert prinzipiell jeder Vorgang, jede Beziehung. Dem Modell geht es um menschliches Verhalten, um den Menschen als Ausgangspunkt" (E.-O. Czempiel, zitiert bei *M.List*). Stärke und Attraktivität des Begriffs "Weltgesellschaft" liegen im Bemühen, soziale, politische, ökonomische, ökologische und kulturelle Probleme gleichermaßen aus einer globalen, von außen nach innen gerichteten, und aus einer subjektiven, von innen nach außen gerichteten Perspektive, zu erfassen. Innen- und außenpolitische Konflikte werden zusammen reflektiert. So läßt sich ein Zusammenhang von Werten und Orientierungen einführen, die sich von vorrangig machtgebunden Positionen wie nationaler Sicherheit und Stabilität abheben. "Die globale Pespektive einzunehmen, bedeutet, politisches Handeln unter dem Gesichtspunkt aller davon Betroffenen zu analysieren"(*H.-M.Birckenbach*, siehe auch *R.Mulzer*).

Dabei steht das Konzept "Weltgesellschaft" für die wachsende inter- und intranationale Interpendenz bei gleichzeitiger Zunahme von Ungleichheit und Widersprüchlichkeit in den zwischenstaatlichen und -gesellschaftlichen Beziehungen mit ihren Hierarchien und Abhängigkeitsverhältnissen (*C.Rix*). Der Wortteil "-gesellschaft" stellt das soziale Moment mit seinen - die nationalen und staatlichen Grenzen überschreitenden und durchdringenden - Interaktionen in den Vordergrund. Der Prozeß der "Vergesellschaftung" im Sinne der Herausbildung eines arbeitsteiligen Funktionszusammenhanges und der Differenzierungen von Rollen, Verhaltensweisen, Empfindungen sowie Erwartungen von Menschen auf globaler Ebene weist über den national konstituierten politischen Rahmen hinaus (*H.-M.Birckenbach*). Heute lassen sich in globalen Dimensionen sowohl Einschränkungen von Handlungsspielräumen als auch Erweiterungen von Handlungsfreiheiten feststellen. Im Blick auf das zentrale Postulat des Friedens liegt darin die Chance, zu einer "Humanisierung" des menschlichen Zusammenlebens zu gelangen. Aber die Geschichte der pazifistischen Bewegungen zeigt auch, daß die Verwirklichung einer emanzipatorischen Idee wie die des Friedens an den Grenzen der politischen

Realität scheitern und ihre Verfechter in Ohnmacht und Resignation führen kann (*K.Holl*). Die dem Frieden verpflichteten sozialen Bewegungen haben sich nach wie vor mit der Spannung zwischen den verschiedenen Ebenen des Friedenshandelns angesichts der besonderen Kontextbedingungen in den internationalen ("zwischenstaatliche Anarchie") und den innergesellschaftlichen Beziehungen ("gesellschaftliche Friedlosigkeit") auseinanderzusetzen. Legt man den Akzent auf das eine, droht das andere, rasch aus dem Blick verloren zu gehen.

Gegen die Koppelung von "Welt" und "Gesellschaft" in einem Terminus "Weltgesellschaft" werden eine Reihe von Einwänden geltend gemacht, die vor allem bei dem Wortteil "-gesellschaft" ansetzen. Die Konjunktur des Ausdruckes "Weltgesellschaft" suggeriere eine theoretische und empirische Konsistenz, die eher Wunschdenken, denn Realität entspreche (so *K.P.Tudyka*). Zweifellos handelt es sich bei der Wortbildung "Weltgesellschaft" um eine Begriffsschöpfung, die ihre wissenschaftliche Tragfähigkeit erst noch demonstrieren muß. Dies schmälert jedoch nicht das Argument, daß es sich dabei um einen kommunikations- und zumindest arbeitsfähigen Begriff handelt, der zusammenhängende Sachverhalte, durchaus in kritischer Absicht, benennt und dabei mit seinen Assoziationen und Fragen den Horizont disziplinärer Ansätze übersteigt. Wie *M.List* zeigt, geht es dabei um "1.ökologische Zusammenhänge als Vermittler zwischenmenschlichen Einflusses; 2. Handlungszusammenhänge und deren Institutionalisierung sowie 3. kognitive und normative Vorstellungen".

Entsprechend der Mehrschichtigkeit, die den Vorstellungen von Weltgesellschaft eigen ist, muß sich die Beschäftigung mit Konflikten auf verschiedenen Ebenen bewegen. Krieg ist eine nach wie vor praktizierte, potentiell zur globalen Vernichtung fähige Konfliktform zwischen Staaten und Gesellschaften. In dieser Konfliktform kommen immer auch subjektive Faktoren zum Ausdruck, die in politischen Krisen und Entscheidungssituationen ausschlaggebend für die Entwicklung sein können. Wahrnehmungen und Urteilsbildung stehen unter dem Einfluß vielerlei kognitiver, emotionaler und motivationaler Faktoren (*B.Girgensohn-Marchand*). Dabei gibt es ein Zusammenspiel von Stimmungslagen in der breiten Bevölkerung und institutionellen sowie persönlichen Gegebenheiten auf seiten der politischen Entscheidungsträger. Mit Sicht auf die Problemzusammenhänge von "Weltgesellschaft" eröffnet sich nun aber ein Verständnis von Konfliktlagen im zwischenstaatlichen Bereich, das nicht mehr auf gewaltsam ausgetragene

Interessendivergenzen eingeengt ist. In Konflikten kommen Positionsunterschiede hinsichtlich Gegenstand und Bearbeitungsformen zum Ausdruck. Die Bearbeitungsform ist sowohl vom Typ des Problems (als Konfliktgegenstand) als auch von situationsstrukturellen Faktoren abhängig, also der Art und Weise, wie kollektive Interessen von einem Problem berührt werden (*M.Efinger/M.Zürn*). Der analytische, "mikroskopische" Blick auf diese Faktoren ist eher als der "makroskopische" Blick auf Konfliktformationen geeignet, einzelne Ansatzformen für kooperative Formen der Konfliktbearbeitung aufzuspüren.

3. Friedensstrategien

Welche Handlungsmöglichkeiten im Sinne von Friedensstrategien werden im Horizont weltgesellschaftlicher Problemstellungen und Konflikte diskutiert? Mit *H.Gärtner* lassen sich für die Ebene zwischenstaatlicher Konflikte zumindest jene politischen Konzepte und Maßnahmen unter der Bezeichnung "Friedensstrategien" zusammenfassen, die geeignet sind, die beiden großen Quellen der Kriegsgefahr - Konfliktdynamik und Rüstungsdynamik - wenn nicht aufzuheben, so doch unter gewaltmindernde Kontrolle zu bringen. In erster Linie kommt es hier darauf an, Krisensituationen so zu stabilisieren, daß die Gefahr einer militärischen Eskalation gebannt wird. In Bezug auf den Ost-West-Konflikt beispielsweise wäre der Prozeß der Entspannung zu fördern, ohne einer Aufteilung der Welt in Interessensphären zwischen den beiden Supermächten den Weg zu ebnen.

Subjektivtätsorientierte Friedensstrategien richten ihre Hoffnungen auf die Lernfähigkeit der Einzelnen. Sozialpsychologisch geht es darum, individuelle und kollektive Lernprozesse zur Substitution von Gewalt durch andere Formen der Konfliktbewältigung zu fördern (*H.-M.Birckenbach*). In weltgesellschaftlicher Sicht hieße dies, gemeinsame "Menschheitsaufgaben" mit der Absicht der Bewältigung von Menschheitsbedrohungen zu beschreiben und Möglichkeiten zu eröffnen, diese konstruktiv zu bearbeiten. Allerdings dürfen die subjektiven Verzerrungen nicht außer acht gelassen werden, die bereits bei der Wahrnehmung von Gefahren und Bedrohungen auftreten (*B.Girgensohn-Marchand, H.König*). Ein weiteres Problem ist mit den Bedingungen für deren realitätsangemessene Bewältigung verbunden. Unter Bedingungen von "Risikogesellschaften" wird auf zunehmende Unsicherheit mit Angst reagiert (*H.König*). Reichen jedoch Angst und Furcht in einer Weltgesellschaft als einer "Notgemeinschaft der Betroffenen" aus, um angemessen der Realität begegnen zu können? Oder müßte der Versuch, friedenspolitisches Handeln zu stärken, nicht eher die Eigentümlichkeiten menschlichen Handelns berücksichtigen, daß nämlich "für Menschen die Welt nur in sinnlich erfahrbaren Raum-/Zeit-Zusammenhängen erlebbar" ist (*B.Volmerg*)? Wenn es aus sozialpsychologischer Sicht unabdingbar ist, solche Vermittlungsschritte zu konzipieren, die es den Einzelnen ermöglichen, einen realistischen Zugang zum Sachgehalt von Weltgesellschaft zu gewinnen und zugleich deren ethische Dimension zu realisieren, so muß auch die kritische Frage nach den entsprechenden Institutionen gestellt werden.

Hierher gehört auch die grundsätzliche Frage, ob es einen Zusammenhang zwischen der Existenz von (National-)Staaten und der (Un-)Friedensproblematik gibt. Zunächst einmal ist festzustellen, daß heute die Welt im Zuge der abgeschlossenen Staatenbildung, auch in den einmal abhängigen Gebieten, von einem Netz von Staaten überzogen ist.. Außer den Weltmeeeren und der Antarktis findet sich kein staatsfreier Raum mehr auf der Erde. In Anerkennung dieser Tatsache erscheint der Staat in völkerrechtlicher Sicht daher als "der rechtlich gesicherte Rahmen, in dem grundlegende Ansprüche und Erwartungen einer territorial abgegrenzten Gemeinschaft von Individuen, die sich durch gemeinsame Erfahrungen der Geschichte, der Sprache, des Denkens, der Sitte und Gewohnheit miteinander verbunden weiß, auf einen gemeinsamen Nenner gebracht sind" (*H.Weber*). Zudem muß jede staatliche Gemeinschaft im Verkehr mit anderen bereit sein, ihre Erwartungen und Verhaltensweisen mit den anderen abzustimmen. Hier sind im Hinblick auf Friedensstrategien gerade die Veränderungen von besonderem Interesse, die auf politisch-institutioneller Ebene im internationalen System nach 1945 zu erheblichen Differenzierungen geführt haben: internationale Zusammenschlüsse und Organisationen mit dem Ziel, Kooperation und Konsens herbeizuführen, jenseits der weiträumigen Militärbündnisse (wie NATO oder WVO) als Versuchen, Sicherheitsinteressen und regionale Sicherheit durch Abgrenzung zu gewinnen (*C.Rix*). Bei Beachtung dieser Veränderungen erscheint der Nationalstaat weiterhin als zentrale Instanz für die Organisation von Interessen, Gesellschaftsordnungen und Produktionsbedingungen. Auch politische, soziale und kulturelle Gegenbewegungen müssen sich auf diese Gegebenheiten einlassen.

Etwas anders stellt sich die Problematik in politisch-psychologischer Sicht. In der abendländischen Geschichte vollzogen sich Herausbildung moderner Territorialstaaten und die Entwicklung von Zivilisation, wie N.Elias aufgezeigt hat, in einer engen Wechselbeziehung. Dabei bildeten sich psychogenetisch im Zuge der Zivilisation die Kontrollmechanismen zur individuellen Konfliktsteuerung heraus, die soziogenetisch für das politische und gesellschaftliche Zusammenleben notwendig waren. Den einzelnen Menschen erwuchs daraus ein Mehr an Sicherheit. Dieser Prozeß ist jedoch mit Ambivalenzen verbunden, denn die Einbindung der Individuen in gesellschaftliche wie politische Organisationen fordert ihren Preis: Die vollzogenen Affektkontrollen begünstigen die staatliche Machtkonzentration bis zu dem Punkt, daß die Disziplinierung menschlicher Affekte in politische Unterdrückung und Manipulation umschlagen kann (*H.König*). Die "Marginalisierung von Subjektivität" (*K.Holl*) schafft potentielle Reservoirs für eine politisch abrufbare kollektive Gewaltbereitschaft.

Auch die Doktrin nuklearer Abschreckung kann unter solchen politisch-psychologischen Vorzeichen gelesen werden. Nach deren Eigenverständnis handelt es sich allerdings um eine uneingeschränkt rationale und effiziente Möglichkeit, Gewalt zu kontrollieren. Militärische Mittel werden zwar noch als Mittel der Politik betrachtet, jedoch gerade in der Absicht, durch das Zusammenwirken von Drohung, untragbarem Risiko und Glaubwürdigkeit den Gebrauch militärischer Mittel zu verhindern und so Kriege zwischen den Kernwaffenstaaten zu verhüten (*C.Rix*). Die tiefe innere Widersprüchlichkeit des Abschreckungsdenkens hat allerdings von Anfang an auch die Suche nach seiner Überwindung gefördert.

Das moderne Völkerrecht bietet mit seinem Gewaltverbot ein weitreichendes Instrument zur Regelung von Konflikten in den internationalen Beziehungen und kann als Möglichkeit angesehen werden, eine allseits erträgliche Form des Zusammenlebens auf Weltebene zu finden. "Die Völkerrechtsgemeinschaft als das rechtlich gefaßtes System der internationalen Beziehungen gibt einerseits eine einheitliche Struktur für die Staatengemeinschaft ab, innerhalb derer sich alle Machtverhältnisse, das heißt auch Machtaufstieg und -abstieg einzelner Staaten abspielen, ohne den allgemeinen Rahmen sprengen zu können. Anderseits geht das bestehende Völkerrecht über die Realität der internationalen Beziehungen hinaus ...", indem es ein Normensystem für die Staatengemeinschaft vorgibt (*C.Rix*). Als überstaatliches Recht sucht das Völkerrecht nach neuen Bezugspunkten, denn es ist nicht das Instrument einer Gesellschaft, eines Staates. Vielmehr kann es als "genossenschaftliches Recht" (*O.Kimminich*) aller daran beteiligten Staaten verstanden werden. Hinter diesem Recht steht der Anspruch, das Zusammenleben von Staaten, Völkern und Menschen neu zu gestalten und an die Stelle traditioneller Ordnungsfaktoren in den internationalen Beziehungen, zum Beispiel den Mitteln des Krieges, gewaltfreie Normen und Instrumente zu setzen. Der Abbau von Gewalt in der internationalen Politik, der mehr als ein Verzicht auf Waffengebrauch oder dessen Androhung ist, impliziert den Aufbau von Strukturen zur friedlichen Streitbeilegung (*O.Kimminich*). Während im "klassischen Völkerrecht" in dessen über 300-jährigen Geschichte der Krieg als Mittel der Politik nicht geächtet worden ist, ist das "moderne Völkerrecht" von einem eindeutigen Gewalt- und Kriegsverbot geprägt, in der Absicht, die Friedenspflicht der Staaten zu etablieren. Einen solchen Fortschritt zu registrieren, bedeutet allerdings nicht, die Schwächen des Völkerechtes zu leugnen, die in seiner fragilen Konstruktion als ein dezentrales Rechtssystem und in seiner faktischen Abhängigkeit von dem Vertrauen auf seine Wirksamkeit liegen. Das Völkerrecht erlebt eine Globalisierung seiner Geltung und sieht sich gleichzeitig der Herausforderung gegenüber, nicht länger im Schatten des Vorwurf zu stehen, nur der verlängerte Arm von Kolonialismus und Weltherrschaft zu sein. Der grenzüberschreitende ökonomische, ökologische und militärische Problemdruck erzeugt das Dilemma, mit Mitteln des Rechts sowohl die vorhandenen Strukturen der zwischenstaatlichen Beziehungen gestalten zu müssen, als auch nach Wegen zu suchen, Konflikte gewaltfrei zu lösen, die eben gerade in diesen Strukturen begründet liegen.

Dem Anliegen des Völkerrechts entspricht erfahrungswissenschaftlich die Analyse der Prozesse, wie Staaten zwischenstaatliche Institutionen herausbilden können, um gemeinsam Probleme und Konflikte nach voraus bestimmten Normen und Regeln kooperativ zu behandeln. Unter dem Stichwort "international governance" lassen sich Entwicklungstrends zusammenfassen, durch die die Staaten als Gesamtheit die innergesellschaftlich vollzogene Leistung, ein Rechtssystem zu etablieren, auf internationaler Ebene fortführen können (*V.Rittberger*). "International governance" ist die Zusammenfassung aller, von den Staaten selbst errichteten Schranken gegenüber "internationaler Anarchie" und unbegrenztem Ausleben nationaler Souveränität. Sie bildet zwischen der Ebene der Nationalstaaten und dem globalen Zusammenhang eine Zwischenebene, auf der sich die völkerrechtlich postulierte Friedenspflicht der Staaten einlösen ließe. Am sichtbarsten kommt diese Funktion in den vielfältig aufgebauten "internationalen Regimen" praktisch zum Ausdruck. Internationale Regime sind "Übereinkünfte zwischen Staaten mit dem Ziel, nationale Handlungen innerhalb eines Problemfeldes zu regulieren. Regime definieren die Reichweite erlaubten staatlichen Handelns nach Maßgabe expliziter Anordnungen", die international unter den beteiligten Staaten vereinbart worden sind (*V.Rittberger*).

Die Konzeption der "internationalen Regime" stellt theoretisch ein Korrektiv zu integrationsorientierten Ansätzen dar, denn sie lenkt den Blick auf eine größere Bandbreite zwischenstaatlicher Zusammenarbeit. "Internationale Regime" implizieren den fallweise vollzogenen Verzicht auf Souveränität und auf einen kompetitiven Modus. Sie sind daher praktische Ansatzpunkte, um langfristig Strukturen eines positiven wie gerechten Friedens herauszubilden, indem sie sich an einem gemeinsam festgestellten "Gemeinwohl" orientieren. Über die Errichtung von "internationalen Regimen" wird die in den einzelnen Nationalstaaten bereits akzeptierte Zielgröße "Gemeinwohl" auch in die internationalen Beziehungen eingeführt. Mit "internationalen Regimen" wird angestrebt, "die internationale Vergesellschaftung politisch einzuholen, ohne damit zugleich Staatlichkeit einzubüßen" (*K.D.Wolf*). Beispiele dafür sind unter anderem die internationalen Abmachungen und Regelwerke zum Schutz der Ost- und Nordsee oder einzelner Binnengewässer. Dabei zeigt sich, daß "internationale Regime" im blockübergreifenden Kontext nicht schlechter realisiert werden können als innerhalb bestehender militärischer Bündnisse oder politisch-wirtschaftlicher Gemeinschaften (*M.Efinger/M.Zürn*).

Die Frage nach dem handelnden Subjekt führt zur Frage nach den Entwicklungsmöglichkeiten und -barrieren einer friedens- und gestaltungsfähigen Subjektivität, dem Kern jeder pädagogischen Anstrengung. "Der Gegenstand der Pädagogik ist der lebende Mensch unter dem Gesichtspunkt, den Mensch in seiner Menschwerdung weiterzubringen"(*P.Heitkämper*). Die humanistisch orientierte Pädagogik stellt sich dieser Aufgabe ebenso, wie jene Ansätze, die die institutionellen und sozialen Bedingungen menschlicher Existenz in den Mittelpunkt rücken. Die Friedenspädagogik muß sich einerseits der Frage stellen, ob sie den Problemhorizont der Weltgesellschaft tatsächlich erfaßt. Andererseits hat sie ihre Ansätze und ihre Praxis immer wieder auf ihre Wirksamkeit in der Gegenwart zu überprüfen (*R.Mulzer*). Der Entwurf einer "ökumenischen Pädagogik" versucht, die verschiedenen Anforderungen der Ausweitung von Kenntnissen, des solidarischen Handelns, des Widerstehens und Gewährenlassens miteinander in Einklang zu bringen (*A.Köpcke-Duttler*). Ein anderer Ansatz in der aktuellen Diskussion favorisiert eine ökologische, kybernetisch angereicherte Pädagogik und setzt auf die Vernetzung der verschiedenen Ebenen von Bewußtsein, Handeln und Sozialität: "Die pädagogische Handlung versucht, sich mit allen diesen Elementen rückzukoppeln und die zu regelnde Größe auszubalancieren" (*P.Heitkämper*). Insgesamt richtet sich an die Friedenspädagogik die Erwartung, sinnlich-konkrete Vermittlungsschritte zwischen den verschieden erlebten Realitäten herzustellen und subjektiven Fluchtbewegungen angesichts der spürbaren komplexen Vorgängen in der Welt entgegenzutreten. Kann der Slogan "denke global, handle lokal" fruchtbar gemacht werden? Der Ansatz des exemplarischen Lernens und die "Pädagogik der Unterdrückten" (P.Freire) eröffnen neue Wege, "sinnliche Erfahrungsbezüge, subjektive Bedürfnisse und objektive Handlungszusammenhänge angemessen zu vermitteln" (*B.Volmerg*). Eine Friedenspädagogik, die zum Mitgestalten des öffentlichen Lebens ermutigen will (*R.Mulzer*), wird jedenfalls auf der Frage nach der praktischen Relevanz theoretischer und analytischer Anstrengungen in der Friedens- und Konfliktforschung bestehen.

4. Fragen an die Friedensforschung

Die Konzeption der Weltgesellschaft erweist sich unter Gesichtspunkten der Theoriefähigkeit und wissenschaftlichen Praxis als nicht so ergiebig, wie ihre Promotoren einmal geglaubt haben. Heißt das jedoch auch, daß die Friedensforschung den Blick auf den damit angedeuteten Problemzusammenhang aufgeben und dem Druck weichen sollte, sich nur mit einzelnen Problemausschnitten zu beschäftigen? Die anhaltende Aktualität politischen Redens in Kategorien von Weltgesellschaft signalisiert demgegenüber, daß hier weiterhin ein Bedarf an wissenschaftlicher Reflexion besteht, gerade von seiten einer fachübergreifenden Perspektive. An der Bezeichnung des Horizontes "Welt" oder des Wortteiles "-gesellschaft" sollte das Bemühen nicht scheitern. Im Gegenteil, eher das Aufgreifen der theoretischen und forschungspraktischen Hindernisse könnte dazu anhalten, sich der Voraussetzungen spezifischer Forschungsfragen zu vergewissern und zukunftsträchtige Perspektiven zu entwickeln. Von Seiten des Völkerrechts, der Sozialpsychologie, der Geschichtswissenschaft, der Politikwissenschaft oder Pädagogik, soweit sie sich unter dem Dach der Friedensforschung einfinden, werden dazu eine Reihe von Anregungen gegeben, einmal abgesehen von den bislang weitgehend ausgeblendeten ökonomischen und naturwissenschaftlichen Aspekten der Weltgesellschaft.

Ungleichzeitigkeiten, Brüche und verschiedene Ebenen von Intedependenzen sind ebenso zu analysieren wie besondere Interessen einzelner Akteure, so von Individuen, Gesellschaften und Staaten, die neben übergreifenden, gemeinsamen Interessen stehen. Dabei wäre das Verhältnis zwischen Global- und Detailanalysen zu klären. In globalen Analysen, wie sie der Horizont der Weltgesellschaft nahelegt, geht es darum, Bedingungen und Folgen von Interaktionen aufzuzeigen - ohne den Anspruch allerdings, hinlänglich das Funktionieren eines jedes Teils zu erklären. Umgekehrt trägt die Kenntnis einzelner Details, so vielschichtig sie auch sein mögen, nur bedingt zur Erhellung des Gesamtzusammenhanges bei (*H.Gärtner*). Auf den Einzelanalysen könnten aber übergreifende Problemstellungen aufbauen, die im Regelfall in einem arbeitsteiligen Forschungsprozeß behandelt werden müssen (*W.Wette*). Insofern muß die Forschung die Heterogenität der einzelnen Sphären respektieren, aber gleichwohl die Bandbreite der Beziehungen zwischen ihnen im Blick behalten.

Aus der Beschäftigung mit den Ambivalenzen des Zivilisationsprozesses könnte die Friedensforschung lernen, die Bedeutung historischer Kontinuitäten und Zäsuren angemessen zu bewerten. Gerade mit der Untersuchung von tradierten und neuen Strukturen und Problemen, ("Überlappungsproblematik" bei *D.Riesenberger*), ließen sich Einsichten in Zusammenhänge und Widersprüche in der Weltgesellschaft gewinnen. Die Bedeutung des Staates für die gesellschaftlich wie international anzustrebende Friedensordnung wäre unter dieser Perspektive neu aufzugreifen und in "einer heterogen angelegten und sich zunehmend asymmetrisch entwickelnden Welt" (*H.Weber*) zu untersuchen. Der Zugang über die Frage nach den Bedingungen einer "international governance" bietet dazu einen Einstieg, indem er die Friedensforschung auf die vielfältigen norm- und regelgeleiteten Formen der Kooperation zwischen Staaten verweist, die einer potentiell gewaltmindernden Einschränkung der internationalen Anarchie gleichkommen (*V.Rittberger*). Der Ansatz überwindet die Annahme, Nationalstaaten seien grundsätzlich nicht in der Lage, mit grenzüberschreitenden Verflechtungsproblemen gewaltfrei umzugehen, auch wenn offenbleibt, ob das Staatensystem insgesamt tatsächlich "unverwüstlich" ist (*K.D.Wolf*).

Mißt man den Begriff der "Weltgesellschaft" am Begriff der "Gesellschaft", wie er sich im Verlauf der abendländischen Geschichte und Philosophie entwickelt hat, so erscheint er zunächst irreführend. An einer innergesellschaftlichen, hochkomplexen Arbeitsteilung und einer ihr komplementären sozialen Integration in Gestalt von Normen, Institutionen und entsprechender Sanktionsgewalt gemessen, zeigen sich die Wechselwirkungen und Handlungszusammenhänge auf der *einen* Erde zunächst einmal höchst ungleichgewichtig und brüchig. Unter diesem Blickwinkel erinnern nur die Beziehungen zwischen westlichen Industrieländern (wie in der OECD vereint) an eine, dem innergesellschaftlichen Zusammenhang vergleichbare Interdependenz (D. Senghaas). Nehmen wir uns allerdings die Analyse und Beurteilung von Weltgesellschaft als Vergesellschaftungs*prozeß* vor, so eröffnet sich uns damit die Möglichkeit, diesen Vergesellschaftungsprozeß als Grundlage für Konflikte, aber auch für die Zivilisierung ihrer Austragsformen zu analysieren. So finden wir den Schlüssel, um die einzelwissenschaftlichen Erkenntnisse aufeinander beziehen zu können.

Der Ertrag der einzelwissenschaftlichen Beiträge läßt sich mit der Reflexion von drei Fragen verdeutlichen:
1) Wie vollzieht sich der Vergesellschaftungsprozeß in und an spezifisch historischen Zeiten und Orten ?
2) Wer ist Subjekt oder Motor des Vergesellschaftungsprozesses?
3) In welcher Weise sind subjektive Faktoren an diesem Prozeß beteiligt?

zu 1): Die historischen und politikwissenschaftlichen Forschungen weisen daraufhin, daß politische Weltkonzeptionen in der Regel Herrschaftskonzeptionen waren. Diese Dimension muß auch bei der Analyse des gegenwärtigen weltweiten Vergesellschaftungsprozesses bedacht werden. Daneben treten jedoch zwei Sachverhalte ganz neuer Qualität in den Vordergrund: der Prozeß einer immer sich vertiefenden und verdichtenden ökonomischen Interdependenz und der Prozeß einer immer dichter werdenden technischen Vernetzung. Am auffälligsten kommt die technische Vernetzung in Gestalt der neuen Informations- und Kommunikationstechnologien zum Ausdruck, die in bisher unbekannter Weise die raum/zeitlichen Beschränkungen unserer menschlichen Existenz überwindet. Darin stecken noch nicht ausgelotete Potenzen zur Modellierung und Ummodellierung unseres Weltbilds. Darin steckt aber selbstverständlich auch die Fähigkeit, Prozesse der materiellen Veränderung an Orten in Gang zu setzen, die weitentfernt vom Ort der

Entscheidung darüber sind. Über solche Prozesse willentlich hergestellter technischer Verbindungen hinaus machen sich allerdings vermehrt technisch-naturwissenschaftliche Folgewirkungen ungeplanter Art bemerkbar.

Zu den objektiven Interdependenzen als Basis des Vergesellschaftungsprozesses auf Weltebene gehört auch die ökonomische Interdependenz. Auch wo keine dichten Beziehungen wechselseitiger Arbeitsteilung bestehen, finden sich in den internationalen Austauschprozessen in Gestalt der "terms of trade" gleichsam Abbildungen der Wechselbeziehungen. Solche Resultate - ob asymmetrisch oder nicht - stehen allen willentlichen und bewußten Gestaltungsmaßnahmen der internationalen Beziehungen in der Weltgesellschaft als objektive Gegebenheit und Herausforderung gegenüber.

Diese regional verschieden ausgeprägte, objektive Beschaffenheit von Prozessen der Vergesellschaftung auf Weltebene geht mit Bewußtseinsprozessen und Vorstellungsbildern dieser neuen Interdependenzen einher. Das gegenwärtig vorherrschende, subjektive Bild von globalen Interdependenzen besteht in der Vorstellung einer weltweiten Risiko- und Schicksalsgemeinschaft. Aus dieser Perspektive wird sichtbar, daß sich ökologische Probleme nicht an Staatsgrenzen halten, daß atomare, biologische und chemische Waffensysteme nicht den versprochenen Schutz, sondern nur die Zerstörung der gemeinsam geteilten Lebensgrundlagen sicherstellen, daß die ökonomisch Benachteiligten zu einem Raubbau der gemeinsamen Lebensgrundlagen genötigt werden.

Die zwei Dimensionen, in denen der Vergesellschaftsprozeß auf Weltebene beschrieben werden kann, die Dimension der *objektiven* Gegebenheiten und die Dimension der *subjektiven* Welt- und Vorstellungsbilder, machen es notwendig, sich mit dem Verhältnis dieser beiden Dimensionen zueinander zu befassen. Denn dieses Verhältnis entscheidet darüber, wer oder was als Subjekt des Vergesellschaftungsprozesses angesehen werden kann.

zu 2): Das Integrationspotential der modernen Gesellschaft weist einen Doppelcharakter auf. Der systemische Charakter äußert sich in den funktionalen Vernetzungen von Handlungsfolgen und den Regelmäßigkeiten, denen zwischenmenschliches Handeln folgt, ohne daß solchen Regelmäßigkeiten eine bewußte Koordination der Handelnden entspräche. Die gesellschaftliche Integration erscheint so als Bedingungs- oder Funktionszusammenhang. Diese Integrationsleistung läßt sich aus der Beobachterperspektive entschlüsseln. Der lebensweltliche Charakter der modernen Gesellschaft läßt sich dagegen nur aus einer Binnensicht entziffern. Dabei werden die Orientierungen handelnder Subjekte sichtbar. Hier stellt sich die gesellschaftliche Integration als Resultat kollektiver Willensbildung dar.

In der Weltgesellschaft offenbart sich das Wirken *systemischer* Prinzipien in erster Linie als Produktion ungleicher Lebens- und Überlebenschancen der Weltbevölkerung. Es werden Disparitäten sichtbar, die unter der Wirkung von Weltmarktmechanismen und Machtpolitik entstanden. Nur in bestimmten Regionen der Welt, so vor allem im Nordwesten, lassen sich ökonomische Austauschprozesse beobachten, die eine hochdifferenzierte Arbeitsteilung mit relativ egalitären Tauschresultaten verbinden. Systemische Integrationsprinzipien, die einer nur funktionalen, nicht geplanten Vernetzung von Handlungsfolgen entsprechen, lassen sich aber auch an den global auftretenden Problemlagen und Gefährdungen der Lebensgrundlagen der Menschheit zeigen.

Die gemeinsam geteilten Problemlagen und Gefährdungen befördern allerdings auch eine *lebensweltliche* Integration im Prozeß der Vergesellschaftung auf Weltebene. Von seiten der Politikwissenschaft und Soziologie wird in diesem Zusammenhang auf den Prozeß neuer Interessenbestimmung aufmerksam gemacht, ein Prozeß, durch den alte Antagonismen überlagert werden. Hier hat die Analyse der großen internationalen Konferenzen über Weltprobleme und der Programmatiken alt anerkannter, staatlich getragener internationaler Organisationen und neuer transnationaler Organisationen ihren Platz. Der Prozeß der Vergesellschaftung auf Weltebene zeigt sich hier als ein durch objektive Bestimmungen aufgenötigter Prozeß der Interessendifferenzierung, Interessenneubestimmung und Interessenkoordination. In diesem Zusammenhang steht der konzeptuelle Ansatz der Regimeanalyse.

Die Dimension der kollektiven Willensbildung ist im Völkerrecht die entscheidende Perspektive. Im Völkerrecht geht es um Entwürfe für das Zusammenleben in der *einen* Welt. Weltgesellschaft in ihren verschiedenen historischen Ausprägungen kann so als Hintergrund für neue Entwürfe, neue Willensbildungen und neue Normen angesehen werden. Im Völkerrecht hat der Begriff der Weltgesellschaft daher eine unangefochtene Geltung. Das bedeutet aber umgekehrt nicht, daß dem völkerrechtlichen Normengeflecht schon eine den Normen in der modernen Gesellschaft analoge integrative Kraft zukäme. An dieser Stelle werden sozialpsychologische Fragestellungen relevant. Es geht dabei um die subjektiven Voraussetzungen und Hindernisse einer Integration auf Weltebene.

zu 3): Welche psychischen Energien und Motive lassen sich im Prozeß der Vergesellschaftung auf Weltebene beobachten? Durchgängig läßt sich als stärkstes Motiv in der Gegenwart ein tiefes Krisenbewußtsein feststellen. Diese Motivlage ist nicht neu. Angst und Not haben auch die internationale pazifistische Bewegung und die internationale Arbeiterbewegung motiviert. Neue objektive Gefährdungen verstärken diese Motivlage. Sie kann sich - wie gezeigt - in neue Interessenbestimmungen übersetzen. Solche neuen Interessenlagen allein würden allerdings nicht ausreichen, um dem von den neuen internationalen Bewegungen angestrebten Bewußtsein von der *einen* Menschheit auf der *einen* Erde gerecht zu werden. Vielmehr geht es um neue Verbundenheitsgefühle, die in der angestrebten Intensität bisher nur *innerhalb* von Familien, Kleingruppen, Ethnien und Nationen bekannt sind. Hier finden sich die positiven Gefühle der Identifizierung, des Stolzes auf das gemeinsam Erreichte und der Solidarität. Wie könnte man sich die Übertragung dieser Gefühle auf die Menschheit vorstellen?

Psychologische Erkenntnisse verweisen uns in der Tat auf die notwendig raum/zeitliche Gebundenheit menschlicher Erfahrungs- und Gefühlswelt. Diese Kleinräumigkeit menschlicher Erfahrungsmöglichkeit muß daher in allen Ansätzen berücksichtigt werden, in denen es um die konstruktive Entfaltung einer Solidaritätsperspektive in der Weltgesellschaft geht. Die politische Relevanz dieser Erkenntnis besteht in der Bedeutung des Rahmens, in dem ein kollektiver Willen zum Ausdruck gebracht werden kann. Die Untersuchung der Möglichkeiten substaatlicher, staatlicher und transnationaler Organisationen innerhalb der Weltgesellschaft hat hier anzusetzen.

Eine weltgesellschaftliche Perspektive verschafft der Friedensforschung keine neue, umfassende Friedenstheorie. Sie ist aber geeignet, der Regression auf angestammte, im Wissenschaftsbetrieb akzeptierte Forschungsfelder zu entgegenzuwirken. Mit dem Reden und Denken von "Weltgesellschaft" wird Unruhe in die Friedensforschung hineingetragen. Die einzelnen Disziplinen werden zu einer Präzision und Reflexion ihrer je besonderen Problemzugänge angehalten, und eben dies ist die Voraussetzung, unabweisbare transdisziplinäre Kompetenz und fachübergreifende Kooperation aufzubauen. Der Begriff der Weltgesellschaft erinnert die Friedensforschung an ihre ursprüngliche Zielsetzung, nämlich als Forschungsprogramm gegen Gewalt zu einem weltweiten Prozeß ziviler Konfliktaustragung und Konfliktlösung beizutragen.

Versteht man Friedenspolitik im Sinne eines zielgerichteten, auf gewaltfreie Lebensbedingungen gerichteten Handelns, so eröffnet der Blick auf weltgesellschaftliche Zusammenhänge neue Horizonte. Neben der Vielzahl von Akteuren und Handlungsebenen zeigen sich vielfältige Bedrohungen und Hindernisse auf dem Weg zum Frieden. Es zeigt sich aber auch, daß der Frieden im Erleben der Menschen zahlreiche Gesichter hat, die theoretisch und praktisch Anerkennung heißen.

Literaturangaben

Beck, Ulrich, Risikogesellschaft. Auf dem Weg in eine andere Moderne, Frankfurt a.M.1987.

Hauff, Volker (Hg.), Unsere gemeinsame Zukunft. Der Brundtland-Bericht der Weltkommission für Umwelt und Entwicklung, Greven 1987.

Krippendorff, Ekkehart (Hrsg.), Internationale Beziehungen, Köln 1973.

Martin List

WAS HEISST "WELTGESELLSCHAFT"?
VERSUCH EINER BESTIMMUNG DES BEGRIFFS FÜR DEN INTERDISZI-
PLINÄREN GEBRAUCH

1. Einleitung

Seit den frühen siebziger Jahren hat die Bezeichnung "Weltgesellschaft" Eingang gefunden in den Sprachschatz der westdeutschen Sozialwissenschaften. In der Tat kann zunächst nur von einer Bezeichnung die Rede sein, denn wie es schon 1975 im Vorwort zu einem einschlägigen Sammelband hieß, ist die Weltgesellschaft "noch nicht auf den Begriff gebracht".[1] Daran hat sich, betrachtet man die oft recht lockere Verwendung des Wortes in der neueren Literatur, auch heute kaum etwas geändert, und die Klagen hierüber scheinen in die Empfehlung zu münden, sich ganz von ihm zu trennen. Meines Erachtens wäre es jedoch unklug, auf einen Begriff mit potentiell großer interdisziplinärer Integrationskraft zu verzichten, und es soll deshalb hier nochmals eine "Ehrenrettung" versucht werden.

Ein Teil der Enttäuschung über den Begriff resultiert sicher aus dem hohen Anspruch, mit dem er zuweilen eingeführt worden ist: er stelle ein neues "Paradigma" dar, das bisherigen Ansätzen der Disziplin der Internationalen Beziehungen[2] überlegen sei und diese zu Recht verdrängen werde. Tatsächlich haben neue Ansätze alte eher ergänzt denn verdrängt. Dabei ist es zu einer Soziologisierung der Disziplin in doppelter Hinsicht gekommen: Der Einfluß des nationalen gesellschaftlichen Umfeldes auf die Außenpolitik wurde stärker berücksichtigt und die Rolle der grenzüberschreitenden Beziehungen nichtstaatlicher Akteure unter dem Begriff der "transnationalen Beziehungen" erfaßt. Dies allein würde die Rede von der Weltgesellschaft aber nicht legitimieren. Von globaler Vergesellschaftung oder Weltgesellschaft zu sprechen, setzt vielmehr, wie

---

[1] Gantzel (1975), 10.
[2] Großschreibung zeigt an, daß von der akademischen Disziplin gesprochen wird, Kleinschreibung verweist auf ihren Gegenstand.

Rittberger und Wolf festgestellt haben[3], eine mehr oder minder präzise Vorstellung von "Gesellschaft" voraus. Im folgenden wird ein Vorschlag zu einem derart fundierten Verständnis von "Weltgesellschaft" unterbreitet.

Wendet man sich auf der Suche nach einem geeigneten Verständnis von "Gesellschaft" an die Soziologie als die formal zuständige Wissenschaft, so erfährt man - in den Worten eines verbreiteten Nachschlagewerkes[4] -, daß Gesellschaft "das jeweils umfassendste System menschlichen Zusammenlebens" sei, daß jedoch "über weitere einschränkende Merkmale kein Einverständnis" herrsche. Diese Aussage mag die Divergenzen verschiedener soziologischer Ansätze etwas übertreiben, aber es bleibt die Qual der Wahl. Diese wird jedoch eingeschränkt, wenn man nach soziologischen Ansätzen sucht, die Weltgesellschaft entweder selbst thematisieren oder sich dazu eignen. Denn obgleich, wie gesagt, soziale Faktoren in der Disziplin der Internationalen Beziehungen in den letzten Jahren zunehmend berücksichtigt worden sind, hat die Soziologie der internationalen Beziehungen, soweit sie existiert[5], daran den geringsten Anteil: "das Verdienst für diese Entwicklung geht eher an die Kraft der empirischen Tatsachen denn an den Beitrag der Soziologie."[6]

Neben der Verwendung des Begriffes durch die polit-ökonomische Analyserichtung finden sich vor allem drei Ansätze für ein soziologisches Verständnis von "Weltgesellschaft", welche die internationale Diskussion angeregt haben. Es ist dies zum einen das Spinnennetz-Modell der "world society", das J.W. Burton 1972 in seinem gleichnamigen Buch vorgeschlagen hat.[7] Sein sytemtheoretischen Ansatz ähnelt in manchem der im folgenden von mir vorgenommenen Begriffsbestimmung von "Weltgesellschaft", insbesondere in dem Beharren darauf, daß Gesellschaft ein inter-individuelles Handlungsgeflecht ist. Insgesamt stelle ich aber die Rolle der Wahrnehmung weniger in den Vordergrund als Burton, während das materielle Substrat von Gesellschaft mehr von mir betont wird als bei ihm.
Was die hier vertretene Position mit der Burtons verbindet, die zentrale Stellung inter-individueller Beziehungen, trennt sie von dem zweiten an dieser Stelle zu nennenden Ansatz, dem von P. Heintz. Bei ihm können gesellschaftliche (sozietale)

---

[3] Rittberger/Wolf (1988), 42 Anm. 11.
[4] Luhmann (1978), 267.
[5] Daß dies der Fall ist, vertritt mit Nachdruck Strassoldo (1979). Dort finden sich auch Hinweise auf die international vorhandene Literatur zur Soziologie der internationalen Beziehungen.
[6] A.a.O., 5, Übersetzung von mir, M.L.
[7] Burton (1972).

Systeme aus Einheiten verschiedener Niveaus bestehen: "Die Art des untersuchten Systems entspricht globalen Gesellschaften, auf welcher Ebene auch immer ihre Einheiten angesiedelt sind. Mit anderen Worten, die Einheiten können Individuen, Organisationen oder globale Gesellschaften auf niedrigerer Ebene sein."[8]
Nach meinem Verständnis gilt dies für *soziale* Systeme, die abstrakt gefaßt sind, nicht aber für konkrete Gesellschaften (sozietale Systeme). Das internationale System stellt daher ein *soziales* System dar, aber, nimmt man die Unterscheidung zwischen inter- und transnationalen Beziehungen ernst, keine Gesellschaft (kein *sozietales* System). Im Rahmen der Weltgesellschaft ist das internationale System nur *eine* bedeutsame soziale Struktur. Diese konkrete Fassung von Gesellschaft ist darüberhinaus notwendig, um das zweite, von Heintz selbst erkannte[9] Defizit seines Verständnisses von Weltgesellschaft zu beheben: es wird der ökologischen Dimension globaler Zusammenhänge nicht gerecht.

Das dritte "Weltgesellschafts"-Konzept, das international rezipiert worden ist, stammt von N. Luhmann.[10] Dessen Komplexität ist im Laufe der Jahre allerdings nicht gerade reduziert worden, und es bleibt zu abstrakt, etwa wenn Luhmann jüngst mit Nachdruck feststellt, daß soziale Systeme "... aus Kommunikationen und nichts anderes als Kommunikationen bestehen ...", woraus in bezug auf unser Thema folgt, daß "... gegenwärtig in der Tat nur eine, die Weltgesellschaft existiert, die jede sinnvolle Kommunikation einschließt und alles andere ausschließt."[11]

Das hier vorgeschlagene Verständnis von "Gesellschaft" im allgemeinen und "Weltgesellschaft" im besonderen setzt demgegenüber auf einer konkreteren Ebene an. Dabei können wir uns auf einen der durchdachtesten Beiträge zur Makrosoziologie stützen, die in jüngster Zeit in der westdeutschen Soziologie vorgelegt wurden, auf die Arbeit von B. Giesen.

---

[8] Heintz (1972), 127. Im Zitat wird auch deutlich, daß "global" bei Heintz nur umfassend meint, während es hier immer weltweit, die ganze Erde umfassend meint.
[9] Heintz (1982), 84.
[10] Erstmals vorgelegt in Luhmann (1971).
[11] Luhmann (1987), 113 bzw. 114.

2. Die drei Welten der Gesellschaft

Giesen[12] greift bei der Konstruktion seiner makrosoziologischen Theorie eine begriffliche Dreiteilung auf, die K. Popper in seinem Spätwerk - allerdings zu einem anderen, erkenntnistheoretischen Zweck - vorgenommen hat. Bei Popper ist damit nicht die in der Politik gebräuchliche Unterscheidung zwischen erster Welt (= westliche Industrie-, das heißt OECD-Länder), zweiter Welt (= sozialistische Staaten) und dritter Welt (als mittlerweile erheblich binnendifferenzierte[13] Restkategorie) gemeint. Vielmehr gilt bei Popper kurz folgendes:[14]
Die Welt 1 ist die Welt "der materiellen Objekte, die durch physikalische und physiologische Prozesse bewegt und verändert werden."[15] Welt 2 ist die Welt der psychischen Zustände, einschließlich der Bewußtseinszustände und psychischen Dispositionen. Giesen erweitert dies dahingehend, daß das bewegende Prinzip in der Welt 2 die Intentionalität sei. Sie wird somit zur Welt intentionalen, auch sozialen Handelns. Welt 3 schließlich ist die Welt der Gedankeninhalte.
Hierzu ist noch eine Bemerkung erforderlich: Es ist nicht nötig, wie Popper dies tut, in diesen drei Welten ontologisch verschiedene Bereiche zu sehen. Für Giesen wie für uns genügt es, in ihnen drei relevante Dimensionen der Vergesellschaftung zu sehen. Diese Wendung wird im folgenden deshalb auch synonym zur von Popper inspirierten Rede von den drei Welten gebraucht.

Der Kerngedanke des Giesenschen Gesellschaftsverständnisses liegt nun darin, daß Gesellschaft sich in allen drei Dimensionen (Welten) konstituiert. Als handelnde Subjekte setzt sie Menschen voraus, die zwar nicht nur, aber immer *auch* biologische Wesen sind, das heißt eine Welt-1-Existenz haben. Gesellschaft kann daher zwar nicht erschöpfend durch biologische Antriebe und Mechanismen erklärt werden. Aber die physische Existenz der Menschen ist doch mehr als eine bloße Randbedingung von Gesellschaft: sie steht in deren Mittelpunkt. Grundlegende biologische Bedürfnisse gehen - wie vermittelt auch immer - als Handlungsmotivation in die Konstituierung von Gesellschaft ein. Sie stehen am Beginn oft recht langer Handlungsketten. Schließlich werden die beabsichtigten und unbeabsichtig-

---

[12] Giesen (1980).
[13] Vgl. Menzel (1983).
[14] Die Drei-Welten-Theorie Poppers findet sich vor allem in seinen Werken (1973) sowie in ders./Eccles (1982).
[15] Giesen (1980), 16.

ten Folgen sozialen Handelns häufig über die Welt-1-Existenz von Menschen vermittelt.[16]

Gesellschaft konstituiert sich darüber hinaus - und aus der Sicht handlungstheoretischer Ansätze der Soziologie vor allem - in der Welt 2, etwa durch die kooperative, das heißt arbeitsteilige Umgestaltung der Welt 1. Soziale Strukturen entstehen dabei durch die wiederholte Aktivierung derselben Handlungszusammenhänge und dem sich herausbildenden Wissen über sie (letzteres gehört in die Welt 3).

Die Welt 3 der Gesellschaft besteht schließlich aus den gedanklichen Inhalten von kognitiven und normativen Vorstellungen, von denen sich die Individuen bei ihrer Interaktion wie bei der Transformation der Welt 1 leiten lassen. Dies mag als Skizze der Giesenschen Position genügen. Versuchen wir nun, uns der Weltgesellschaft von ihr aus zu nähern.

2.1 Zur Anwendung des Analyseansatzes auf globalem Niveau.

Wie jede Gesellschaft konstituiert sich auch die Weltgesellschaft in allen drei Dimensionen. Sie ist ein äußerst komplexes Beziehungsgeflecht zwischen Menschen, die im Laufe ihrer Interaktion durch Wiederholung Handlungszusammenhänge institutionalisieren, die damit zeitliche Dauer erlangen, aber auch ihre räumliche Ausdehnung zunehmend erweitern und heute in relevanten Bereichen globale Ausmaße haben. Eine dieser Institutionen, die durch einen weitgehenden Zugriff auf ihre Mitglieder gekennzeichnet ist, ist der neuzeitliche Staat. Er bleibt auch in der Weltgesellschaft eine bedeutsame Einrichtung. Diese setzt sich aber nicht aus Staaten zusammen, sondern die Staaten bestehen *in ihrem Rahmen*. Eine Analogie mag dies verdeutlichen: die westdeutsche Gesellschaft besteht nicht aus elf Bundesländern, sondern aus dem Gefüge der Beziehungen zwischen ihren Bewohnern. Das föderale politische System ist nur eines dieser Gefüge.

E.O. Czempiel hat in bezug auf Burtons Spinnennetz-Modell die folgende Feststellung getroffen:[17]

> "Versteht man die Welt als Weltgesellschaft, dann interessiert prinzipiell jeder Vorgang, jede Beziehung. Dem Modell geht es um menschliches Verhalten, um den Menschen als Ausgangspunkt."

---

[16] In der Arbeit von Rota (1986) liegt ein interessanter Versuch vor, die Bedeutung der Welt-1-Existenz von Menschen für die internationalen Beziehungen im Rahmen des Neorealismus Münchner Provenienz zu behandeln. Er greift dabei auch auf die Ergebnisse der vorwiegend US-amerikanischen Diskussion über "Biopolitics" zurück.
[17] Czempiel (1981), 70.

Dies trifft auch auf mein Verständnis von Weltgesellschaft zu. Es muß sich daher auch der damit verbundenen Kritik Czempiels stellen:

> "Das ist richtig, aber doch sehr allgemein und wenig genau. Es bietet keine Selektionskriterien an, mit deren Hilfe sich politische Gegenstände ausgrenzen, relevante Fragestellungen aufwerfen lassen."

Dazu ist folgendes zu bemerken: die Weltgesellschaftsperspektive, wie sie hier verstanden wird, wählt in der Tat den Menschen als Ausgangspunkt, und zwar in zweierlei Hinsicht. Als empirischer Ansatz sucht sie soziale Phänomene aus dem rationalen, verstehbaren Handeln von Individuen, das unter einschränkenden Bedingungen erfolgt, zu erklären. Davon getrennt, aber nicht unabhängig, weil im Lichte empirischer Erkenntnis über weltgesellschaftliche Realität gesehen, vertritt sie normativ-ethisch eine individualistische Position. Hierauf bezieht sich Czempiels Zustimmung. Seine Kritik aber gilt der empirischen Fruchtbarkeit der Perspektive. Sie sei zu allgemein und werfe keine relevanten Fragestellungen auf. Der vorliegende Beitrag stellt einen Versuch dar, das Gegenteil zu belegen. Was den Vorwurf der Allgemeinheit anbelangt, so scheint mir gerade hierin der Vorzug der Weltgesellschaftsperspektive zu liegen. Sie ist ihrem Wesen nach interdisziplinär. Die für den politikwissenschaftlichen Beitrag nötige Abgrenzung des politischen Bereichs, die Czempiel zu Recht fordert, kann keine inhaltliche sein. Man mag sie mit Czempiel in der Eastonschen Definition der Politik als autoritativ verbindliche Entscheidung über Wertallokationen finden. Setzt man "politisch" nicht mit "staatlich" gleich, wird die Einbeziehung gesellschaftlicher Faktoren allemal unerläßlich. Eine stärker soziologisch orientierte Perspektive gestattet darüber hinaus, auch den Staat als ein soziales Gebilde zu sehen.

Wenn im folgenden die Implikationen dieses Verständnisses von "Weltgesellschaft" entfaltet werden, so muß dabei auf teilweise vertraute Befunde der Disziplin der Internationalen Beziehungen Bezug genommen werden. Das heißt aber nicht, daß nur eine kurze Bezeichnung für diese Befunde nachträglich eingeführt würde. Dies ist zwar *auch* der Fall, aber die vorstehende Definition des Gesellschaftsbegriffs vermag uns darüber hinaus im voraus zu zeigen, worauf es bei weltgesellschaftlicher Analyse ankommt: auf weltweite (den ganzen Globus umspannende) 1. ökologische Zusammenhänge als Vermittler zwischenmenschlichen Einflusses; 2. Handlungszusammenhänge und deren Institutionalisierung sowie 3. kognitive und normative Vorstellungen. In dem Maße, wie sich diese empirisch aufzeigen lassen, kann von globaler Vergesellschaftung gesprochen werden. Erst in unseren Tagen entsteht dabei in Ansätzen eine Weltgesellschaft.[18] Die Suche nach einem genauen Zeitpunkt, seit dem sie existiert, ist vermutlich nicht sinnvoll angesichts des Prozeßcharakters ihres Entstehens. Im Unterschied zur Frage danach, wieviele Steine einen Haufen ausmachen, können wir aber im Falle der Weltgesellschaft immerhin Entwicklungsstufen in drei Dimensionen (Welten) angeben.

2.2 Die Welt 1 der Weltgesellschaft

Was hier als Welt-1-Existenz der Weltgesellschaft bezeichnet wird, ist nahe verwandt mit der Perspektive der sogenannten Welt- und Globalmodelle, wie sie seit dem Anstoß durch den ersten Bericht des Club of Rome über "Die Grenzen des Wachstums"[19] entwickelt worden ist. In diesen Modellen wurde die Aufmerksamkeit auf Probleme der Rohstoff- und Energieversorgung, später allgemein auf die ökologische Dimension der "Weltproblematik" gelenkt. Dabei stieß allerdings anfangs häufig gerade der Versuch einer globalen Sicht auf Kritik und Ablehnung, insbesondere bei Vertretern der Entwicklungsländer. Sie sahen die ökologischen Probleme als weniger dringend an und deren Thematisierung durch den Norden als Versuch, sie von der Durchführung ehrgeiziger Wachstumsprogramme abzuhalten. Aufgrund der nicht mehr zu leugnenden Umweltprobleme auch in Ländern der Dritten Welt hat hier inzwischen ein Lernprozeß eingesetzt, und auf seiten der Modellkonstrukteure wurde die Existenz faktisch unterschiedlicher Problemlagen durch regionale Spezifizierung und die vielfach zu Recht geforderte Einbeziehung sozialer Strukturen und internationaler politischer Prozesse berücksichtigt. Darin kommt die bewahrenswerte Einsicht zum Ausdruck, daß die Ökologie des Menschen immer die eines in sozialen Bezügen lebenden Wesens ist.[20]

Die Weltgesellschaft als existent in der Welt 1 zu bezeichnen, heißt also nicht, die Existenz besonderer lokaler und regionaler Problemlagen angesichts globaler Probleme zu leugnen. Es heißt auch nicht, einer undifferenzierten "Alle-in-einem-Boot"-Philosophie anzuhängen. Es bedeutet vielmehr zu erkennen, daß es globale ökologische Mechanismen gibt, welche alle Menschen die Folgen bestimmter

---

[18] Von deren Existenz seit dem 16. Jahrhundert auszugehen, wie dies gelegentlich, etwa bei Diner (1985), geschieht, scheint mir ein unspezifisches Verständnis von "Weltgesellschaft" zu implizieren.

[19] Meadows u.a. (1972). Zur weiteren Entwicklung dieser Perspektive vgl. den Überblick bei Bodemer (1984).

[20] Für einen historischen Überblick aus dieser Perspektive vgl. Campbell (1985).

Handlungen spüren lassen. Dies führt zu gemeinsamen Problemen der Menschheit, die *in dieser Hinsicht* tatsächlich in einem Boot sitzt (man denke an die weltweite Verbreitung von DDT durch die Nahrungsketten des Meeres oder die augenblicklich noch schwer abschätzbaren Probleme der globalen Erwärmung durch den von Menschen verursachten Stoffeintrag in die Atmosphäre - Treibhauseffekt - sowie die Zerstörung der schützenden Ozonschicht).

Der entscheidende Schritt zur Weltgesellschaft in dieser Dimension besteht also nicht in der banalen, weil schon seit der Entstehung des Menschen gültigen Tatsache, daß alle Menschen auf einer Erdkugel leben, sondern darin, daß sie aufgrund ihrer sozialen Entwicklung für die Erhaltung der Biosphäre als Voraussetzung kollektiver Reproduktion selbst zuständig sind. In diesem Sinne hat die Konstitutionsbedingung der Welt-1-Existenz der Weltgesellschaft globales Ausmaß angenommen.

Die Bedeutung der Zugehörigkeit des Menschen zur Welt 1 für unser Thema erschöpft sich aber nicht in der Wirksamkeit globaler ökologischer Mechanismen. In Verbindung mit der Ausbreitung einer weltweiten technischen Zivilisation - ein Phänomen der Welten 2 und 3 - macht sie potentiell alle Menschen empfindlich für die ungewollten Folgen dieser Lebensweise. Stichworte mögen genügen: saurer Regen in Nordwest- und Osteuropa, aber auch in Nordamerika; technische Katastrophen: Seveso, Bhopal, Tschernobyl; Verlust des natürlichen Artenreichtums.

2.3 Die Welt 2 der Weltgesellschaft

Wenden wir uns nun der Welt 2 der Weltgesellschaft zu. Lassen sich weltweite Handlungszusammenhänge aufweisen? Es gibt eine ganze sozialwissenschaftliche Tradition, die dies bejaht und diese Handlungszusammenhänge im (kapitalistischen) Weltmarkt findet. So schrieben bereits Marx und Engels im "Kommunistischen Manifest":

> "Die Bourgeoisie hat durch die Exploitation des Weltmarkts die Produktion und Konsumtion aller Länder kosmopolitisch gestaltet. (... Die nationalen Industrien) werden verdrängt durch neue Industrien, deren Einführung eine Lebensfrage für alle zivilisierten Nationen wird, durch Industrien, die nicht mehr einheimische Rohstoffe, sondern den entlegensten Zonen angehörige Rohstoffe verarbeiten und deren Fabrikate nicht nur im Lande selbst, sondern in

allen Weltteilen zugleich verbraucht werden. (...) An die Stelle der alten lokalen und nationalen Selbstgenügsamkeit und Abgeschlossenheit tritt ein allseitiger Verkehr, eine allseitige Abhängigkeit der Nationen voneinander."[21]

Man kann diese damals noch teilweise prognostische Aussage heute, nach der Zunahme nicht nur der internationalen Waren-, sondern auch der Kapitalströme als Beschreibung der Realität ansehen. Sie wird heute unter dem Begriff der wirtschaftlichen Interdependenz erfaßt und in der Disziplin der Internationalen Beziehungen unter der Rubrik "internationale politische Ökonomie"[22] beziehungsweise, in der Nachfolge von Marx und Engels, als Kritik derselben behandelt.[23]

Eine umfassende sozialwissenschaftliche Untersuchung dessen, was kurz als "Weltmarkt" bezeichnet wird, dürfte eher noch schwieriger sein als seine ökonomische Analyse. Wir müssen uns auf einige aus weltgesellschaftlicher Perspektive bedeutsame Aspekte beschränken.
1. Ein Gutteil, vermutlich die Mehrzahl aller weltweiten Interaktionen - vom Tourismus einmal abgesehen -, die aus dem persönlichen Zusammentreffen oder zumindest der technisch vermittelten Kommunikation zwischen Menschen über Staatsgrenzen hinweg besteht, findet zwischen im weitesten Sinne wirtschaftlich Handelnden (Geschäftsleuten, Managern etc.) statt. Zusammen mit den politschen Akteuren aus Diplomatie und internationalen Organisationen (IGOs = internationale Regierungsorganisationen) und nicht-wirtschaftlichen INGOs (= internationale nicht-gouvernementale Organisation) bilden sie jene Minderheit von Menschen, die aktiv an globaler sozialer Interaktion beteiligt ist. Die Tatsache, daß es sich bei diesem Personenkreis um eine Minderheit aller Menschen handelt, ist nicht überraschend, da in komplexen Gesellschaften die Zahl der Entscheidungsträger immer kleiner ist als die Zahl der von den Entscheidungen Betroffenen. Sie spricht daher nicht gegen die Verwendung des Begriffs "Weltgesellschaft".[24]

---

[21] Marx/Engels (1848/1972), 27.
[22] Einführend: Spero (1982) sowie Gilpin (1987). Interessant auch die jüngste Einführung von Strange (1988), besonders wegen der Berücksichtigung der transnationalen "knowledge structure" (Kapitel 6), was zum Teil die unten besprochene Welt 3 der Weltgesellschaft betrifft.
[23] Hierher gehören die kapitalismuskritischen Schriften von Autoren wie S. Amin, A.G. Frank, A. Emmanuel u.a. sowie aus dem westdeutschen Bereich die Arbeiten von F. Fröbel, J. Heinrichs und O. Kreye.
[24] Auch die Mitglieder nationaler Gesellschaften kommunizieren nicht alle miteinander. Sie sind durch "unsichtbare" institutionelle Bande verknüpft, welche durch das Agieren von Minderheiten aufrechterhalten werden. So zahlen sie etwa Steuern an denselben Staat, in dessen Finanzverwaltung aber der geringere Teil der Bevölkerung arbeitet.

2. Wirtschaftliche Entscheidungen ziehen wie jedes soziale Handeln beabsichtigte und unbeabsichtigte Folgen nach sich.[25] Aus der Überlagerung dieser Folgen ergibt sich, was wirtschaftliche Interdependenz genannt wird. Dabei brauchen die zugrundeliegenden Entscheidungen nicht im Wege globaler Interaktion getroffen werden. Es genügt, daß sie unter Berücksichtigung transnationaler Zusammenhänge fallen. Diese unintendierte Folge weltmarktwirtschaftlichen Handelns, einen transnationalen Bezugshintergrund für Entscheidungen zu bilden, ist deshalb von Bedeutung, weil sie auch jene nationalen Ökonomien betrifft, die als realsozialistische intern nicht nach marktwirtschaftlichen Regeln arbeiten und deren Außenhandel als Staatshandel betrieben wird. Auch für sie wird der Weltmarkt zum Bezugspunkt ("Weltniveau"). In den Worten von Heinsohn und Steiger:

> "Durch die fortwährende Orientierung am - kapitalistischen - 'Weltniveau' benutzt der sozialistische Staat alle Experimente der Privatwirtschaft für das Auffinden der kostengünstigsten technischen Variablen mit. (...) Die Fortexistenz des Kapitalismus erweist sich mithin für das sozialistische Ziel der Minimierung notwendiger Arbeit für alle Menschen eben nicht als Schranke, die etwa besonders hohe Ausgaben für Verteidigung erforderlich macht, sondern im Gegenteil als sein eindeutig wichtigster Stimulus."[26]

Der Weltmarkt wird somit, und darin steckt wahrscheinlich sein wichtigster Beitrag zur Herausbildung der Weltgesellschaft sowie zu ihrer Aufrechterhaltung, zum Transmissionsmechanismus von wirtschaftlich-binnengesellschaftlichem Entwicklungsdruck. Insofern er diese Rolle für die jeweils erfaßten Länder schon 'von Anfang an', das heißt mindestens seit der Industrialisierung Großbritanniens im ausgehenden 18. und frühen 19. Jahrhundert, gespielt hat, gehört die Entwicklung des Weltmarktes zur Vorgeschichte der Weltgesellschaft. Der qualitative Schritt liegt hier neben der Entwicklung der Transport- und Kommunikationstechnologie, die erst echte internationale Arbeitsteilung auch für industrielle Massengüter ermöglicht hat, in der Teilnahme *aller* Staaten mit formal unabhängigem Status. Erst hierdurch wird das Phänomen der Schwellenländer möglich, also die von lokalen Eliten betriebene aktive Integration in den weltwirtschaftlichen Zusammenhang.

---

[25] Dies gilt analog für (außen-)politisches Handeln und seine Folgen. Letztere werden gewöhnlich unter dem Begriff "internationale Politik" (= die Summe der Wechselwirkung aller Außenpolitiken) erfaßt. Wirtschaftliches und politisches Handeln sind insofern nicht wesentlich verschieden. Wenn hier zunächst von ersterem die Rede ist, dann deshalb, weil es aufgrund der binnen-gesellschaftlichen Organisation in der Mehrzahl aller Länder ein privates, nicht-staatliches Handeln ist und daher einen trans- (im Unterschied zu inter-)nationalen Handlungszusammenhang herstellt.
[26] Heinsohn/Steiger (1981), 177/78.

3. Obwohl der Weltmarkt nur existiert, weil eine hinreichende Zahl von Nationalstaaten sich an diesem 'Spiel' beteiligt, sind seine Auswirkungen von keinem einzelnen "Spieler" (das sind für die Entscheidung zur Teilnahme die Regierungen, für das weitere Spiel in Marktwirtschaften dann vor allem Privatunternehmen) mehr steuerbar. Eben dies ist die ökonomische Interdependenz, welche die nationalen Regierungen durch internationale Kooperation einzufangen, beziehungsweise zu bewältigen suchen (GATT, UNCTAD, Wirtschaftsgipfel etc.).
Der Zwang zur Teilnahme an diesem Spiel wird dabei nur im metaphorischen Sinne "vom System" ausgeübt. Tatsächlich besteht er darin, daß für die meisten Regierungen die Kosten (einschließlich des entgangenen Nutzens) einer Nichtteilnahme zu hoch sind.[27]
Dies mag als Skizze der Bedeutung des Weltmarktes für die Weltgesellschaft genügen.

2.4 Die Rolle der Politik in der Welt 2 der Weltgesellschaft

Trotz seiner großen Bedeutung für die Weltgesellschaft geht diese nicht im Welthandel auf.[28] Vielmehr wurden wir bereits mehrfach auf die Bedeutung der Staatlichkeit, der Existenz einer Vielzahl von Staaten als sozialen Institutionen im Rahmen der Weltgesellschaft, verwiesen. Darin wird nun oft ein Gegenargument zu einer sozietalen Sicht globaler Zusammenhänge gesehen.
Ohne Weltstaat könne auch nicht von Weltgesellschaft die Rede sein. Ein Weltstaat sei aber nicht absehbar, ja nicht einmal wünschenswert (ich stimme beidem zu). Durch die seit Ende des Zweiten Weltkriegs noch erheblich gestiegene Zahl der Staaten sei darüber hinaus die Menschheit eher aufgespalten denn geeint worden. Schließlich gebe es in Form substaatlicher regionalistischer Autonomiebestrebungen geradezu eine Gegenbewegung zu weltgesellschaftlicher Integration.

Dem lassen sich zwei Argumente gegenüberstellen, die zusammen auf eine etwas andere Sicht dieser unbestrittenen Phänomene hinauslaufen. Das erste ist rein begrifflicher Art. Bewußt haben wir, hierin Giesen folgend[29], Gesellschaft nicht an

---

[27] Die Nutzenfunktionen für Regierungen und Bevölkerung sind bei dieser Entscheidung nicht notwendig identisch, es besteht aber ein von Land zu Land verschiedener Zusammenhang zwischen beiden. Auch der von außen ausgeübte Zwang zur Öffnung eines Landes variiert.
[28] Deshalb, und weil ein Drittel der Menschheit in real-sozialistischen Staaten lebt, kann m.E. die Weltgesellschaft nicht einfach als kapitalistische bezeichnet werden. Dieser gemeinsame Nenner ist zu klein.
[29] Vgl. Giesen (1980), 52: "Als Gesellschaft wollen wir eine Menge von Individuen bezeichnen, die bei der Lösung aller fundamentalen Probleme kooperieren und dabei in wechselseitige

die Existenz eines Staates im neuzeitlichen Sinne (souverän nach außen, die legale Gewaltanwendung monopolisierend nach innen) gebunden, sondern im wesentlichen an die letztlich interindividuelle wechselseitige Abhängigkeit und deren kooperative Bewältigung. Das nötige Ausmaß an Kooperation wird in der Weltgesellschaft nicht durch einen Zentralstaat organisiert, sondern - falls überhaupt - durch die dezentrale Selbstorganisation des Staatensystems.

Die zunehmende Zahl von Staaten, so das zweite Argument, hat in der Tat zu einer "politisch-administrativen Kompartimentierung" der Weltbevölkerung geführt; man kann darin aber auch eine weltweite Vereinheitlichung der politischen Lebensweise sehen: Das (ursprünglich europäische) Modell des neuzeitlichen Staates hat Schule gemacht.[30] Gerade für nach "nationaler" Selbstbestimmung strebende Gruppen von Menschen ist die staatliche Organisation zur einzig erfolgsversprechenden Form geworden. Auch der Regionalismus, ob er nach Autonomie innerhalb eines bestehenden Staates strebt oder nach der Errichtung eines eigenen, orientiert sich allemal am Modell "Staat".

Nur als staatlich organisierte erhält nämlich eine bestimmte Bevölkerung ein Mitspracherecht in der internationalen Politik. Die formal gleichen Mitglieder des internationalen Staatensystems sind natürlich real in vielerlei Hinsicht ungleich. Und doch führt ihr Umgang mit- und ihre Konkurrenz gegeneinander durch die im Namen nationaler Entwicklung von staatlichen Eliten betriebene Politik zu weiterer Angleichung von Strukturen. J.W. Meyer spricht von "Isomorphismus" und schreibt:

> "Periphere Gesellschaften wechseln zu der modernen Form von industrieller Tätigkeit und Dienstleistungsgesellschaft, zu moderner Staatsorganisation, zu modernen Erziehungssystemen, zu modernen Wohlfahrtssystemen und Militärkomplexen - kurz gesagt zu dem gesamten institutionellen Apparat einer modernen gesellschaftlichen Organisation."[31]

Abhängigkeit geraten." In dieser gewollten oder ungewollten Interdependenz der Individuen besteht auch die wesentliche Analogie zur nationalen Gesellschaft, die Czempiel (1981, 74, Anm. 36) fordert. In anderen Merkmalen muß und kann sich die Weltgesellschaft von nationaler Gesellschaft unterscheiden. So weist sie per definitionem, da sie *alle* Menschen umfaßt, die jeweils größtmögliche Inhomogenität auf bezüglich zentraler Merkmale wie Sprache, soziale Ungleichheit usw.

[30] Bereits Toynbee (1979), 77, schreibt, "daß (der) wirtschaftlichen Vereinheitlichung auf abendländischer Grundlage eine politische Vereinheitlichung auf der gleichen Basis folgte, die fast ebenso weit ging, (...) (so) daß alle Staaten der zeitgenössischen Welt Teile eines einzigen politischen Systems abendländischen Ursprungs sind."

[31] Meyer (1980), 115/16. Zur Auswirkung der Eingliederung der Staaten in das Weltsystem auf das Binnenverhältnis von Staat und Gesellschaft vgl. im selben Buch auch Boli-Bennett (1980).

Die modernisierungstheoretische Formulierung darf hier zwar nicht darüber hinwegtäuschen, daß mit diesen Prozessen oft lokale Ungleichgewichte der Entwicklung und damit soziale Ungleichheit einhergehen. Es bleibt aber für das hier vorgetragene Argument Meyers ein weiterer wichtiger Hinweis:

> "Diese Veränderungen vollziehen sich sehr schnell in dem gegenwärtigen System von Nationalstaaten, nicht in dem vorangehenden Kolonialsystem, von dem man hätte annehmen können, daß dort klare organisatorische Vorhaben für die Implementierung moderner gesellschaftlicher Strukturen bestanden hätten."

Das Staatensystem ist also Ergebnis einer weltweiten Angleichung politisch-administrativer Strukturen und fördert seinerseits die Verbreitung neuzeitlich-moderner Strukturen. Staatlichkeit führt aber nicht aus den Netzen ökologischer und ökonomischer Interdependenz heraus, sondern teilweise, indem sie Modernisierung fördert, geradezu in diese hinein! Zu deren "kooperativer Bewältigung" bedarf es globaler politischer Organisation.[32] Sie kann realistischerweise nur ausgehend vom existierenden Staatensystem erfolgen, das dann als "world polity" (J.W. Meyer) fungiert, also als weltweites politisches Gemeinwesen. Dies ist nicht in einem harmonistischen Sinne mißzuverstehen. Die "world polity" ist kein Ort der Konfliktlosigkeit, sondern jener politische Mechanismus mit dem, - wiederum gilt der Vorbehalt: falls überhaupt - die aus der weltweiten Vergesellschaftung resultierenden Probleme angegangen werden können. Sehen wir uns ihre möglichen Strukturen und Funktionsprobleme kurz an.

Drei politische Strukturmodelle stehen im Wesentlichen zur Bildung der "world polity" zur Verfügung:
- die Versammlung von Staatenvertretern (heute global realisiert in der Generalversammlung der Vereinten Nationen);
- die internationalen Organisationen, welche eventuell mit eigenem Personal Aufgaben anstelle der Staaten erfüllen (so vor allem in der internationalen Leistungsverwaltung, etwa WHO, FAO);
- die auf Dauer angelegte, bereichsspezifische Koordination und Kooperation der Einzelstaaten im Rahmen gemeinsam festgelegter Regeln (internationale Regime).[33]

---

[32] Diese verstanden nicht als Institution, sondern als Prozeß. Rittberger (1988) unterscheidet in diesem Sinne zwischen "international government" und "international governance".
[33] Diese Strukturmodelle schließen sich nicht wechselseitig aus: eine Versammlung von Staatenvertretern ist Bestandteil vieler Internationaler Organisationen; eine internationale Organisation kann (muß aber nicht) im Rahmen eines internationalen Regimes tätig sein. Als Illustration

Alle drei Formen sind von den Staaten abhängig:
- hinsichtlich der Entscheidung zur Teilnahme,
- personell (nur im Bereich der internationalen Organisationen findet sich sowohl direkt angestelltes, nicht von Regierungen entsandtes Personal als auch ausnahmsweise (ILO) direkte Beteiligung gesellschaftlicher Gruppen), und
- finanziell.

Aus dem Interesse der beteiligten Einzelregierungen, denen an der Erhaltung ihrer Handlungsautonomie gelegen ist, ergibt sich dabei de facto, was man als Subsidiaritätsprinzip intergouvernementaler Kooperation bezeichnen könnte: Diese wird, da sie mit Kosten der Abstimmung und eben der Handlungsfreiheit verbunden ist, nicht um ihrer selbst willen angestrebt, sondern praktisch nur dort, wo sie unabdingbar geworden ist. Nicht zufällig steht technischer Zwang daher schon bei den ersten internationalen Organisationen (Weltpostverein) Pate und tut es noch heute (etwa bei der Frage der Verteilung von Satellitenbahnen).

Auch sind die Staaten ungleich sowohl in Bezug des Ausmaßes, in dem sie auf Kooperation angewiesen sind, woraus ihnen dann gegebenenfalls Verhandlungsmacht erwächst, als auch bezüglich ihrer Fähigkeit, zu einer Kooperation finanziell beizutragen und sie somit zu ermöglichen. So stellen H.K. Jacobson und D.A. Kay für den Bereich des internationalen Umweltschutzes fest, daß in der Bereitschaft, einen überproportionalen Kostenanteil zu tragen, eine wichtige Katalysatorfunktion in diesem Sinne leistungsfähiger Staaten liegt.[34] Sie sind daher umworbene Teilnehmer kooperativer Unternehmungen. Auch dies verleiht Macht angesichts der Tendenz, die Teilnehmerzahl auf 'ein notwendiges Minimum' zu begrenzen.

Aus dieser Tendenz wiederum resultiert, daß einige Regierungen an nahezu allen, andere an wenigen Verhandlungstischen sitzen. Für erstere ergibt sich daraus ebenfalls Verhandlungsmacht durch die Möglichkeit, Verknüpfungen (issue-linkages) herzustellen. Macht im Sachbereich wie über mehrere Sachbereiche hinweg wirkt sich bei globaler Entscheidungsfindung aus. Im Ergebnis erhält man daher tatsächlich eine "Hierarchie kooperativer Staatsgewalten" und zwar unabhängig von der Frage neoimperialisitischer Motive[35].

Auch dort jedoch, wo das Verfahren der "one-state-one-vote"-Regel folgt, stellen sich reale Probleme: Die Transaktionskosten steigen rapide mit der Zahl der Teil-

---

der Staatenpraxis vgl. jüngst Ruloff (1988), dessen Schlußfolgerungen über die Rolle staatlicher Kooperation mit den hier vorgetragenen Überlegungen übereinstimmen.
[34] Jacobson/Kay (1983), 325.
[35] Tetzlaff (1980), 528.

nehmer.[36] Globale Entscheidungsprozesse entgehen also nicht dem aus der public-choice-Literatur vertrauten Interdependenzkostendilemma: Je weniger Teilnehmer der Entscheidungsprozeß hat, mit desto geringeren Entscheidungskosten (Zeitaufwand etc.) ist er verbunden; andererseits nehmen mit der Annäherung an die Entscheidung durch einen für alle (Diktatur) die externen Kosten (von der Entscheidung betroffen, aber nicht an ihr beteiligt zu sein) zu. Diese Spannung zwischen Effektivität und Legitimität, wie man auch sagen könnte, hat auf der Ebene der "world polity" einen besonderen Charakter: Politische Verantwortlichkeit ist nicht zwischen Akteuren der "world polity" und der Weltbevölkerung direkt, sondern allenfalls zwischen den beteiligten Regierungen und ihrem jeweiligen nationalen gesellschaftlichen Umfeld institutionalisiert (zum Beispiel durch Wahlen). Diese nationalen gesellschaftlichen Umfelder sind zugleich auch die Quelle der von den Regierungen für internationale Kooperation bereitgestellten Finanzmittel. Zu den Merkwürdigkeiten der "world polity" gehört daher, daß der Ausgang einer Wahl in einem Land - etwa den USA - auf die gesamte Arbeitsweise dieser "polity" durchschlagen kann, wenn statt einer "interdependenzorientierten" eine eher unilateralistisch denkende (und handelnde) Regierung zustande kommt.[37] Derartige Phänomene sind in den Funktionsmechanismus der dezentral organisierten "world polity" eingebaut und begrenzen zugleich ihre Leistungsfähigkeit.

Halten wir also fest, daß aufgrund der bereits eingetretenen Veflechtung nunmehr internationale, ja oft globale Kooperation erforderlich geworden ist. Dies verlangt eine neue, weiter als bisher (im traditionellen Völkerrecht) gehende Selbstorganisation des Staatensystems als dem politischen System der Weltgesellschaft (wir sprachen davon, daß es als "world polity" fungieren muß). Dies bringt, wie gezeigt, eine Reihe neuer Probleme des Staatensystems zum Vorschein. Zugleich bleiben jedoch - analytisch wie praktisch - die klassischen Probleme des Staatensystems als einem Beziehungsgefüge politisch organiserter Kollektive auf der Tagesordnung. Hierzu gehört insbesondere die als Sicherheitsdilemma bekannte Problematik[38], aber auch eine so traditionelle Streitfrage wie die der territorialen

---

[36] Wer etwa den Verhandlungsprozeß der 3. Seerechtskonferenz der Vereinten Nationen verfolgt hat (vgl. hierzu: Wolf (1981) und Buzán (1981)), wird die Ernsthaftigkeit von Verfahrensproblemen einräumen. Wie schwierig die Erzielung von Kompromissen selbst bei begrenzter, noch dazu recht homogener Teilnehmerschaft ist, zeigen regelmäßig die EG-Ratsverhandlungen.
[37] Der Wechsel von Carter zu Reagan, der noch dazu überwiegend innenpolitisch motiviert war, kommt hier als Beispiel in den Sinn.
[38] Nicht also etwa weil die Sicherheitsthematik unbedeutend wäre, sondern weil aus weltgesellschaftlicher Sicht dazu wenig Neues zu sagen ist, wird sie hier nicht näher behandelt.

Abgrenzung. Sie lassen auch in Zukunft neben Interdependenzkonflikten "klassische" Konflikte erwarten, einschließlich solcher, die militärisch ausgetragen werden. Leben in Gesellschaft, auch in der Weltgesellschaft, heißt nie konfliktfreies Leben, wohl aber ein Wissen darum, in welchen Formen diese Konflikte bei Strafe des Untergangs der Gesellschaft ausgetragen werden dürfen.
Soll die Weltgesellschaft, und das heißt: die Menschheit, erhalten bleiben, sind der Mittelwahl heute Grenzen gesetzt. Die sogenannte konventionelle Kriegführung fällt noch immer nicht unter dieses, wohl aber unter ein moralisches und mittlerweile auch völkerrechtliches Verdikt.

2.5 Die Welt 3 der Weltgesellschaft

Die dritte Dimension globaler Vergesellschaftung ist die der normativen und kognitiven Vorstellungen, also das, was man auch als Weltkultur bezeichnen könnte.
Eine ganze soziologische Tradition, vor allem in der Nachfolge von T. Parsons, sieht in der Kultur das, was die Gesellschaft im Innersten zusammenhält. Gerade in kultureller Hinsicht ist die Menschheit aber äußerst uneinheitlich: Eine Vielzahl von Sprachen, Religionen, Ideologien prägt ihr Erscheinungsabild. Nun gilt dies allerdings auch für viele nationale Gesellschaften. Nur in durchaus variablem Ausmaß ist es ihnen gelungen, im Zuge des als "nation-building" bezeichneten Prozesses ein Zugehörigkeitsgefühl bei ihren jeweiligen Mitgliedern zu erzeugen.[39]

Zwei Mechanismen spielen hierbei eine Rolle. Zum einen ist da die Bedrohung durch die soziale Umwelt, also durch als außenstehend, fremd, eben: aus-ländisch empfundene Mächte. Sie verstärkt die Abgrenzung nach außen (teilweise im physischen Sinne durch Grenzanlagen). Der neuzeitliche Territorialstaat stellt in dieser Hinsicht sicher einen Höhepunkt an gesellschaftlicher Schließung dar. Im Inneren verstärkt die (wahrgenommene) äußere Bedrohung die Bereitschaft zu Kooperation (Notgemeinschaft, Burgfrieden etc.). Der Weltgesellschaft, die ja definitionsgemäß alle Menschen umfaßt, steht dieses bewährte Integrationsmittel nicht

---

Allerdings wäre aus unserer Perspektive eine "Entnationalisierung" und Soziologisierung bei der Behandlung dieses Themenkomplexes begrüßenswert, wozu Buzan (1983) vorzügliche Vorarbeit geleistet hat.
[39] Die Literatur über Nationalismus und nation-building ist kaum noch überschaubar. Unter dem neueren Schrifttum stellt Gellner (1983) den lesenswerten Beitrag eines unabhängigen Denkers dar. Alter (1985) gibt einen kurzen Überblick. Anderson (1988) ist interessant wegen der Beispiele aus dem südostasiatischen Raum. Er stellt die Ausbreitung des Konzepts "Nation" durch Lernen an den jeweils historisch vorangegangenen Modellen dar. Umfassend schließlich Reiterer (1988).

zur Verfügung: außerhalb von ihr gibt es keine - oder zumindest keine bekannte - gesellschaftliche Umwelt.

Es gibt jedoch noch einen zweiten, mächtigen Integrationsmechanismus, den die nationalen Gesellschaften sich zunutze gemacht haben und noch heute machen: das Schul- und Bildungssystem als Vermittlungsinstanz einer nationalen Kultur. Typischerweise gehen die Gruppendefinition und damit die nationale Abgrenzung von einer intellektuellen Minderheit[40] (Elite, im deskriptiven Sinne des Wortes) aus und werden von dieser durch die Festlegung der offiziellen Lehrpläne an die Bevölkerungsmehrheit vermittelt. Im Zuge der Ausbreitung regierungsnaher oder gar -kontrollierter Massenmedien werden auch diese häufig zu diesem Zweck eingesetzt. Als selektiver Anreiz für die politischen Unternehmer, die diesen Prozeß der Erzeugung des Kollektivguts "Nation" vorantreiben, winken dabei Führungspositionen in der nationalen Gesellschaft.[41]

Ist aber der Inhalt der nationalen Lehrpläne tatsächlich nur ein nationaler? Dient nicht die weltweite Verbreitung moderner Bildungssysteme auch der Verbreitung von Elementen einer weltweit geteilten, also transnationalen Kultur? Man wird das für den Bereich der kognitiven Vorstellungen behaupten können. Hier ist nämlich in Form der Naturwissenschaften ein Weltbild entstanden, das weltweit geteilt wird. Es wird heute überall vertreten und gelehrt.

Zum erstenmal in der Menschheitsgeschichte wird im Rahmen *eines* Weltbildes und an diesem weltweit gearbeitet, (von einer über den ganzen Globus verteilten "scientific community").[42] Sie stellt zwar wiederum nur eine Minderheit dar. Aber sie steht in transnationalem Kontakt, und die Resultate ihrer Arbeit werden über die weltweit angeglichenen Schulsysteme weitervermittelt. Dabei führt die auf diesem Weltbild aufbauende Technik weltweit zu vergleichbaren Ergebnissen, sei es in der Produktion von Röntgengeräten oder von Raketen. In dieser praktischen Umsetzung hat sich das naturwissenschaftliche Weltbild allen anderen als überlegen erwiesen, und mehr dieser Tatsache denn einer weltweiten Vorliebe für wahre Erkenntnis verdankt es seine globale Verbreitung. Selbst dort, wo die Abgrenzung

---

[40] Während hier auf den *indirekten* Beitrag nationalistischer Eliten zur Welt-3-Angleichung abgehoben wird, betont Rittberger (1973), 55 ff., den *direkten* Beitrag der internationalistisch eingestellten "Intelligenz" zum Prozeß internationaler Organisation. Beide Hypothesen ergänzen sich mehr als daß sie einander widersprächen.

[41] Die Anwendung der Olsonschen Theorie kollektiven Handelns (1965) auf die nation-building-Thematik scheint mir sich anzubieten.

[42] Vgl. hierzu die Notizen eines Insiders dieser "community" bei Thomas (1984).

gegen die neuzeitliche Kultur zum Mittel nationaler Integration wird - ein im Rahmen der Weltgesellschaft durchaus vertrautes Phänomen[43] -, findet diese Strategie ihre Grenzen im Angewiesensein auf die Produkte der modernen Technik. So gelangten die ersten Botschaften des Ayatollah Khomeini aus dem Pariser Exil in den Iran auf den Tonträgern der westlichen Technologien (Kassetten). Es gibt also, und das verdient festgehalten zu werden, im kognitiven Bereich so etwas wie weltweite Einigkeit, und zwar nicht nur bezüglich einzelner wissenschaftlicher Aussagen, sondern auch bezüglich der Methoden ihrer Gewinnung, wobei letztlich eine unabhängige Realität über den praktischen Erfolg entscheidet.

Genau dies ist im normativen Bereich nicht gegeben. Während der wie auch immer motivierte Versuch eines "Verstoßes gegen die Naturgesetze" scheitert - die Affäre Lyssenko ist nur *ein* Beispiel aus der jüngeren Vergangenheit -, ist dies im Fall moralischer Gesetze oft anders. Die individuelle Regelverletzung mag sich auszahlen, zumal wenn sie im Lichte der eigenen Werte nicht als solche erscheint. Für die Weltgesellschaft mit ihrem äußersten Wertepluralismus werden hier die Grenzen einer normativen Integration, die sich auf geteilte Werte stützt, sichtbar. Neben praktizierter Toleranz führt hier nur die Einsicht weiter, daß bestimmte Normen befolgt werden müssen, wenn die Voraussetzungen dieser komplexen Gesellschaft erhalten und das gemeinsame Überleben gesichert werden sollen. Die Klärung "globaler, gemeinsamer Interessen" ist daher nicht ohne Grund in letzter Zeit als wichtige Aufgabe herausgestellt worden. Sie ist zugleich die Einfallspforte für kognitive Erkenntnisformen in den Bereich der transnationalen normativen Diskussion und Errichtung von internationalen Regelwerken (Regimen). Die Existenz gemeinsamer methodischer Standards der Wissensproduktion ist dabei eine wertvolle Grundlage für die Erarbeitung einer gemeinsamen Definition der Situation. So hat etwa die Erkenntnis über die klimatologischen Auswirkungen eines totalen Atomkriegs ("nuklearer Winter") die Definition der Situation entscheidend in die Richtung der Erkenntnis "victory is impossible" verschoben. Einigkeit über die Meßverfahren stellt die technische Voraussetzung eines umfassenden Atomwaffentestverbots dar.

Die Welt 3 der Weltgesellschaft existiert also zunächst in Form von Gedanken(inhalten), die von einer Minderheit der Weltbevölkerung geteilt werden.

---

[43] Vgl. hierzu Tibi (1985).

Diese Minderheit selbst jedoch, das ist entscheidend, ist (wenn auch sehr ungleich) über den ganzen Erdball verteilt. Sie ist durch den Zugang zu inter- beziehungsweise transnationaler Kommunikation gekennzeichnet - und privilegiert, nämlich im Verhältnis zu all jenen lokalen Mehrheiten, die mangels Lesefähigkeit von der Schriftkultur nach wie vor ausgeschlossen sind. Am Abbau dieses Privilegs ist modernisierenden Eliten aber aus entwicklungspolitischem Eigeninteresse gelegen. Durch Schulung möchten sie die nationale kulturelle Entwicklung fördern und tragen damit zugleich zur Verbreitung wichtiger Bestandteile der weltweiten kognitiven Kultur bei.

Zwei Barrieren bestehen jedoch für den transnationalen Informationsfluß. Erstens ist die Gewinnung von Information nicht kostenlos und setzt Ressourcen voraus, die weltweit ungleich verteilt sind. Dies gilt beispielsweise sowohl für die Zahl der Wissenschaftler als auch für die der Fernsehgeräte. Die Rede vom "globalen Dorf" ist daher heute noch irreführend. Tatsächlich weiß und erfährt eine zahlungsfähige Minderheit sehr viel mehr über die Ereignisse und den Zustand der Welt. Dies gilt für den westlichen Fernsehkonsumenten, dem "die ganze Welt ins Wohnzimmer geliefert wird" (ohne daß klar ist, was er damit anfängt; den Folgen der notwendig selektiven Anteilnahme am Weltgeschehen aus zweiter Hand kann hier nicht nachgegangen werden). Es gilt aber auch für manchen Geheimdienst oder multinationalen Konzern: sie wissen häufig mehr über die ausstehende Ernte in einem anderen Land als dessen Regierung. Internationale Organisationen sind daher ein wichtiger Umschlagplatz und eine Quelle von Informationen. Da der Informationsgewinn häufig auf den Nationalstaat bezogen ist, bleibt aber auch im Bereich der weltgesellschaftlichen Selbstananlyse die Information weitgehend national vorstrukturiert. Die zweite Barriere für transnationalen Informationsfluß hat weniger mit dem Können als mit dem Wollen der Regierungen zu tun. Es ist kein Geheimnis, daß etliche Regierungen den Zugang ihrer Bevölkerung zu den Kanälen der transnationalen Kommunikation beschränken. Die Interessen von Regierenden und Regierten decken sich also nicht automatisch. Man könnte dies auch so formulieren: Die Entwicklung der internationalen (intergouvernementalen) und die der transnationalen Kultur stoßen hier aufeinander. Damit ist das Stichwort "internationale Kultur" gefallen, mit dem wir uns im folgenden Abschnitt noch näher befassen wollen.

3. Die Rolle des Völkerrechts im Rahmen der Weltgesellschaft

Im vorausgegangenen Abschnitt haben wir uns mit den Anzeichen für eine weltweite transnationale Kultur beschäftigt. Transnational wurde sie genannt, weil sie aus weltweiter Kommunikation zwischen Menschen resultiert, die keine staatlichen Funktionsträger sind. Unterschieden wurde davon eine internationale beziehungsweise intergouvernementale Kultur. Vorausgehend war bereits argumentiert worden, daß aufbauend auf dem Welt-Staatensystem im Rahmen der Weltgesellschaft, ein weltweites politisches Gemeinwesen, eine "world polity", errichtet werden kann. Die Quintessenz dieses Abschnittes lautet nun: In Gestalt des universellen Völkerrechts liegt dieser "world polity" ein weltweites, vorwiegend auf den Bereich des zwischenstaatlichen Verkehrs bezogenes konzeptuelles System zugrunde, das man als internationale politische Kultur bezeichnen kann.[44] Sehen wir uns schrittweise an, was dies bedeutet.

Zunächst ist es wichtig, daß die Rolle des Völkerrechts hier sozial- nicht rechtswissenschaftlich betrachtet wird. Das Recht wird also weder aus einer normativen Perspektive bewertet, wie es der politischen Philosophie anstünde, noch wird sein normativer Gehalt zu ermitteln gesucht. Das ist Aufgabe der Völkerrechtslehre, deren Ergebnisse hier als gegeben vorausgesetzt werden. Gerade für ein Verständnis des tatsächlichen Wirkens des Rechtes ist es aber wichtig, seinen präskriptiven Charakter zu beachten. Rechtliche Aussagen sind nicht nur Prognosen über das faktische Verhalten der mit ihrer Umsetzung betrauten Personen (wie es von einer bestimmten Richtung der Rechtstheorie gesehen wird). Rechtliche Aussagen schreiben vielmehr Handlungen vor, gewähren Rechte, dienen zur Geltendmachung von Ansprüchen. Verbindlichkeit erlangen diese Rechtssätze allerdings erst dadurch, daß sie ihnen von den Beteiligten zuerkannt wird; dieses Zugeständnis an den Rechtspositivismus scheint mir notwendigerweise mit einer erfahrungswissenschaftlichen Betrachtung des Rechts verbunden zu sein.[45] Dies

---

[44] Vom Völkerrecht als Ausdruck internationaler politischer Kultur spricht bereits W.D. Coplin (1966), 168 ff.
[45] Die an dieser Stelle eigentlich notwendige rechtstheoretische Diskussion des Begriffs "Recht" kann hier nicht geführt werden. Eine rechtstheoretische Position, die der mir vorschwebenden sehr nahe kommt und einer rechtssoziologischen Untersuchung gute begriffliche Grundlagen schafft, findet sich bei MacCormick/Weinberger (1985).

wird gerade im Fall des Völkerrechts, dem eine zentrale Durchsetzungsinstanz fehlt, deutlich.[46]

Die Anerkennung der Verbindlichkeit völkerrechtlicher Normen ist selbst ein politischer Akt, deutlich sichtbar etwa bei der Ratifikation eines Vertrages, implizit bekräftigt bei jeder Entscheidung zu normkonformem Verhalten. Empirisch bedeutet die Anerkennung einer Norm als völkerrechtlich verbindlich eine formale Fixierung von Verhaltenserwartungen, ihre ausdrückliche Festlegung. Eine Verletzung der Norm wird dadurch besser bestimmbar. Für den Verletzer entstehen zusätzliche Kosten, nämlich: als Rechtsbrecher dazustehen. Die Fest- und Zusammenstellung dieser Regeln erfolgt in professionalisierter Form durch die Rechtsstäbe der Regierungen und in zweiter Instanz durch die Völkerrechtswissenschaft. Dabei stehen am Anfang des klassischen Völkerrechts die elementaren Regeln des zwischenstaatlichen Verkehrs, ohne die das Staatensystem überhaupt nicht funktionsfähig wäre, etwa die Regel: pacta sunt servanda, was ja nicht bedeutet, daß keine Vertragsbrüche vorkommen - dann wäre die Regel überflüssig -, sondern daß faktisch jeder Vertragspartner von jedem anderen erwartet, das heißt die implizite Forderung an ihn stellt, daß er einmal geschlossene Verträge auch einhält. Zugleich weiß jeder Partner, daß alle anderen von ihm dasselbe erwarten.

Das Völkerrecht entwickelt sich also zunächst als Minimalkonsens politischer Eliten. Diese legen damit aber zugleich die Struktur der Staatengemeinschaft fest. L.Henkin stellt in diesem Sinne fest:

> "Man neigt zu der Vorstellung, sich Recht nur bestehend aus wenigen, einschränkenden Regeln vorzustellen (...). Aber gerade das Völkerrecht ist sehr viel mehr und von dieser Vorstellung erheblich abweichend. Selbst wenn es keine internationale "Regierung" gibt, so gibt es doch eine internationale "Gesellschaft"; das Recht schließt die Existenz einer solchen Gesellschaft, ihrer Institutionen, der Formen und Verfahren, nach denen die täglichen Aktivitäten ablaufen, ein; die Voraussetzungen, auf die Gesellschaft sich gründet, sowie die Vorstellungen, die sie durchdringen, - Vorstellungen von Status, Rechten, Verantwortlichkeiten und Verpflichtungen, die die Nationen als Teile dieser Gesellschaft eingegangen sind; schließlich die verschiedenen Beziehungen zwischen den Nationen und die Folgen dieser Beziehungen."[47]

---

[46] Die nötigenfalls zwangsweise Durchsetzung innerstaatlichen Rechts verdeckt, daß auch dieses letztlich auf sozialer Akzeptanz beruht, die sich zwar nicht auf jeden einzelnen Akt des Rechtssystems bezieht, wohl aber auf dessen Grundlagen, den Verfassungskonsens. In dem Maße, wie dieser abhanden kommt, setzt entweder der Zerfall der legalen und damit auch der sozialen Ordnung ein - Bürgerkrieg, wie er im Libanon herrscht, exemplifiziert dies -, oder aber es beginnt, falls die Ordnung zwangsweise von der Machelite aufrechterhalten wird, der Übergang von der legitimen Herrschaft des Rechts zur bloß faktischen Herrschaft der Gewalt.
[47] Henkin (1979), 14.

In diesem Zitat kommt klar zum Ausdruck, was hier mit internationaler politischer Kultur gemeint ist. Allerdings bedarf es zweier einschränkender Anmerkungen:
1. Die Beziehungen zwischen den Staaten und ihre Auswirkungen sind entgegen dem Wortlaut des letzten Halbsatzes sinnvollerweise nicht als Teil des internationalen Rechts anzusehen; es handelt sich bei ihnen um die internationale Politik als solche.
2. Der Begriff der Gesellschaft (society) ist bei Henkin ein anderer als der hier als soziologischer Terminus eingeführte. Henkins "society of nations" müßte daher eher mit "Staatengemeinschaft" übersetzt werden, denn der Begriff "Gesellschaft" wurde für ein interindividuelles Beziehungsgefüge zwischen allen Mitgliedern einer jeweiligen Großgruppe von Menschen reserviert, nicht für ein solches zwischen Rollenträgern einer bestimmten Form von Organisation (hier: den staatlichen Funktionsträgern). Das universelle Völkerrecht als internationale politische Kultur stellt demnach ein wichtiges Element der Weltgesellschaft dar, ohne daß dem von ihm strukturierten Staatensystem *als solchem* die Qualität einer Gesellschaft zukommt. Es ist ein soziales (nicht: sozietales) System im Rahmen der Weltgesellschaft.

Zu den im Wege der Konsensbildung regierender Eliten errichteten rechtlichen Grundstrukturen gehört schon im klassischen Völkerrecht die (äußere) Souveränität. Sie ist eine Rechtsposition und lebt somit - anders als bloße Unbezwingbarkeit aufgrund militärischer Stärke - von der über das *Erkennen* eines Faktums hinausgehenden *Anerkennung* eines rechtlichen Prinzips.[48] Die Proklamation der eigenen Souveränität macht nur Sinn, wenn sie von anderen Souveränen, die damit zu prinzipiell Gleichen werden, anerkannt wird. Mit dieser äußeren Souveränität gehen eine Reihe von Rechten einher, weshalb sie zum begehrten Status wird. Mit J.W. Meyer[49] kann man folgende aus dem Status der Souveränität sich ergebende (Vor) Rechte nennen:
- Die Verfügung über Land; tatsächlich ist mit Ausnahme der sogenannten staatsfreien Räume (Hohe See, Weltraum, Antarktis) der ganze Globus mit einem Netz staatlicher Verfügungsansprüche überzogen.
- Die Verfügung über die (eigene) Bevölkerung; sie kennt im klassischen Völkerrecht keine Beschränkung, womit die Bürger dem "Leviathan" ausgeliefert sind; die Ansätze des neueren Völkerrechts, insbesondere seit dem Zweiten Weltkrieg, zum Schutz der Menschenrechte sind denn auch genau der Punkt, wo die Ent-

---

[48] Dies hat jüngst auch Ruggie (1986), 141 ff., betont.
[49] Meyer (1980), 118 ff.

wicklung der internationalen politischen Kultur und die der transnationalen Kultur zusammenstoßen. Erstere beharrt auf dem Verbot von Einmischung und Intervention[50], in letzterer behält das Individuum, wie Meyer schreibt[51], " eine schattenhafte Ursprünglichkeit", weil "die weitergefaßte Kultur auf den Mythen des letztendlich individuellen Fortschritts und der persönlichen Wohlfahrt aufbaut."

- Die Verfügung über Gewaltmittel: Staaten sehen sich als zum Handel mit Waffen legitimiert, wenngleich ihr Gebrauch völkerrechtlichen Beschränkungen zu unterwerfen versucht wurde; der Erwerb von Waffen wird den Staaten völkerrechtlich wiederum erlaubt, das heißt die Staaten erlauben ihn sich selbst. Der etwa im Rahmen des Nichtverbreitungsvertrags vereinbarte Verzicht auf den Erwerb von Nuklearwaffen ist eine bedeutsame Ausnahme, der etliche Unterzeichnerstaaten erhebliche Überwindung gekostet hat. Schließlich suchen die Staaten den nichtstaatlichen Gebrauch von Gewaltmitteln - etwa durch den inter-(eigentlich: trans)nationalen Terrorismus - zu unterbinden (jedenfalls im allgemeinen; offene Unterstützung von Terrorismus wird als Verstoß gegen die internationale politische Kultur angesehen, gerade so wie die Duldung von Seeräuberei).

Insgesamt läuft dies auf eine Delegitimierung anderer als staatlicher Organisationen hinaus. Transnationale Unternehmen mögen mehr Umsatz machen als das Budget manches Staates ausmacht, aber all ihr Geld kann ihnen keine Anerkennung als souveräne Akteure im Spiel der internationalen Beziehungen verschaffen. Aber auch dort, wo sich transnationale "public interests" organisieren - also im Bereich der NGOs - sind sie auf die Unterstützung oder zumindest die Duldung der Staatengemeinschaft angewiesen.

Diese internationale Kultur hat sich, von Europa ausgehend, in Etappen weltweit verbreitet. Große Konferenzen, meist in Nachkriegszeiten, stellen die Wegmarken dar (Westfälischer Friede 1648, Wiener Kongreß 1814/15, Pariser Friedenskonferenz 1919, schließlich die Errichtung des Systems der Vereinten Nationen nach dem Zweiten Weltkrieg). Dieser *Prozeß* der internationalen Organisation sowie die Übernahme der internationalen politischen Kultur durch die im Zuge der Dekolonialisierung entstandenen Staaten sind die Grundlage des Übergangs vom

---

[50] Vgl. hierzu Ritterband (1982) und Hanz (1985).
[51] Meyer (1980), 132.

traditionellen Staatensystem zu seiner Funktionsweise als "world polity". Denn parallel zu dieser Entwicklung beginnt der Wandel der Regelungsinhalte der Völkerrechts, der von Beobachtern als der Übergang "vom Koexistenzvölkerrecht zum Kooperationsvölkerrecht"[52] bezeichnet worden ist. Nicht mehr allein der möglichst reibungslose Verkehr zwischen den politischen Großorganisationen, welche die Staaten darstellen, muß geregelt werden. Aufgrund der zunehmenden Interdependenz, mit anderen Worten: der weltweiten Vergesellschaftung, muß Kooperation über Grenzen hinweg organisiert werden. Dies kann nur durch die als "world politiy" fungierenden Staaten (nebst internationalen Organisationen) geschehen, wobei in den Worten von R.A. Falk "die Tradition des Völkerrechts, abgesehen von allen Unzulänglichkeiten seiner Verwirklichung auf der Weltebene, die am weitesten verbreitete Tradition darstellt, nach Bedingungen einer erträglichen Weltordnung zu suchen. Dabei kann sie sich als einzige auf weithin geteilte Grundsätze und Ziele stützen und stellt eine nahezu universal verbreitete Sprache bereit, in der über die richtige Form der Organisation der Menschheit gesprochen werden kann."[53] Daß dieser Diskurs nicht herrschaftsfrei ist, versteht sich angesichts der realen Ungleichheit der beteiligten Staaten von selbst. Auch ist er nicht konfliktfrei, vielmehr wird im Gegenteil in den Begriffen des Rechts wie um diese (etwa die Bedeutung und damit den Regelungsgehalt des Begriffs" common heritage of mankind", "gemeinsames Erbe der Menschheit"[54]) gestritten. Die Wahl des Rechts als Konfliktaustragungsmedium garantiert dabei jedoch eine gewisse Gleichheit der Beteiligten im Sinne von Gleich*berechtigung* als Verhandlungspartner. Zusammenfassend kann man also mit R. Dore[55] feststellen:

> "Die Unterscheidung zwischen einer Bewegung auf eine Weltgesellschaft und einer Bewegung zu einer Gesellschaft von Staaten hin mag nützlich sein, aber (...) beide Trends ergänzen sich eher als daß sie sich widersprechen."

Für beides habe ich Beispiele genannt: für die wechselseitige Förderung wie Behinderung der Herausbildung von Weltgesellschaft und Staatengemeinschaft, transnationaler und internationaler politischer Kultur.

---

[52] Friedmann (1964), 60 ff.; vgl. auch Bleckmann (1985).
[53] Falk (1976), 148.
[54] Vgl. hierzu wie zu diesem gesamten Abschnitt ausführlicher die Teile II und III meiner Diplomarbeit (1986).
[55] Dore (1984), 418.

Nach der Bestimmung des Begriffes "Weltgesellschaft" bleibt die Frage, welche Aufgaben sich aus dem so verstandenen Gesamtphänomen für die einzelnen Wissenschaften ergeben. Dabei stehen die politikwissenschaftlichen Disziplinen im Vordergrund.

4. Die Weltgesellschaft als Gegenstand wissenschaftlicher Reflexion

4.1 Die Weltgesellschaft und die empirischen Wissenschaften
Die Weltgesellschaft wurde oben als eine naturwissenschaftlich-technische apostrophiert. Hieraus ergibt sich, daß den Naturwissenschaften eine wesentliche Rolle für die Erweiterung unseres Wissens über die Welt-1-Aspekte der Weltgesellschaft zukommt. Mehr Forschung tut hier not (etwa über globale ökologische Zusammenhänge). Da die Wissenschaft auch an der Erzeugung globaler Problemanlagen beteiligt ist, kann sie fürderhin nicht mehr mit einem Selbstbewußtsein betrieben werden, das keine Grenzen kennt. Vielmehr muß die wissenschaftliche Vernunft auch dazu angewendet werden, die eigenen Grenzen zu bestimmen, die des Könnens wie die des Dürfens.[56] Zweitens genügt es nicht, die Anzahl der Experten zu erhöhen. Soll die naturwissenschaftlich-technische Entwicklung nicht hinter dem Rücken demokratischer Mehrheiten erfolgen, ist die Popularisierung naturwissenschaftlicher Grundkenntnisse geradezu ein Gebot der Demokratie.

Kommen wir damit zu den Geistes- und Sozialwissenschaften. Zwei große Themenblöcke scheinen sich mir aus weltgesellschaftlicher Sicht für sie zu ergeben: die Erforschung der (Vor-)Geschichte der Weltgesellschaft und die ihrer gegenwärtigen Strukturen. Ersteres ist ein Unterfangen, daß die Kooperation mindestens von Geschichtswissenschaft, (historischer) Soziologie und Politikwissenschaft erfordert. Da die Weltgesellschaft als Ganze nicht Resultat einer geplanten Entwicklung ist, kommt eine teleologische Erklärung, welche Teilschritte auf dem Weg zur Weltgesellschaft mit deren (späterer) Verwirklichung erklärt, nicht in Frage. Zumindest *ein* neuerer Ansatz, der sich um eine derartig langfristige Erklärung von Geschichtsprozessen bemüht, der Weltsystemansatz I. Wallersteins, ist

---

[56] Vgl. hierzu stellvertretend die beiden Arbeiten von Rescher (1985) und Gierer (1985), die jede auf ihre Weise das wissenschaftstheoretisch geläuterte Selbstverständnis der modernen Wissenschaft zum Ausdruck bringen.

diesem Fehler nicht immer entgangen[57]. Vielmehr kommt es darauf an, nach Trägern weltweiter Vergesellschaftung zu suchen, welche diese aufgrund eines Interesses an globaler Kommunikation fördern, ohne sie notwendigerweise direkt anzustreben. Drei neuzeitliche Institutionen sind als Träger derartiger Interessen zu benennen: der Staat, das private Unternehmen und die Wissenschaft. Alle drei haben sich in einem komplizierten Wechselverhältnis entwickelt und zur Errichtung weltweiter Handlungs- und Kommunikationszusammenhänge beigetragen. Dieses Geschehen in seiner Komplexität zu rekonstruieren, wäre Aufgabe dessen, was hier Vorgeschichte der Weltgesellschaft genannt wurde.[58] Dabei kann aus der vorhandenen Literatur bereits der Schluß gezogen werden, daß es gerade die Existenz eines Staatensystems, also einer Pluralität von Herrschaftszentren war, die nicht nur internen Pluralismus ermöglichte[59], sondern damit auch die Voraussetzungen einer Weltökonomie schuf. Um es nur scheinbar paradox zu formulieren: gerade die Nichtexistenz eines Welt*reiches* hat die Welt*gesellschaft* erst ermöglicht.

Der zweite Analyseschwerpunkt betrifft, aus der Sicht der Disziplin der Internationalen Beziehungen, die Untersuchung jener politischen Prozesse und Strukturen, welche die mittlerweile eingetretene trans- und internationale Interdependenz zu verarbeiten suchen. Drei Punkte sind für die hierauf spezialisierte sogenannte interdependenztheoretische Richtung der Disziplin[60] von Bedeutung.
1. "Interdependence-issues" weisen eine Reihe von spezifischen Merkmalen auf. Rosenau[61] nennt folgende vier:
- Komplexität, zum Teil aufgrund der technischen Natur;
- Beteiligung nichtstaatlicher Akteure;
- Fragmentierung der nationalen Entscheidungsprozesse (durch Beteiligung von Fachbürokratien und deren Klientelgruppen);

---

[57] Zu Wallersteins Ansatz vgl. ders. (1974) und (1980) sowie als Gesamtüberblick des Unternehmens (1979). Die Kritik an seinem teleologischen Holismus findet sich bei Skocpol (1977).
[58] Die mangelnde Berücksichtigung des Staatensystems als Gefüge von Herrschaftsverbänden kritisiert Zolberg (1981) zu Recht an Wallerstein. Die Wechselwirkung zwischen der Stellung von Staaten im Staatensystem und der Leistungsfähigkeit ihrer nationalen Wirtschaft und Wissenschaft betont jüngst Kennedy (1987). Für den Zusammenhang von Staat und Wissenschaft vgl. Schmandt (1981). Cox (1987), der jeglichen Ökonomismus zu vermeiden versucht, legt dennoch großen Wert auf die weltweite Produktionsstruktur.
[59] So Wesson in seinem wichtigen Buch (1978) sowie jüngst Hall (1985).
[60] Vgl. als Überblick hierzu Maghroori/Ramberg (1982); das "Zentralorgan" der Interdependenzforscher ist die Zeitschrift "International Organization".
[61] Rosenau (1980), 41 f.

- Erforderlichkeit langfristiger Kooperation, da einseitiges Handeln ineffektiv wäre.
2. Da somit eine Reihe von traditionell der Innenpolitik vorbehaltenen Bereiche der "low politics" internationalisiert werden, reagiert die Analyse der internationalen Politik darauf durch einen sachbereichsspezifischen Zugang: sie analysiert nicht mehr internationale Politik als solche, und schon gar nicht mehr ausschließlich - aber natürlich weiterhin *auch* - Sicherheitspolitik, sondern zum Beispiel internationale Währungspolitik, Gesundheitspolitik, Umweltpolitik etc.
3. Aus unseren Überlegungen zur "world polity" so wie aus dem vierten von Rosenau genannten Merkmal der Interdependenzprobleme erklärt sich schließlich das Interesse für internationale Organisationen und Regime. Erstere sind nicht nur der Ort, an dem sich internationale Sachbereichspolitik häufig vollzieht. In Gestalt des damit betrauten Personals taucht auch eine weitere Gruppe auf, die an internationaler Kommunikation nun direkt (nicht nur, aber auch weil sie davon lebt) interessiert ist. Letztere sind, entgegen einer berechtigten Warnung[62], doch mehr als ein Modeprodukt politikwissenschaftlicher Theoriebildung. Ihre Identifikation ist *eine* adäquate Antwort auf die geänderte, weltgesellschaftliche Realität.

Eine Fülle weitere empirischer Fragen aus weltgesellschaftlicher Sicht (etwa nach den Strukturen sozialer Ungleichheit; danach, was die Mitglieder dieser globalen Gesellschaft über sie erfahren) wäre denkbar, kann aber hier nicht einmal mehr angedeutet werden. Statt dessen wollen wir uns abschließend einigen normativen Überlegungen zuwenden.

4.2 Die Weltgesellschaft und die normativen Wissenschaften
Zu den normativen Wissenschaften sollen hier, wenn auch im jeweils unterschiedlichen Sinn, die Völkerrechtslehre und die politische Philosophie gerechnet werden. Zu ersterer sei nur kurz folgendes gesagt: Wenn die Bestimmung der Rolle des Völkerrechts im Rahmen der Weltgesellschaft, wie sie oben vorgenommen wurde, zutreffend ist, so kommt der Disziplin als *ganzer* - zweifellos nicht mehr dem einzelnen Vertreter des Faches -, die Aufgabe zu, die konzeptuellen Grundlagen der "world polity" mitzugestalten, ganz ähnlich, wie es das öffentliche Recht für den neuzeitlichen Staat getan hat.[63] Eine gute Portion kreativen juristischen Denkens wird hierzu erforderlich sein.

---

[62] Vgl. Strange (1983).
[63] Vgl. dazu jetzt Stolleis (1988), bes. 394 ff.

Für eine politische Philosophie ergeben sich aus der als weltgesellschaftlich geschilderten Lage zwei neue Aufgaben.

1. Politische Philosophie sucht die Grundsätze richtigen politischen Handelns sowie die Kriterien der Legitimität politischer Institutionen zu begründen. Sie tut dies traditionell für die staatlich verfaßte Gesellschaft. Sie hat es nunmehr auch für die dezentral organisierte "world polity" zu tun. Die Frage der Moralität in den internationalen Beziehungen betrifft also nicht mehr nur die interne Legitimität von Außenpolitik sowie deren normative Limitierung durch Unterlassungspflichten im Verhältnis zwischen Staaten. Es geht darüber hinaus darum, welches die politischen Strukturen sind, die der wechselseitigen Abhängigkeit und der globalen Verantwortung der Mitglieder der Weltgesellschaft gerecht werden. Dabei stehen Fragen der Verteilungsgerechtigkeit an prominenter Stelle der philosophischen Diskussion: Ch. Beitz hat etwa vom Standpunkt einer kosmopolitischen Moral die Anwendung Rawlsscher Verteilungsgrundsätze auf globaler Ebene gefordert.[64] Andere Autoren wollen in der Anerkennung von "duties beyond borders"[65] nicht so weit gehen. Immerhin zeigt aber eine eingehende Diskussion der moralischen Erheblichkeit von Staatsgrenzen, daß nicht jedes traditionell angeführte Argument, das die bevorzugte Berücksichtigung von Landsleuten gegenüber jenseits der eigenen Staatsgrenzen lebenden Menschen rechtfertigen soll, aus ethischer Sicht stichhaltig oder auch nur relevant ist.[66] Staaten, so kann man mit A. Linklater sagen, können nicht behaupten, "sie hätten nicht-verhandelbare Rechte, allein aufgrund ihrer puren Existenz, die über die Anerkennung des grundsätzlichen Anspruches hinausgingen, ein Instrument zur Förderung eines lokalen Gemeinwohls zu sein."[67] Daraus folgt dann aber auch, daß interne Gerechtigkeit eines Staates ethisch höher zu bewerten ist als sein Souveränitätsanspruch. Wo letzterer nur dazu dient, Kritik von außen an intern ungerechten Zuständen abzuwehren, verliert er an Berechtigung. Auch für Beitz folgt aber hieraus nur, "daß es Umstände gibt, unter denen eine Intervention moralisch erlaubt sein mag, aber nicht, daß eine solche Intervention immer moralisch geboten ist."[68] Dem kommt der aktuelle Stand des Völkerrechts erfreulich nahe.

2. Die zweite Aufgabe der politischen Philosophie ist die Diskussion der gesteigerten Verantwortung, die sich aus dem gewachsenen Vermögen und Können

---

[64] Beitz (1979), bes. 125 ff.
[65] Vgl. Hoffmann (1981).
[66] Hierzu Dagger (1985).
[67] Linklater (1982), 195.
[68] Beitz (1979), 91.

der Menschheit ergibt. Hans Jonas war es vor allem, der daraus den neuen Imperativ der Verantwortungsethik abgeleitet hat: "Handle so, daß die Wirkung deiner Handlungen verträglich sind mit der Permanenz echten menschlichen Lebens auf Erden."[69] Dabei ist diese Verantwortung global im zweifacher Hinsicht: sie umfaßt den ganzen Globus als Biotop der Menschheit und sie betrifft auch unser Verhältnis zur Nachwelt. Nötig sind also sowohl eine Ethik für den Umgang mit der Natur[70] als auch der Verantwortung für zukünftige Generationen.[71] In beiden Fällen geht es nicht *nur* um politisch-staatliches, gar internationales Handeln. Vielmehr kann die Verantwortung beim einzelnen beginnen. Kein einzelner ist zwar für die Gesamtentwicklung im Rahmen der Weltgesellschaft verantwortlich. Das kann aber auch nicht heißen, daß die Verantwortung jedem einzelnen, das hieße im Ergebnis: allen, abgenommen ist. Das Ausmaß der Verantwortung wächst aber im Verhältnis zur technischen und/oder sozialen Verfügungsgewalt, und insofern kommt staatlichem Handeln eine besondere Verantwortung zu.

5. Schlußbetrachtung

Der vorliegende Beitrag stellt den Versuch dar, ein Verständnis von "Weltgesellschaft" für den interdisziplinären Gebrauch zu erarbeiten und einige sich daraus ergebende Fragen vom politikwissenschaftlichen Standpunkt aus zu skizzieren. Die Ergebnisse lassen sich wie folgt zusammenfassen.
Weltgesellschaft ist die globale Verflechtung aller Menschen in mindestens drei Dimensionen (Welten). Die erste Dimension ist die der ökologischen Rahmenbedingungen menschlicher Existenz. Sie sind heute nicht nur lokal, sondern global gefährdet durch die Auswirkungen menschlichen Tuns. Die Menschheit ist damit für die Aufrechterhaltung ihrer eigenen Existenzbedingungen in globalem Maßstab zuständig geworden. Dies ist der Welt-1-Aspekt der Weltgesellschaft.
Die zweite Dimension ist die der weltweiten Handlungszusammenhänge. Als besonders wichtig erscheinen dabei der Weltmarkt und das Weltstaatensystem. Beide haben sich unter komplizierter Wechselwirkung entwickelt. Beide tragen zur weltweiten Vergesellschaftung bei. Der Weltmarkt wirkt als Transmissionsmechanismus für nationalgesellschaftlichen Entwicklungsdruck. Eine ähnliche Rolle spielte

---

[69] Jonas (1979), 36.
[70] Dazu jetzt grundlegend Brennan (1988); vgl. auch Taylor (1986).
[71] Siehe Birnbacher (1988).

(und spielt teilweise noch heute) die Konkurrenz der Staaten untereinander. Diese haben aber auch im klassischen Völkerrecht Spielregeln für ihre Beziehungen miteinander festgelegt. Neben dem globalen transnationalen Zusammenhang der Wirtschaft gibt es somit den globalen internationalen der Staaten.

Schließlich erfolgt durch diese weltweite Interaktion nicht nur ein Austausch materieller Güter, sondern auch immaterieller Gedankeninhalte. Dabei kommt es zu einer globalen Vereinheitlichung im Bereich der kognitiven Vorstellungen (naturwissenschaftliches Weltbild), aber auch der Modelle und Leitvorstellungen für soziale Institutionen ("Isomorphismus"). Träger dieser Elemente einer weltweiten Kultur sind zunächst die modernisierenden Eliten der Bereiche Wirtschaft, Wissenschaft und Staat, die aufgrund ihrer binnengesellschaftlich führenden Stellung für die Verbreitung und Umsetzung ihrer Vorstellungen hohe Erfolgschancen haben.

Die internationalen, das heißt innerhalb eines Staatensystems ablaufenden Beziehungen haben, ausgehend von der Konkurrenz zunächst unter den europäischen Staaten, zur Herausbildung der weltweiten Vergesellschaftung beigetragen. Daß am Beginn dieses säkularen Prozesses nicht ein *imperiales* Weltreich, sondern eine Pluralität von Herrschaftsverbänden, das heißt ein *internationales* Staatensystem stand, ist kein Zufall. Diese Pluralität war Voraussetzung für die Entstehung von gesellschaftlichem Pluralismus innerhalb der beteiligten Nationen. Nur in einem solchen Rahmen konnte eine von staatlichen Eingriffen (nicht: Vorleistungen) freie Wirtschaft Fuß fassen, die ihrerseits das transnationale Netz des Weltmarktes zu knüpfen begann.

Die kollektive Bearbeitung der globalen Folgen der damit ausgelösten dynamischen Entwicklung kann nur durch einen Prozeß inter-nationaler Organisation erfolgen. Hierfür wurden drei Strukturmodelle: Versammlung der Staatenvertreter, internationale Organisation und internationales Regime, benannt und deren Probleme angesprochen. Sie sind durchaus beachtlich. Dennoch bleibt einer bereits so weitgehend weltgesellschaftlich integrierten Menschheit, die zwar in Staaten, nicht aber in einem Weltstaat lebt (und leben will), nur die dezentrale Selbstorganisation des Staatensystems, das als "world polity" fungieren muß. Konkurrenz der Staaten untereinander stand Pate bei der Entstehung der Weltgesellschaft, Kooperation der Staaten miteinander wird für ihren Erhalt - und damit den der Menschheit - unerläßlich sein.

Literaturangaben

Alter, Peter, Nationalismus, Frankfurt a.M. 1985.

Anderson, Benedict, Die Erfahrung der Nation. Zur Karriere eines erfolgreichen Konzepts, Frankfurt a.M./New York 1988.

Beitz, Charles, Political Theory and International Relations, Princeton 1979.

Birnbacher, Dieter, Verantwortung für zukünftige Generationen, Stuttgart 1988.

Bleckmann, Albert, Zur Entwicklung des modernen Souveränitätsdenkens, in: Aus Politik und Zeitgeschichte B 43/1985, 3-13.

Bodemer, Klaus, Globalmodelle, in: Andreas Boeck (Hg.), Internationale Beziehungen (Pipers Wörterbuch zur Politik Bd. 5), München/Zürich 1984, 175-182.

Boli-Bennett, John, Global Integration and the Universal Increase of State Dominanse, 1910-1970, in: A. Bergesen (Hg.), Studies of the Modern World-System, New York 1980, 77-107.

Brennan, Andrew, Thinking About Nature. An Investigation of Nature, Value and Ecology, London 1988.

Bull, Hedley, The Anarchical Society. A Study of World Oder in World Politics, London 1977.

Buzan, Barry, Negotiating by Consensus: Development in Technique at the United Nations Conference on the Law of the Sea, in: American Journal of International Law 75, 1981, 2, 324-348.

ders., People, States and Fear. The National Security Problem in International Relations, Brighton 1983.

Campbell, Bernard, Ökologie des Menschen. Unsere Stellung in Natur von der Vorzeit bis heute, München 1985.

Coplin, William D., The Functions of International Law, Chicago 1966.

Cox, Robert W., Production, Power and World Order, New York 1987.

Czempiel, Ernst-Otto, Internationale Politik, Paderborn 1981.

Dagger, Richard, Rights, Boundaries, and the Bond of Community: A Qualified Defense of Moral Parochialism, in: American Political Science Review, 79, 1985, 2, 436-447.

Diner, Dan, Imperialismus, Universalismus, Hegemonie. Zum Verhältnis von Politik und Ökonomie in der Weltgesellschaft, in: Iring Fetscher, Herfried Münkler (Hg.), Politikwissenschaft. Begriffe-Analysen-Theorien. Ein Grundkurs, Reinbek 1985, 326-360.

Dore, Ronald, Unity and Diversity in World Culture, in: Hedley Bull, Adam Watson (Hg.), The Expansion of International Society, Oxford 1984, 406-424.

Falk, Richard, The Role of Law in World Society: Recent Crisis and Future Prospect, in: W.M. Reisman/B.H.Weston (Hg.), Toward World Order and Human Dignity. Essays in Honour of Myres S. McDougal, New York/ London 1976, 132-166.

Friedmann, Wolfgang, The Changing Structure of International Law, London 1964.

Gantzel, Klaus Jürgen, Einführendes Vorwort, in: ders. (Hg.), Herrschaft und Befreiung in der Weltgesellschaft, Frankfurt a.M./New York 1975, 9-22.

Gellner, Ernest, Nations and Nationalism, Oxford 1983.

Gierer, Alfred, Die Physik, das Leben und die Seele. Anspruch und Grenzen der Naturwissenschaft, München 1985.

Giesen, Bernhard, Makrosoziologie. Eine evolutionstheoretische Einführung, Hamburg 1980.

Gilpin, Robert, The Political Economy of International Relations, Princeton, N.J. 1987.

Hall, John A., Powers and Liberties. The Causes and Consequences of the Rise of the West, Oxford 1985.

Hanz, Martin, Zur völkerrechtlichen Aktivlegitimation zum Schutz der Menschenrechte, München 1985.

Heinsohn, Gunnar/Steiger, Otto, Geld, Produktivität und Unsicherheit im Kapitalismus und Sozialismus, in: Leviathan 9, 1981, 2, 164-194.

Heintz, Peter, Theory of Societal Systems, in: ders. (Hg.), A Macrosociological Theory of Societal Systems, Bd. 1, Bern 1972, 127-139.

ders., Die Weltgesellschaft im Spiegel von Ereignissen, Diessenhofen 1982.

Henkin, Louis, How Nations behave - Law and Foreign Policy, 2. Aufl., New York 1979.

Hoffmann, Stanley, Duties Beyond Borders, Syracuse/New York 1981.

Jacobson, Harold K./Kay, David A., Conclusion and Policy, in: dies. (Hg.), Environmental Protection. The International Dimension, Totowa 1983, 310-332.

Jonas, Hans, Das Prinzip Verantwortung, Frankfurt a.M. 1979 (u. ö.).

Kennedy, Paul, The Rise and Fall of the Great Powers. Economic Change and Military Conflict from 1500 to 2000, New York 1987.

Linklater, Andrew, Men and Citizens in the Theory of International Relations, London 1982.

List, Martin, Völkerrecht und Weltgesellschaft. Versuch einer Bestimmung des Begriffs "Weltgesellschaft" und exemplarische Betrachtungen zur Rolle des Völkerrechts beim gegenwärtigen Wandel der internationalen Beziehungen, MS, Hamburg 1986.

Luhmann, Niklas, Die Weltgesellschaft, in: Archiv für Rechts- und Sozialphilosophie, 57, 1971, 1, 1-35.

ders., Stichwort "Gesellschaft", in: Werner Fuchs u.a. (Hg.), Lexikon zur Soziologie, 2. Aufl., Opladen 1978, 267.

ders., The Evolutionary Differentiation between Society and Interaction, in: Jeffrey C. Alexander et al. (Hg.), The Micro-Macro Link, Berkeley 1987, 112-131.

MacCormick, Donald N./Weinberger, Ota, Grundlagen des Institutionalistischen Rechtspositivismus, Berlin 1985.

Maghroori, Ray/Ramberg, Bennett (Hg.), Globalism Versus Realism: International Relations' Third Debate, Boulder, Col. 1982.

Marx, Karl/Engels, Friedrich, Manifest der Kommunistischen Partei (1948), Reclam-Ausgabe, Stuttgart 1972.

Meadows, Dennis u.a., Die Grenzen des Wachstums, Stuttgart 1972.

Menzel, Ulrich, Der Differenzierungsprozeß in der Dritten Welt und seine Konsequenzen für den Nord-Süd-Konflikt und die Entwicklungstheorie, in: Politische Vierteljahresschrift 24, 1983, 1, 31-59.

Meyer, John W., The World Polity and the Authority of the Nation-State, in: A. Bergesen (Hg.), Studies of the Modern World-System, New York 1980, 109-137.

Olson, Mancur, The Logic of Collective Action. Public Goods and the Theory of Groups, Cambridge, Mass. 1965.

Popper, Karl R., Objektive Erkenntnis: Ein evolutionärer Entwurf, Hamburg 1973 (u.ö.).

ders./Eccles, John C., Das Ich und sein Gehirn, München 1982.

Rescher, Nicholas, Die Grenzen der Wissenschaft, Stuttgart 1985.

Reiterer, Albert F., Die unvermeidbare Nation. Ethnizität, Nation und nachnationale Gesellschaft, Frankfurt a.M./New York 1988.

Rittberger, Volker, Evolution and International Organization. Toward a New Level of Sociopolitical Integration, Den Haag 1973.

ders., Frieden durch Assoziation und Integration? Anmerkungen zum Stand der Forschung über Internationale Organisationen und Regime, MS, Tübingen 1988.

ders./Wolf, Klaus-Dieter, Problemfelder internationaler Beziehungen aus politologischer Sicht (Tübinger Arbeitspapiere zur Internationalen Politik und Friedensforschung, Nr. 5), 2. Aufl., 1988.

Ritterband, Charles P., Universeller Menschenrechtsschutz und völkerrechtliches Interventionsverbot, Bern/Stuttgart 1982.

Rosenau, James N., Capabilities and Control in an Interdependent World, in: ders., The Study of Global Interdependence. Essays on the Transnationalization of World Affairs, London 1980, 35-52.

Rota, Franco P., Menschen-Staaten-Umwelt. Ethologisch-sozialwissenschaftliche Grundlagen und Skizzen internationaler Umweltpolitik, München 1986.

Ruggie, John G., Continuity and Transformation in the World Polity: Toward a Neorealist Synthesis, in: Robert O. Keohane (Hg.), Neorealism and its Critics, New York 1986, 131-157.

Ruloff, Dieter, Weltstaat oder Staatenwelt. Über die Chancen globaler Zusammenarbeit, München 1988.

Schmand, Jürgen, Toward a Theory of the Modern State: Administrative Versus Scientific State in: Joseph S. Szyliowicz (Hg.), Technology and International Affairs, New York 1981, 43-97.

Skocpol, Theda, Wallerstein's World Capitalist System: A Theoretical Critique, in: American Journal of Sociology, 82, 1977, 5, 1075-1090.

Spero, Joan E., The Politics of International Economic Relations, 2. Aufl., London 1982.

Stolleis, Michael, Geschichte des öffentlichen Rechts in Deutschland, 1. Band 1600-1800, München 1988.

Strange, Susan, States and Markets. An Introduction to International Political Economy, London 1988.

Strassoldo, Raimondo, Temi di Sociologia delle Relazioni Internazionali (Quaderni dell' Istituto di Sociologia Internazionale di Gorizia, Nr. 5), Gorizia 1979.

Taylor, Paul W., Respect for Nature. A Theory of Environmental Ethics, Princeton 1986.

Tetzlaff, Rainer, Die Weltbank: Machtinstrument der USA oder Hilfe für Entwicklungsländer?, München 1980.

Thomas, Lewis, Scientific Frontiers and National Frontiers: A Look Ahead, in: Foreign Affairs, 62, 1984, 966-994.

Tibi, Bassam, Der Islam und das Problem der kulturellen Bewältigung sozialen Wandels, Frankfurt a.M. 1985.

Toynbee, Arnold J., Der Gang der Weltgeschichte, 2 Bde., 3. Aufl., München 1979.

Wallerstein, Immanuel, The Modern World System, 2 Bde., New York 1974/80.

ders., Aufstieg und künftiger Niedergang des kapitalistischen Weltsystems. Zur Grundlegung vergleichender Analyse, in: Dieter Senghaas (Hg.), Kapitalistische Weltökonomie. Kontroversen über ihren Ursprung und ihre Entwicklungsdynamik, Frankfurt a.M. 1979, 31-67.

Wesson, Robert G., State Systems. International Pluralism, Politics, and Culture, New York 1978.

Wolf, Klaus Dieter, Die Dritte Seerechtskonferenz der Vereinten Nationen. Beiträge zur Reform der internationalen Ordnung und Entwicklungstendenzen im Nord-Süd-Verhältnis, Baden-Baden 1981.

Zolberg, Aristide R., Origins of the Modern World-System: a Missing Link, in: World Politics, 33, 1981, 2, 253-281.

Kurt P. Tudyka

WELTGESELLSCHAFT - UNBEGRIFF UND PHANTOM

Das Thema des 15. wissenschaftlichen Kolloquiums der Arbeitsgemeinschaft Friedens- und Konfliktforschung "Konflikte in der Weltgesellschaft und Friedensstrategien" setzt eine Erscheinung voraus und bedient sich dafür eines Begriffes, die geklärt werden sollten, bevor über vermeintliche Teilaspekte diskutiert wird. Es handelt sich um den Ausdruck "Weltgesellschaft", dessen Substanz und theoretischer Zusammenhang - wenn es den gibt - sowie dessen empirische Richtigkeit belegt und erklärt werden müssen, weil hier jedes "Von-Selbst-Verstehen" eine babylonische Verwirrung der Sprache und des Verstehens auslösen muß. Denn das Wort gehört in keiner der Disziplinen, die Friedens- und Konfliktforschung betreiben, zum gebräuchlichen begrifflichen Vokabular und hat darum auch keinen Eingang in wissenschaftliche Lehr- und Wörterbücher gefunden. Das Thema des Kolloquiums und der nachfolgenden Publikationen bietet freilich keine Premiere, punktuell ist der Ausdruck schon früher verwandt worden und zwar meistens ohne ausführliche Explikation und soweit erkennbar immer wieder auf divergierende Weise. Das begründet noch mehr die Frag-Würdigkeit und das Bedürfnis nach Klärung der gewählten Begrifflichkeit.[1]

Zu fragen ist, ob der Ausdruck "Weltgesellschaft" bisheriges Begreifen von Gesellschaft oder Welt fortentwickelt, was er bezeichnen will und ob das bisher von anderen Bezeichnungen noch nicht oder unzutreffend erfaßt worden ist, ob also etwa bislang Unentdecktes treffend erhellt wird. Nur eine befriedigende Antwort auf diese Fragen kann in einem wissenschaftlichen Diskurs seinen Gebrauch rechtfertigen.

---

[1] Burton (1965, 1972) gebrauchte den Ausdruck zunächst ambivalent, so zog er 1965, 151 ff. "Weltgemeinschaft" vor; unter Berufung auf ihn haben Banks (1984) und andere "world society" pluralistisch zurecht frisiert. Gantzel (1972) spricht unterschiedslos von "Weltgesellschaft" und "internationaler Gesellschaft", und erklärt später (1975), 10, daß "die Weltgesellschaft noch nicht auf den Begriff gebracht (ist)". Ähnlich verhält sich Röhrich (1978), 11, 144, der ebenfalls anmerkt, daß dem Wort "noch keine genaue Definition zuteil wurde". Bull (1985) 32, spricht auch von "internationaler Gesellschaft" oder "Staatengesellschaft". Ich habe einmal die existierende Weltgesellschaft von kapitalistischen Staaten und eine tendenziell entstehende Weltgesellschaft sozialer Schichten erwähnt (1972), 14, 21.

Zuerst soll kurz inventarisiert werden, was im bisherigen Gebrauch mit dem Wort "Weltgesellschaft" gemeint wurde. Soweit auffindbar, erfolgte seine Verwendung in vier Varianten.

In der ersten Variante dient "Weltgesellschaft" als Metapher für Erdbevölkerung oder Welt und gelegentlich als emphatisches Substitut für Menschheit, Völkerfamilie oder für "Weltdorf" und "Raumschiff Erde". Dabei werden neuerdings die universell gefährdeten natürlichen Lebensgrundlagen als Folge der technisch-naturwissenschaftlichen Produktionsweise betont.[2]

In der zweiten Spielart steht "Weltgesellschaft" für ein Ensemble nationaler Einheiten, gewöhnlich Staaten, die gemeinsame Werte, Interessen, Ziele und Regeln, etwa im Sinne des Völkerrechts, anerkennen. Bei dieser Art "Weltgesellschaft" handelt es sich also um einen nichteingetragenen, losen Verein mit einer weltweiten Mitgliedschaft nationaler Akteure.[3]

Die dritte Variante versteht sich als eine neue Schule der Lehre von den internationalen Beziehungen. Bei ihr ist "Weltgesellschaft" eine globale Vernetzung subnationaler Einheiten, wie das etwa auch im Begriff des "transnationalen Systems" anklingt. Dem Billiardspiel ähnlichem "Staatenparadigma" wird das Paradigma eines weltweiten spinnennetzartigen Pluralismus gegenübergestellt.[4]

Die vierte Spielart schließlich verwendet das Wort, um auf bestimmte Aspekte globaler sozialer und ökonomischer Verflechtung aufmerksam zu machen. Beispielsweise ist eine Weltzivilisation entstanden, die "Welt" ist nach einigen Jahrhunderten kapitalistisch geworden, sie ist national und sozial hierarchisch gegliedert, sie besteht aus einer Gesamtheit der einzelnen Gesellschaftsformationen (in der Rangordnung Produktionsweise-Gesellschaftsformation-Weltgesellschaft) und sie ist herrschaftlich mit einseitigen Abhängigkeiten strukturiert. Nach dieser Lesart folgt aus Weltwirtschaft Weltgesellschaft.[5]

---

[2] Gantzel (1972), 107, "die heute praktisch identisch ist mit der Weltbevölkerung". Auf die gemeinsam bedrohte ökologische "Welt"(!) verweist List (1988), 7 f.
[3] Bull (1985), 32.
[4] Burton (1972), Groom (1978), Banks (1984).
[5] Gantzel (1975), 10 ff. geht es um die drei "Aspekte": Kapitalismus, Hierarchie und Abhängigkeit, Röhrich (1978), 144, 147, sieht Weltgesellschaft aus der kapitalistischen Weltwirtschaft erwachsen. Ähnlich Leurdijk (1987).

Aufgrund dieser Übersicht ist schone erkennbar, daß es den Autoren mit der Verwendung des Wortes nicht um eine Ergänzung von "Gesellschaft" um "Welt" sondern um "Welt" geht, die mit irgendeinem Attribut von "Gesellschaft" qualifiziert werden soll. Die "Welt" wurde auf die oder andere Weise problematisch, also nach der von ihnen geweckten Vorstellung "vergesellschafte(lich)t",- was das auch immer heißt. Die Verständigung darüber geht noch sehr auseinander. Somit wäre der Ausdruck von Anfang an falsch formuliert, weil aus "vergesellschafte(lich)ter Welt" sprachlich keine Weltgesellschaft gemacht werden kann. Ferner ist deutlich, daß innerhalb der ersten beiden Varianten mit dem Wort "Weltgesellschaft" (un)ziemlich anspruchs- und gedankenlos umgesprungen wird; hier könnte auf den Ausdruck verzichtet werden. Das, was er bezeichnet, ist nicht neu, und dafür bestehen andere treffendere Begriffe.

Die letzten beiden Varianten wecken zudem ein wenig den Anschein, mit einer gesellschaftstheoretischen Vorstellung die Wortwahl zu rechtfertigen; freilich wäre das ein sehr kümmerliches Bild von Gesellschaft, das hier global extrapoliert würde. Welcher Begriff reduziert Gesellschaft auf die Beziehungen von Gruppen oder auf die kapitalistische Produktionsweise?

Gegen die dritte Variante des Wortgebrauchs ist in Besonderem einzuwenden, daß die Bezeichnung "transnationales System" das Gemeinte bereits ausreichend und treffender bezeichnet, weil der "globale" Anspruch, den "Weltgesellschaft" suggeriert, durch eine Operationalisierung empirisch nicht einzulösen ist. Darüber hinaus ist allgemein zu fragen, ob das Erkenntnisinteresse und der Wert einer solchen Analyse nicht zu mager sind.

Zur vierten Spielart der Verwendung des Ausdrucks "Weltgesellschaft" ist schließlich eigens anzumerken, daß das Spezifische des Gemeinten im Verhältnis zur Weltwirtschaft ebenso wenig erklärt wird wie dessen Unterscheidung von Gesellschaft als solcher. Außerdem ist das Gemeinte zumindest als Tendenz und partielle Erscheinung weder neu noch neu zu entdecken, und nach ein- oder zweihundert oder gar noch mehr Jahren erscheint die Kreation eines neuen Namens dafür als nicht mehr als ein Gag. Ein solches Verdikt ist zumal dann begründet, wenn damit auch noch das schon reale Bestehen eines weltumfassenden und alle Welteile dicht erfassenden Maschenwerks von Beziehungen, Verknüpfungen, Arbeitsteilung, Austausch und Kreisläufen vorgespiegelt würde. Denn das wäre

- empirisch betrachtet - unhaltbar, weil im internationalen System nur wenige Teile so dicht vermascht sind, wie beispielsweise die nordatlantischen Staaten und Gesellschaften zwischen Nordamerika und Westeuropa, daß darum von "Vergesellschaftung" - was das auch immer heißt - der Welt gesprochen werden könnte. Und selbst hier können die angeschwollenen grenzüberschreitenden Güterströme, Verkehrsflüsse, Informationsmassen und Kreditbeziehungen täuschen, worauf Daniel Frei wieder aufmerksam machte, wenn man nicht das Verhältnis dieser Außenbeziehungen zu den Binnenbeziehungen berücksichtigte. Da ließe sich feststellen, daß der Quotient für den Bereich Handel beispielsweise (gesamter Welthandel geteilt durch die Summe aller Binnenhandelsziffern) im 19. Jahrhundert höher lag als heute, wo er auf 65 Prozent gefallen ist. "Der einzelne Staat wird durch die Verflechtung keineswegs erodiert oder gar hinfällig".[6] Hinzuzufügen wäre, daß zumindest ein merkwürdiger Begriff von Gesellschaft empirisch auf der Potenz beliebiger Beziehungen begründet würde.

Der Begriff "Internationalisierung" weist im übrigen nicht auf "(Welt)Gesellschaft"; was er meint, setzt sie voraus. Internationalisierung der Lebensverhätlnisse ist dazu noch eine abgeleitete Erscheinung, die im Begriff des internationalen Systems schon ihren angemessenen Ausdruck findet. Gewiß kann und wird dieser Begriff auch eindimensional verstanden, indem er ausschließlich auf die Wirkungen interstaatlicher Beziehungen bezogen wird. Dieser beschränkten Denkweise braucht man sich jedoch nicht zu unterwerfen, indem man diesen Begriff verwendet und dabei auch die am Ende des 20. Jahrhunderts noch unstreitig große reale Relevanz von Staatenbeziehungen und Staatenpolitik als Bestandteil des eigenen Denkens einbezieht und ausdrückt. Wem trotzdem "internationales System" immer noch zu sehr nach Pentarchie, Dreispitz und Staatsraison klingt, muß sich etwas einfallen lassen und es begründen; die Lust an Wortschöpfungen soll nicht gehemmt werden, wenn sie geklärt eingeführt statt ungeklärt durch Übernahme gefestigter Begriff mit irreführenden Assoziationen ausgestattet werden.[7]

Wem es übrigens nur um Wortakrobatik geht, kann einmal prüfen, ob die schlichte Mischung der zwei Ingredienzien, Gesellschaft und Welt, überhaupt einen neuen, überraschenden Sinn ergeben könnte. Man könnte sich dabei an herkömmliches

---

[6] Frei (1985), 25 f.
[7] So nennt Nolte (1982) seinen Abriß "Die eine Welt" und erläutert ihn angemessen als "Geschichte des internationalen Systems".

Verständnis zunächst anlehnen. Wenn schon Standardlexika etwa je sechs unterschiedliche Begriffe je Vokabel enthalten, ergibt sich mit einer Menge von 36 Kombinationen dazu eine Aussicht auf eine gewisse Wahrscheinlichkeit mit "Weltgesellschaft" etwas Neues aus der Taufe zu heben.

Nimmt man die Sache noch einmal ernsthaft auf und fragt vom Wortstamm ausgehend, ob denn ein in der westlichen Welt gebräuchlicher und theoretisch begründeter Begriff von Gesellschaft, der mit dem Attribut "Welt" als Präfix versehen wird, Sinn machen und Erkenntnis fördern kann, dann muß man das sowohl für die mikrosoziale Lebens"welt"(!) wie für die makrosozialen Strukturen gegenwärtig verneinen. Von der Sozialisation des Einzelnen beispielsweise ausgehend ist das unmittelbar erkennbar. Für die Individuen sind zunächst Gesellschaft auch immer Welt und Welt auch immer Gesellschaft. Für sie ergaben sich die Probleme und ihre mögliche Bewältigung aus dem für sie spürbaren Wandel von Agrar- zu Industrie- und zu Postindustrie- oder auch Informations-Gesellschaft, also auch im Sinne der Luhmannschen Terminologie gerade durch die gewachsene Diskrepanz zwischen Interaktions- und Gesellschaftssystem.

In der Reflexion makrosozialer Phänomene erscheint das Epitheton "Welt" für Gesellschaft noch sinnloser. Was sollte es besagen wollen? Sicher nicht, daß die Gesellschaft verweltlicht sei. In der gesellschaftstheoretischen Diskussion kommt es nicht vor, weil es entbehrlich ist. Der Diskurs um die Visionen von der Gesellschaft bewegt sich gegenwärtig, um Begriffe, wie Wohlstand, Selbstentfaltung und Qualifikationen wie klassenlos, intelligent, riskant, aussterbend und überwacht.[8]

Die Welt steckt in der Gesellschaft - wo sonst? -, und darum kann das Glied "Welt" an "Gesellschaft" keine neue Qualität hinzufügen. Es ist für die Realwissenschaften primär eine geographische Kategorie und erscheint sinnvoll, wo in räumlichen Steigerungen gedacht wird, wie etwa bei nationaler und kontinentaler Bevölkerung und endlich Weltbevölkerung, Nationalwirtschaft und Weltwirtschaft, (Binnen)Markt und Weltmarkt, nationale Politik, und Weltpolitik etc. Sollte jedoch in Analogie zu Weltwirtschaft von Weltgesellschaft gesprochen werden, dann läge wie die geographische Reduktion auf nationale, also deutsche, amerikanische, chinesische etc. Gesellschaft erhellt, ein Gesellschaftsbegriff vor, der variiert zwischen

---

[8] Hondrich (1988), 1 f.

sinngemäß "die oberen Zehntausend" und kollektiven Bewußtseinszuständen oder -merkmalen. In dem Sinne mag sich vielleicht mancher internationaler Jetset als Weltgesellschaft in der Regenbogenpresse beklatschen lassen. Die Ausbreitung kapitalistischer Produktionsverhältnisse einschließlich der Verbürgerlichung der europäischen Staaten führte im übrigen auch nicht zu haltbaren Begriffen, wie etwa Europagesellschaft oder atlantische Gesellschaft.

Gesellschaft sei eindeutig Weltgesellschaft, erklärt Niklas Luhmann und fügt gleich hinzu, eindeutig jedenfalls auf der Grundlage seines Begriffs von Gesellschaftssystem, den er dem Begriff des Interaktionssystems entgegensetzt.[9] Gesellschaft ist bei ihm gleich Welt, ein Begriff für die Gesamtheit der sozialen Beziehungen, Prozesse, Handlungen und Kommunikation konstituiert. Das führt Luhmann konsequent zu dem Resultat, daß "die Kluft zwischen Interaktion und Gesellschaft ... unüberbrückbar breit und tief geworden (ist) ... . Keine Interaktion, wie immer hochgestellt die beteiligten Personen sein mögen, kann in Anspruch nehmen, repräsentativ zu sein für die Gesellschaft".[10] Der Luhmannsche Begriff von Weltgesellschaft, den er übrigens nur noch akzessorisch gebraucht, bezeichnet also keinesfalls ein Objekt, das ein Produkt von "Vergesellschaftung" wäre; es ist ein Pleonasmus von Welt oder von Gesellschaft.

So ergibt sich abschließend, daß der Ausdruck "Weltgesellschaft" nicht das jüngste Resultat gesellschaftstheoretischer Reflexion ist und daß er als modischer Ersatz oder als dünne Worthülse zur Bergung unterschiedlicher und keinesfalls neuer abstrakter und empirischer Komponenten dient.
In der Wissenschaft von den internationalen Beziehungen wird überwiegend von durchaus unterschiedlichen Lehrmeinungen der Begriff "internationales System" gebraucht; der mag der Wirklichkeitsvorstellung, Bewertung und Inspiration assoziativer Denker nicht völlig entsprechen; doch suggeriert der Ausdruck "Weltgesellschaft" dagegen nicht zu viel an gar nicht Vorhandenem, ob es nun nötig oder gewünscht ist? Kurz: "Weltgesellschaft", gehört zur "Welt" der Slogans und ist diesem Genre gemäß "mehr Design als Sein".

Am Ende noch ein Wort zur wissenschaftlichen Kommunikation unter Friedensforschern: Das Pferd sollten auch sie nicht vom Schwanze aufzäumen wollen, und

---

[9] Luhmann (1971), 32.
[10] Luhmann (1984), 585.

so müßte erst einmal gefragt werden, ob und in welchen Disziplinen und mit welchem Forschungsstand Fragen, die sich etwa aus einem Wandel der Gesellschaftsformation ergeben, auch ein wissenschaftliches Problem sind. Anders läßt sich ein interdisziplinäres Symposion nicht gut bestreiten.[11]

Literaturangaben

Banks, M. (Hg.), Conflict in World Society, New York 1984.

Bull, H., Die anarchische Gesellschaft, in: Karl Kaiser/Hans-Peter Schwartz, Weltpolitik, Stuttgart 1985, 31-49.

Burton, J.W., World Society, London/New York 1972.

ders./Groom, A.J.R./Mitchell, C.R./de Reuck, A.V.S., The Study of World Society: A London Perspective (International Studies Association Occasional Paper No. 1), Pittsburgh 1974.

Frei, D., Die Entstehung eines globalen Systems unabhängiger Staaten, in: Karl Kaiser/Hans-Peter Schwartz, a.a.O., 19-30.

Gantzel, K.J., Zu herrschaftssoziologischen Problembereichen von Abhängigkeitsbeziehungen in der gegenwärtigen Weltgesellschaft, in: Dieter Senghaas (Hg.), Imperialismus und strukturelle Gewalt, Frankfurt a.M. 1972, 105-120.

ders. (Hg.), Herrschaft und Befreiung in der Weltgesellschaft, Frankfurt a.M. 1975.

Groom, A.J.R., International Organization in World Society, in: Paul Taylor/ A.J.R. Groom (Hg.), International Organization. A Conceptual Approach, London 1978, 430-451.

Heintz, P., Die Weltgesellschaft im Spiegel von Ereignissen, Diessenhofen (Schweiz) 1982.

Hollist, W.L./Rosenau, J.N., "World System Debates", in: International Studies Quaterly 25, 1981, 1, 5-18.

Hondrich, K.O., Zukunftsvisionen für die Industriegesellschaft, in: Frankfurter Allgemeine Zeitung, Bilder und Zeiten, Nr. 101, 30.4.1988.

Leurdijk, J.H., De analyse van de wereldsamenleving, in: R.B. Soetendorp/A. van Stade (Red.), Internationale betrekkingen in perspectief, Utrecht 1987, 37-64.

List, M., Internationale Beziehungen und Weltgesellschaft, Tübinger Arbeitspapiere zur Internationalen Politik und Friedensforschung, Nr. 7, Universität Tübingen, Tübingen 1988.

Luhmann, N., Die Weltgesellschaft, in: Archiv für Rechts- und Sozialphilosophie 57, 1971, 1-35.

ders., Soziale Systeme, Frankfurt a.M. 1984.

---

[11] Dazu ausführlich Tudyka (1988).

Nolte, H.-H., Die eine Welt. Abriß der Geschichte des internationalen Systems, Hannover 1982.

Nonnenmacher, Günther, Weltgesellschaft und Nationalstaaten, in: Frankfurter Allgemeine Zeitung, Nr. 115, 17.5.1988, 1.

Röhrich, W., Politik und Ökonomie der Weltgesellschaft, Hamburg 1978.

Tudyka, K., Wandel des Erkenntnisinteresses an internationalen Beziehungen, Nijmegen 1972.

ders., Nicht über den, über die Disziplinen, in: Bernhard Moltmann (Hg.), Perspektiven der Friedensforschung, Baden-Baden 1988, 137-149.

Heinz Gärtner

INTERNATIONALE KONFLIKTE.
EIN ÜBERBLICK ÜBER THEORIEN UND BEFUNDE

1. Friedensforschung, Konfliktforschung und Sicherheitspolitik

In der wissenschaftlichen wie in der öffentlichen Diskussion haben sich zu den Stichworten Friedensforschung, Konfliktforschung und Sicherheitspolitik drei verschiedenen Forschungsrichtungen mit eigenen Schulen gebildet, die zuweilen sogar miteinander in Streit geraten. Die Friedensforschung betont vor allem den Wert der Friedenserhaltung, die Konfliktforschung die Erforschung von Konflikten, die zu Unfrieden und gewaltsamer beziehungsweise militärischer Austragung führen; Sicherheitspolitik legt den Schwerpunkt auf Kriegsverhütung durch geeignete politische und militärische Maßnahmen. In dieser Auseinandersetzung ist es mitunter vorgekommen, daß der Friedensforschung vorgeworfen wurde, sie bedrohe die Sicherheit, und der Sicherheitspolitik, sie bedrohe den Frieden.

Eine genauere Betrachtung der Ausgangspunkte und Ziele dieser drei Richtungen muß aber zur Schlußfolgerung führen, daß sie drei Seiten desselben Gegenstandes sind, die ohne einander nicht auskommen können.[1] Kriegsverhütung erfordert ebenso die Kenntnis über die Bedingungen des Entstehens von Kriegen wie die Erforschung geeigneter sicherheitspolitischer Maßnahmen. Frieden ist nicht herstellbar, wenn die Ursachen von Krieg nicht bekannt sind, aber das Wissen über die Konfliktdynamik allein reicht dazu wiederum nicht aus. Da es an ausreichender Kenntnis über die Ursachen von Konflikten fehlt und da Modelle, Konflikte zu lösen, sich bislang nicht als zureichend erwiesen haben, besteht weiterhin ein Bedarf an geeigneten Maßnahmen auf sicherheitspolitischer Ebene.

Will man aber von einem nur kurzfristig orientierten, riskanten, manchmal am Rande des Abgrundes balancierten Krisenmanagement ("Brinkmanship") wegkommen und stattdessen die Kriegsträchtigkeit einer Konfliktsituation schon zu

---

[1] Gärtner (1987 e).

einem Zeitpunkt erkennen, der noch hinreichend Zeit läßt für alternative, kriegsverhütende Strategien und Maßnahmen, dann erfordert das eine systematische Theorie über Kriegsursachen.[2] Die Bildung einer solchen Theorie setzt auf jeden Fall voraus, daß Kriege nach einheitlichen qualitativen Kriterien und quantitativen Maßstäben erfaßt werden, um sie einer vergleichenden Untersuchung unterziehen zu können. Aus diesem Grund müßte es also in Abwandlung des bekannten lateinischen Diktums heißen: "Wenn du den Frieden willst, erforsche den Krieg!"[3] Wurde in den siebziger Jahren die Friedensstiftung gegen die Kriegsverhütung und das Krisenmanagement ausgespielt, so bestehen in den achtziger Jahren beide Gegenstandsbereiche weitgehend nebeneinander, ohne voneinander Kenntnis zu nehmen oder aufeinander einzuwirken. Eine systematische Integration der jeweiligen Arbeitsergebnisse steht noch bevor.[4]

Abgeleitet von den genannten unterschiedlichen Forschungsrichtungen haben sich zwei unterschiedliche Theorien über Kriegsursachen herausgebildet. Die eine, die vor allem die friedenspolitische Debatte anfangs der achtziger Jahre dominierte, sieht im Aufrüstungsprozeß die wichtigste Quelle einer drohenden Kriegsgefahr. Ihre Vertreter verweisen darauf, daß 82 Prozent der Rüstungswettläufe in der Vergangenheit mit Kriegen endeten.[5] Die andere hebt hervor, daß politische Strukturen und Konflikte für Kriege verantwortlich sind und nicht Waffensysteme. Kriegsursachen könnten nicht auf das Vorhandensein und die Entwicklung von Waffenpotentialen reduziert werden.[6]

Dementsprechend unterschiedlich sind auch die aus diesen Theorien abgeleiteten Friedensstrategien. Setzt die eine auf Abrüstung und Reduzierung der Rüstungspotentiale, betont die andere die Veränderung der Konfliktstrukturen, die bislang der Militärapparate und Waffen bedürfen; erst Konflikte führten dazu, daß Waffen eingesetzt werden, nicht umgekehrt.
Aber auch in dieser Auseinandersetzung gibt es kein einfaches "Entweder - Oder". Es ist sowohl die Konfliktdynamik, die zu Aufrüstungsprozessen führt, als auch die Rüstungsdynamik, die konfliktverschärfend wirkt. Obwohl zwischen Konflikt- und Rüstungsdynamik ein relativer Zusammenhang besteht, wäre es falsch, aus

---

[2] Gantzel/Meyer-Stamer (1986), 2; Gärtner (1987 e).
[3] Spillmann (1987), 29.
[4] Brock (1987), 8.
[5] Wallace (1979).
[6] Gärtner (1983), 13 ff.

jeder Konfliktverschärfung einen Aufrüstungsschub abzuleiten und von jeder Konfliktverminderung Zurückhaltung bei der Beschaffung von Rüstungspotentialen zu erwarten.[7] Die Ära der Entspannungspolitik in den siebziger Jahren brachte keine Minderung oder Reduzierung von Rüstung.[8]

Andere Auffassungen sehen für die Zukunft einen engen Zusammenhang zwischen Entspannung und Rüstungsbeschränkung. Hier dominieren zwei Varianten. Die eine hebt hervor, daß es keinen Fortschritt bei Rüstungskontrolle und Abrüstung geben kann, wenn sich nicht die Beziehungen zwischen Ost und West verbessern, die andere betont, daß es keine verbesserten Beziehungen geben wird, wenn es nicht zu Fortschritten bei Rüstungskontrolle beziehungsweise Abrüstung kommt.[9]

Für die Friedens- und Konfliktforschung ist es daher nicht nur legitim, sondern unerläßlich, sich mit den beiden Prozessen - dem der Konfliktdynamik und dem der Rüstungsdynamik - zu beschäftigen, sie einzeln zu untersuchen und sie in ihren Zusammenhängen zu betrachten.

2. Verschiedene Erklärungsansätze

Fast alle Versuche der letzten Jahre, allgemeingültige Ursachen von Konflikten und Kriegen zu finden, stoßen auf die Schwierigkeit, daß jene unter ganz unterschiedlichen Strukturbedingungen des internationalen Systems stattfinden und ganz verschiedene Verlaufsformen annehmen.[10] Daher gibt es auch eine unübersehbare Anzahl von Erklärungsansätzen.

Während der letzten Jahre zeigte sich ein klarer Trend zu makrohistorischen, globalen und ganzheitlichen Ansätzen. Es war dies vielfach eine Reaktion auf die ahistorische, behavioristische Orientierung, die typisch für die sechziger und siebziger Jahre gewesen war. Dahinter stand aber auch der Wunsch, zumindest teilweise Ordnung in die Komplexität der Erklärungen der internationalen ökonomischen und politischen Beziehungen zu bringen.

---

[7] Senghaas (1986), 7 ff.
[8] Gärtner (1986 a), 246 ff.
[9] Vgl. Blackaby (1987), 15..
[10] Vgl. Bühl (1987), 233.

Die globale Orientierung war in vielfacher Hinsicht ein Fortschritt gegenüber streng abgegrenzten Politikfeldanalysen. Internationale Politik und Wirtschaft funktionieren als System, dessen Realität nicht durch die Analyse der Teile allein erklärt werden kann. Es wäre aber umgekehrt fehlerhaft zu glauben, die globale Analyse könne das Funktionieren jedes einzelnen Teils erklären. Vielmehr trifft zu, daß die Kenntnis über einzelne Sphären im Weltsystem zum Verständnis der internationalen Realität beiträgt. Das Weltsystem als globale Sphäre kann zwar Vorgänge der nichtglobalen Sphären beeinflussen, sie aber nur bis zu einem bestimmten Grad verändern und regulieren.[11] Die nicht-globalen nationalen und regionalen Sphären unterscheiden sich zweifelsohne voneinander durch kulturelles Erbe, Machtstrukturen, Regierungsform usw.

Die Erkenntnis, daß der globale Ansatz nur einen Teil der Vorgänge und Beziehungen in den regionalen und nationalen Systemen erklären kann, verweist auf die begrenzte Erklärungsfähigkeit von Generalisierungen. Der Weltsystem-Ansatz der letzten Jahre war zwar in der Lage, neue und wichtige Einsichten über Dynamik und Ablauf von allgemeinen und globalen Kriegen zu geben, ließ aber gleichzeitig den größten Teil der vorhandenen kollektiven Gewalt unberücksichtigt. Das betrifft den psychologischen Aspekt von Gewalt ebenso wie die Ursachen und Formen von Gewalt bei innerstaatlichen und kleineren zwischenstaatlichen Konflikten. Nur die Anerkennung der spezifischen Bedingungen, die in jedem dieser Felder vorherrschen, und der Art ihrer Einbettung in das globale System, das heißt ihres potentiellen Beitrages zur Eskalation und Eindämmung gewaltsamer Konflikte, kann zur Aufklärung führen.

Die Heterogenität der Beziehungen zwischen den einzelnen nichtglobalen Sphären sowie die Bandbreite der Beziehungen zwischen ihnen und der globalen Sphäre veranlassen dazu, jenseits der Akteure des Weltsystems und ihrer Beziehungen eine weitere Anzahl von Konfliktlinien und Konfliktfeldern im internationalen System zu identifizieren.[12] Ein solches Modell, das sowohl die globalen als auch die regionalen Faktoren sowie ihre verschiedenen Beziehungsebenen und Konfliktlinien analysiert, unterscheidet sich von anderen gängigen Erklärungsmustern. Das bipolare Modell wie auch das "Ost-West"-Schema basieren auf der Annahme einer do-

---

[11] Väyrynen (1986), 513.
[12] Vgl. Young (1968).

minanten Supermachtsbeziehung, die anderen regionalen und nationalen Akteuren wenig Spielraum läßt. Das Modell eines multipolaren Systems dagegen schließt mehrere Akteure auf horizontaler Ebene ein, läßt aber die regionalen Achsen ebenso außer acht wie deren vertikale Beziehungen zum globalen System. Das "Nord-Süd"-Schema sieht eine dominante, primär ökonomische Beziehung der Industriestaaten des Nordens zu den Staaten des Südens, unterschätzt aber die politischen und ökonomischen Beziehungen der Staaten des sogenannten Südens ebenso wie diejenigen der Staaten des Nordens untereinander, und das sowohl auf regionaler Ebene als auch auf globaler Ebene. Der "Süden" kann nicht mehr als einheitliche Gruppe angesehen werden. Die gemeinhin hierzu gezählten Länder unterscheiden sich nicht nur durch die Höhe ihres Nationaleinkommens, sondern auch durch ihre Wirtschaftsstruktur.[13]

Die Anerkennung der Existenz von regionalen Machtzentren impliziert die Anerkennung relativer Autonomie von Machtbeziehungen innerhalb und zwischen einzelnen Regionen. Diese "relative Machtautonomie" bedeutet, daß es Konfliktformationen mit spezifischen regionalen und nationalen Charakteristika gibt, die globale Vorgänge oder andere regionale Konfliktformationen nur am Rande oder gar nicht berühren. Der Irak-Iran-Krieg etwa hat kaum Auswirkungen auf Zentralamerika, und die Spannungen in Indochina sind für Europa nur von sehr mittelbarer Relevanz. Das gegenwärtige Weltsystem ist von zwei gegenläufigen Tendenzen gekennzeichnet. Einerseits führten ökonomische und technologische Entwicklungen zu einer Internationalisierung der Probleme und Konflikte und die direkte und indirekte Präsenz der Großmächte in fast allen Regionen der Welt zu einer politischen Interdependenz. Andererseits ist das Weltsystem gekennzeichnet durch den Zerfall international wirksamer Machtstrukturen (sinkender Einfluß von Hegemonialmächten), was besonders an den regionalen und subregionalen Konfliktformationen, aber auch an den Konfliktlösungsversuchen von regionalen und subregionalen interstaatlichen Organisationen und Initiativen (der ASEAN, des Golfkooperationsrates, der OAU oder der zentralamerikanischen Staaten etc.)

---

[13] Es gibt Staaten, die noch völlig in der Subsistenzwirtschaft verhaftet sind (z.B. Sahelzone), und solche, die über einen großen und potenten Binnenmarkt verfügen (Indien, Brasilien); es gibt erdölexportierende Länder und solche, die billige Industrieprodukte in den Industriestaaten absetzen (Korea, Taiwan). Die Abstände im Wohlstand unter den Staaten der sogenannten Dritten Welt sind größer als die Abstände im Wohlstand zwischen einigen dieser Staaten und den reichen Ländern des "Nordens". Der "Nord-Süd-Konflikt" splittert sich in Einzelprobleme auf. Das gilt nicht nur für wirtschaftliche Fragen, sondern auch für politische. Die Länder des Südens verfolgen unterschiedliche Interessen mit verschiedenen Mitteln (Nowotny (1987)).

sichtbar wird.[14] Regionalen und nationalen Entwicklungen sind aber unter bestimmten Bedingungen entscheidende globale Grenzen gesetzt. Reformbestrebungen in Osteuropa etwa sind extrem abhängig von sowjetischer Außenpolitik und den Ost-West-Beziehungen insgesamt.

Weltsystemanalysen basieren zumeist auf der Annahme einer globalen ökonomischen Logik (Wallerstein). Demgemäß dominieren Marktgesetze die politischen und militärischen Beziehungen. Macht- und geopolitische Analysen griffen in der Folge auch diesen Ansatz auf (Modelski). Ohne die Frage nach dem Primat der Ökonomie oder dem der Politik vorschnell beantworten zu wollen, sollte analytisch von einer relativen Autonomie des politischen sowie des Marktsystems und von einem Beziehungsgeflecht zwischen ihnen ausgegangen werden. Sowohl das "Ost-West"- als auch das "Nord-Süd"-Modell basieren auf einer entweder dominanten politischen oder ökonomischen Beziehung zwischen zwei globalen Sphären. Die jeweils andere und die regionale Dimension bleiben dabei unberücksichtigt. Basis einer Analyse sollte daher die gegenseitige empirische Durchdringung von politischem und ökonomischem System, von Macht, Sicherheit und von Kapital und Produktion, bei gleichzeitiger theoretischer Anerkennung der Autonomie der jeweiligen Sphäre sein, wobei die Frage nach dem Primat von politischen und ökonomischen Faktoren im jeweiligen analytischen Zusammenhang gestellt und beantwortet werden sollte.

Politische Konflikte verdienen als solche analysiert zu werden, wenn auch in einem breiteren sozio-ökonomischen Zusammenhang. Sozio-ökonomische Ungleichheiten sind zumeist nicht die alleinige und direkte Ursache von Konflikten, sie sind zumindest durch politische Institutionalisierung vermittelt.
Politischer Protest, gewaltsame Konflikte und Terrorismus können nicht sinnvoll durch eine globale Interpretation erklärt werden, sie sind vielmehr Resultat heimischer Unterdrückung und Widersprüche, wenn sie auch zum Teil auf globale ungleiche ökonomische Entwicklungen und internationale Machtpolitik zurückgeführt werden können.[15]

Konfliktformationen in der Weltgesellschaft können daher nur sinnvoll untersucht werden, wenn die Analyse auf der Basis der Anerkennung der "relativen Macht-

---

[14] Vgl. Väyrynen (1986), 514 f.
[15] Vgl. Väyrynen (1986), 517 ff.

autonomie" erfolgt, wenn also ihre globalen Dimensionen ebenso wie die regionalen und deren Beziehungen zueinander sowohl auf der ökonomischen als auch auf der politisch/militärischen Ebene in die Analyse einbezogen werden.

3. Konflikt- und Kriegsursachenforschung

Die Kriegs- und Konfliktursachen sind vielfältig. Dementsprechend viele Annahmen gibt es über deren Voraussetzungen und Folgen. Theorien, die Kriege aus Macht- und Hegemoniekonkurrenz von Staaten ableiten, stehen neben solchen, die die Hauptursache von Kriegen in ökonomischen Asymmetrien und Unterprivilegierung sehen; wieder andere machen den Nationalismus für Kriege verantwortlich, wobei die radikalere Variante jeden Nationalstaat als Militärstaat[16] ansieht[17]. Erweitert kann diese Liste werden um religiöse, ethnische, ideologische und sozialpsychologische Erklärungsmuster.[18]

Auf *globaler Ebene* haben sich das "Ost-West" und "Nord-Süd"-Schema zur Analyse der Konfliktformationen als ungenügend und zu wenig aussagekräftig erwiesen. Die integrationstheoretische Schule hat die Konflikthaftigkeit des internationalen Systems unterbewertet, und die Dependenztheorie hat die Möglichkeiten der Abkoppelung überschätzt und die Wirksamkeit politischer Konfliktmechanismen nicht ausreichend behandelt.[19] Andere Auffassungen[20] kritisieren das Konzept des Polarisierens des "Ost-West"- und "Nord-Süd"-Verhältnisses und beschreiben die zunehmende Differenzierung in den Beziehungen.

In der zweiten Hälfte der siebziger Jahre wurde dann die *Theorie der Hegemoniezyklen und des Hegemonialmachtkonfliktes* im Weltsystem entwickelt, die am Beginn vor allem mit dem Namen Immanuel Wallerstein[21] verknüpft war.

---

[16] Diese Auffassung geht auf Otto Hintze zurück, der in einem Vortrag 1906 die Position vertrat, daß "alle Staatsverfassung (ist) ursprünglich Kriegsverfassung, Heeresverfassung" ist (zit. nach Albrecht (1986), 82; die gegenteilige Auffassung, die in der Tradition von Thomas Hobbes steht, sieht den Staat positiv begründet, weil er die Alternative zum Chaos, zum allgemeinen Kriege sei (zu diesem Vergleich: Albrecht (1986), 75 ff.).
[17] Krippendorff (1985).
[18] Gärtner (1987e).
[19] Encina/Gärtner/Höll (1980).
[20] Nowotny (1987).
[21] Wallerstein (1974); 1980).

Vorbild für diese Theorie war der Kondratieffsche Zyklus der "Langen Wellen".[22] Für Wallerstein hat ein Staat dann Hegemonie inne, wenn er die Vorherrschaft in den Industrie-, Handels- und Finanzkapitalbereichen ausübt. Wallerstein wurde in der Diskussion vorgeworfen, er reduziere das internationale System auf Ergebnisse des Prozesses der Kapitalakkumulation. Vertreter der "neorealistischen Schule" griffen dieses Konzept auf und betonten vor allem die geo- und machtpolitische Dimension als Triebkraft des modernen Weltsystems.[23] Nach dieser Theorie haben sich seit dem 16. Jahrundert vier Hegemonialmächte (Portugal-Spanien, die Niederlande, Großbritannien zweimal und die USA) herausgebildet, deren jeweiliger Niedergang (bis auf den der USA) nach einem etwa hundertjährigen Zyklus bisher mit "globalen Kriegen" endete (Niederländischer Unabhängigkeitskrieg Ende des 16./Beginn des 17. Jahrhunderts; Angriffe Ludwigs XIV. auf die Niederlande und Großbritannien Ende des 17./Beginn des 18. Jahrhunderts; die napoleonischen Kriege Ende des 18./Beginn des 19. Jahrhunderts und der Erste Weltkrieg zu Beginn des 20. Jahrhunderts). Dieser Zyklus würde stets nach demselben Muster ablaufen: Aufstieg zu einer Hegemonialmacht - Bildung einer neuen Weltordnung - Abstieg - Etablierung von Herausforderern - globaler Krieg - Aufstieg einer neuen Macht.[24]

Wird das bipolare Ost-West-Verhältnis als Macht- oder Hegemonialmachtkonflikt betrachtet (der nicht notwendigerweise gemäß der Zyklentheorie verlaufen muß), verliert es seinen spezifischen Charakter. Basis des Konflikts ist dann nicht mehr der Unterschied zwischen Gesellschaftssystemen und Ideologien[25], sondern das Verhältnis zweier Großmächte zueinander. Entsprechend hätten auch ein Verzicht auf Ideologien mit Alleinvertretungsanspruch und sogar innere Reformprozesse nur begrenzten Einfluß auf das Außenverhalten von USA und Sowjetunion. Nicht das "Ost-West-Verhältnis", sondern das "Großmachtverhältnis" sind in dieser Betrachtung ausschlaggebend für das Verhalten der Mächte.

Anders gewendet wurde die Theorie des Hegemoniezyklus in dem Sinne aufgenommen, daß Machtverfall eines Hegemons nicht in einen Weltkrieg münden

---

[22] Einige Autoren versuchten, den Hegemoniezyklus ganz eng an den Kondratieffzyklus zu binden. Bühl (1986) zählt jeweils zwei Kondratieffwellen als einen politischen Zyklus, von denen der erste mit der Französischen Revolution und der zweite mit dem Ersten Weltkrieg beginnt; dazwischen liegen die ökonomisch-technischen Wellen (vor allem 91 ff.).
[23] Modelski (1978).
[24] Vgl. Gärtner (1985), 37 ff.
[25] Von diesem Ansatz geht auch Galtung (1987) aus.

muß, sondern eine neue, nicht-hegemoniale Weltordnung hervorbringen kann: etwa als multipolares System mit mehreren Zentren (zum Beispiel Westeuropa, Japan und Länder der Dritten Welt)[26], als Konzert unabhängiger kleinerer Nationalstaaten[27], oder mit der Etablierung nicht-hegemonialer internationaler Regime.[28]

Kernpunkt der Auseinandersetzungen in der Literatur zu diesem Thema ist die Frage nach der Erklärung der Ursachen des relativen Machtverfalls. Die Frage ist, ob ökonomische oder politische Faktoren ausschlaggebend für den Machtverfall und letztlich für die globalen Kriege sind. Samir Amin[29] erklärt beispielsweise den Zusammenhang zwischen Kriegen und langen Konjunkturzyklen mit der gewaltsamen politischen Reorganisation der Produktionsverhältnisse auf Weltmaßstab, um den Akkumulationsprozeß veränderten Bedingungen anzupassen und auf neuer Stufenleiter fortführen zu können. Dieser Ansatz verbindet zwar ökonomische mit politischer Reorganisation, betont aber eindeutig den Primat der Ökonomie. Senghaas[30] verweist darauf, daß militärische Vorherrschaft ökonomisch wenig gewinnbringend ist und letztlich der Aufwand der Hegemonisierung zum Nutzen in Widerspruch geraten muß. Wahrscheinlich gibt es einen dynamischen Zusammenhang zwischen militärischer, politischer und ökonomischer Dimension[31], wobei zur Abwehr von Herausforderern die militärische dann in den Vordergrund tritt, wenn ökonomische und politische Hegemonien brüchig werden. In dieser Phase kann man nicht mehr vom Primat der Ökonomie sprechen.

Eine Schule, die sich aus der quantitativen Kriegsursachenforschung entwickelt hat[32], vertritt dagegen die Auffassung, daß sich bei den Kriegsverläufen keine Zyklen abzeichnen.[33] Quantitative empirische Untersuchungen haben gezeigt, daß

---

[26] Senghaas (1983), 11 ff.; Gärtner (1983), 47 ff.
[27] Gärtner (1983), 42 ff.; Kritik an diesem Konzept von Krippendorff (1985), 82 ff.
[28] Rittberger (1986); Zürn (1987).
[29] Amin (1980).
[30] Senghaas (1983), 11 ff.
[31] Gärtner (1985) 37 ff.
[32] Small/Singer (1979), 75.
[33] Quincy Wright (1942) stellt für die Periode zwischen 1716 und 1941 zwar eine ungleiche Häufigkeit von bewaffneten Konflikten, aber innerhalb dieser Schwankungen keinerlei Regelmäßigkeiten fest.
Man könnte nun beide Schulen dahingehend miteinander verknüpfen, indem man sagt, daß die Zyklentheorie zumindest für die zentralen Mächte des internationalen Systems gelte. Aber auch diese Betrachtung hängt sehr davon ab, wie man Hegemonialmächte und ihre Herausforderer bestimmt und welche man auswählt. Werden die Kriege Karls V. von Spanien gegen Frankreich,

die Kriegsverteilung seit 1816 - unabhängig von Gesellschaftsordnung und Regierungsform - einer Zufallsverteilung entspricht. Für Gantzel[34] stellt diese bestürzende Regelmäßigkeit die Lernfähigkeit von Nationalstaaten und Regierungen in Frage. Zweckrationales Handeln scheint nicht ausreichend für friedensschaffende Politik. Wenn politische Konstellationen und Prozesse und nicht-politisches Handeln für die Entstehung von Kriegen ausschlaggebend sind, so stellt sich die Frage nach dem handelnden Subjekt in der Geschichte erneut.

Eine Erklärung für die Unfähigkeit der Regierenden, Frieden zu schaffen, ist die, daß die internationale Staatenordnung an sich eine unfriedliche Ordnung sei.[35] Die Gegentheorie, die ebenfalls aus der quantitativen Kriegsursachenforschung kommt, behauptet, daß Staatsgründung die Welt friedlicher gemacht hätte, da sich die Anzahl der Staaten seit 1816 (23 Staaten) verachtfacht hätte[36] und die Anzahl der begonnen Kriege zumindest nicht zugenommen hätte. Von einer Friedensordnung, bestehend aus Nationalstaaten, kann man allerdings nicht sprechen.

Während eine Theorie also die Staatenordnung als Kriegsordnung ansieht, behauptet die andere, Nationalstaaten würden zu einer Friedensordnung beitragen. Es stellt sich jedoch die Frage, ob es überhaupt einen Zusammenhang zwischen Friedensordnung und der Existenz von Nationalstaaten gibt.

Anthony Giddens[37] erkennt die Verknüpfung von Nationalstaat und industriellem Kapitalismus aufgrund ihrer gemeinsamen Entstehungsgeschichte an, sie seien aber keineswegs identisch. Er läßt offen, ob der Nationalstaat als Inhaber des Gewaltmonopols und als Besitzer der Instrumente, einen industriellen Krieg zu führen, zur Eindämmung der Militarisierung des Weltsystems beitragen kann oder ihre Ausdehung forciert. Er argumentiert, je höher der Industrialisierungsgrad eines Staates und je einheitlicher sein administratives System ist, desto weniger dominiert der militärische Sektor über die anderen. In industrialisierteren Gesellschaften ist das

---

Italien und die Niederlande (1521-1559), der dreißigjährige Krieg (1618-1648) und der siebenjährige Krieg (1755-1763) und etwa das Frankreich des 17. Jahrhunderts als Hegemonialmacht und nicht bloß als Herausforderer gezählt, verschwimmen die Hegemonie- und Kriegszyklen.
(Befürworter der Zyklentheorie haben Small/Singer vorgeworfen, sie wären Opfer ihrer eigenen Methode geworden, da sie die Systembeziehungen in Dyaden aufgelöst und alle internationalen Konflikte mit einer Untergrenze von 1000 Toten gleich gezählt hätten. - Bühl (1987), 355).
[34] Gantzel (1987).
[35] Krippendorff (1985).
[36] Holsti (1986), 367 ff.
[37] Giddens (1985).

Militär von einer Reihe von produktiven und administrativen Ressourcen abhängig, die es nicht direkt kontrollieren kann.

Fortschritte hat die quantitative Kriegsursachenforschung auch auf *regionaler Ebene* gebracht. Pionierleistungen sind die Arbeiten von István Kende[38] und Klaus Jürgen Gantzel[39]. Die Kriege nach 1945 wurden nach der Definition von Kende systematisch erfaßt und nach verschiedenen Typen eingeteilt. Nach dieser Definition wurden bis 1984 159 Kriege gezählt. Obwohl von diesen Kriegen 150 in der Dritten Welt geführt wurden, waren nach Gantzel/Meyer-Stamer immerhin in 44 Fällen (28 Prozent) nördliche Industriestaaten beteiligt, und die Tabelle der Anzahl von Kriegsbeteiligungen wird von Großbritannien, Frankreich und den USA angeführt.[40] Die Ergebnisse zeigen auch, daß Lage, Größe, Entwicklungsstand und Art des Gesellschaftssystems und der Ideologie der am häufigsten kriegführenden Staaten keinen entscheidenden Einfluß auf die Kriegsneigung haben.

In einer auf dieser Studie aufbauenden Arbeit hat der Autor[41] diese 159 Kriege einer qualitativen Untersuchung unterzogen. Nach intensiver Analyse von 33 Fallbeispielen wurden gemeinsame Kategorien, Typologien und Ursachen entwickelt, die anhand der 159 Kriege auf ihre Repräsentativität und Gültigkeit überprüft wurden. Die wichtigsten Ergebnisse sind:
Direkte Großmachtinterventionen erfolgen fast ausschließlich in Ländern, die ein politisches, militärisches, ökonomisches oder ideologisches Nahverhältnis zu dieser Großmacht aufweisen. Sie erfolgen dann, wenn die Regierung durch zu starke Opposition gefährdet ist oder eine gravierende politische Haltungsänderung vornimmt. Militärische Interventionen erfolgen gewöhnlich, um Regierungen zu stabilisieren, zu destabilisieren oder, um noch nicht stabilisierte zu festigen. Das erste Ziel übernehmen Großmächte, die zweite Aufgabe vorwiegend Nachbarstaaten durch direkte oder indirekte Interventionen, die dritte suchen Großmächte mit Hilfe befreundeter Staaten zu erfüllen. Verfeindete Nachbarstaaten schließen dann Abkommen miteinander, wenn beide durch innere Opposition gefährdet sind. Ideologische Motive spielen bei der Gewährung von Hilfe in militärischen Kon-

---

[38] Kende (1982).
[39] Gantzel/Meyer-Stamer (1986).
[40] Die Untersuchungen von Tillema/Van Wingen (1982), die eine andere Kriegsdefinition verwenden, sprechen von 71 Kriegsbeteiligungen Großbritanniens, Frankreichs, der USA und der UdSSR von 1946 bis 1980.
[41] Gärtner (1987d).

flikten eine sekundäre Rolle. Die Ursache, warum Unterstützung im Ausland angefordert wird, ist zumeist innere Spaltung (unzufriedene politische Opposition oder unterdrückte ethnische Minderheit). Es sind nicht "Stellvertreterkriege", sondern regionale Interessen, die Staaten der Dritten Welt veranlassen, Kriege zu führen. Viele regionale Mächte erwarten aber von den Großmächten Unterstützung, allerdings mit unterschiedlichem Erfolg. Externer Druck kann zu Konflikteskalationen in nicht gegenseitig respektierten Einflußzonen führen, bei einem fortgeschrittenen Konflikt manchmal auch zu Konflikteindämmung. Kriege, deren voraussehbarer Ausgang nicht den Interessen von Großmächten oder regionalen Mächten entspricht, werden von ihnen selektiv gefördert, bis sich eine günstige Konstellationen ergibt.

Der Kriegstyp der Nachkriegszeit nähert sich dem eines absoluten Krieges an; es geht zunehmend auch um eine Vernichtung des Gegners. Der politische Spielraum, der bei einem begrenzten Krieg vorhanden ist, wird kleiner. Kriege werden aus inneren politischen Motiven geführt. Militärische Verwundbarkeit oder Überlegenheit sind weder notwendige noch hinreichende Bedingungen für einen Angriff.

4. Rüstungsdynamik

Für die Triebkraft der Rüstungsdynamik gibt es vielfältige Erklärungsversuche. Man kann sie im wesentlichen in zwei Theorien zusammenfassen: Die erste ist das Aktions-Reaktions-Modell, das den Aufrüstungsprozeß als ein Wettrüsten begreift, wonach die Einführung eines Waffensystems auf einer Seite eine Reaktion auf der anderen Seite hervorruft. Als wissenschaftliches Modell wurde es von Richardson[42] formuliert.

Die zweite Theorie sieht die Haupttriebkraft in der Eigendynamik der Rüstung. Diese Theorie hat viele Varianten. Einige Erklärungsmuster gegen davon aus, daß das Eigeninteresse der Apparate (Industrie, Militär, Wissenschaft, Bürokratie etc.) Ursache von Rüstung sei. Senghaas[43] stellt die Eigendynamik als komplexes

---

[42] Richardson (1960).
[43] Senghaas (1981).

System "organisierter Friedlosigkeit" und Thompson[44] als "Exterminus" dar. Lutz[45] sieht den Zwang zum Präventivschlag als Kriegsgefahr.

Der Umstand, daß Rüstungsplanung nicht erst als Folge von Aufrüstung der anderen Seite erfolgt (allein die Produktionszeit von 15 bis 20 Jahren für ein Waffensystem wäre viel zu lange), sondern als Vorausplanung, spricht dagegen, daß das Aktions-Reaktions-Modell als Haupttriebkraft des Aufrüstungsprozesses angesehen werden kann. Eher zuzutreffen scheint die Theorie, daß Großmächte in ihrer Rüstungsplanung von der Annahme des "worst case" ausgehen. Das bedeutet, daß Rüstung und Strategie nicht dem bestehenden Waffenpotential der anderen Seite angepaßt werden, sondern daß man von dem für die eigene Seite jeweils schlimmsten Fall ausgeht, das heißt, ihn antizipiert.[46]

Die relative Erfolglosigkeit von Rüstungskontrolle der letzten Jahre ist zum Teil darauf zurückzuführen, daß sie auf dem ersten Modell basierte. Sie reagiert bestenfalls auf die Einführung neuer Waffensysteme. Sie kann aber in ihrer traditionellen Form weder die Rüstungsplanung, die darauf angelegt ist, alle nur erdenkliche Lücken im Verteidigungssystem präventiv zu schließen, noch die militärtechnologische Entwicklung, die sich unabhängig von Rüstungskontrolle vollzieht, in den Griff bekommen.

Bei der Debatte über das Abkommen über die Mittelstreckenwaffen (INF) haben sich zwei Denkrichtungen der Rüstungskontrolle herausgebildet: Die eine sieht das Abkommen als eine Initialzündung für weitere Abkommen in anderen Bereichen (bei den strategischen Waffen, im konventionellen Bereich, bei den chemischen Waffen und für einen umfassenden nuklearen Teststopp). Die andere Denkrichtung geht davon aus, daß nun gerade in anderen Rüstungskontrollbereichen als Kompensation modernisiert und aufgerüstet wird (vor allem bei strategischen und bei konventionellen Waffen). In allen betroffenen Regierungen gibt es Vertreter beider Denkrichtungen. Die Frage, welche sich durchsetzen wird, kann noch nicht beantwortet werden.[47]

---

[44] Thompson (1980).
[45] Lutz (1981).
[46] Senghaas (1981); Gärtner (1983) 57 ff.
[47] Gärtner (1988a).

Rüstungskontrollabkommen in der Vergangenheit haben jeweils genügend Lücken gelassen, die Aufrüstung ermöglichten, ja legitimierten.[48] Auch künftige Rüstungsabkommen können Aufrüstung nicht verhindern und können in anderen Bereichen kompensiert werden.[49]

Dieses Problem wurde bereits beim Nonproliferationsvertrag von 1968 sichtbar, der der Verbreitung von Nuklearwaffen über die bestehenden Atommächte hinaus einen Riegel vorschieben will. Indem er die Atomtechnologie einerseits vorantreiben will, andererseits nachträglich aber deren militärische Nutzung für die Nichtatomwaffenstaaten verbietet, droht er ständig der technologischen Entwicklung hinterher zu hinken.[50]

Für ein Abkommen über chemische Waffen wird es ebenfalls keine abschließenden Verbotslisten geben können. Das gilt insbesondere für die "dual purpose chemicals", die sowohl für zivile als auch militärische Zwecke verwendet werden können. Das Problem besteht darin, daß nicht definierbar ist, welche Aktivitäten in einem Abkommen erlaubt beziehungsweise nicht kontrolliert werden sollen, wie zum Beispiel zivile industrielle Produktion, friedliche medizinische und wissenschaftliche Forschung, die Entwicklung von Mitteln gegen chemische Waffen sowie Mittel zur Aufrechterhaltung der Ordnung im Inneren etc. Die größten Differenzen gibt es bei der Frage, was wie verifiziert werden soll. Ein Abkommen über die Vernichtung bestehender Lager scheint eher möglich.[51] Das Genfer Protokoll von 1925 verbietet den Einsatz chemischer Waffen, sieht aber keine Inspektionsmöglichkeiten vor. Der Generalsekretär der Vereinten Nationen kann aber auf Basis der UN-Resolutionen 35/144C, 36/96C und 37/98D Inspektionsteams in Einsatzgebiete entsenden. Das Instrument der Kontrolle über den Einsatz von C-Waffen müßte weiterentwickelt werden. Bisherige Berichte über den Einsatz solcher Waffen stammen nämlich zumeist von Nichtexperten und stellten sich großteils als falsch heraus (wie zum Beispiel beim "Gelben Regen"). Verifiziert werden konnte der C-Waffen-Einsatz im Golfkrieg, wobei der Sicherheitsrat den verantwortlichen Staat wahrscheinlich aus politischer Zweckmäßigkeit nicht beim Namen nannte. Eine Inspektion auf Verdacht hätte eine

---

[48] Gärtner (1983), 60 ff.; (1987a), 15 ff.
[49] Vgl. für Mittelstreckenwaffen Gärtner (1987 b).
[50] Gärtner (1987a), 52 ff.
[51] Gärtner (1987a), 33 f.; (1988).

präventive Wirkung, weil sich die Schwelle für den Einsatz erhöhen würde, wenn bekannt ist, welche Macht chemische Waffen in die Streitkräfte integriert hat.[52]

Verifikation kann im Rahmen der vertrauensbildenden Maßnahmen zwar ein technisches Hilfsmittel sein, kann aber auch zur Verzögerung und Verhinderung eines Abkommens eingesetzt werden. Immerhin ist sie eine Maßnahme, mit der sich kleinere und neutrale Staaten am Rüstungskontrollprozeß beteiligen können. Bisher fehlt es ihnen aber an der technischen Kompetenz, und außerdem sind Großmächte wenig geneigt, sich von solchen Staaten kontrollieren zu lassen. Technisch am ehesten möglich wäre Verifikation bei einem umfassenden Teststopp für Atomwaffen; politisch scheinen die Voraussetzungen aber dafür noch nicht gegeben zu sein.[53]

Insgesamt stellt sich bei der Rüstungskontrolle das Problem, daß sie zu spät einsetzt. Der entscheidende Punkt der Aufrüstung ist Forschung und Entwicklung der Militärtechnologie und nicht erst die Stationierung von Waffensystemen.[54]

In vielen Bereichen wird ein deutlicher Primat der militärischen Logik erkennbar. Abrüstungsmaßnahmen in einzelnen Sektoren scheinen nur dann möglich, wenn sie in anderen Bereichen mit Aufrüstungsmaßnahmen kompensiert werden können. Politische Entscheidungen werden durch militärisch begründete Entschlüsse häufig vorweggenommen. Den politischen "Entscheidungsträgern" bleibt dann lediglich die Wahl zwischen eng nebeneinander liegenden Optionen. Sind sie einmal in die Praxis umgesetzt, können sie kaum mehr zurückgenommen werden, ohne das gesamte, kunstvoll aufgebaute Netz der militärischen Logik zu gefährden.[55]

Um dem Abschreckungssystem als destabilisierenden Faktor und Antriebskraft des Aufrüstungsprozesses[56] entgehen zu können, wurde eine Reihe alternativer Verteidigungskonzepte entwickelt. Eines der bekanntesten ist das der graduellen unilateralen Abrüstung.[57] Eine grundlegende Schwierigkeit besteht bei diesem

---

[52] Gärtner (1987c).
[53] Gärtner (1987a), 27 ff.; (1988).
[54] Thee (1987).
[55] Gärtner (1987b).
[56] Gärtner (1983), 53 ff.
[57] Einer der Väter ist Charles E. Osgood (1962).

Konzept darin, daß es innerhalb des Aktions-Reaktions-Schemas bleibt und dieses nur rückwärts laufen lassen will.[58]

Die Stoßrichtung der Suche nach alternativen Sicherheitskonzepten zielt vor allem auf die Anhebung der Nuklearschwelle. Diesem Ziel soll auch der Verzicht auf den Ersteinsatz von Nuklearwaffen dienen. Damit soll einerseits eine frühe Eskalation auf strategischer Ebene verhindert und andererseits ein begrenzter Atomkrieg in Europa erschwert werden. Am wirksamsten wäre dieses Konzept in Verbindung mit dem Abzug von Waffen, mit denen ein solcher Ersteinsatz möglich ist. Der Verzicht auf Ersteinsatz kommt auch nur dann zum Tragen, wenn der Gegner die Ersteinsatzverzichtserklärung ernst nimmt und möglicherweise davon ausgeht, konventionell einen Sieg erringen zu können.[59]

Bei einem Vergleich der alternativen Sicherheitskonzepte - Atomwaffenfreiheit, Entmilitarisierung und Defensivstrukturen - zeigt sich, daß ihre politische Wirksamkeit von der beabsichtigten Zielsetzung anhängt. Für die Ziele *Kriegsverhütung, Souveränitätssicherung, einseitige Durchsetzbarkeit und Rüstungsverminderung* ist das Defensivkonzept am wirksamsten, die Entmilitarisierung am unwirksamsten. Atomwaffenfreie Zonen nehmen eine Zwischenposition ein. Für die Ziele *Schadensbegrenzung, Entspannungsfreundlichkeit und Bedrohungsminderung* leisten Entmilitarisierung den größten, Defensivstruktur und Atomwaffenfreiheit einen entscheidenden Beitrag.[60]

Atomwaffenfreie Zonen haben neben der sicherheitspolitischen Funktion als vertrauensbildende Maßnahme auch eine regionalpolitische Funktion, etwa als Brücke über Konflikte in einer zentralen Region (zum Beispiel Mitteleuropa) zu dienen oder als Hebel größere regionale Autonomie zu erreichen (zum Beispiel Pazifik).[61]

---

[58] Gärtner (1983), 59.
[59] Gärtner (1985), 42 ff.; (1987a), 94 ff.
[60] Gärtner (1985), 47 ff.; (1987a), 98 ff.
[61] Gärtner (1987a), 39 ff.; (1987g).

5. Friedensstrategien

Aus den beiden möglichen großen Quellen der Kriegsgefahr - Konfliktdynamik und Rüstungsdynamik - kann man folgende Friedensstrategien ableiten:

1. Die *Theorie der hegemonialen Stabilität* besagt, daß die Existenz der hegemonialen Macht Voraussetzung für stabile und konfliktfreie Verhältnisse ist. G.A. Raymond/Ch.W. Kegley[62] behaupteten zum Beispiel, daß internationale Normen eher unter den Bedingungen hegemonialer Führung und nicht unter denen von Machtdezentralisierung eingehalten werden und daß dies die Perioden fortschrittlicher Entwicklung des Völkerrechts seien. Sie erwähnen allerdings nicht, daß Normen, Prinzipien und Recht in diesen Perioden eben von den Interessen der Hegemonialmächte geprägt sind.

Die *Hegemoniezyklentheorie* wiederum geht davon aus, daß Auf- und Abstieg der Hegemonialmächte jeweils von kriegerischen globalen Auseinandersetzungen begleitet sind. Die empirische Forschung über regionale Konflikte hat gezeigt, daß Hegemonialmächte, wenn nicht mehr anders möglich, sehr häufig militärisch intervenieren, um ihre Einflußzonen zu sichern und damit eine Politik verfolgen, die durchaus in der Tradition des Metternichschen Großmachtkonzertes steht und einer Periode entstammt, die von der Unterdrückung der damals aufkommenden liberalen und nationalen Ideen durch militärische Interventionen gekennzeichnet war.

2. Die *Idee eines "Weltstaates"*[63], die auf Kants "Staatenbund" zurückgeht, meint, mit einer Weltregierung die zwischenstaatlichen Kriege ausschließen zu können. Wenn diese Überlegung auch zutreffen mag, so werden damit noch nicht die gesellschaftlichen und politischen Konflikte beseitigt. Zwischenstaatliche Kriege könnten sich in "Bürgerkriege" verwandeln. Auch "weltstaatliche" Unterdrückung ist wahrscheinlich. Varianten dieses Konzepts formulierten Peccei[64] mit der Idee einer "globalen Verwaltung", Hoffmann[65] als "internationalen Moralkodex", Mitrany als ein System des "Weltföderalismus" oder mit der Vorstellung internationaler "funktionaler Interdependenz"[66].

---

[62] Raymond/Kegley (1988).
[63] Aron (1962), 853 ff.
[64] Peccei (1982).
[65] Hoffmann (1981).
[66] Keohane/Nye (1977).

3. Ein gegenteiliges Konzept verfolgt die Idee eines Konzerts *unabhängiger* und *gleichberechtigter Nationalstaaten*[67]. Dieses Konzept bezweifelt auch, daß Bündnisse eine optimale Sicherheitsgarantie bieten können, insbesondere, wenn Führungsmächte ihren hegemonialen Einfluß verlieren. Vielmehr wird betont, daß die Angst kleinerer Bündnismitglieder wächst, in Kriege hineingezogen zu werden, die nicht ihre eigenen sind. Souveränität und Unabhängigkeit werden nicht mehr als Sicherheitsdefizit, sondern als Sicherheitszuwachs empfunden.[68] Eine solche Ordnung wäre in der Lage, diejenigen Kriegsgefahren zu reduzieren, die von einem Hegemonialsystem ausgehen könnten: Hegemonial- und Interventionskriege. Dagegen steigen diejenigen Gefahren, die ein Hegemonialfrieden und das Konzept einer "Weltregierung" vermindert würden: die Zunahme zwischenstaatlicher Kriege - eine Gefahr, die durch das Stichwort "Balkanisierung" bekannt geworden ist.

4. Das Konzept der *Überwindung nationalstaatlicher Ordnung*[69] steht auf den ersten Blick im Gegensatz zu dem des "Weltstaates", weil es staatliche Systeme vom Ansatz her ablehnt. Es beinhaltet aber dieselben Vorteile und ähnliche Gefahren. Zwischenstaatliche Kriege würden verschwinden, soziale und gesellschaftliche Konflikte würden bleiben. Eine "Libanonisierung" wäre nicht ausgeschlossen. Staatliche Unterdrückung hingegen würde es nicht geben.

5. Der *Abschreckungsfriede* ist ein militärisches Konzept und soll mit Androhung von Schaden einen Angriff verhindern. Auf globaler Ebene ist nicht auszuschließen, daß nukleare Abschreckung nach 1945 einen Beitrag zum Frieden geleistet hat, obwohl das nicht zu beweisen ist. Kritiker wenden ein, daß das System von Aufrüstung, Drohung und Gegendrohung langfristig zur Militarisierung der Gesellschaft und Instabilitäten führt.[70] Hier stehen sich die Idee Hobbes, daß Frieden vorrangig auf Furcht beruhe, und die Macchiavellis, daß Furcht vor dem Unterjochtwerden (das heißt das Sicherheitsbedürfnis) Ursache des Krieges sei, gegenüber.

Insgesamt haben empirisch-quantitative Untersuchungen über das Verhältnis von Machtpotential und Krieg recht unterschiedliche Ergebnisse gebracht.[71] Sie reichen

---

[67] Albrecht (1984).
[68] Gärtner (1987 f, h).
[69] Krippendorff (1985).
[70] Gärtner (1983), 53 ff.
[71] Vgl. dazu auch Mendler/Schwegler-Rohmeis (1987), 170-173.

von der These, daß Kriege unwahrscheinlich sind, wenn die Machtverhältnisse ungefähr gleich sind[72], und daß nur die mächtigsten Staaten häufiger in Kriege verwickelt sind[73], bis zu der Annahme, daß es zum kriegerischen Konflikt eher dann kommt, wenn zwischen Staaten ein Machtgleichgewicht herrscht.[74] Eine andere Studie[75] fand heraus, daß Rüstungswettlauf zwischen gleichen Partnern und nicht einseitige Aufrüstung zu Kapitulationen führen, aber nicht zu Krisenlösungen und Kompromissen.

Abschreckung ist zumindest keine Garantie für den Frieden. Meistens sind politische Überlegungen ausschlaggebend für kriegerische Abenteuer. Selbst Hitlerdeutschland hat den Krieg sowohl gegen die Westmächte, als auch gegen den Osten in der Situation militärischer Unterlegenheit begonnen. Auf regionaler Ebene wurden die meisten Kriege von denjenigen Ländern begonnen, die militärisch ihren potentiellen Gegnern unterlegen waren.[76] Blechman/Kaplan[77] zeigen, daß der politische Gebrauch der US-Militärmacht dann am ehesten erfolgreich war, wenn es das Ziel war, das Verhalten eines betreffenden Staates zu verstärken, nicht es zu verändern.

6. *Gleichgewichtsmodelle* basieren auf der Vorstellung, daß ein Machtgleichgewicht zwischen gegnerischen Nationalstaaten friedensfördernd oder -sichernd wirke, Ungleichgewichte aber zum Kriege führten. Die einfachste Formel für Gleichgewicht ist, daß niemals ein Staat soviel Kräfte besitzen darf, daß die Nachbarstaaten unfähig werden, ihre Rechte gegen ihn zu verteidigen.[78] Das Streben nach Gleichgewicht ist zumeist gegen den Hegemonieanspruch einer großen Macht gerichtet[79], es wird aber fast immer von selbst mächtigen Staaten formuliert, die Angst vor einer dominierenden Macht haben.[80] Oft befürwortet auch

---

[72] Ferris (1973), 115-116.
[73] Wallensteen (1973), 115-117.
[74] Garnham (1976), 231-242.
[75] Diehl (1985), 249-259.
[76] Lebow (1981, 1985); Jervis et al. (1985); Gärtner (1987d).
[77] Blechman/Kaplan (1978).
[78] Dieses Prinzip wurde von Hieron, dem König von Syrakus, bereits so formuliert (vgl. Aron (1962), 154-155).
[79] Die Gleichgewichtsargumentation richtete sich zum Beispiel gegen das Hegemoniestreben Frankreichs unter Ludwig XIV. In Verbindung mit demselben Prinzip analysiert David Hume in seinem Essay of the Balance of Power im Jahre 1742 die Rivalität Frankreichs und Englands.
[80] Vom Ansatz her war die Gleichgewichtspolitik Fürst Metternichs eine Reaktion gegen die Hegemonialpolitik Napoleons gewesen. Die Fünferherrschaft war aber auch deshalb notwendig

die stärkste Macht eine Gleichgewichtspolitik, wenn sie ihre absolute Machtstellung verloren hat, wie Kissinger[81] gezeigt hat, nachdem die Sowjetunion die nukleare strategische Parität Anfang der siebziger Jahre erreicht hatte. "Gleichgewichtsdiplomatie entspringt jedenfalls nicht einer freien Entscheidung der Staatsmänner, sondern den Umständen."[82] Die Erfahrungen aus der Periode des Metternichschen Großmächtekonzerts zeigen, daß Frieden zwischen Großmächten durch Gleichgewichtspolitik zwar möglich, durch Veränderungen des Gleichgewichts aber gefährdet ist und daß Kollektivhegemonie von der Unterdrückung oppositioneller Bewegungen begleitet war.[83] Empirisch-quantitative Untersuchungen über den Zusammenhang zwischen Machtgleichgewicht und Friedenssicherung kommen zu den unterschiedlichsten Ergebnissen.[84] Manus I. Midlarsky[85] sieht einen Anstieg der Kriegsgefahr im Übergang von einem unipolaren zu einem bipolaren Zustand, weshalb unipolare Systeme aufrechterhalten werden müßten. Nach Kenneth L. Waltz[86] bedingt das multipolare System einen höheren Grad an Unsicherheit, nach Karl W. Deutsch und David J. Singer [87] das bipolare. Waltz argumentiert, daß multipolare Systeme Fehlkalkulationen steigerten, während diese nach M. Small/ D.J. Singer die Akteure aber zu mehr Vorsicht zwingen würden.

Allgemein können zwei, sich in der Wirkungsweise entgegengesetzte Modelle aufgestellt werden.[88] Eines nimmt an, daß die Kriegsgefahr mit dem Übergang von konzentrierter zu ausgewogener Machtverteilung zunimmt. Das andere sieht eine Erhöhung der Kriegsgefahr mit der Zunahme der Machtkonzentration. Schließlich dürfte nicht entscheidend sein, ob die Struktur des internationalen Systems multi- oder bipolar ist, sondern, ob sie stabil oder einem grundlegenden Wandel unterworfen ist, wobei letzteres Unsicherheiten und Kriegsgefahr vergrößert.[89]

---

geworden, weil keine der fünf beteiligten Mächte - Österreich, Preußen, England, Rußland und Frankreich - in der Lage war, eine Hegemonialposition einzunehmen.
[81] Kissinger (1986), 110.
[82] Aron (1962), 162.
[83] Das gemeinsame Interesse des Mächtekonzerts war Gleichgewichtssicherung und antirevolutionäre Stabilisierungspolitik. Dieses Erhaltungsprinzip (Mendler/Schwegler-Rohmeis (1987), 158-159) wurde durch das zugestandene Recht auf militärische Intervention gegen nationale und revolutionäre Strömungen unterstrichen (Karlsbader Beschlüsse 1819, Abkommen von Troppau 1820) - ein Prinzip, das im 18. Jahrhundert noch ungewöhnlich war.
[84] Vgl. Mendler/Schwegler-Rohmeis (1987), 166-173.
[85] Midlarsky (1975), 194-199.
[86] Waltz (1964), 881-909.
[87] Deutsch/Singer (1964), 390-406.
[88] Singer/Bremer/Stuckey (1972), 19-48.
[89] Vgl. de Mesquita (1980).

Die bipolare Ordnung ist ein System, das sich nach dem Zweiten Weltkrieg vor allem in Europa durchgesetzt hat. Sie beruht auf der Aufteilung in Einflußsphären. Für Europa hat diese Ordnung den Frieden erhalten. Es ist sogar zu vermuten, daß es diese Aufteilung und nicht die Abschreckung war, die den Krieg zwischen den Blöcken in dieser Region verhinderte. Die Entspannungspolitik brachte die Ruhigstellung des Ost-West-Konfliktes über die Anerkennung des Status quo[90]. Sie konnte den Aufrüstungsprozeß aber nicht stoppen.[91] Regionale Spannungen in der Dritten Welt nahmen zu, die wiederum das Ost-West-Verhältnis entscheidend beeinflußten.[92] Kritiker wenden außerdem ein, daß der Status quo der Einflußzonen, wie sie die Großmächte fixieren, die Interessen kleiner Länder nicht berücksichtigen würde. Sind die Spannungen zwischen den Großmächten hoch, bestünde die Gefahr, daß Konfrontationen auf dem Rücken der kleineren Länder ausgetragen würden; besteht aber zu große Interessensübereinstimmung zwischen ihnen, könnten sie sich über die Köpfe der kleineren hinweg einigen.[93] Eine bipolare Ordnung schließt durchaus militärische Interventionen in der jeweils eigenen Einflußzone ein.[94]

7. Kritik am Konzept der nuklearen Abschreckung einerseits und Kritik an der bipolaren Ordnung andererseits haben zu Wiederbelebung und Entwicklung von *Europakonzepten*[95] geführt. Hinter dem Ruf nach einem einigen und stärkeren Europa verbergen sich aber viele Interessen. Unklar ist bereits eine politisch-geographische Bestimmung. Sie reicht von einem EG-Europa ohne Neutrale über ein Europa der Westeuropäischen Union (sieben) bis zu einem deutsch-französisch dominierten Europa ("Europa der zwei"). Spricht man von einem KSZE-Europa, sind die Länder Osteuropas zwar miteingeschlossen, zugleich erhebt sich die Frage, inwieweit die Sowjetunion ein europäischer Staat ist.[96] Ein Europa vom "Atlantik bis zum Ural" würde erhebliche Probleme für die Sowjetunion aufwerfen.[97]

Auch die Vorstellungen und Ziele für Europa sind äußerst unterschiedlich. Sie reichen von der Konzeption Europas als selbständiger Nuklearmacht über die

---

[90] Gärtner (1986a), 246 ff.
[91] Jahn (1982); Gärtner (1986a), 246 ff.
[92] Gärtner (1986a), 246 ff.
[93] Gärtner (1982), 137; (1986a), 249.
[94] Gärtner (1987d).
[95] Bender (1981); Gärtner/Trautmann (1984); Gärtner (1986a); Senghaas (1986).
[96] Gärtner (1986a), 249 f.; (1987a), 66 f.
[97] Jahn (1985).

Stärkung als zweiter NATO-Pfeiler (ohne eigene Nuklearwaffen) bis zu Disengagement-, Neutralisierungs- und Dritte-Kraft-Konzepten.[98] Die Europafrage ist zudem immer auch eine Deutschlandfrage. Viele, die von einem vereinten Europa sprechen, meinen damit Deutschland. Andere, die gegen ein selbständiges Europa sind, warnen vor der deutschen Gefahr.[99]

8. Ein Ansatz sieht in *"internationalen Regimen"* und *"internationalen Institutionen"* Instrumente kollektiver gewaltfreier Konfliktregelung.[100] Als eine Kombination von Prinzipien, Regeln, Normen und Entscheidungsabläufen einerseits und einem institutionellen Rahmen andererseits sollen sie internationale Zusammenarbeit auf staatlicher und nichtstaatlicher Ebene stabilisieren und fördern und die Basis für eine "Friedensstruktur" bilden. Solche internationalen Regime können die Kommunikation unter den Beteiligten intensivieren, Fehlwahrnehmungen vermindern, das gegenseitige Vertrauen erhöhen und den Informationsaustausch intensivieren. In diesem Sinne wirken sie wie eine Art vertrauensbildende Maßnahme. Internationale Regime können eine Grundlage für grenzüberschreitende Kooperation liefern, sie können sich aber nicht über nationale Interessen hinwegsetzen und gegen sie handeln. Sie stellen ein Muster für friedliche Konfliktregelung dar; Nationalstaaten können aber nicht gezwungen werden, sie zu benutzen. Sie können ein Instrument der Konfliktregelung, aber nicht der Konfliktverhinderung sein. Eines der entwickelsten Regime sind das Menschenrechts- und CSBM (Vertrauens- und Sicherheitsbildende Maßnahmen)-Regime im Rahmen des KSZE-Prozeßes, der sowohl überstaatliche Normen und Regeln formuliert als auch einen institutionellen Rahmen für Kooperation abgibt.

9. Die *Verhandlungs- und Konferenzstrategie* setzt auf verschiedenen Ebenen an.
a) Am vielfältigsten, aber auch am widersprüchlichsten ist das *KSZE-Konzept*. Es versucht, viele Gegensatzpaare in einem komplexen System miteinander zu verknüpfen: Kooperation scheint dort zu enden, wo Sicherheit gefährdet ist. Werden die Grenzen der Kooperation durch das Sicherheitssystem gezogen, kann gesellschaftliche Änderung durch eine auf dem Status quo basierende Kooperation begrenzt sein. Die KSZE ist ein Resultat der Entspannungspolitik, dient aber auch jenen als Instrument, für die die Entspannungspolitik ein unzulässiges Zurück-

---

[98] Brock/Jopp (1986).
[99] Gärtner (1986a), 250.
[100] Krasner (1983); Axelrod/Keohane (1985); Rittberger (1986).

weichen des Westens gegenüber einem menschenverachtenden System im Osten darstellt. Die Schlußakte von Helsinki garantiert einerseits das Prinzip staatlicher Souveränität, formuliert aber andererseits überstaatliche Interessen, Normen und Regeln. Sie will nicht nur die Beziehungen zwischen Staaten regeln, sondern auch diejenigen zwischen Staat und Gesellschaft beziehungsweise Individuum. Obwohl der KSZE-Prozeß aus der "Entspannung von oben" hervorgegangen ist, ist er nicht lebendig ohne grenzüberschreitende gesellschaftliche Beziehungen "von unten". Der KSZE-Prozeß ist dann erfolgreich, wenn es gelingt, alle diese Dimensionen zu umfassen und weiterzuentwickeln. Das Gesamtsystem der KSZE könnte man daher auf die Formel bringen, daß eine europäische Friedensordnung nicht ohne Respektierung der Grund- und Freiheitsrechte geschaffen werden kann, daß aber eine Erfüllung der humanitären Prinzipien nur in einem Klima der Entspannung weiter voranschreitet; ansonsten läuft die KSZE Gefahr, eine leere Konferenzhülse oder eine Tribüne der Supermachtkonfrontation zu werden. Die KSZE selbst kann aber nicht Motor der Entspannungspolitik sein, sie ist abhängig von ihr; sie konnte nicht verhindern, daß sich die Ost-West-Beziehungen zu Beginn der achtziger Jahre verschlechterten. Die KSZE ist aber auch kein reiner Spielball der Großmächte. Sie bildete in Zeiten verschärfter Spannungen zwischen den Supermächten ein funktionierendes Forum für einen Dialog.[101]

b) *Gipfeltreffen* zwischen den Spitzenvertretern der Supermächte hingegen sind einerseits ein Spiegelbild der weltpolitischen "Großwetterlage", können aber andererseits diese kaum beeinflusssen. Jalta bestätigte 1945 die Aufteilung in Einflußsphären. Nach dem Gipfel von 1955 erfolgte die sowjetische Intervention in Ungarn, nach jenem von 1959 die Berlin- und dem von 1960 die Kubakrise, die Gipfelkonferenz von 1960 platzte wegen der U-2 Affäre, der Gipfel von 1968 fand wegen der Intervention der Warschauer-Pakt-Staaten in der CSSR gar nicht statt. Die Treffen von 1972/73 bedeuteten eine symbolische Anerkennung von Einflußsphären. Das Treffen von 1979 leitete eine Periode verschärfter Supermachtbeziehungen ein.[102] Der Gipfel von Reykjavik 1986 scheiterte wegen der Differenzen zwischen der USA und der Sowjetunion über strategische Rüstung und Weltraumverteidigung (SDI), auf dem Gipfel von Washington 1987 wurde das überreife Abkommen über INF formell unterzeichnet. Der Moskauer Gipfel von

---

[101] Gärtner (1986b).
[102] Gärtner (1986c), 25.

1988 bestätigte die sich verbessernden Beziehungen zwischen den USA und der UdSSR.

c) Die Erkenntnis, daß dem Aufrüstungsprozeß eine destabilisierende Tendenz innewohnt, hat zum *Rüstungskontrollprozeß* geführt. Er brachte aber weder Abrüstung noch Konfliktlösung. Die Ursachen von Rüstung blieben unbenannt. Man kann allerdings nicht sagen, welche Entwicklung der Aufrüstungsprozeß ohne Rüstungskontrolle genommen hätte. Man kann eine gewisse stabilisierende und aufrüstungsverlangsamende Wirkung durch Verhandlungen annehmen, da Aufrüstung durch sie einem gewissen Steuerungsprozeß unterliegt.[103] Konferenztätigkeit hat sich aber bereits auch verselbständigt. Verhandelt wird vielfach nicht mehr, um ein Ziel zu erreichen, sondern um Aktivität zu demonstrieren. Soziale Wirklichkeit wird aus dem Konferenzgeschehen oft ausgeblendet. Nur allzuoft ist allein die Konferenzwirklichkeit gemeint, wenn von Friedensforschern Praxisbzug gefordert wird.[104] Doch der Friedensforscher hat auf die Einheit von Sicherheitspolitik, Friedens- und Konfliktforschung zu achten.

6. Eine reale Perspektive?

Wie könnte man nun eine Strategie formulieren, die möglichst viele Vorteile der genannten Modelle beinhaltet, möglichst viele Gefahren vermeidet und doch Aussichten auf Verwirklichung eröffnet? An eine solche Strategie richtet sich eine Reihe von Forderungen: Sie soll Stabilität sichern und die Gefahren eines globalen Krieges vermeiden, die sich aus einer Hegemonie- und Supermachtskonkurrenz ergeben könnten; sie soll Entspannung zwischen den Großmächten fördern, eine stillschweigende Aufteilung in Einflußsphären aber vermeiden; sie soll die Sicherheitsinteressen der bestehenden Großmächte berücksichtigen, militärischen Interventionen aber entgegenwirken; sie soll regionale Interessen berücksichtigen, eine Zunahme regionaler zwischen- und innerstaatlicher Konflikte und Kriege vermeiden; sie soll den möglichen Beitrag von Sicherheitspolitik und Abschreckung zur Kriegsverhütung im Auge behalten, aber die Gefahren, die sich aus dem Rüstungswettlauf ergeben könnten, verringern; sie soll die bestehenden Konferenz-

---

[103] Gärtner (1987a, 1987e).
[104] Gärtner (1987e).

und Verhandlungsstrukturen nutzen, aber gleichzeitig verhindern, daß sie zum Selbstzweck werden und verknöchern.

Eine solche Strategie muß komplementäre nationale, regionale und globale Maßnahmen beinhalten. Globale Stabilität kann erreicht werden, wenn die Machtgleichgewichte nicht radikal in Frage gestellt werden, wenn Konflikte lokal gelöst oder (wenn möglich nichtmilitärisch) ausgetragen werden. Ein Großmächtekonsensus, der regionale und nationale Autonomie anerkennt, würde solchen Anforderungen gerecht werden. Mit moderneren Worten ausgedrückt, würde es heißen: Détente und Disengagement. Détente könnte einer militärischen Austragung globaler Konflikte entgegenwirken, Disengagement kann einerseits regionale Autonomie ermöglichen und andererseits eine Verwicklung von Großmächten in regionale Konflikte und Kriege verhindern.[105] Entspannung bedeutet noch nicht Rüstungsbeschränkung oder Abrüstung, und regionale Autonomie noch nicht regionale Sicherheit. Détente, Rüstungsbeschränkung, regionale Autonomie und regionale Sicherheit sind zwar schöne Konzepte, scheinen aber keine realistische Perspektive zu enthalten. Es gibt jedoch Teilschritte, auf den gesamten Zusammenhang zuzugehen. Solche Schritte wären ein teilweiser oder ganzer militärischer Rückzug der Großmächte aus bestimmten Regionen auf der Basis einer politischen Übereinkunft, die ihre Interessen (durchaus als Großmächte) berücksichtigt. Solche Maßnahmen sollten von regionalen Sicherheitsvorkehrungen und von der Schaffung regionaler Sicherheitssysteme begleitet sein.

Literaturangaben

Albrecht, U., Neutralismus und Disengagement: Ist Blockfreiheit eine Alternative für die Bundesrepublik?, in: Schriftenreihe des Arbeitskreises Atomwaffenfreies Europa, Bd. 10, Berlin 1984, 97-119.

---

[105] Für Senghaas (1988), 174 ff. ist die geopolitische und ökonomische Bedeutung der Dritten Welt ohnehin ein Mythos, vergleichbar der Periode des Imperialismus oder der Lebensraum-Ideologie Deutschlands und Japans in diesem Jahrhundert. Rationale Kalküle sprächen für eine Entkoppelung von Rivalitäten der Weltmächte und Regionalkonflikten. Ein solches "discommitment" könnte die weltpolitischen Folgewirkungen von Krisen und Kriegen mit ursprünglich lokalem Anlaß ("Sarajevo-Effekt") reduzieren.

ders., Internationale Politik. Einführung in das System internationaler Herrschaft, München 1986.

Amin, S., The Class Structure of the Imperialist System. Historically and in the Current Crisis, in: Monthly Review, 1980, 1,9-27.

Aron, A., Frieden und Krieg, Frankfurt a.M. 1962.

Axelrod, R./Keohane, R.O., Achieving Cooperation under Anarchy: Strategies and Institutions, in: World Politics, Bd. 38, 1985, 1.

Bender, P., Das Ende des ideologischen Zeitalters. Die Europäisierung Europas, Berlin 1981.

Blackaby, F., The Causes of War, Science and Peace, in: Bulletin of Peace Proposals, 1987, 1, 13-18.

Blechman, B.M./Kaplan, S.S., Force without War. U.S. Aimed Forces as a Political Instrument, Washington, D.C. 1978.

Brock, L., Im Dickicht der Abschreckung. Widersprüche und Grenzen militärischer Sicherheitspolitik, in: Friedensforschung Aktuell, Hessische Stiftung für Friedens- und Konfliktforschung, Frankfurt a. M. 1987.

ders./Jopp, M. (Hg.), Sicherheitspolitische Zusammenarbeit und Kooperation der Rüstungswirtschaft in Westeuropa, Baden-Baden 1986.

Bühl, W.L., Das Ende der amerikanisch-sowjetischen Hegemonie? Internationale Politik im Fünften Kondratieffschen Übergang, München 1982.

ders., Zwischen Kalkül und Katastrophe: Sytemtheoretische Überlegungen zur Dynamik des Krieges, in: Zeitschrift für Politik, 1987, 3 und 4, 233-248 und 339-369.

Deutsch, K.W./Singer, J.D., Multipolar Power Systems and International Stability, in: World Politics, 16, 1964, 3, 390-406.

Diehl, P.F., Armaments Without War: An Analysis of Some Underlying Effects, in: Journal of Peace Research, 22, 1985, 3, 249-259.

Encina, E./Gärtner, H./Höll, O., Gesellschaftsspaltung durch Zwang zur nationalstaatlichen Modernisierungsstrategie?, in: Österreichische Zeitschrift für Politikwissenschaft, 1980, 4, 443-460.

Faupel, K., Internationale Regime als Gegenstände für sozialwissenschaftliche Forschung, in: Jahrbuch der Universität Salzburg, 1981-1983, Salzburg 1984, 94-105.

Ferris, W.H., The Power Capabilities of Nation-States. International Conflict and War, Lexington, Mass. 1973.

Gantzel, K.J., Tolstoi statt Clausewitz? Überlegungen zum Verhältnis von Staat und Krieg seit 1816 mittels statistischer Beobachtungen, in: R. Steinweg, (Hg.), Kriegsursachen, Frankfurt a.M. 1987, 25-97.

ders./Meyer-Stamer, J. (Hg.), Die Kriege nach dem Zweiten Weltkrieg bis 1984. Daten und erste Analysen, München/Köln/London 1986.

Garnham, D., Dyadic International War 1816-1965: The Role of Power Parity and Geographic Proximity, in: Western Political Quarterly 1976, 2, 231-242.

Gärtner, H., Großmachtstrategien, in: Österreichische Zeitschrift für Politikwissenschaft 1982, 2, 133-141.

ders., Hegemoniestrukturen und Kriegsursachen, (Informationen zur Weltpolitik, 5), Wien 1983.

ders., Macht, Abschreckung und alternative Sicherheit im internationalen System. in: A. Skuhra/ H. Wimmer (Hg.), Friedensforschung und Friedensbewegung, Wien 1985, 34-62.

ders./Trautmann, G. (Hg.), Ein dritter Weg zwischen den Blöcken? Die Weltmächte, Europa und der Eurokommunismus, Wien 1985.

ders., Entspannung, Europa und die KSZE, in: Österreichische Zeitschrift für Politikwissenschaft 1986, 3, 245-256 (1986a).

ders., Das KSZE-Labyrinth, in: Wiener Tagebuch 1986, 12, 11-14 (1986b).

ders., Der Ost-West-Konflikt: USA-Sowjetunion, in: dialog, 1986, 5, Friedensbericht 1985, 25-30 (1986c).

ders., Handbuch zur Rüstungskontrolle. Positionen ausgewählter Länder, Wien 1987 (1987a).

ders., Militärische Logik oder politischer Wille? Überlegungen zu den Abrüstungsvorschlägen Gorbatschows, in: International, 1987, 3, 78-80, (1987b).

ders., Verifikation des Einsatzes von C-Waffen, Österreichische Institut für Internationale Politik, Laxenburg 1987 (1987 c).

ders., Die Dimension der Fremdbeteiligung in den Kriegen nach 1945, in: Österreichisches Jahrbuch für Internationale Politik 1986, Wien 1987, 1-22, (1987d).

ders., Friedensforschung und Kriegsursachen, in: Mitteilungen des Instituts für Wissenschaft und Kunst, Wien 1987, 4, 136-139, (1987e).

ders., Sicherheit und Unabhängigkeit. Zum Verhältnis von aktiver Außenpolitik und militärischer Landesverteidigung, in: dialog, 1987, 8, 219-238 (1987f).

ders., Atomwaffen- und chemiewaffenfreie Zonen, in: dialog 1987, 9, Friedensbericht 1986, 106-114 (1987g).

ders., Austria: The Activist Imperative, in: R.S. Rudney (Hg.), European Security Beyond the Year 2000, New York 1987, 265-272, (1987h).

ders., Verification and Smaller States, 1988 (im Erscheinen).

Galtung, J., What is Meant by Peace and Security? Some Options for the 1990s, in: dialog, 1987, 3, 11-31.

Giddens, A., The Nation State and Violence, London 1985.

Hobbes, T., Leviathan, Stuttgart 1970.

Hoffmann, S., Duties Beyond Borders. On the Limits and Possibilities of Ethical International Politics, New York 1981.

Holsti, K.J., The Horsemen of the Apocalypse: At the Gate Detoured or Retreating?, in: International Studies Quarterly, 30, 1986, 355-372.

Jahn, E., Elemente eines friedenswissenschaftlichen Entspannungsbegriffs, in: Hessische Stiftung für Friedens- und Konfliktforschung (Hg.), Europa zwischen Konfrontation und Kooperation, Frankfurt a.M./New York 1982, 15-35.

ders., Eurokommunismus und Osteuropa. Eine spannende Konzeption gesamteuropäischer Politik, in: H. Gärtner/G. Trautmann (Hg.), Ein dritter Weg zwischen den Brücken? Die Weltmächte, Europa und der Eurokommunismus, Wien 1985, 43-64.

Jervis, R./Lebow, R.N./Grosstein, J. (Hg.), Psychology and Deterrence, Baltimore 1985.

Kende, I., Kriege nach 1945. Eine empirische Untersuchung, in: Militärpolitik Dokumentation, 1982, 27.

Keohane, R.O./Nye, J.S., Power and Interdependence. World Politics in Transition, Boston, Mass./Toronto 1977.

Kissinger, H.A., Weltpolitik für morgen. Reden und Aufsätze 1982-1985, München 1986.

Krasner, St. D. (Hg.), International Regimes, Ithaca/London 1983.

Krippendorff, E., Staat und Krieg. Die historische Logik politischer Unvernunft, Frankfurt a.M. 1985.

Lebow, R.N., Between Peace and War. The Nature of International Crisis, Baltimore 1981.

ders., Deterrence Reconsidered: The Challenge of Recent Research, in: Survival, 27, 1985, 1, 20-28.

Lutz, D.S., Weltkrieg wider Willen? Die Nuklearwaffen in und für Europa, Reinbek 1981.

Mendler, M./Schwegler-Rohmeis, W., Strategie des Gleichgewichts: Bedingungen des Friedens oder Schritt zum Krieg? Zur Ideengeschichte von Machtpolitik, in: R. Steinweg (Hg.), Kriegsursachen, Frankfurt a.M. 1987, 151-190.

de Mesquita, B., Theories of International Conflict. An Analysis and an Appraisal, in: T.R. Gurr (Hg.), Handbook of Political Conflict. Theory and Research, New York/London 1980, 361-398.

Midlarsky, M.I., On War. Political Violence in International System, New York 1975.

Modelski, G., The Long Cycle of Global Politics and the Nationstate, in: Comparative Studies in Society and History, 20, 1978, 214-235.

Nowotny, T., Anmerkungen zur multifunktionalen Standardrede über die österreichische Außenpolitik, in: Östereichisches Jahrbuch für Internationale Politik 1986, Wien 1987, 23-53.

Osgood, C.E., Wechselseitige Initiative, in: E. Krippendorff (Hg.), Friedensforschung, Köln/Berlin 1968, 357-392.

Peccei, A., Die Zukunft in unserer Hand. Gedanken und Reflexionen des Präsidenten des Club of Rome, Wien/München/Zürich/New York 1982.

Raymond, G.A./Kegley Jr., Ch.W., Capability Concentration, Alliance Polarization and the Transformation of Commitment Norms, Paper presented at the 29th Annual Convention of the International Studies Association, St. Louis, Missouri, March 29-April 2, 1988.

Richardson, L.S., Arms and Insecurity, Pittsburgh 1960.

Rittberger, V., "Peace Structures" Through International Organizations and Regimes, Tübinger Arbeitspapiere zur internationalen Politik und Friedensforschung, Nr. 4, Tübingen 1986.

Senghaas, D., Abschreckung und Frieden. Studien und Kritik organisierter Friedlosigkeit, 3. Aufl., Frankfurt a.M. 1981.

ders., Die friedenspolitische Großwetterlage, in: Friede, Kultur, Politik (Burgenländische Kulturoffensive), Eisenstadt 1983, 11-18.

ders., Die Zukunft Europas. Probleme der Friedensgestaltung, Frankfurt a.M. 1986.

ders., Konfliktformationen in internationalen System, Frankfurt a.M. 1988.

Singer, J./Bremer, S./Stuckey, J., Capability Distribution, Uncertainty, and Major Power War, 1820-1965, in: B.M. Russett (Hg.), Peace, War, and Numbers, Beverly Hills/London 1972, 19-48.

Small, M./Singer, J.D., Conflict in the International System, 1816-1977, in: J. David Singer u.a. (Hg.), Explaining the War, Beverly Hills 1979, 57-82.

Snyder, G.H., The Balance of Power and the Balance of Terror, in: D.G. Pruitt/ R.C. Snyder (Hg.), Theory and Research on the Causes of War, Englewood Cliffs, N.J. 1969, 114-126.

Spillmann, K.R., Konfliktforschung und Friedenssicherung, in: Neue Zürcher Zeitung, 15./16.3.1987, 29.

Thee, M., Military Technology, Arms Control and Human Development. Reforging Swords into Ploughshares, in: Bulletin of Peace Proposals, 1987, 1, 1-11.

Thompson, E., The Logic of Exterminism, in: New Left Review, May-June 1980, 3-31.

Tillema, H.K./Van Wingen, J.R., Law and Power in Military Intervention. Major States after World War II, in: International Studies Quarterly, June 1982, 220-250.

Väyrynen, R., Collective Violence in a Discontinuous World: Regional Realities and Global Fallacies, in: International Social Science Journal, 38, 1986, 4, 513-528.

Wallace, M., The Role of Arms Races in the Escalation of Disputes into War: Some New Evidence, in: Journal of Conflict Resolution, 23, 1979, 1, 3-16.

Wallensteen, P., Structure and War. On International Relations 1920-1968, Stockholm 1973.

Wallerstein, I., The Modern World System I. Capitalist Agriculture and the Origins of European World Economy in the Sixteenth Century, New York 1974.

Waltz, K.N., The Stability of a Bipolar World, in: Daedalus, 93, 1964, 881-909.

Weede, E. Overwhelming Preponderance as a Pacifying Condition among Contiguous Asian Dyads, 1950-1969, in: Journal of Conflict Resolution 1976, 3, 395-411.

Wright, Q., A Study of War, Chicago 1942.

Zürn, M., Gerechte internationale Regime. Bedingungen und Restriktionen der Entstehung nichthegemonialer internationaler Regime, untersucht am Beispiel der Weltkommunikationsordnung, Frankfurt a.M. 1987.

Wolfram Wette

KONFLIKTFORSCHUNG UND GESCHICHTSWISSENSCHAFT

Dem Gedankenaustausch von Friedensforschern unterschiedlicher wissenschaftlicher Disziplinen kann es nur nützen, wenn die Probleme, die einer konstruktiven und von uns allen gewünschten Zusammenarbeit möglicherweise noch immer im Wege stehen, offen angesprochen werden. Den Veranstaltern sei gedankt, daß sie zu diesem 15. Kolloqium der AFK gleich drei Historiker als Referenten eingeladen haben. Ein vergleichbares Angebot an die Geschichtswissenschaft beziehungsweise die historische Friedensforschung hat es bei früheren Tagungen der Arbeitsgemeinschaft nicht gegeben.

Nun zur Sache selbst: Als ich vor Monaten die Einladung zu dieser interdisziplinären Erörterung des Themas "Konflikttransformationen in der Weltgesellschaft" - später korrigiert in "Konfliktformationen" - erhielt, ging ich ratsuchend zu einigen Historikerkollegen und bat sie um Verstehens- und Übersetzungshilfe. Ergebnis: hier Kopfschütteln, dort Achselzucken, schließlich Fragen wie die folgenden: Was verstehen die Veranstalter unter "Konfliktformationen"? Geht es ihnen um die Entstehung von Konflikten oder um die Gestalt bestimmter Konfliktlagen? Soll über kleine, mittlere und große Konflikte gesprochen werden oder über alle zusammen? Diskutieren wir über die Gegenwart oder über die Vergangenheit, wenigstens jenen Teil der Vergangenheit, der noch unmittelbar oder doch mittelbar in unsere Gegenwart hineinreicht?

Fragen auch zum Terminus "Weltgesellschaft": Handelt es sich dabei um einen empirischen Begriff mit einer historischen Dimension? Oder ist die Idee von Weltgesellschaft gemeint, die Vorstellung also, daß es im Atomzeitalter beziehungsweise im Industriezeitalter mit seinen internationalen Wirtschaftsbeziehungen einfach nicht mehr sachgerecht ist, wissenschaftliche und politische Antworten auf relevante Fragen der Zeit aus einer überholten - lokalen, regionalen oder nationalen - Perspektive geben zu wollen? Oder sollen wir den Begriff "Weltgesellschaft" als einen Denkanstoß verstehen, uns darüber Klarheit zu verschaffen, wo sich in der Welt mit ihm schon ein politischer Inhalt verbindet und wo dies noch nicht der Fall ist; konkreter formuliert, in welchem Ausmaße sich für welche Gruppen von Menschen die globale Dimension bereits als Handlungsmaxime durchgesetzt hat?

Weiterhin haben wir Historiker uns gefragt, welchen Sinn es denn haben könne, in allgemeiner Weise über Konflikte auf der ganzen Welt zu reden. Wird da nicht unterstellt, alle diese Konflikte hätten zumindest gemeinsame Merkmale, wahrscheinlich aber sogar vergleichbare Ursachen? Wird nicht angenommen, was erst noch zu beweisen wäre? Sind wir hier nicht wieder mit dem Anspruch konfrontiert, Wissenschaft habe nomothetisches Wissen zu erzeugen, einem Anspruch, der schon in der Vergangenheit maßgeblich dazu beigetragen hat, eine konstruktive Zusammenarbeit von Historikern und eher ahistorisch orientierten Sozialwissenschaftlern innerhalb der Friedens- und Konfliktforschung zu erschweren, wenn nicht gar zu verhindern?

Wir Historiker - wenn ich diesen verallgemeinernden Begriff einmal für die bekanntlich recht heterogene Zunft verwenden darf - sind mit der Aufgabe vertraut, über die Ursachen etwa des Krimkrieges von 1853-56 oder über die des Zweiten Weltkriegs intensive Quellenforschung zu betreiben. Dem Versuch aber, etwas über die Ursachen des Krimkrieges und des Zweiten Weltkrieges gleichzeitig auszusagen, stehen wir mit Skepsis gegenüber. Schon gar ist ein Thema wie das hier zu behandelnde - "Konfliktformationen in der Weltgesellschaft" - für Historiker von ihrem, am Konkreten orientierten Wissenschaftsverständnis her eine Abstraktion, mit der umzugehen sie nicht gewohnt sind. Da mag auch der Verdacht mitschwingen, daß der Preis für die hohe Abstraktionsebene nicht selten die Tendenz zu inhaltlicher Leere ist. So gesehen, war die Formulierung dieses Themas vielleicht kein optimaler Anstoß, um ein interdisziplinäres Gespräch in Gang zu setzen.

Skepsis gegenüber Abstraktionen ist keineswegs identisch mit Theorielosigkeit. Seit den Methodendebatten in den 60er und 70er Jahren wird auch in der Geschichtswissenschaft, von der historischen Friedensforschung[1] einmal ganz zu schweigen, durchaus theoriebewußt gearbeitet, das heißt, daß der Frage nach der Vergleichbarkeit von kriegerischen Konflikten nicht ausgewichen wird. So gibt es beispielsweise nicht wenige Untersuchungen, die sich mit dem Ersten und Zweiten

---

[1] Vgl. als Überblick Wette (1987).

Weltkrieg befassen, um bestimmte Kontinuitäten und Diskontinuitäten herauszuarbeiten. Für den Historiker versteht es sich von selbst, daß diese Forschung immer "ad fontes" geschieht, das heißt, auf der Basis des Quellenstudiums stattfindet, und daß die entwickelte These anhand der Quellen intersubjektiv nachprüfbar sein muß. Aussagen über größere Zusammenhänge, gar globale, macht der Historiker erst, wenn ihn der Stand der empirischen Forschung dazu in die Lage versetzt; es sei denn, was nicht selten der Fall ist, daß er sich außerhalb des genuinen geschichtswissenschaftlichen Arbeitszusammenhangs äußert.

Gerade in jüngster Zeit, veranlaßt durch den seit 1986 anhaltenden "Historikerstreit", ist innerhalb der Historikerzunft wieder verstärkt über die Grundsätze des wissenschaftlichen Vergleichens nachgedacht worden. Der Anlaß war, daß einige Historiker den Versuch unternahmen, die während des Dritten Reiches begangenen Massenverbrechen durch Vergleiche zu historisieren beziehungsweise zu relativieren[2]. Um diesem politischen Zweck zu dienen, wurde beispielsweise Hitler mit Pol Pot, Idi Amin und Stalin verglichen, obwohl dies den Erfordernissen eines historisch-wissenschaftlichen Vergleichens in keiner Weise gerecht wird. Amins Uganda beispielsweise mag, wie der Bielefelder Historiker Hans-Ulrich Wehler spöttisch bemerkte[3], vielleicht für den Vergleich mit der Merowingerzeit (5. bis 8. Jahrhundert nach Christus) geeignet sein, nicht aber für den Vergleich mit dem deutschen Nationalstaat zur Zeit Hitlers, der einer völlig anderen Entwicklungsstufe entspricht. Vergleichsgrößen müssen historisch angemessen sein; das Modernitätsgefälle muß berücksichtigt werden; sozio-kulturelle Unterschiede dürfen nicht eingeebnet werden. Wo das methodische Bewußtsein für den legitimen Vergleich fehlt, folgt rasch der Rekurs auf angebliche anthropologische Konstanten[4].

Mit der Idee der "Weltgesellschaft" beziehungsweise der "One World" geht der Historiker methodisch zunächst einmal so um, daß er ihre Entstehungsgeschichte zurückzuverfolgen versucht. Dem Anspruch historischer Friedensforschung würde es entsprechen, neben der Chronologie auch die friedenspolitischen Inhalte des jeweiligen Denkens in weltpolitischen oder weltgesellschaftlichen Kategorien zu ermitteln.

---

[2] Vergleiche dieser Art stellte vor allem der Berliner Historiker Ernst Nolte an.
[3] Wehler (1988), 131 f. Zur Problematik des Vergleiches a.a.O., 146 f. und 167 ff.
[4] Die Entmythologisierung *des* Krieges ist aber eine Voraussetzung für die Erforschung der von Menschen gemachten historischen Kriege.

Vorstellungen von "Welt" und "Weltgesellschaft" gab es bekanntlich seit dem Altertum. Ihre jeweilige historische Ausformung dürfte im Regelfall den - durch Herrschaftsinteressen geprägten - Horizont der jeweiligen Weltmacht widerspiegeln. Wie sich in der abendländischen Welt die Geschichte des weltpolitischen Denkens vom 16. Jahrhundert bis zum 20. Jahrhundert entwickelte, wie sich also die "mondiale" Horizonterweiterung in der Neuzeit stufenweise vollzog, ist in dem zweibändigen Werk "Geschichte des weltpolitischen Denkens" des Historikers Heinz Gollwitzer[5] im einzelnen nachzulesen. Diese große historische Übersicht läßt eine Entwicklung von der utopischen Projektemacherei und von irrealen Universalideen noch zur Zeit der Aufklärung über das Denken und Handeln in Weltmachtkategorien im Zeitalter des Imperialismus bis hin in unsere Gegenwart erkennen, in welcher die Idee der Welteinheit immerhin einige Anhaltspunkte in der Struktur der Wirklichkeit wiederfindet.

Die Weltkriege des 20. Jahrhunderts selbst scheinen es gewesen zu sein, die den Blick insgesamt auf globale Zusammenhänge geweitet haben. Die Wortschöpfung "One World" geht wohl auf das Jahr 1940 zurück und stammt von dem US-amerikanischen republikanischen Präsidentschaftskandidaten Wendell L. Willkie[6], der seinerzeit seinem demokratischen Gegenspieler Franklin D. Roosevelt unterlag. Der Begriff hatte damals eine ganz bestimmte politische Funktion, nämlich die, den in den USA verbreiteten isolationistischen Tendenzen entgegenzutreten.

Nach dem Zweiten Weltkrieg wurde "One World" zur Formel für die weltpolitischen Friedens- und Ordnungsbemühungen der Vereinten Nationen. Dieses Anliegen spiegelt sich auch in der Historiographie wider. Die universalhistorische Besinnung schlug sich in einer eindrucksvollen Zahl von Handbüchern[7] nieder, die Geschichte nunmehr in einer welthistorischen Perspektive präsentierten. Solche Handbücher erschienen nach 1945 sowohl in England und Frankreich als auch in den Vereinigten Staaten und in der Sowjetunion sowie ebenso im deutschen Sprachraum. Dabei wäre auf die von Golo Mann herausgegebene Propyläen-Weltgeschichte (10 Bände, 1960-1964), die Saeculum Weltgeschichte (seit 1965 diverse Bände), die Fischer Weltgeschichte (1965-1984, 36 Bände) und die dtv-

---

[5] Gollwitzer (1972, 1982).
[6] Willkie (1943).
[7] Siehe die Übersicht von Moltmann (1975), 135-149, besonders 135.

Weltgeschichte des 20. Jahrhunderts (14 Bände, 1966-1970) besonders hinzuweisen. Die UNESCO gab seit 1963 eine 6-bändige "History of Mankind" heraus.

Wie wirkte sich die erwähnte universalhistorische Besinnung[8] in der deutschen Geschichtswissenschaft der Nachkriegszeit konkret aus? Sie bestand vornehmlich in dem Bemühen, die Geschichte aller Erdteile zu behandeln und sie möglichst bis in unsere Gegenwart hinein zu beschreiben. Die 36 Bände der vom Fischer-Verlag unter Mitarbeit von 80 Gelehrten aus aller Welt produzierten "Weltgeschichte" folgte beispielsweise der folgenden Konzeption[9]: "Sie zeigt die Totalität des Weltgeschehens; gibt der Geschichte der asiatischen und afrikanischen Länder und Völker ihr volles Gewicht; läßt Kultur und Wirtschaft als geschichtsbildende Kräfte hervortreten; macht sichtbar, wie die Menschheit in ihrer Geschichte zum Selbstbewußtsein erwacht." In dieser Taschenbuchreihe zur Weltgeschichte ist das 20. Jahrhundert mit 9 Bänden vertreten, in denen die folgenden Komplexe behandelt werden: Imperialismus, Kolonialreiche, USA, Rußland, Afrika, Asien, Europa 1918-1945, Europa nach dem Zweiten Weltkrieg und schließlich Weltprobleme zwischen den Machtblöcken.

Für die Friedens- und Konfliktforschung ist es naturgemäß von besonderem Interesse, zu wissen, in welchem Maße in Sammelwerken zur Weltgeschichte Konflikte thematisiert wurden. Der Befund ist zwar nicht einheitlich, aber die Annahme, die Historiker hätten Kriege und Konflikte unseres Jahrhunderts nur phänomenologisch beschrieben, läßt sich keineswegs aufrecht erhalten.

Im übrigen hat gerade die Geschichtswissenschaft in der Bundesrepublik einen wesentlichen Beitrag zur historischen Kriegs- beziehungsweise Konfliktursachenforschung geleistet. Die Forschungen des Hamburger Historikers Fritz Fischer[10] über die Ursachen des Ersten Weltkrieges und das Ausmaß der deutschen Verantwortung für ihn sowie die Untersuchungen des Militärgeschichtlichen Forschungsamts in Freiburg über die "Ursachen und Voraussetzungen"[11] des Zweiten Weltkrieges sind hier ebenso zu nennen wie etwa die Forschungen von

---

[8] Zum Problem der Universalgeschichte allgemein vgl. Schulin (1974), (1986), 377-392 sowie Moltmann (1975).
[9] Zitiert nach Fischer Weltgeschichte (1981).
[10] Fischer (1961), (1969), (1979).
[11] Deist, Messerschmidt, Volkmann, Wette (1979).

Wilfried Loth[12] über die Entstehungsgeschichte des Kalten Krieges und die Geschichte der Entspannungspolitik. Leider wurden diese Arbeiten von der politikwissenschaftlich dominierten Friedens- und Konfliktforschung bislang kaum wahrgenommen und verwertet.

Umgekehrt ist zu erkennen, daß sich zumindest einige Historiker die von der Friedens- und Konfliktforschung entwickelte Theoriebildung zunutze gemacht haben. So wurde zum Beispiel in dem Werk über die Ursachen und Voraussetzungen des Zweiten Weltkrieges[13] der traditionelle diplomatiegeschichtliche Ansatz zugunsten einer breit gefächerten, möglichst die gesamte deutsche Gesellschaft beleuchtenden Betrachtungsweise überwunden. Der Quellenforschung wie auch der chronologischen Darstellung lag eine systematische Fragestellung zugrunde, die sowohl militaristische und pazifistische Ideologien als auch kriegsvorbereitende Propaganda, innenpolitische Kriegsformierung, die Rüstungspolitik, die Wirtschaftspolitik und die Außenpolitik in ihrer jeweiligen Beziehung zur Kriegsvorbereitung untersuchte und den Einfluß der verschiedenen Politikbereiche in einer Zusammenschau zu bestimmen suchte.

Als ein Beispiel für die Arbeitsweise des Historikers wie auch für die Leistungsfähigkeit der Geschichtswissenschaft können die Forschungen von Wilfried Loth[14] über die Entstehungsgeschichte des Kalten Krieges gelten. Loth nahm zur Kenntnis, daß der Ost-West-Konflikt in der praktischen Politik wie auch in der politischen Wissenschaft von zwei konträren Thesen her gedeutet wird: Hier der sowjetische Expansionismus als die Ursache der Auseinandersetzung zwischen den USA und der Sowjetunion beziehungsweise zwischen der westlichen und der östlichen Hemisphäre, dort der ökonomische Imperialismus der USA als der zentrale Faktor der Weltpolitik seit dem Zweiten Weltkrieg. Loth versuchte nun anhand der inzwischen reichhaltig zugänglichen Quellen empirisch und chronologisch zu klären, wie der Kalte Krieg aus der Kriegskoalition gegen Hitlerdeutschland heraus entstand, wie er sich allmählich steigerte und wie er schließlich einen umfassenden, existentiellen Charakter annehmen konnte, was sich nicht zuletzt in einem permanenten Wettrüsten niederschlug. Mit dieser Methode ließ sich

---

[12] Loth (1982), (1983).
[13] Siehe Anm. 11. Das Buch erscheint im Herbst 1989 im S.Fischer-Verlag als Taschenbuch sowie bei Oxford University Press in englischer Übersetzung.
[14] Siehe Loth (1982), 9-21.

ein durchaus bemerkenswertes Ergebnis erzielen, die Erkenntnis nämlich, daß dieser Konflikt keineswegs unausweichlich war, er sich vielmehr aus wechselseitigen Fehleinschätzungen und aus einem Interesse benennbarer Machteliten an Herrschaftspositionen ergab. Kontrafaktisch gesprochen: Der Sieg jener Kräfte in Ost und West, die den Kalten Krieg wollten, und die Niederlage jener anderen, die ihn verhindern und überwinden wollten, war keineswegs zwingend vorgegeben. Mit anderen Worten ausgedrückt: Auch die "Teilung der Welt" folgte keinen historischen Gesetzmäßigkeiten, sondern war das Ergebnis sehr konkret beschreibbarer politischer Vorgänge.

Zum Schluß: Historische Konfliktforschung und historische Kriegsursachenforschung bewähren sich primär in der Analyse konkreter, begrenzter, überschaubarer Zusammenhänge[15]. Auf den Einzelanalysen können übergreifendere Problemstellungen aufbauen, die im Regelfall in einem arbeitsteiligen Forschungsprozeß behandelt werden müssen. Den "Universalhistoriker" im eigentlichen Sinne des Wortes, der die unüberschaubare Fülle historischen Wissens enzyklopädisch speichern und analytisch verarbeiten könnte, gibt es längst nicht mehr. So ist die Einsicht in die Notwendigkeit der Selbstbescheidung eine der Voraussetzungen für methodisch gesicherte historische Forschung. Das bedeutet, daß für den Historiker konkrete, fallbezogene historische Kriegs- und Konfliktursachenforschungen den Ausgangspunkt für Vergleiche und für verallgemeinernde Aussagen bilden.

Literaturangaben

Deist, Wilhelm/Messerschmidt, Manfred/Volkmann, Hans-Erich/Wette, Wolfram, Das Deutsche Reich und der Zweite Weltkrieg, Bd. 1: Ursachen und Voraussetzungen, Stuttgart 1979.

Fischer, Fritz, Griff nach der Weltmacht. Die Kriegszielpolitik des kaiserlichen Deutschland 1914/18, Düsseldorf 1961.

ders., Krieg der Illusionen. Die deutsche Politik 1911-1914, Düsseldorf 1969.

ders., Bündnis der Eliten. Zur Kontinuität der Machtstrukturen in Deutschland 1871-1945, Düsseldorf 1979.

---

[15] Dem Historiker, so Wehler, werde der "Respekt vor der Komplexität der Zusammenhänge mühsam antrainiert", Wehler (1988), 78.

Fischer-Weltgeschichte, Bd. 36, Das Zwanzigste Jahrhundert III, Frankfurt a.M. 1981.

Gollwitzer, Heinz, Geschichte des weltpolitischen Denkens, Bd. 1: Vom Zeitalter der Entdeckungen bis zum Beginn des Imperialismus, Bd. 2: Das Zeitalter des Imperialismus und der Weltkriege, Göttingen 1972 und 1982.

Loth, Wilfried, Die Teilung der Welt. Geschichte des kalten Krieges 1941-1955, 3. Aufl., München 1982.

ders., Der "Kalte Krieg" in der historischen Forschung, in: Gottfried Niedhart (Hg.), Der Westen und die Sowjetunion, Paderborn 1983, 155-175.

Moltmann, Günther, Das Problem der Universalgeschichte, in: Eberhard Jäckel, Ernst Weymar (Hg.), Die Funktion von Geschichte in unserer Zeit, Stuttgart 1975, 135-149.

Schulin, Ernst (Hg.), Universalgeschichte, Köln 1974 (= Neue Wissenschaftliche Bibliothek, 72).

ders., Literaturüberblick Universalgeschichte in: Geschichte in Wissenschaft und Unterricht (GWU), 6, 1986, 377-392.

Wehler, Hans-Ulrich, Entsorgung der deutschen Vergangenheit? Ein polemischer Essay zum "Historikerstreit", München 1988 (=Beck'sche Reihe, 360).

Wette, Wolfram, Geschichte und Frieden, Aufgaben historischer Friedensforschung, Bonn 1987 (= AFB-Texte).

Willkie, Wendell L., One World, New York 1943.

Hermann Weber

Die Kategorie des Staates in der Analyse internationaler Konflikte.
Ein Diskussionsbeitrag aus völkerrechtlicher Sicht.

In der Friedens- und Kriegsursachenforschung werden unterschiedliche Erklärungsversuche darüber angestellt, wo die Quellen drohender Kriegsgefahr liegen: die Konfliktdynamik als Ursache von Rüstungsaufschüben, die Rüstungsdynamik als konfliktverschärfender Vorgang, der Nationalstaat als Militärstaat, hegemoniale Strukturen im Weltsystem, der Machtverfall, das politische, militärische, ökonomische und ideologische Nahverhältnis bestimmter Länder zu einer Großmacht u.a. mehr. Andererseits wird der Art des Gesellschaftssystems und der Ideologie kriegführender Staaten kein ausschlaggebender Einfluß auf die Kriegsneigung der Staaten beigemessen. Alle Erklärungsversuche orientieren sich jedoch an dieser oder jener Form am "Staat" als Akteur im internationalen System oder haben in staatlichen Machtstrukturen ihren Anknüpfungspunkt. Im folgenden soll darum der Frage nachgegangen werden, welche Bedeutung der "Staat", den alle Erklärungsmodelle zur Vorraussetzung machen, im Bewußtsein der Völker und Gesellschaften, hat und inwieweit er selbst dabei als Störfaktor im internationalen System in Erscheinung tritt.

"Staat" als eine in den internationalen Beziehungen nicht zu übersehende Größe eigener Art erscheint als der *rechtlich gesicherte* Rahmen, in dem grundlegende Ansprüche und Erwartungen einer territorial abgegrenzten Gemeinschaft von Individuen, die sich durch gemeinsame Erfahrungen der Geschichte, der Sprache, des Denkens, der Sitte und der Gewohnheit miteinander verbunden weiß, auf einen sichtbaren Nenner gebracht sind. Als "gesicherter" Rahmen setzt "Staat" die Anerkennung durch entsprechende andere staatliche Gemeinschaften voraus, was ebenfalls für die wechselseitige Respektierung dessen, was vom Staat an öffentlicher Aufgabenerfüllung erwartet wird, gilt. Dies schließt auch die implicit erklärte Bereitschaft einer solchen Gemeinschaft ein, ihre Erwartungen und Verhaltensweisen mit denen entsprechender anderer Gemeinschaften abzustimmen.

Die Attraktivität des "Staates" in diesem Sinne und als Modell für die Aufnahme und Pflege internationaler, das heißt "zwischenstaatlicher", Beziehungen ist ungebrochen, was auch immer gegen den Staat als Ursache von Krieg und Gewalt gesagt werden mag. In der im internationalen System durch das Völkerrecht vorgenommenen Absicherung bestimmter Institutionen, Repräsentanten, Verfahren und Verhaltensweisen erscheint der "Staat" als *die* universal gültige Kategorie im wechselseitigen Verkehr der verschiedenen Akteure und Kräfte. Er erlaubt im Außenverhältnis die Pflege einer Vielfalt von Beziehungen, ohne im Innenverhältnis unerwünschte ideologische, gesellschaftspolitische, ökonomische oder andere Kompromisse abzuverlangen. Das ist die Kernaussage, die dem Begriff von der *"souveränen Gleichheit"* der Staaten im Art. 2 Ziff. 1 der UN-Charta zugrunde liegt. Auf einen *zwischenstaatlichen* Verkehr können sich deshalb vorbehaltlos alle *staatlich organisierten* Gemeinschaften verständigen, was auch immer sie im Hinblick auf westlich-demokratische, islamische, kommunistische, rassistische, monarchistische u.a. Staatsvorstellungen voneinander unterscheiden mag, unter denen sich ihre jeweilige organisatorische Entwicklung vollzog.

Auf den Staat als Inbegriff dessen, was sich eine Gemeinschaft unter einem funktionierenden Mechanismus zur Artikulierung und Durchsetzung bestimmter gesellschaftlicher und politischer Ansprüche vorstellen kann, haben sich auch alle Völker der Dritten Welt in ihrem Kampf um nationale Befreiung vom Kolonialismus verständigt. Sie sahen ihr Ziel erst in einer auf *territorialer* Basis erfolgten "Staatsgründung" als erreicht an und gaben anderen Modellen der politischen Integration (z.B. unter Anwendung des Personalitätsprinzips, gemeinsamer religiöser Vorstellungen oder in Anknüpfung an historische "nichtstaatliche" Vorbilder nach dem Modell afrikanischer Großreiche) keine Chance. Auch solche Mächte im internationalen System, denen eine ganze Palette von Einflußmöglichkeiten aufgrund "nichtstaatlicher" Machtstrukturen zur Verfügung stehen, sind nicht bereit, auf die Kategorie "Staat" im Sinne des Völkerrechts zu verzichten.

"Staat" kann als Herrschaftsinstrument zur *Unterdrückung* schlecht organisierter Gemeinschaften gebraucht werden, aber ebenso zum *Schutz* dieser Gemeinschaften Verwendung finden. Für die Völker Osteuropas, für die die Einbindung in ein dominantes Großmachtsystem die alles beherrschende Realität ist, ist "Staat" der allein realistische Rahmen, in dem auch grundlegende *Freiheitsansprüche* auf einer rechtlich anerkannten Weise autonom, das heißt selbstbestimmt und ohne Einfluß von außen verwirklicht, bewahrt und wiederhergestellt werden können. In allen Aufstandsbewegungen der Nachkriegszeit in Osteuropa ging es deshalb nicht primär darum, die Staaten aus dem Bündnissystem mit der Sowjetunion als der dominierenden Regionalmacht herauszulösen. Vielmehr war es ein Ziel, die spezifischen Grundbedürfnisse der staatlich organisierten Gemeinschaft in einem dem Organisationsgrad der Gemeinschaft und ihren Erwartungen entsprechenden Umfang auch auf der höheren Integrationsebene, als welche das Bündnis erscheint, zur Geltung zu bringen.

Insofern sind Bündnissysteme wie der Warschauer Pakt oder der RGW nicht notwendig als Widerspruch zum "Staat" im Sinne des Völkerrechts anzusehen. Sie wirkten zwar lange Zeit als "Cordon sanitaire" im Interesse der sowjetischen Großmacht (Sicherung gegen eine wiederbelebte, gegen die Sowjetunion gerichtete Aggressionspolitik, Sicherung der sowjetischen politischen wie gesellschaftlichen Ziele). Sie sind aber im Prinzip bis heute Vertragsinstrumente geblieben, mit denen sich die Bündnispartner wechselseitig ihre spezifischen Ausdrucksformen ihrer Eigenstaatlichkeit und Autonomie zu garantieren versprechen, relativiert allerdings durch das Maß an *gemeinsamen* Anstrengungen, die das Bündnis zur Verwirklichung seines politischen Zieles festlegt. Aber auch dann, wenn das Bündnis im Ergebnis die dominierende Vertragspartei zulasten der anderen Parteien überproportional begünstigt, bestand immer der Anspruch aller Vertragsparteien fort, den "Staat" nicht vollständig im Bündnis aufgehen zu lassen.

Die *Schutzfunktion*, die der "Staat" bei allen Einschränkungen, die die politische Praxis erzwingt, für territorial abgegrenzte und nach völkerrechtlichen Kategorien organisierte Gemeinschaften im Blick auf Selbstbestimmung und Autonomieanspruch erfüllen kann, bringt es mit sich, daß der "Staat" in erster Linie als *"Sicherheitsinstrument"* zur sozialen Verteidigung im weitesten Sinne für die jeweilige Gemeinschaft, die er umschließt, verstanden wird. Als solches wird der "Staat" auch dann akzeptiert, wenn er seinen Aufgaben nur unzureichend gerecht wird. Integration unter Aufgabe grundlegender Autonomieansprüche wird nur in seltenen Ausnahmen in Betracht gezogen, so etwa, wenn die völlige Integration mit außerordentlichen materiellen Vorteilen für den einzelnen verbunden ist. Beispiele dafür sind die Deutsch-Schleswiger, die 1945 überraschend ihre Sympathie für Dänemark entdeckten (sogenannte "Speckdänen"), oder die Saarländer, die zeitweilig für Frankreich zu optieren bereit waren. Indessen können diese Beispiele ebenso gut pessimistische Zukunftserwartungen illustrieren. Sie reichen nicht aus, um grundsätzliche Vorbehalte gegenüber dem "Staat" als rechlichen Rahmen für Autonomie und Selbstbestimmung zu formulieren. Die Tatsache, daß eine innenpolitische Krise nicht gemeistert wird, rechnet die betroffene Gemeinschaft in der Regel denn auch der "Regierung", nicht dem "Staat" an, stellt also dessen Leistungsfähigkeit nicht prinzipiell infrage.

Die *Autonomie* einer Gemeinschaft, die sich in einem territorial abgegrenzten Staat unter dem Völkerrecht organisiert, ist, so gesehen, *kein Selbstzweck*. Zieht man das heutige Rumänien als Fallbeispiel heran, so ließe sich sagen, daß die im Staat Rumänien organisierte Gemeinschaft die Hoffnung nicht aufgegeben hat, daß es im staatlichen Rahmen eines Tages zu politischen Veränderungen kommt, als deren Folge größere Freiheitsrechte durchgesetzt werden. Auch wenn solche Veränderungsprozesse nur unter bestimmten gesellschaftlichen und ökonomischen Vorzeichen realistische Chancen haben, sieht sich die rumänische Gesellschaft in einem solchen Prozeß, wenn er sich im Rahmen der rumänischen Eigenstaatlichkeit vollzieht, angemessener vertreten, als es ihr die vollständige Integration in einen von der Sowjetunion beherrschten politischen Verband, selbst unter der Voraussetzung vermehrter Freiheitsrechte im Zeichen von "Glasnost" und "Perestrojka", in Aussicht stellen könnte. "Integration" allein stellt keinen Ausgleich für den Verlust von Autonomie her, wenn die Frage der Freiheitsbeschränkungen und Autonomiebegrenzungen asymmetrisch beantwortet wird. Im sowjetischen Bündnissystem, in dem alle wesentlichen politischen, militärischen und wirtschaftlichen Grundaussagen in der Vergangenheit von der Führungsmacht UdSSR vorformuliert wurden, war diese Frage einseitig zulasten der übrigen Mitglieder des Bündnisses entschieden.

Die starken Vorbehalte, denen Integrationsmodelle im internationalen System generell beggenen, haben hier, in der *Ungleichbehandlung*, eine ihrer Wurzeln. Indessen erscheinen Differenzierungen notwendig, sobald die Vorbehalte im einzelnen betrachtet werden. Dafür mag ein Beispiel dienen: In einer von der Polnischen Vereinigten Arbeiterpartei in Auftrag gegebenen Studie zu den Ursachen der Krise von 1980/81 war festgestellt worden, daß für die wirtschaftlichen Schwierigkeiten die *Vertrauenskrise* verantwortlich zu machen ist, die in der polnischen Öffentlichkeit in der Frage der Leistungsfähigkeit der polnischen Gesamtwirtschaft entstanden sei. Bemerkenswert an dieser Aussage ist, daß weniger die Tatsache der Verflechtung Polens im RGW als die starke Subordination polnischer Entscheidungszuständigkeit unter der der Sowjetunion als Grund für die Vertrauenskrise herausgestellt wurde. Die eklatante Ungleichbehandlung Polens im grundsätzlich bejahten Bündnis mit der Sowjetunion und nicht seine enge Verzahnung mit den sowjetischen Planvorgaben sahen die Autoren der Studie als Quellen für Leistungsverweigerung auf seiten der Arbeitnehmer und Bauern und für mangelnde Effizienz der polnischen Unternehmen und Industriebetriebe an. In der Studie wird letztlich unausgesprochen angemahnt, die polnische Autonomie im Rahmen garantierter Eigenstaatlichkeit mit dem Ziel wiederherzustellen, über die Verwendung der polnischen Resourcen wieder selbst zu bestimmen.

Mangelnde Entscheidungs*fähigkeit* in einem politischen Bündnissystem, das Rechte und Pflichten *ungleich verteilt*, ist Ausdruck eines Defizits an Entscheidungs-*freiheit*. Es kann logischerweise nur außerhalb des Bündnisses seine Korrektur finden: im Rückgriff auf klassische Kategorien der "Eigenstaatlichkeit", spricht: Souveränität. Damit ist im Prinzip nichts gegen die "internationale Arbeitsteilung" gesagt, die auch die Vertragsparteien des RGW unter den Vorzeichen sozialistischer Programmsätze für sich reklamieren. Aber erst der "Staat" unter der Voraussetzung rechtlich gesicherter Autonomie kann das Prinzip der internationalen Arbeitsteilung zur Geltung bringen, indem er hegemonialen Einfluß begrenzt und komparative Kostenvorteile auf breiter Front wirksam werden läßt.

Die hier aufgeworfenen Fragen geben nur sehr punktuell Auskunft darüber, wo die Völkerrechtswissenschaft über die klassischen Instrumente der friedlichen Streit-beilegung und der Abrüstungs- und Rüstungskontrollverfahren hinaus neue Zugänge zur Eindämmung drohender Kriegsgefahren erschließen kann. Diese Zugänge liegen in einer neuen und realistischen Einschätzung der *Rolle des "Staates"* und *seiner rechtlichen Handlungsmöglichkeiten* als des *kleinsten gemeinsamen Nenners* einer *heterogen angelegten* und sich zunehmend *asymmetrisch entwickelnden* Welt.

Bettina Girgensohn-Marchand

SOZIALPSYCHOLOGISCHE ANMERKUNGEN ZUR KONFLIKTTHEMATIK

1. Vorbemerkung

Der überwiegende Teil der akademischen Sozialpsychologie orientiert sich an idealtypischen Standards theoriegeleiteter experimentalpsychologischer Forschung. Folge davon ist, daß sich die Sozialpsychologie vor allem mit dem Verhalten und der kognitiven Aktivität des einzelnen, isolierten Individuums befaßt hat[1], vorzugsweise sogar in Form des männlichen undergraduate College-Studenten. Das eigentliche Soziale der Sozialpsychologie blieb dabei oft auf der Strecke. Dieser methodische Rigorismus führte zudem dazu, daß Anwendungsfragen eher anderen Wissenschaftsdisziplinen überlassen wurden.[2] Zwar mehrt sich seit den 70er Jahren die Kritik, aufgrund derer neuere, komplexere Forschungsansätze entwickelt worden sind. Diese sind aber oft noch im Stadium der Programmatik und des Entwurfs.

Zu diesen deutlichen Grenzen der bisherigen Sozialpsychologie kommt hinzu, daß ich selbst nur zwei kleine Arbeiten im Bereich der politischen Psychologie gemacht habe[3], die sich auf die Kuba-Krise 1962 beziehen. In bezug auf die hier anstehenden Fragen bin ich also höchstens ein sozialpsychologisch ausgebildeter, interessierter Laie. Aus diesen Gründen kann ich bestenfalls einige Ideen und Hypothesen vorstellen, die sich auf die individuellen Entscheidungsträger vor allem in Konflikt- und Krisensituationen beziehen.

---

[1] Forgas (1981), 266.
[2] Greif (1986), 181.
[3] Götz-Marchand (1987); Girgensohn-Marchand (1987).

2. Kognitive Schemata von Entscheidungsträgern

Die begrenzte menschliche Informationsverarbeitungskapazität bewirkt notwendigerweise, daß Menschen kognitive Schemata, das heißt implizite Theorien über sich und die Strukturen und Vorgänge in der Welt entwickeln, die der objektiven Realität keineswegs entsprechen müssen - eher den eigenen Bezugs- und Vergleichsgruppen[4]; aber sie sind handlungsleitend. Ich erinnere an die nach wie vor gültige Aussage von Thomas: "If men define situations as real, they are real in their consequences".[5] Man muß ergänzen, daß zentrale Situationsdefinitionen - zum Beispiel Vorstellungen über Bedrohungen und Verteidigungsstrategien - gegen Veränderungen äußerst resistent sind, und zwar besonders dann, wenn sie als Begründung und Legitimation bei andauerndem Handlungszwang herangezogen wurden und werden.

Als Wissenschaftler kann man sich die für die Forschung unverzichtbaren Zweifel an den herkömmlichen Denkstrukturen anderer leicht leisten, weil man selbst nicht vor der Notwendigkeit steht, aktiv und dauernd handeln zu müssen. Bei Politikern ist dagegen eine plötzliche und radikale Veränderung wesentlicher Grundannahmen unwahrscheinlich, weil die Handlungsfähigkeit und oft wohl auch ein zentraler Bereich der eigenen Identität verloren gehen würden.

Es kann also geschehen, daß bestimmte verfestigte, durch historische Erfahrung - jedenfalls nach subjektiver Deutung - bestätigte, in den Bezugsgruppen geteilte und dennoch in einer gegebenen Situation nicht mehr vertretbare Denkgewohnheiten zu Bedingungen führen, die kriegerische Auseinandersetzungen möglich machen, obwohl sie selbst nicht Auslöser sind.

Wenn Politiker zum Beispiel überzeugt sind, daß friedlich-schiedliche Maßnahmen nicht immer den erstrebten Erfolg bringen, wenn sie deshalb voraussetzen, daß kriegerische Auseinandersetzungen gar nicht zuverlässig zu verhindern sind, werden sie - wie Bismarck - den Krieg einfach für die Fortsetzung der Politik mit anderen Mitteln halten und unter bestimmten Umständen zu diesen Mitteln greifen, wie ja vor und nach 1945 oft genug geschehen. Oder: wenn Politiker an die Notwendigkeit der Abschreckung glauben, weil der Gegner sonst unerträgliche

---

[4] Festinger (1954); Haisch/Frey (1984).
[5] Thomas (1928/1966), 522.

Übergriffe machen würde, müssen sie die dazu notwendigen militärischen Maßnahmen ergreifen oder wenigstens rechtfertigen. Und wenn durch die Entscheidungen von Politikern und Oberbefehlshabern entsprechende militärische Möglichkeiten erst geschaffen sind, dann können sie sogar für untergeordnete Personen zum Handlungsanreiz werden (so geschehen bei der U-Boot-Jagd, veranlaßt durch den US-amerikanischen Chef der Marine-Operation, Anderson, während der Kuba-Krise).

Für die Kriegsursachenforschung mag dies bedeuten, daß die Versuche, objektive Daten - wie ökonomische Strukturen, Bevölkerungsdichte und andere - mit Kriegsausbrüchen zu verbinden, gar nicht zu eindeutigen Zusammenhängen führen können, weil das vermittelnde subjektive Element - Wahrnehmung, Interpretation, Planung und Entscheidung der Politiker - als intervenierende Variable unberücksichtigt bleibt und einen kaum zu eliminierenden Störfaktor darstellt.

Man kann dieses Dilemma an einem Beispiel aus einem anderen Bereich verdeutlichen. Es ist bisher nicht gelungen, allgemeine und eindeutige Beziehungen zwischen objektiven Lärmmessungen und subjektiv empfundener Lärmbelästigung zu finden. Zur Konstruktion solcher Beziehungen müßte man vielmehr auf die dem Lärm ausgesetzten Personen näher eingehen.

3. Konfliktverhalten einzelner Entscheidungsträger

Aus der Sicht der Sozialpsychologie relevante Konflikte und Krisen sind solche, die die Politiker als relevant ansehen *und* bei denen sie nicht ausschließen, daß es zu militärischen Maßnahmen kommen kann, oder bei denen sie sogar meinen, nur eine kriegerische Auseinandersetzung könnte sie lösen. Dabei ist die Wahrnehmung der Konflikte, mehr noch der krisenhaften Zuspitzung einerseits und die Entscheidung zum militärischen Eingreifen oder auch Nachgeben andererseits von vielerlei kognitiven, emotionalen und motivationalen Einflüssen abhängig. Hinzu kommen noch Faktoren, die zwischen Realität und individueller Wahrnehmung zwischengeschaltet sind und zu weiterer Informationsverzerrung beitragen, wie zum Beispiel Bedingungen der Organisation und Zusammensetzung von Entscheidungsgruppen.

Zur Illustration dieses allgemeinen Prinzips kann man Erkenntnisse aus der sozialpsychologischen Entscheidungsforschung hinzuziehen. Gesichert ist, daß Entscheidungen keineswegs Folge eines rationalen Kosten-Nutzen-Kalküls sind, sondern emotionalen und motivationalen Einflüssen unterliegen, beispielsweise dem Bedürfnis nach kognitiver Konsistenz[6] und dem Wunsch nach Selbstwerterhöhung[7]. Beide Tendenzen führen zu selektiver und verzerrter Informationsaufnahme und einer nachträglichen Rationalisierung von Entscheidungen.

Es ist mehrfach gezeigt worden, daß diese und ähnliche Verhaltensweisen gerade in Krisen zu besonders gravierenden Einschränkungen der menschlichen Denk- und Handlungsfähigkeiten führen können.[8]

4. Konflikte zwischen Gruppen

Tajfel hat deutlich gezeigt, daß die reine Kategorisierung in "wir" und "sie" zu einer positiven Einschätzung der eigenen und einer negativen Einschätzung der anderen Gruppe führt, selbst wenn die Gruppen nicht in direkter Verbindung miteinander stehen. Wenn eine Wertung hinzukommt, wenn zum Beispiel "wir" die guten Demokraten, "sie" die bösen Kommunisten sind, nimmt diese Tendenz noch zu. Je stärker und beherrschender die wertende Differenzierung ist, umso eher werden auf vielen Ebenen Unterschiede gesehen, das heißt die andere Gruppe wird mit vielen, häufig negativen Attributen ausgestattet. Ähnlichkeiten werden dagegen nicht wahrgenommen. Wenn also die Kategorie "Jude" oder "Schwarzer" zum einzig bestimmenden Merkmal geworden ist, dann wird keine Gemeinsamkeit mehr wahrgenommen. Geraten solche Gruppen in Konflikt, etwa über die Verteilung von Gütern, werden umso mehr Situationen als konfliktträchtig angesehen, je stärker der Konflikt ist.[9]

Diese Kategorisierung, Stereotypisierung und Aufwertung der eigenen Gruppe durch Abwertung der anderen Gruppe konnten in experimentellen Situationen nur dadurch vermindert werden, daß gemeinsame Interessen geschaffen wurden *und* die Gruppen feststellten, daß sie in verschiedenen Dimensionen Ähnlichkeiten und

---

[6] Festinger (1957); Frey (1984).
[7] Stahlberg/Osnabrügge/Frey (1985).
[8] Holsti (1972); Lebow (1981); Götz-Marchand (1987).
[9] Tajfel (1982).

Unterschiede hatten, daß die Gruppenmitglieder also sehr viel differenzierter wahrzunehmen lernten.

Ich könnte mir vorstellen, daß sich mit Hilfe dieser Ergebnisse erklären läßt, warum ein hohes Maß an Konfliktträchtigkeit vorliegt, wenn ethnische, religiöse oder ideologische Unterschiede einen hohen Stellenwert haben.

5. Konfliktmanagement

Psychologen und Sozialpsychologen sowie an diesen Disziplinen orientierte Friedensforscher haben seit langem eine große Menge von Beiträgen zu Friedensfragen geliefert. Soweit ich die Literatur übersehe, gehört die Frage nach den Ursachen von Konflikten nicht dazu. Im bekannten "prisoner's dilemma" und "chicken game" wird zwischen verschiedenen Typen von Konflikten unterschieden, doch hat mir die Relevanz für die Friedensforschung nie recht eingeleuchtet, da man "vieler wesentlicher Wechselwirkungsfaktoren des Entscheidungsprozesses auf diese Weise gar nicht ansichtig geworden ist".[10]

In den genannten Wissenschaften wird vorausgesetzt, daß Konflikte überall da, wo Menschen beteiligt sind, unvermeidbar sind. Die eigentliche Forschungsfrage ist dann aber, wie Konflikte zwischen Menschen ausgetragen werden und werden sollten, um Schaden zu vermeiden oder zu begrenzen. Zum Teil wurden aus dieser Forschung Ideen für das Konflikt- und Krisenmanagement übernommen, etwa Kooperationsstrategien von Morton Deutsch, Verhandlungsverhalten von Herbert Kelman, Vorschläge zur Deeskalation von Charles Osgood, Verhaltensregeln zum Krisenmanagement von Irving Janis[11], um nur ein paar Beispiele zu nennen.

Manche von diesen Vorstellungen erweisen bei näherer Prüfung, daß sie schon in sich nicht stichhaltig sind, wie man etwa an der Krisenmanagementforschung zeigen kann.[12]

---

[10] Dörner (1983), 25.
[11] Jeweils kurze Aufsätze dazu in: White (1986).
[12] Götz-Marchand (1987); Lebow (1981), 298 ff.

Das Hauptproblem aber dürfte sein, daß die Entscheidungsträger diese wohlgemeinten Überlegungen wenig oder gar nicht zur Kenntnis nehmen wollen oder können, unter anderem weil ihnen diese Ideen nicht in die praktische Politik umsetzbar zu sein scheinen. Die Ursache dafür mag darin liegen, daß Entscheidungsträger über verfestigte kognitive Schemata verfügen und daß sie wegen ihres Handlungsdrucks einfach auch nicht die Zeit für grundlegende Veränderungen ihrer Denkstrukturen haben. Zugleich werden von ihnen Verhaltensweisen gefordert, die selbst in alltäglichen Interaktionen schwer zu verwirklichen sind.

6. Schlußfolgerungen

Ich bin sicher, daß sozialpsychologische Hypothesen mithelfen können, Reaktionen von Entscheidungsträgern in Konflikt- und Krisensituationen zu verstehen, das heißt nachvollziehbar zu machen, aber kaum sie zu erklären oder gar vorherzusagen. Ich kann mir auch vorstellen, daß das zunehmende Interesse an der Erforschung impliziter Theorien, zum Beispiel von Lehrern, übertragbar sein könnte auf die Untersuchung kognitiver Schemata von Politikern und Militär-Personen, wie es Axelrod[13] begonnen hat und wie es Dörner am Beispiel der Konstruktion von Entscheidungsalternativen vorschlägt.[14] Beim Stand der sozialpsychologischen Forschung, die sich in Minitheorien - meist nur einzelnen Hypothesen - erschöpft, schiene es mir am einleuchtensten, intensive Einzelfallstudien durchzuführen, um überhaupt die relevanten Variablen und Variablenbereiche ausfindig zu machen. Ich bin wesentlich weniger sicher, daß diese Teilerklärungen helfen können, Konflikte besser zu bewältigen, nämlich in der Weise, daß sie gar nicht erst zu Krisen werden, in denen die Gefahr militärischer Maßnahmen deutlich ansteigt.

Ich habe allerdings die Hoffnung, daß das aufklärende Potential von Psychologie und Sozialpsychologie - egal welcher wissenschaftstheoretischen Herkunft - dazu beitragen kann, mehr Menschen dazu zu bringen, zumindest an der Abschreckungs-Theorie und -Praxis zwischen Ost und West zu zweifeln.

Andere, hier nicht erwähnte sozialpsychologische Erkenntnisse zeigen Möglichkeiten für die Änderung von Einstellungen. Und so hoffe ich, daß sie auch inner-

---

[13] Axelrod (1976).
[14] Dörner (1983), 25.

halb der Friedensbewegung nutzbar zu machen sind, um nach und nach diesen Prozeß des Zweifelns an der immer noch verherrschenden Militärdoktrin in Gang zu setzen. Außerordentlich langfristig gesehen - so kann ich nur wünschen - könnte dieser Wandel im Denken der Öffentlichkeit ein solches Gewicht haben, daß auch Politiker umdenken müssen, um wählbar zu bleiben.

Literaturangaben

Axelrod, Robert (Hg.), The Structure of Decision, Princeton, N.J. 1976.

Deutsch, Morton, Strategies of Inducing Cooperation, in: Ralph K. White (Hg.), Psychology and the Prevention of Nuclear War, New York/London 1986, 162-170.

Dörner, Dietrich, Empirische Psychologie und Alltagsrelevanz, in: Gerd Jüttemann (Hg.), Psychologie in der Veränderung, Weinheim 1983, 13 ff.

Festinger, Leon, A Theory of Social Comparison Processes, in: Human Relations 7, 1954, 117-140.

ders., A Theory of Cognitive Dissonance, Stanford 1957.

Forgas, Joseph P., Epilogue: Everyday Understanding and Social Cognition, in: ders. (Hg.), Social Cognition. Perspectives on Everyday Understanding, London 1981, 259-271.

Frey, Dieter, Die Theorie der kognitiven Dissonanz, in: Dieter Frey/Martin Irle (Hg.), Kognitive Theorien der Sozialpsychologie, Theorien der Sozialpsychologie, Bd. 1, Bern 1984, 243-292.

Girgensohn-Marchand, Bettina, Die Kuba-Krise im Spiegel der deutschen Presse, in: Englisch Amerikanische Studien 9, 1987, 524-540.

Götz-Marchand, Bettina, Krieg durch menschliches Versagen. Psychologische, sozialpsychologische und organisationsbedingte Aspekte von Entscheidungen am Beispiel der Kuba-Krise 1962, in: Reiner Steinweg (Hg.), Kriegsursachen, (Friedensanalysen, 21), Frankfurt a.M. 1987, 248-274.

Greif, Siegfried, Humanisierung des Arbeitslebens und Sozialpsychologie, in: Jürgen Schultz-Gambard (Hg.), Angewandte Sozialpsychologie, München/ Weinheim 1987, 169-185.

Haisch, Jochen/Frey, Dieter, Die Theorie der sozialen Vergleichsprozesse, in: Dieter Frey/Martin Irle (Hg.), Kognitive Theorien der Sozialpsychologie, Bd. 1, Bern 1984, 75-96.

Holsti, Oli R., Crisis, Escalation, War, Montreal 1972.

Janis, Irving L., International Crisis Management in the Nuclear Age, in: Ralph K. White (Hg.), Psychology and the Prevention of Nuclear War, New York/ London 1986, 381-396.

Kelman, Herbert C., An Internaitonal Approach to Conflict Resolution, in: Ralph K. White (Hg.), Psychology and the Prevention of Nuclear War, New York/ London 1986, 171-193.

Lebow, Richard N., Between Peace and War. The Nature of International Crisis, Baltimore 1981.

Osgood, Charles E., Graduated and Reciprocated Initiatives in Tension Reduction: GRIT, in: Ralph K. White (Hg.), Psychology and the Prevention of Nuclear War, New York/London 1986, 194-203.

Stahlberg, Dagmar/Osnabrügge, Gabriele/Frey, Dieter, Die Theorie des Selbstwertschutzes und der Selbstwerterhöhung, in: Dieter Frey/Martin Irle (Hg.), Motivations- und Informationsverarbeitungstheorien der Sozialpsychologie, Theorien der Sozialpsychologie, Bd. 3, Bern 1985, 79-124.

Tajfel, Henri, Gruppenkonflikt und Vorurteil, Bern 1982.

Thomas, W.I., Situational Analysis: the Behavior Pattern and the Situation (1928), wiederabgedruckt in: Morris Janowitz (Hg.), W.I. Thomas on Social Organisation and Social Personality, Chicago 1966.

Arnold Köpcke-Duttler

Von der Friedenspädagogik zur transkulturellen Bildung.
Gedanken zu einer solidarischen Weltgesellschaft

Angesichts des weltweiten sozialen Elends, der Weltwirtschaftskrisen und der zunehmenden Zerstörung der Biosphäre nach der Bedeutung einer Friedenspädagogik zu fragen, ist nicht unangemessen. Denn die historisch entwickelten Strukturen der Herrschafts- und Gewaltverhältnisse fordern zu dem heraus, was sie zugleich verwehren, nämlich sich nicht resignativ vermeintlichen Sachzwängen zu fügen, sondern vielmehr die Menschen, "vor allem die Unterworfenen und Leidenden zum tätigen Abbau von Gewalt und illegitimer Herrschaft, also zur Durchsetzung ihrer Interessen zu befähigen."[1] Gegen die Ungleichheit in der Verteilung der ökonomischen, technologischen und militärischen Kapazitäten auf der Welt kann sich nur eine internationale Solidarität der Unterprivilegierten richten. Sie wird allerdings bislang kaum gelebt, sondern hat sich der nationalstaatlichen Erziehungskonzepte zur Förderung der Wehr- und Tötungsbereitschaft zu erwehren, die auf eine Rechtfertigung der Militärpolitik und auf eine Effektuierung, nicht Eindämmung des staatlichen Gewaltapparates zielen.[2] Sie widersteht auch der Penetration der Erde durch die europäisch-kapitalistische Zivilisation und der Ausrottung ursprünglicher Kulturen.[3]

Die Gefahr eines zerstörerischen Atomkriegs[4] verlangt der Völkerrechtsgemeinschaft, als die Otto Kimminich die Weltgesellschaft versteht, eine Verbreiterung und Vertiefung des Völkerrechts ab. Damit muß nicht die ungebrochene Hoffnung auf eine Weltherrschaft des Rechts, auf den Weltfrieden durch ein Weltrecht[5], verbunden sein. Doch kann ein skeptischer Glaube an die friedenschaffende Kraft des Rechts auch Pädagogen nähergebracht werden, wenngleich diesen der Zugang zu völkerrechtlichen Regeln schwer fallen mag. Skepsis bleibt angebracht, weil die

---

[1] Gantzel (1975), 9.
[2] Zum Militärdienst als "Deformation der Disziplinierten", siehe Krippendorff (1985), 105 ff.
[3] Roberts (1979).
[4] Kern/Wittig (1984).
[5] Clark/Sohn (1966).

Diskussion um die Legalität von Massenvernichtungswaffen weder zu einem uneingeschränkten Verbot der Anwendung von Atomwaffen im Krieg führte, noch zu einem Verbot der Herstellung und des Besitzes. Kimminich erwähnt die völkerrechtlich nicht untersagte Möglichkeit, die Atomwaffe als Kriegsrepressalie, als Instrument der Notwehr anzuwenden, und sieht die Gefährdung des Weltfriedens bereits in der Herstellung und dem Besitz der Kernwaffen.[6]

In einem Zeitalter, in dem das Individuum in der "totalitären Einheit" einer Weltgesellschaft, "welche die Ausmerzung der Differenz unmittelbar als Sinn ausschreit"[7], zu zerfallen droht und Menschen dem globalen Konkurrenzmechanismus unterliegen, ist die Dynamik der Weltbemächtigung verbunden mit einer unvorstellbaren Herrschaft der Gewalt über Menschen. "Die Methoden der Gewalt werden in unvorstellbarem Maße perfektioniert, entmenscht und verdinglicht - wird doch die moderne Gewaltsamkeit in einem arbeitsteiligen Prozeß von Angehörigen riesiger Apparate in technischer Perfektion praktiziert, die, sei es als Befehlsgeber, sei es sogar als Ausführende, nicht mehr unmittelbar affektiv oder impulsiv mit ihren Opfern oder Feinden verbunden sind. Auschwitz und Workuta, Hiroshima und Nagasaki symbolisieren die satanische Entfremdung der Gewalt im technisch-humanitären Zeitalter."[8] Die Hoffnung auf Frieden - als Idee der Versöhnung der Menschheit mit sich - steht in bestürzendem Kontrast zu den ungeheuren Möglichkeiten der Vernichtung der Erde und Teilen des Kosmos. Sie verblenden zudem unser Wissen, auch das vom Frieden.[9] Diese Diskrepanz läßt auch die Pädagogik nicht unberührt. Als Ausweg mag ihr dienen, sich als ein Ort der im heutigen Zeitalter für die Erhaltung der menschlichen Gattung lebensnotwendigen Utopie zu verstehen. Dabei kann sie der Tatsache nicht ausweichen, daß der "Hitler in uns" (Max Picard) noch nicht verwunden und daß die Atombombe ein Produkt des christlichen Abendlandes ist.[10] Pädagogen und Erzieher müssen deshalb die Ursprünge und Entwicklung der zugrundeliegenden westlichen Rationalität und ihrer Wissenschaftskonzeption kritisch verfolgen, die letztlich auch ein Produkt wie die Atombombe hervorgebracht haben.

---

[6] Kimminich (1969), 290 f.; siehe auch den Beitrag von O. Kimminich in diesem Band.
[7] Adorno (1971), 11.
[8] Flechtheim (1964), 65.
[9] Picht (1981), 158.
[10] Kimmerle (1984), 277 und Schubert (1985).

Daß die Aufbrüche zu einem solidarischen Zusammenstehen der Menschheit in ihrer Entstehung immer wieder gestört und verhindert werden durch die einebnende und vernichtende Gewalt eines von Europa ausgegangenen und ausgehenden Industrialismus, haben unaufgebbar Adorno und Horkheimer zur Sprache gebracht: Auschwitz wird zum Schibboleth einer Gesellschaftsformation, die die Liquidation des einzelnen Menschen vollzieht.[11] Pädagogik nach Auschwitz besinnt sich auf die Schrecken, die mit umfassenden geschichtsphilosophischen Entwürfen und eurozentrischer Rationalität verbunden sind. Sie wendet sich in fragiler, nicht in triumphaler Hoffnung gegen jene Vernichtungstaten, mit denen die ganze Menschheit in den Bann ihres Untergangs gerät. Philosophieren und Erziehen nach Auschwitz und Hiroshima, im Atomzeitalter und in der Zeit seines Abbruchs (Sellafield, Tschernobyl) wenden sich gegen das Festhalten im Lager der Sieger am überwältigenden Fortschritt, an der "instrumentellen Vernunft" (Max Horkheimer). Es geht ihnen um eine Suche nach der Solidarität mit den Getöteten, den Gestorbenen, den Lebenden und den noch nicht Geborenen (Walter Benjamin), mit jedem dieser Menschen angesichts des malum der "atomaren Erpressungswelt" (Günther Anders); anders gesprochen: diese Solidarität wird von der katastrophalen Geschichte verweigert und erzwungen zugleich.[12]

Angesichts der Gefährdungen und schwindenden Vielfalt von Welten und Kulturen ist heute nicht mehr das Pathos einer allgemeinen Weltkultur zu verkünden; zu sprechen ist vielmehr von ungeraden Wegen und Unwegen (Rilke) einer zu suchenden Menschheits-Kultur[13], von der Diversifizierung der Welten, von transkulturellen Bildungswegen.

Wissenschaftlich-technische und soziale Utopie gehören zu jenem, von Georg Picht kritisierten europäischen Kulturimperialismus, der in der Gestalt dieser beiden Utopien die Erde beherrscht. "Religionen, Kulturen und Ökosysteme, die sich ihrem Fortschreiten nicht fügen, werden erbarmungslos niedergewalzt. Europa selbst mußte den Triumph seiner Ideen mit dem Verlust seiner früheren Vormachtstellung bezahlen. Es ist zum Opfer seines eigenen Fortschritts geworden und befindet sich in einer kulturellen Krise, die uns veranlassen sollte, die Gesamtheit jener Prämissen, von denen die neuzeitliche Geschichtsphilosophie getragen war,

---

[11] Adorno (1966), Paffrath (1987).
[12] Siehe Max Horkheimer und Walter Benjamin.
[13] Köpcke-Duttler (1983).

zu überprüfen."[14] Die Namen Auschwitz und Hiroshima sagen, daß wir im "Zeitalter der Genozide, der Folterungen" leben, in einem Zeitalter, in dem das Fortschrittsmonopol der Industriegesellschaften gebrochen wird. Dieser Bruch kann die Erinnerung an ideologische Rechtfertigungen des Ethnozids wecken, die bis heute die Erde beherrschen. Aborigines wurden und werden belehrt, daß ihr Aussterben unvermeidlich sei gemäß der Theorie vom Überleben des Tüchtigsten, daß das unerbittliche Gesetz der natürlichen Auslese gebiete, niedrigstehende und minderwertige Menschen auszurotten.[15] Die drohende Vernichtung von Ethnien kann Inuit, Dene, Maori, Samen verbinden und auch in den industrialistischen Staaten den Widerstand gegen Ethnozid und Ökozid tragen. Die Widerstehenden wissen, daß Wälder ihnen und allen Atem geben, daß sie und alle anderen vom Wasser leben und daß die anderen Lebewesen Mitwelten sind[16].

Frieden als befreiender Schutz vor innerstaatlicher und weltweiter struktureller Gewalt, Frieden, dessen Alternative in unserem Zeitalter nicht mehr allein der Krieg, sondern der Untergang der Menschheit ist, und Frieden, der sich mit der Freiheit der Gedanken vereinbart, gehören unabdingbar zusammen. Schutz vor Gewalt und Schutz vor Not fordern dazu heraus, die Existenz anderer Menschen und Völker als konstitutive Bedingungen des eigenen Lebens zu sehen. Der Zwang zum Weltfrieden in einer Weltgesellschaft fordert nicht allein eine neue politische Gesamtordnung, sondern auch ein Freiheit gewährendes Welt-Ethos. Georg Picht spricht es als neue Gestalt der öffentlichen Moral an und flicht einen Zusammenhang mit den Weltreligionen. "Alle Moralsysteme der heutigen Welt sind aus den großen Religionen hervorgegangen. Aber die Welt hat sich daran gewöhnt, diese Religionen zu negieren und zu verdrängen. Wir wissen deshalb nicht, ob aus dem gleichen Boden - in der erst zu erringenden Solidarität der Weltreligionen - eine neue, die Menschheit verbindende Gestalt der öffentlichen Moral hervorgehen kann."[17] Der Durchbruch zu den Quellen des Weltethos verlangt nach einer ökumenischen Pädagogik, die bedenkt, daß die Begegnung der Weltreligionen schon nach dem ersten Weltkrieg begonnen hat und heute noch immer dazu beitragen muß, die Institution des Krieges zu überwinden.[18]

---

[14] Picht (1980), 376.
[15] Roberts (1979), 26 f.
[16] Hensel (1987), 170.
[17] Picht (1981), 176.
[18] von Weizsäcker (1986), 96. Daß die Gespräche der Religionen schon nach dem ersten Weltkrieg begannen, zeigt das Leben Friedrich Siegmund-Schultzes.

Um zur Entstehung einer solidarischen Weltgesellschaft beizutragen, muß die Friedenspädagogik religiöse und ethische Erfahrungen aus dem Christentum, dem Hinduismus, dem Buddhismus und des Taoismus aufnehmen. Hinzu kommen die Zeugnisse, die Menschen wie Tolstoi, Schweitzer, Gandhi oder Martin Luther King mit dem von ihnen gelebten Postulat des nicht-widerstehenden Widerstehens oder der nichtverletzenden Aktion gegeben haben. Teile der Arbeiterbewegung, des Anarchismus und des gewaltlosen Sozialismus, der das "Ideal einer klassen- und herrschaftslosen Weltgemeinschaft" (Flechtheim) verfolgt, tragen zu dem Schatz an Traditionen bei.

Daß die Friedenspädagogik nicht mehr reine "Postulat-Pädagogik"[19] geblieben ist, zeigen vielfältige Friedensgruppen, Kriegsdienstverweigerer, Wohn- und Lebensgemeinschaften, entwicklungspolitische und gewaltfreie Aktionsgruppen, die Wege des Friedens auch in der Sozialarbeit (z.B. kriminalpädagogisch geleiteter) öffnen. Wird hier das Militär entgegen der Propaganda nicht als Friedensbewegung genannt, so deshalb, weil die staatlichen Machthaber aus der Geschichte der Kriege nicht den Frieden lernen und ihre Herrschaft weiterhin Gehorsam gegenüber dem Befehl verlangt, im staatlichen Auftrag Menschen zu töten. Die Notwendigkeit einer Erziehung zum Ungehorsam deutet in vorsichtiger Hoffnung Gantzel an, wenn er hervorhebt, daß Tausende oder Hunderttausende von den Herrschenden und ihrem Apparat, aber nicht je einzeln mit unmittelbarer Gewalt zum Töten oder zur Vorbereitung des Tötens gezwungen werden können.[20] Dieser Gewalt widersteht die Gewaltfreiheit, mit ihrer Fähigkeit, "Haß durch Liebe, Böses durch Gutes und Gewalt durch bewußtes, freiwilliges Erleiden der Gewalt ohne ein Gefühl von Haß oder Vergeltung"[21] zu beantworten.

Solidarisches Handeln aller Erniedrigten und Verarmten heißt, sich jedem Menschen zuzuwenden und, ohne einander zu belehren, in Gesprächen und Handlungen miteinander Wege einer befreienden Bildung zu suchen. Gegen das sonst in Wissenschaft und Bildung dominierende Allgemeine[22] wird Einspruch erhoben. Die Gedanken und Erfahrungen der Armen geben authentische Zeugnisse des Protestes: so die südamerikanische Theologie der Befreiung und die ihr verwandte

---

[19] Schierholz (1979), 19.
[20] Gantzel (1987), 27.
[21] Sternstein (1976), 17; s. Köpcke-Duttler/Metz (1988).
[22] Siehe Heitkämper/Huschke-Rhein (1986). Dieses Buch gehört zu den Veröffentlichungen der Arbeitsgruppe Friedenspädagogik in der Deutschen Gesellschaft für Erziehungswissenschaft.

Pädagogik ebenso wie die indischen Denker und Lehrer Tagore und Gandhi. Der proletarische Humanismus Gorkijs wandte sich aufgrund der Wahrnehmung des Leidens der Arbeiter gegen Indoktrination und martialischen Heroismus. Ähnliche Kraft entfalten die Armutstraditionen der im Christentum verborgene Mystik oder die aus Afrika stammenden Gedanken zu dem Bund der Generationen und zur Kritik der an das Privateigentum gebundenen Kleinfamilie. Elemente einer ökumenischen Pädagogik finden sich in erstaunlichen Parallelen bei Tolstoi und E. Cardenal. Sie erinnern an die Erfahrung der Freude in Tagores Schule des Waldes und die absichtslose Wirkung nicht belehrender Chassidim oder russischer Narren. Die hier sichtbar werdende Ökumene macht an den Grenzen des Christentums nicht halt. Sie schließt den hebräischen Humanismus Martin Bubers ebenso ein wie die buddhistischen Grunderfahrungen des Mitleidens oder Elemente der Gewaltfreiheit aus dem Taoismus. Die Ökumene lebt zunächst davon, die nicht gesetzeshaft gedachten Eigenheiten von Religionen und Kulturen deutlich werden zu lassen. Zugleich wendet sie sich dagegen, diese in substanzialer Geschlossenheit zu denken. Sie bildet einen Gegenpol gegen die nivellierenden Folgen eines weltumgürtenden Industrialismus[23], der den Menschen nur zum Störfall von Großtechnologien deklariert, zwar Umweltgesetze schafft, aber nicht ein Recht der Mitwelten und Dinge denken kann.[24]

Spuren einer ökologischen Bildung und Pädagogik[25] finden sich schon in der Dichtung Hölderlins, später im Denken Heideggers, dem sich die Kritische Theorie nicht im Gespräch gestellt hat, oder im Leben Albert Schweitzers. Sie leben in den Wegen einer transkulturellen Bildung fort, die sich darum bemüht, verschiedene, doch nicht gegeneinander geschiedene Kulturen zu achten und mit Freude an ihnen zu entdecken, welche Möglichkeiten des schonenden Wohnens, der Förderung der Mitwelten und Mitkreaturen sie in sich bergen. Nicht Zwang und Belehrung, gar Fremsteuerung sind hier gefragt, wohl aber der Mut und die Bereitschaft, eigene Grenzen zu überschreiten, nach innen wie nach außen. Der begradigenden Gewalt, unter der Menschen, Tiere, Pflanzen, Steine leiden, widerstehen Kulturen der Gewaltfreiheit (z.B. Chipko-andolan im Himalaya), die sich immer auch auf ihre eigenen Umwege und verborgenen Gewaltpotentiale besinnen müssen und so einstehen können für die Minimierung der Gewalt. Gefordert ist das Fragen danach

---

[23] Ullrich (1979), 17.
[24] Köpcke-Duttler (1986).
[25] Ders. (1984 b).

und Denken daraufhin, wie Widerstehen und Gelassenheit einander tragen und durchdringen können. Transkulturelle Bildung als Wahrnehmen des Fremden und Anderen wehrt sich gegen das Einverleiben der bedrohten Kulturen und Völker; sie hofft, daß in den Schwachen die Kraft der Gewaltfreiheit und der ungehorsamen Friedfertigkeit erwacht: die Energie der Gelassenheit, ein Ungehorsam, der das Hören und Sehen erneuert.

Friedfertigkeit ist gewiß nicht die Haltung der den Schrecken der Erde Entfliehenden, nicht der die Demütigungen Ertragenden; sie ist machtlose Macht, die Haltung der in Wahrheit Freiwerdenden, die Reinhold Schneider lebte, besser: nicht Haltung, sondern ungesicherte und gewagte Existenz.

Transkulturelle Bildung verlangt eigene Trauerarbeit und die Übung in der Scham, die immer mehr in der eingeschränkten Welt des Konsumismus abhanden kommt.

Literaturangaben

Adorno, Theodor W., Negative Dialektik, Frankfurt a.M. 1966.

ders., Minima Moralia, Frankfurt a.M. 1971.

Clark, Greenville/Sohn, Luis B., World Peace trough World Law, Cambridge/Mass. 1960.

Flechtheim, Ossip K., Eine Welt oder keine?, Frankfurt a.M. 1964.

Gantzel, Klaus Jürgen (Hg.), Herrschaft und Befreiung in der Weltgesellschaft, Frankfurt a.M. 1975.

ders., Tolstoi statt Clausewitz?, in: R.Steinweg (Red.), Kriegsursachenforschung, (Friedensanalysen 21), Frankfurt a.M. 1987, 25-97.

ders. (Hg.), Krieg in der Dritten Welt, Baden-Baden 1988.

Heitkämper, Peter/Huschke-Rhein, Rolf (Hg.), Allgemeinbildung im Atomzeitalter, Weinheim/Basel 1986.

Hensel, Gert, Strahlende Opfer, Gießen 1987.

Kern, Peter/Wittig, Hans-Georg, Pädagogik im Zeitalter, 2. Aufl., Freiburg 1984.

Kimmerle, Gerd, Krieg der Vernunft, Tübingen 1984.

Kimminich, Otto, Völkerrecht im Atomzeitalter, Freiburg 1969.

ders., Schutz der Menschen in bewaffneten Konflikten, München/Mainz 1979.

Köpcke-Duttler, Arnold, Menschheits-Kultur, Frankfurt a.M. 1983.

ders., Pädagogik, Medizin und Rechtswissenschaft im Atomzeitalter, Frankfurt a.M. 1984a.

ders., Von der Zerbrechlichkeit der Hoffnung, Würzburg 1984 b.

ders., Wege des Friedens, Würzburg 1986.

ders., Erinnerung als Kritik nicht vergehender Barbarei, in: Neue Sammlung, 27 (1987), 3, 345-355.

ders./Metz, Günter (Hg.), Vom Recht des Widerstehens, Frankfurt a.M. 1988.

Krippendorff, Ekkehart, Staat und Krieg, Frankfurt a.M. 1985.

Paffrath, F. Hartmut (Hg.), Kritische Theorie und Pädagogik der Gegenwart, Weinheim 1987.

Picht, Georg, Hier und Jetzt. Philosophieren nach Auschwitz und Hiroshima, 2 Bde., Stuttgart 1980/81.

Pogrom, 18 (1987), 34.

Roberts, Janine, Nach Völkermord: Landraub und Uranabbau, Göttingen 1979.

Schierholz, Henning, Stand und Perspektiven der Friedenspädagogik in der Bundesrepublik Deutschland, in: R.Steinweg (Red.), Friedensanalysen 10, Frankfurt a.M., 15-30.

Schubert, Rainer, Die Atombombe in uns, Essen 1985.

Sternstein, Wolfgang, Perspektiven gewaltfreier Bewegungen, in: Junge Kirche, 37 (1976), 12. Beiheft, 8-19.

Ulrich, Otto, Weltniveau, Berlin 1979.

von Weizsäcker, Carl Friedrich, Die Zeit drängt, München/Wien 1986.

Karl Holl

Selbstverständnis und Programmatiken der Friedensbewegungen und des Pazifismus in historisch-vergleichender Sicht*

1. Vorbemerkung

Meine Überlegungen beziehen sich überwiegend auf die deutschen Verhältnisse. Ich hoffe, einleitend deutlich machen zu können, weshalb das historische Phänomen "Friedensbewegung" lange Zeit ausschließlich eine Erscheinung Europas und Nord-Amerikas war, nicht dagegen Asiens, Afrikas, Lateinamerikas sein konnte.

Meine Darstellung bezieht sich zeitlich auf drei Entwicklungsstufen der Friedensbewegungen, die im wesentlichen mit drei historischen Perioden zusammenfallen:
1. die lange Anlaufphase zwischen 1815 und 1880;
2. die Zeit bis zum Ende des Ersten Weltkrieges;
3. die Periode der Zwischenkriegszeit bis zum Ende der Weimarer Republik.
Meine Überlegungen gelten also nicht überwiegend der gegenwärtigen Situation.

2. Die Anlaufphase zwischen 1815 und 1880

Das historische Phänomen "Friedensbewegung" oder "organisierter Pazifismus" tritt in die Geschichte erst ein mit der säkularen Zäsur, als die sich die Große Französische Revolution von 1789 für die abendländische, nordatlantische Welt darstellt. Erst von dieser Zeit ab wird die individuelle Friedensbereitschaft, wie sie sich literarisch etwa in den zahlreichen Friedensplänen und Friedensappellen seit dem Hochmittelalter, erst recht seit der frühen Neuzeit äußerte, in die Lage versetzt, sich als kollektive, emanzipatorische Erscheinung zu organisieren.

---

* Der Vortragscharakter wurde weitgehend beibehalten. - Die hier skizzierten Zusammenhänge sind eingehender dargestellt in meinem Buch "Pazifismus in Deutschland", Frankfurt a.M. 1988, weshalb hier auf Belege im einzelnen verzichtet wird.

Seither läßt sich "Pazifismus" - der Begriff entsteht erst an der Schwelle unseres Jahrhunderts - begrifflich etwa so bestimmen: Pazifismus
- intendiert die Erweiterung des biblisch-christlichen individuellen Tötungsverbots zum kollektiven, zwischenstaatlichen, transnationalen Tötungsverbot;
- ist das Nachdenken darüber, wie einem solchen - den Krieg als Mittel der Konfliktregelung ausschließenden - kollektiven Tötungsverbot in der internationalen Politik Geltung zu verschaffen sei:
- ist das Ensemble entsprechender politischer Mittel oder auch ein Typus von neuer Politik als Resultat solcher Reflexion.

Seit der Großen Französischen Revolution tritt eine eigentümliche Dialektik in Erscheinung: Die Organisierung von Tendenzen zur Beseitigung des Krieges, also eine emanzipatorische Bewegung eigener Art, ist möglich geworden; zugleich richtet sich diese neue Möglichkeit auf einen neuen Typus von Krieg, der nicht minder ein Produkt jener säkularen Wende darstellt. Erst die seit der Revolution von 1789 zur politischen Gestaltung drängende bürgerliche Gesellschaft hat nämlich den Krieg mit neuen Legitimierungen ausgestattet. Mit dem Fortschreiten nationaler Gesellschaften zum Staatstypus des Nationalstaates werden jene Kriege möglich, die sich durch die Mobilisierung der gesamten Nation, die Ausschöpfung und den Einsatz aller ihrer Kräfte, den Willen zur völligen Vernichtung des Gegners sowie die Entgrenzung des Kriegsgeschehens von so gut wie allen vorausgehenden Kriegen immer mehr unterscheiden, und die ein bisher kaum bekanntes Ausmaß an Opfern im Verhältnis zur Gesamtbevölkerung zu fordern pflegen.

Aus der Dialektik des aus der Vernunft gewonnenen Friedensbegriffes der bürgerlichen Gesellschaft einerseits und eines in der ökonomischen und politischen Dynamik der nämlichen bürgerlichen Gesellschaft des 19. Jahrhunderts angelegten Kriegspotentials andererseits eröffnet sich das Betätigungsfeld der Friedensbewegung bis zum Ersten Weltkrieg. Dabei erwiesen sich letztlich deren spezifische Instrumente unter den gegebenen Bedingungen als unzulänglich. Die Geschichte der Friedensbewegungen ist deshalb über weite Strecken die Geschichte ihrer Dilemmata und Aporien.

Die hier zugespitzt skizzierte Problematik nimmt allerdings im Hinblick auf die einzelnen Nationalstaaten je verschiedene Profile an. Die Situation, der zum Beispiel die Friedensbewegung in den jungen Vereinigten Staaten ihre Entstehung verdankt, ist ganz eigener Art. In den jungen Nationalstaaten Europas wie dem Deutschen Reich und dem Königreich Italien stellt sich die Problematik mit erheblicher zeitlicher Verschiebung und anders dar als bei einem längst etablierten Nationalstaat mit Weltreichsstatus wie England, einem Nationalstaat mit weitreichenden europäischen und überseeischen Aspirationen wie Frankreich oder einem Vielvölkerstaat wie dem Habsburgerreich. Am schärfsten stellt sich die Problematik der Friedensbewegung fraglos im Falle des Deutschen Reichs mit seinem seiner selbst ungewissen und aggressiv werdenen Nationalismus dar. Hoch bedeutsam ist auch, ob es sich um Staaten mit erprobtem, stabilem parlamentarischem System handelt, die auch minoritäre, nonkonformistische Gruppen in einen nationalen Konsens politischer Kultur einbeziehen wie im Falle Englands; oder ob ein Staat durch Konstitutionalismus, schwache parlamentarische und starke autoritäre Führungsstrukturen sowie die Neigung zur Ausgrenzung dissidierender Einstellungen gekennzeichnet ist, wie im Falle des Hohenzollernreiches.

Nun lassen sich jedoch ungeachtet je verschiedener nationaler Bedingungen für alle nationalen Friedensbewegungen des 19. Jahrhunderts und bis an die Schwelle des Ersten Weltkrieges signifikante Übereinstimmungen feststellen. Die deutsche Friedensbewegung macht hiervon im allgemeinen keine Ausnahme. Beobachtungen dieser Art haben dazu Anlaß gegeben, die Friedensbewegung unter Vernachlässigung einer Reihe von definitorischen und strukturellen Problemen als "soziale Bewegung" zu verstehen.

Große Einheitlichkeit besteht zunächst im Erscheinungsbild der nationalen Friedensbewegungen, in ihrer organisatorischen Gestalt und in ihrer Kommunikationsweise. Alle bedienen sich des für die bürgerliche Gesellschaft des 19. Jahrhunderts typischen Vereins- und Assoziationswesens, wobei die Herausbildung lokaler Gruppen, Vereine und Gesellschaften zu regionaler Vernetzung bis zur nationalen und internationalen Ebene fortschreitet. Die Kommunikation wird über nationale und internationale Kongresse, durch die Presse, durch ein ausgedehntes Schrifttum in der Form von Traktaten und Zeitschriften, sowie auf individueller Ebene durch intensive Korrespondenzen hergestellt. Angesichts bildungsbürgerlicher Dominanz bei der Wahrnehmung von Führungsaufgaben gibt es nur wenig Schwierigkeiten in der internationalen Kommunikation. Das organisatorische Endergebnis war eine bis zum Ersten Weltkrieg trotz mancher interner Konflikte in wesentlichen intakt gebliebene pazifistische Internationale.

Individuelle Denk- und Überzeugungsarbeit war der Weg, auf welchem nach der Vorstellung der Träger der Friedensbewegung Friedenseinsichten am wirksamsten vermittel werden konnten. Unbegrenzt erscheint das Vertrauen in die Verläßlichkeit auf dem Wege kognitiver Aneignung erworbener Friedenseinsichten. Deshalb wird den "indirekten" Friedensmitteln - neben den "direkten" Friedensmitteln - Bedeutung beigemessen: Erziehung, Schulwesen, Volksbildung im Dienste des Friedens. Deshalb auch bleibt die Figur des umherreisenden ausländischen oder nationalen Friedensredners, der seine Zuhörer für seine Sache zu gewinnen und sie zur Gründung von Friedensvereinen zu bewegen versucht, über lange Zeitstrecken eine vertraute Erscheinung. Der Frieden geht ebenso aus subjektiven Willensakten hervor wie seine Aufhebung - so die Vorstellung der in der Friedensbewegung tätigen Aktivisten. Von daher verstehen sich auch die argumentativen Friedensappelle an die Mächtigen, nicht mehr nur von einzelnen philosophischen Friedensrufern ausgesprochen, sondern später vor allem von Resolutionen fassenden Kongressen.

Die Voraussetzung für dies alles war die Homogenität der sozialen Zusammensetzung - zumeist selbständige Kaufleute, Industrielle, Bankiers, Anwälte, Beamte, Professoren, Pastoren. Es handelte sich um eine Erscheinung innerhalb der städtischen Gesellschaft - nicht des flachen Landes. Das erlaubte gemeinsame Wertvorstellungen, zog aber auch Grenzen für den Katalog der gemeinsam zu erörternden Gegenstände: Ungeachtet mancher Ansätze zu einer integrierten Betrachtung von Friedensfrage und sozialer Frage und ungeachtet des erheblichen Anteils namhafter Sozialisten und Anarchisten an frühen Bemühungen zur Organisierung des Pazifismus verschwindet die soziale Frage schließlich fast völlig von der Agenda der internationalen Friedensbewegung. Die Eigentumsfrage wird zu ihrem eigentlichen Tabu.

Dem entspricht die wachsende Distanz der einen emanzipatorischen Bewegung zu der anderen: die Distanz der bürgerlichen Friedensbewegung zu der sich entfaltenden Arbeiterbewegung, eine Distanz, die im deutschsprachigen Bereich am größten, in Frankreich und Italien wesentlich geringer gewesen ist und in England fast gar nicht bestanden hat. Je eher sich die Arbeiterbewegung vom bürgerlichen Radikalismus, von der bürgerlichen Demokratie jeweils gelöst und sich der marxistischen Theorie geöffnet hatte, desto schroffer pflegte sie den Abstand zur bürgerlichen Friedensbewegung zu betonen. Die Frage der Zusammenarbeit mit der

Arbeiterbewegung und den sozialistischen Parteien ist für die Friedensbewegung im Hinblick auf die Gewinnung eines Massenanhangs jedoch stets ein Problem geblieben.

So stellte die bürgerliche Friedensbewegung in bestimmter Weise eine Funktion der Parteienentwicklung im Bereich des politischen Liberalismus beziehungsweise der bürgerlichen Demokratie dar; sie entwickelt sich parallel zu liberalen Parteien, steht im Austausch mit ihnen. Daher rückte die Friedensbewegung dort, wo sich der politische Liberalismus im Laufe seiner Geschichte weiter ausdifferenzierte, wie in Deutschland, an die Seite des "internationalistischeren" Linksliberalismus, während der "nationale" Liberalismus, zumindest dessen rechter Flügel, den Pazifismus als national unzuverlässig betrachtete und sich später an dessen Stigmatisierung beteiligte.

Revolutionskriege bereiteten den Friedensbewegungen dieser Zeit im allgemeinen keine argumentativen Probleme, zumindest soweit es sich um nationale Einheit anstrebende, dem Schein nach rein "politische" Revolutionen handelte. Eine Ausnahme bilden hier nur die Quäker, deren Gewaltverständnis sich gegen jeden Krieg richtet. Dahinter stand immer die Erwartung, daß sich nach der Beseitigung der reaktionären Regierungen durch siegreiche nationale Bewegungen dauerhafter Friede gewissermaßen von selbst einstellen werde. Für die bürgerliche Linke war der nationale Einigungskrieg der letzte noch zu führende Krieg. Die im Nationalstaat zu ihrer Bestimmung gelangte Nation werde sich dann in die Völkergemeinschaft einordnen, um sich im Konfliktfall der internationalen Rechtsordnung zu unterwerfen. Ebenso schlüssig konnte der nationale Verteidigungskrieg bejaht werden, weil er sich als zur Bewahrung des im Prozeß der nationalen Bewegung erreichten Zieles notwendig begründen ließ.

Das Problem des Revolutionskriegs stellte sich dagegen ganz anders im Hinblick auf sozialrevolutionäre Zielsetzungen, erst recht seit sich der Sozialismus von der Friedensbewegung zurückzuziehen begann. Die Ablehnung des Krieges durch den bürgerlichen Pazifismus ist seither überwiegend von dessen Furcht vor dem sozialen Umsturz als einer möglichen Folge von Kriegen bestimmt.

Für den britischen Pazifismus trat als legitimer Kriegsgrund die Behinderung der internationalen Handelsfreiheit hinzu. Im Zusammenhang des Kampfes um die britischen Kornzölle verschränkte sich die Durchsetzung ökonomischer Interessen mit pazifistischer Propaganda, ohne daß der Krieg aus dem Kalkül verschwand. So erwiesen sich die Möglichkeiten des vor allem im angloamerikanischen Bereich entwickelten liberalen Modells der Friedenssicherung als besonders pragmatisch, flexibel und wirksam. In der mächtigen Freihandelsbewegung erwuchs der internationalen Friedensbewegung ein willkommener Bundesgenosse, mit dem sich auch unter organisatorischen Aspekten eine Symbiose ergab, und es konnte sich so etwas wie "Freihandelspazifismus" herausbilden.

Als bürgerliche Reformbewegung hat sich die Friedensbewegung in ihrer Frühphase eng an die Antisklavereibewegung angeschlossen: beide intendierten die Emanzipation von einem Zustand, den die Vernunft als unvernünftig und menschenunwürdig erkannt hat. Dabei gingen bürgerlicher Pazifismus und Utilitarismus, Quäkertum, Freihandelspolitik und Antisklavereiagitation eine eindrucksvolle Verbindung ein.

In der Haltung zum amerikanischen Sezessionskrieg neigte die damals ohnedies noch kaum entwickelte internationale Friedensbewegung angesichts konfligierender Ziele - Beseitigung der Sklaverei und Erhaltung der nationalen Einheit auf der Seite der Nordstaaten, Verteidigung der Sklaverei und des Freihandels auf der Seite der Conföderation - letzten Endes wohl auch der Sache der Union zu, wobei die amerikanischen Quäker auf keiner der beiden Seiten zum Kriegsdienst bereit waren. Immerhin entstanden der nordamerikanischen Friedensbewegung aus dem Sezessionskrieg vorübergehend ernste Schwierigkeiten.

In Europa entsteht nach Errichtung des italienischen und des deutschen Nationalstaates als Abschluß der großen nationalen Bewegungen die außenpolitische Statusquo-Sicherung als spezifischer Position der Friedensbewegung.

Die von der Friedensbewegung propagierten Methoden der Friedensgewinnung und -sicherung sind im Prinzip zweierlei Art. Da der bestehende Zustand der Staatenbeziehungen - die Häufigkeit von Drohpolitik und Kriegen - von der Friedensbewegung als "zwischenstaatliche Anarchie" perzipiert wurde, bestand die von ihr vorgeschlagene Methode in der Verrechtlichung der zwischenstaatlichen Beziehungen. Konzipiert wurden justizförmige Prozeduren der Konfliktregelung mit Hilfe eines zu diesem Zweck einzurichtenden internationalen Gerichtshofes und des

Instituts der Schiedsgerichtsbarkeit. Dahinter stand die Erwartung, daß auf solche Weise zugleich der Einfluß militärischer Kreise auf außenpolitische Entscheidungen zurückgedrängt und die Rolle des Militarismus als innenpolitisches und gesellschaftliches Problem vermindert werden könne. Auch aus dieser Sicht ergaben sich früh die Forderung "Frieden durch Recht" und der Ansatz zu einer pazifistischen Völkerrechtswissenschaft.

In dem Maße, wie die Brisanz der grundsätzlich bejahten nationalen Bewegungen und die Möglichkeit ihrer Instrumentalisierung durch die Kabinette als friedensgefährdende Faktoren erkannt wurden, entwickelte sich die Werbung für Völkerverbrüderung und Völkerbundkonzepte auf der Grundlage freier Föderation der europäischen Völker, republikanischer Verfassungen und der Autonomie der Gemeinden. Daß im Rahmen der bestehenden Verhältnisse der Weg zum Nationalstaat und nicht unter Umgehung, Überspringung oder gar Aufhebung des Staates zur Völkerföderation führen konnte, ist zunächst nicht mit hinreichender Klarheit erkannt worden. Doch ging man über entsprechende Organisierungsversuche proudhonistischer Provenienz schließlich zur Tagesordnung über, und der Weg hat statt dessen zur Idee der "Vereinigten Staaten von Europa" geführt.

Es ist hier an Bemühungen um die sogenannte "Humanisierung des Krieges" zu erinnern, wie sie sich besonders in der Gestalt Henri Dunants verkörpert haben. Obwohl den Pazifisten solche Bemühungen nicht grundsätzlich unwillkommen waren, weil sie die Aufmerksamkeit der Öffentlichkeit auf die zunehmende Zerstörungsgewalt moderner Kriege lenkten und eine weitere Möglichkeit der Internationalisierung der Friedensdiskussion eröffneten, erkannten sie doch deren ambivalenten Charakter: Kriege drohten auf solche Weise "führbarer" zu werden.

Schließlich sind einige Erläuterungen zu der auf den ersten Blick verwirrenden Begrifflichkeit angebracht. "Friedensbewegung" und "Pazifismus" werden heute aus guten Gründen vielfach synonym gebraucht, und dieser Übung folge ich hier mit um so größerer Berechtigung, als seit dem Erscheinen des Begriffes "Pazifismus" die kontinental-europäischen Anhänger der Friedensbewegung ihn sogleich für sich übernommen haben. Der Terminus erweist sich als vorteilhaft, da sich die dreifache Kombination von "Bewegung", "Theorie" und "Radikalität" mitdenken läßt, so daß der Wortverbindung "organisierter Pazifismus" zwar ihre gewissermaßen pleonastische Begriffsqualität entgegengehalten werden kann, aber ihre größere Eindeutigkeit ihre Verwendung rechtfertigt. Abweichend von diesem überwiegend kontinentaleuropäischen unterscheidet der angloamerikanische Sprachgebrauch häufig zwischen "Internationalismus" und "Pazifismus". Dabei soll unter dem ersten Ausdruck die Gesamtheit der aus heutiger Sicht gemäßigten Instrumente im Forderungskatalog der Friedensbewegung erfaßt werden, während sich dort mit "Pazifismus" die Vorstellung größtmöglicher Radikalität in der Friedenspraxis unter Einschluß totaler Kriegsdienstverweigerung verbindet.

Dies mag zur Charakterisierung der älteren Friedensbewegung bis zum Einsetzen imperialistischer Entwicklungen in der Politik der Großmächte genügen. Was nun folgt, bezieht sich auf die Periode zwischen 1880 und dem Ersten Weltkrieg.

3. Die Periode zwischen 1880 und dem Ersten Weltkrieg

Seit 1901 wurde als Selbstbezeichnung für die Anhänger der Friedensbewegung das Wort "pacifistes", für ihr Programm und die Gesamtheit ihrer Ziele das Wort "pacifisme" üblich. Mit dem Retortenbegriff "Pazifismus" konnten sämtliche Teilziele der Friedensbewegung und die Friedensbewegung selbst prägnant und einprägsam erfaßt werden, und das Kunstwort hatte den Vorzug der Verwendbarkeit in vielen Sprachen, somit den Vorteil, den Bedürfnissen einer internationalen Bewegung zu dienen.

Es ist deshalb verständlich, daß die Neubildung "Pazifismus" sich alsbald durchsetzte und daß die Bezeichnung "Pazifist" die früheren Selbstbezeichnungen "Friedensfreund", "friend of peace", "ami de la paix" und so fort weitgehend verdrängte.

In dem Vorgang drückten sich zugleich ein neues Bedürfnis und eine neue Absicht aus. Der Begriff "Pazifismus" signalisierte ein höheres theoretisches Anspruchsniveau der Friedensbewegung und kündigte den Willen zur Verbreiterung ihrer Basis an, ja ließ die Perspektive zur Massenbewegung erkennen. Denkbar ist, daß für beides Sozialismus und Sozialdemokratie die eigentlichen Bezugsgrößen darstellen. Nicht zufällig war in der innerpazifistischen Diskussion die Rede von der großen Partei, zu der die Friedensbewegung faktisch geworden sei, und nicht zufällig fehlte dabei in der Reihe der Begriffe, die als Beispiele zur Begründung des

Neologismus genannt wurden, der Begriff Liberalismus, doch nicht Sozialismus. Mochten dem nun illusionäre Hoffnungen zugrundeliegen, - nicht zu leugnen war das Vielen längst bewußte Defizit einer zeitgemäßen theoretischen Grundlage der Friedensbewegung.

Die Schöpfung des Begriffs "Pazifismus" ist ein Reflex auf den Erfolg zweier Theorie-Konkurrenten - Sozialismus und Sozialdarwinismus - und ein Reflex auf eine dritte Herausforderung - das historische Phänomen "Imperialismus". Daß gerade in ihrem Theoriedefizit ein entscheidender Mangel der Friedensbewegung bestand, mußte deutlich werden, seit sich in zahlreichen Bereichen der Gesellschaft, vor allem in der Politik das fast unaufhaltsam erscheinende Vordringen sozialdarwinistischen Denkens bemerkbar machte. Charles Darwins eingängige Schlüsselerklärungen für die Entstehung der Arten samt ihrer Verwendbarkeit für eine naturwissenschaftliche Theorie der Entwicklung der menschlichen Gesellschaft lieferten scheinbar auch eine "wissenschaftliche" Begründung für den Kampf der Völker untereinander. Indem der Sozialdarwinismus den Krieg zum eigentlichen Instrument der menschlichen Evolution erklärte, ermöglichte er wie nie zuvor den Kult und die Glorifizierung des Krieges bis hin zu seiner theologischen Rechtfertigung, ebenso wie er den Imperialismus der Großmächte in den Rang eines naturgesetzlichen Phänomens erhob. Das Wettrüsten, seit dem Ausgang des 19. Jahrhunderts besonders in der Gestalt der Flottenrüstung, die Wertschätzung der Herrschaft militärischer Normen, ja, des Militarismus, schließlich der Chauvinismus - dies alles ließ sich nun mit den Kategorien des Sozialdarwinismus als Mittel willkommen heißen, mit welchen sich die Nationen angemessen auf den Krieg als einen gigantischen Selektionsvorgang einstellen.

Sozialdarwinistisches Denken blieb nicht auf Deutschland beschränkt, es breitete sich vielmehr ebenfalls in anderen europäischen Staaten und in den USA aus und verhalf dem Imperialismus allenthalben zu wirksamen Legitimierungsmustern. In seiner Verbindung mit gegen Ende des Jahrhunderts auftretenden kulturpessimistischen Strömungen wirkte der Sozialdarwinismus verstärkend auf die Bereitschaft, den Krieg nicht nur als unvermeidlichen Ausweg aus der Krise, sondern als die ersehnte Überwindung materialistischen Verfalls zu begrüßen. Rückwärts gewandte, antimodernistische, zivilisationskritische Utopien fanden hier mit einem Biologismus äußerster "wissenschaftlicher" Fortschrittlichkeit zu einer brisanten Mischung zusammen. Als kontinentaleuropäisches und angloamerikanisches

Phänomen bekräftigte der Sozialdarwinismus das Recht auf koloniale Betätigung von Völkern des abendländischen Kulturkreises und legte den Grund für den modernen Rassismus. Wie die Rezeption des Darwinismus eine klassenübergreifende Erscheinung darstellt, so konnten sozialdarwinistische Vorstellungen auch das Bewußtsein beträchtlicher Teile der Arbeiterschaft und der Arbeiterbewegung prägen helfen, und nicht einmal hervorragende Vertreter eines humanitären Internationalismus und der internationalen Friedensbewegung erwiesen sich als gänzlich immun gegenüber bestimmten verführerischen Interpretationsangeboten des Sozialdarwinismus.

In der Publizistik der deutschen Friedensbewegung finden sich Hinweise auf kulturimperialistisch begründete Zustimmung zur Kolonialpolitik der europäischen Großmächte, und wie A.H. Fried hatten die meisten pazifistischen deutschen Kritiker der Niederschlagung des Boxeraufstandes in China 1900 zwar manches an den barbarischen Methoden auszusetzen, aber nicht an ihrer Tatsache als solcher.

Wenn der Sozialdarwinismus als pseudowissenschaftliche Legitimierung des Krieges also eine derart bereitwillige Aufnahme in der öffentlichen Meinung fand und auf die Dauer verheerende Wirkungen zeitigte, so konnte dies der Anziehungskraft der Friedensbewegung nur sehr abträglich sein. Gegen ihre eigenen Werbemöglichkeiten waren hohe Barrieren errichtet, besonders hohe unter den Bedingungen eines nationalstaatlichen und imperialistischen Spätlings wie des Deutschen Reiches.

Wie die Schöpfung und die Karriere des Begriffs deutlich machen, ist es nun keineswegs so, daß die Friedensbewegung die ihr vom Sozialdarwinismus drohende Gefahr weiterer gesellschaftlicher Marginalisierung völlig übersehen hätte. Schon ihre Akzeptanz am Ende der neunziger Jahre mußte zum Beispiel gerade der deutschen Friedensbewegung die Gefahr vor Augen führen. Auffällig ist zum Beispiel, daß Pazifisten wie Fried zu betonten pflegten, die Friedensbewegung wolle den Kampf als vitales Prinzip menschlicher Existenz keineswegs abschaffen: das Prinzip Kampf und Streit solle vielmehr als intellektueller und spiritueller Wettstreit sublimiert werden.

Wie stark eine mit der Sprache kühler Rationalität argumentierende und mit wissenschaftlichem Anspruch auftretende Widerlegung des Mythos von den Segnungen des Krieges zu wirken vermochte, bewies das monumentale Werk Iwan Blochs "Der zukünftige Krieg in seiner technischen, volkswirtschaftlichen und politischen Bedeutung" (1898; deutsche Ausgabe 1899). Entgegen gängigen militärstrategischen Erwartungen äußerte der pazifistische Autor aufgrund sorgfältiger statistischer Berechnungen massive Zweifel an der Gewinnbarkeit eines Krieges im Zeitalter hochtechnisierter Armeen und Flotten. Dem sozialdarwinistischen Denkmodell entsprach die rasche Entscheidung auf dem Schlachtfeld, die dem Tapfersten und am besten Gerüsteten den Sieg schenken werde. Bloch dagegen sagte voraus, das Kriegsbild der Zukunft werde von der gegenseitigen Abnutzung der Gegner in einem langwährenden Ringen bestimmt, mit dem Ergebnis totaler Erschöpfung aller Beteiligter, von Hungerkatastrophen und von sozialen und politischen Umwälzungen. Bloch, dessen Überlegungen sich im Ersten Weltkrieg im wesentlichen bestätigen sollten, rechnete noch damit, die hohen sozialen und materiellen Kosten eines solchen Krieges böten eine hohe Wahrscheinlichkeit dafür, daß die Großmächte von seiner Entfesselung zurückschrecken würden.

Die Erfahrung pazifistischer Agitation gegenüber der Kriegsbereitschaft der Epoche hat sich in der Vorstellung der Zeitgenossen stark mit dem Lebenswerk Bertha von Suttners verbunden. Es ist deshalb nach ihrem Beitrag zur pazifistischen Theoriebildung und nach ihrer Wirksamkeit zu fragen.

Die massenhafte Aufnahme von Bertha von Suttners Buch "Die Waffen nieder!" verbürgte keineswegs die Empfänglichkeit aller Leser für die darin enthaltene Botschaft. Das geringschätzige Urteil der Kritiker, die Friedensbewegung sei eine sentimentale, naive Erscheinung, stellte sich seither noch häufiger ein. Das Verdikt "Friedensschwärmerei" für die Agitation der Friedensbewegung floß deren Verächtern in Deutschland und Österreich leichter aus der Feder, seit eine Frau, zumal eine Frau mit solcher Biographie, mit solchem Lebensstil und solchen Überzeugungen Einfluß in der Bewegung gewonnen hatte, ja, mit dieser identifiziert werden konnte. Kein Zweifel: in einer derartigen Bewertung ging viel von den maskulinen Vorurteilen der Zeit gegenüber einer emanzipierten Frau ein.

Ihr theoretischer Ansatz war alles andere als originell, obgleich Bertha von Suttner - vor allem in ihrem Werk "Das Maschinenzeitalter. Zukunftsüberlegungen über unsere Zeit" (1888) - große Mühe darauf verwendet hatte. Im wesentlichen stellt das, was sich aufgrund ihrer Äußerungen als "Theorie" erkennen läßt, den Versuch dar, bestimmte methodische Elemente aus dem Werk einflußreicher zeitgenössischer Autoren, in denen der Fortschrittsoptimismus der Epoche Bestätigung fand, zu einer umfassenden Kulturtheorie zusammenzufügen: Sie bezog sich besonders auf die Deszendenzlehre Darwins und deren Popularisierung durch Ernst Haeckel, auf die Evolutionsphilosophie Herbert Spencers, und die Geschichtsinterpretation Henry Thomas Buckles. Bemerkenswert genug, schöpfte sie aus den gleichen Quellen wie der Sozialdarwinismus.

Der Theorie Bertha von Suttners zufolge vervollkommnete sich die Menschheit auch sittlich in stetigem, gesetzmäßigem Prozeß, hin zum "Edelmenschentum", um sich endlich eine Welt zu erbauen, in der privates Glück, soziale und politische Gerechtigkeit, Vernunft und, selbstverständlich, Frieden herrschen. Eine solche Theorie hatte große Ähnlichkeit mit einer säkularen Humanitätsreligion, mit der Verheißung einer harmonischen Endzeit auf Erden - unter den herrschenden Zuständen, so konnte es scheinen, mehr ein Produkt von Autosuggestion als nüchterner Analyse.

Der Krieg als Ausdruck nationaler Selbstjustiz werde, so meinte Bertha von Suttner, immer deutlicher in seiner moralischen Verwerflichkeit erkannt, bis er eines Tages, durch die technische Entwicklung vollends zur Absurdität geworden, durch schiedsgerichtliche Verfahren abgelöst werde. Wenn der Gang der Dinge so klar vorgezeichnet war, warum, so ließ sich fragen, konnte dann der Krieg nicht schon heute abgeschafft werden? Bertha von Suttner kannte die Frage nur zu gut. Weil die Verhältnisse noch immer so abscheulich waren, deshalb, so wurde sie nicht müde zu verkünden, war es hier und jetzt Pflicht der "Edelmenschen", der Geistes- und Charakteraristokraten der Gegenwart, die Menschheit aufzurütteln, um der Vernunft und Sittlichkeit im Widerstand gegen den Krieg Bahn zu schaffen.

Die Bewertung des Phänomens Krieg mit ausschließlich ethischen Argumenten, wie Bertha von Suttner es wollte, schien allerdings immer weniger geeignet, die Friedensbewegung, den mächtigen Zeitströmungen zum Trotz, aus ihrem gesellschaftlichen Ghetto herauszuführen, und auch nicht, alle Anhänger auf eine einheitliche Haltung zu verpflichten. Aus dieser Sackgasse einen Ausweg zu weisen, versprach eine neue Anstrengung, die sich mit dem Namen A.H. Frieds verband.

Die Überzeugung der meisten deutschen Pazifisten, wonach den internationalen Beziehungen moralische Prinzipien zugrundeliegen sollten, schien Fried zu eindeutig von der Wirklichkeit widerlegt. Erkenntnisse dieser Art, die Fried durch die Ergebnisse der Haager Friedenskonferenz von 1899 bestätigt fand, waren es, die ihn zur Entwicklung seiner eigenen pazifistischen Theorie führten. Die neue Theorie stand, wie er meinte, mit den offenkundigen Realitäten des internationalen Systems besser im Einklang. Die Theorie, die Fried "wissenschaftlichen Pazifismus" oder "organisatorischen Pazifismus" oder - um das Neue seines Ansatzes zu unterstreichen - auch "revolutionären Pazifismus" nannte, zeichnete ebensowenig besondere Originalität aus wie den ethischen Pazifismus Bertha von Suttners. Abgesehen von den darin enthaltenden Elementen des älteren Freihandelspazifismus und dem Bekenntnis zum Schiedsgerichtsgedanken nahm Fried im wesentlichen Bezug auf so verschiedene Autoren wie Karl Marx, Jacques Novicow, Iwan Bloch, Ludwig Quidde und Eugen Schlief.

Die Lektüre von Marx überzeugte ihn von der Vergeblichkeit der Erwartungen Bertha von Suttners und von der mächtigen Wirkung ökonomischer und sozialer Kräfte auf das politische Verhalten. Offenbar verbot ihm aber seine politische Klugheit im Hinblick auf die bürgerlichen Adressaten der Friedensbewegung, sich auf Marx ausdrücklich zu berufen.

Dem Werk Novicows entlehnte er eine Analyse sozio-ökonomischer Prozesse, die zwar vom Kampf und vom Wettstreit als bestimmenden Prinzipien menschlicher Sozialbeziehungen ausging, aber nicht zu sozialdarwinistischen Schlußfolgerungen gelangte. Novicow folgend, leugnete Fried keineswegs die Bedeutung des agonalen Prinzips für Entfaltung und Bestand der menschlichen Gesellschaft, und mit Novicow nahm er an, daß der Kampf sich in dem Maße in die Gestalt friedlichen ökonomischen und kulturellen Wettbewerbs verwandele, in welchem die nationalen Gesellschaften in einen Zustand wechselseitiger Abhängigkeit hineinwüchsen. Das Schlußglied dieser Argumentationskette war die Erwartung Novicows, daß wachsende Kommunikation sich in der Föderation der Welt als dem Endergebnis sozialer Evolution vollende. Dies war ein Gedanke, der Fried besonders beeindruckte, auch wenn er den Begriff "Föderation" durch den Begriff "Organisation" ersetzt zu sehen wünschte.

Eine rechtshistorische Abstützung seiner Theorie gewann Fried zum einen aus Überlegungen Quiddes, der Parallelen zwischen der Überwindung des Fehderechts am Ausgang des Mittelalters und modernen Entwicklungen in Richtung auf die Festigung des Gewaltmonopols beim Staat glaubte erkennen zu können, zum anderen aus der Feststellung Eugen Schliefs, das Völkerrecht gehe weniger aus Normen der Moral als aus der Existenz des souveränen Staates hervor.

All dies bestärkte Fried in der Überzeugung, daß die Friedensbewegung ohne ethische Motivation auskommen könne, ja, daß sie gut daran tue, auf diese Motivation ganz zu verzichten. Die Ergebnisse Blochs schließlich vervollständigten die Theorie Frieds durch die Gewißheit, daß der Verzicht auf den Krieg unter der ihm selbstverständlichen Annahme zweckrationalen Handelns der menschlichen Gesellschaft mit einer gewissen Zwangsläufigkeit zustandekommen werde. Bloch wurde ein wichtiger Beweishelfer Frieds für die Voraussage eines Endes aller Kriege; die Menschheit könne schwerlich die Absicht haben, das empfindliche System internationaler Beziehungen unter Inkaufnahme ökonomischen Ruins in einem Weltkrieg zu zerstören.

Alle einzelnen Elemente der Theorie Frieds fügten sich somit zu dem Ergebnis zusammen, daß der Internationalisierung der Gesellschaft auf der Basis einer mondialen Interessengemeinschaft immer weniger Hindernisse im Wege stünden und daß die nächsten Stufen, die internationale Rechtsgemeinschaft, schließlich, als Krönung, die internationale politische Gemeinschaft, bereits erkennbar seien: also eine neue pazifistische Vision!

Dennoch hätte sich die deutsche Friedensbewegung einer Selbsttäuschung hingegeben, hätte sie von der konzeptuellen Wende zum wissenschaftlichen Pazifismus bereits den Durchbruch zu einer außerordentlichen Ausweitung der Anhängerschaft erwartet. Daß es dazu nicht kommen konnte, lag schon in ihrer bürgerlichen Mitgliederstruktur und im sozialkonservativen Selbstverständnis der Friedensbewegung begründet. Allein die Verehrung, die Bertha von Suttner innerhalb der Friedensbewegung genoß, ließ es wenig ratsam erscheinen, beim Abwerfen sentimentalen Ballastes, wie Fried es wünschte, allzu weit zu gehen. Der innere Zusammenhalt der Bewegung wäre sonst leicht aufs Spiel gesetzt worden.

Davon abgesehen, gab es im System des Friedschen Pazifismus offenkundig neuralgische Stellen. Wie war die Rolle der Willensfreiheit innerhalb einer derartig deterministisch argumentierenden Theorie definiert? Förderte der Glaube an unabänderliche, gesetzmäßige Entwicklungen im internationalen System nicht in bedenklicher Weise Passivität - anstatt das unerläßliche, ständige Bemühen um politischen Wandel als Voraussetzung für Reform der internationalen Beziehungen? Bestand nicht (auch hier) ein eklatanter Gegensatz zwischen den Aussagen der Theorie und dem empirischen Befund?

In der Tat stellte der Zustand der internationalen Beziehungen auch für Fried eine Herausforderung im Hinblick auf seine Theorie dar, deren Inkongruenz mit der Realität er wenig überzeugend mit atavistischen Restbeständen des zu überwindenden alten Bewußtseins zu erklären versuchte. Er war daher skeptisch hinsichtlich direkter pazifistischer Bemühungen um die Verhinderung von unmittelbar vor dem Ausbruch stehenden Kriegen. Der Mißerfolg, so argumentierte er, werde zum Schaden für die Überzeugungskraft der Friedensbewegung deren Gegnern als Beweis für die "Ohnmacht der pazifistischen Idee" dienen.

Wenige Jahre vor dem Ersten Weltkrieg schien Frieds Theorie noch einmal mächtigen Auftrieb zu erhalten durch ein neues pazifistisches Buch. Norman Angells 1909 veröffentlichtes Büchlein "Europe's Optical Illusion", das 1910 unter dem Titel "The Great Illusion" in erweiterter Fassung erschien, berief sich - ein nicht mehr neuer Gedanke - auf die internationale Interdependenz nationaler ökonomischer Interessen und leitete daraus die These von der Unmöglichkeit ab, aus zukünftigen Kriegen ökonomischen Nutzen zu ziehen. Wiederum mündete die Argumentation ein in die Undenkbarkeit eines Weltkrieges, vorausgesetzt, alle Beteiligten stellten die gleichen vernünftigen, zweckgerichteten Erwägungen an und befolgten Norman Angells kluge Lehren. Die Suggestivkraft der ganz in der Tradition utilitaristischen Denkens stehenden Argumente sicherte dem Buch überaus günstige Aufnahme nicht nur in Großbritannien, sondern auch in Frankreich und in den USA.

So aufmerksam Fried die seine Theorie stützenden Autoren wie Norman Angell zur Kenntnis nahm, so blind blieb er gegenüber anderen zeitgenössischen Analysen, aus denen er Erkenntisse über tatsächlich bewegende Faktoren des Imperialismus hätte gewinnen können. So wurde ebensowenig von Fried wie von anderen

Meinungsführern des Pazifismus in Deutschland die Imperialismuskritik John A. Hobsons und Rudolf Hilferdings aufgegriffen.

Was Frieds innerorganisatorische Ziele für den Pazifismus betraf, sollte sich herausstellen, daß der Versuch einer Austreibung des vertrauten idealistischen Impetus aus der Friedensbewegung ihr mehr Schaden zugefügt, als Nutzen gebracht hätte. Das innerhalb der deutschen Friedensbewegung aufkommende Unbehagen an einer die Theorie allzusehr in den Mittelpunkt stellenden Tendenz artikulierte sich am deutlichsten in einer Wiederbelebung der Ethik Immanuel Kants und ihrer Wiederentdeckung für den Pazifismus. Ludwig Quidde bestritt zwar nicht die Bedeutung des Gedankens internationaler Organisation für die Friedenssicherung und Frieds Verdienste um dessen theoretische Begründung. Aber er blieb skeptisch, - überzeugt davon, daß die Chancen für die Überwindung des Krieges letzten Endes doch von der sittlich begründeten Willensanstrengung jedes Einzelnen abhingen.

Eine Entscheidung über eine für die Deutsche Friedensgesellschaft verbindliche Doktrin konnte in den wenigen Jahren bis 1914 nicht getroffen werden. Aber in der Berufung Quiddes an die Spitze der Deutschen Friedensgesellschaft deutete sich die Präferenz der Mehrheit an. Faktisch koexistierten beide Richtungen, die des organisatorischen wie die des ethischen Pazifismus, so daß von einer Doppelstrategie in Ideologie und Agitation gesprochen werden kann.

4. Die Periode der Weimarer Republik

Ich schließe mit einigen Anmerkungen zur Friedensbewegung in der Weimarer Republik. Der Erste Weltkrieg hatte auch für die Friedensbewegung vieles einschneidend verändert, und selbstverständlich wirkten die Erfahrungen mit diesem Krieg und in diesem Krieg, sodann die vielfältigen neuen Möglichkeiten nach dem Ende des Krieges auf Selbstverständnis, Organisations- und Arbeitsformen der Friedensbewegung auch in Deutschland mächtig ein. Auch wenn der Pazifismus auf nationaler und internationaler Ebene mit seinen Prognosen vielfach Irrtümern erlegen war, so mußte er nach diesem Krieg nicht mehr die Schrecken des Krieges beschwören, um Gehör zu finden und verstanden zu werden.

Gerade der organisatorische Pazifismus Friedscher Prägung hatte im August 1914 sein Debakel erlebt. Aber er konnte sich jetzt darüber trösten, daß der Völkerbund den erhofften Durchbruch zu weiterer Organisierung der Welt und damit zu wirksamer Kriegsverhinderung bringen werde. Die Reform des Völkerbundes wurde zur wichtigsten Domäne des organisatorischen Pazifismus: Da der reale Völkerbund nach den Vorstellungen der Sieger konzipiert war und demzufolge aus pazifistischer Sicht gravierende Mängel aufwies, fühlte sich gerade der organisatorische Pazifismus jetzt zu Reformvorschlägen aufgerufen, schon um durch den konkreten Völkerbund nicht ständig diskreditiert zu werden.

Die vorher undenkbare, aber im Weltkrieg sich entwickelnde enge Zusammenarbeit der Friedensbewegung mit der Sozialdemokratie wirkte sich nach dem Krieg auf die politisch-soziale Zusammensetzung der Friedensbewegung aus: Sie verlor den Charakter einer homogenen bürgerlich-kleinbürgerlichen Erscheinung im Dunstkreis des Linksliberalismus und gewann eine erheblich heterogenere Zusammensetzung durch einen hohen Anteil sozialdemokratischer und sozialistischer Mitglieder, denen gegenüber sich die bürgerlich-linksliberale Meinungsführerschaft immer weniger zu behaupten vermochte.

In den Verhältnissen der Weimarer Massendemokratie entstanden neue Chancen, aber auch neue Zwänge. Die Chancen zeigten sich in der pazifistischen Massenmobilisierung der Weimarer Anfangsjahre mit den großen Antikriegskundgebungen zur Erinnerung des Kriegsbeginns. Die Zwänge gingen von der Notwendigkeit aus, sich gegenüber den zahlenmäßig stärkeren paramilitärischen Verbänden, vornehmlich der Rechten, organisatorisch und agitatorisch im öffentlichen Bewußtsein einigermaßen zu behaupten. Die Chancen schienen auch darin zu bestehen, daß es nun so etwas wie eine Ubiqität der Möglichkeiten für pazifistische Werbung auf den verschiedensten Feldern und in vielen Sektoren der Gesellschaft gab. Der Preis für jene Ubiqität war aber die Zersplitterung in zahlreiche pazifistische Organisationen und die "Verminderung der Schlagkraft".

Organisatorische Schlagkraft - das unpazifistische Wort hat hier durchaus einen Sinn - war aber im Laufe der zwanziger Jahre für die Friedensbewegung immer notwendiger. Denn die für pazifistische Werbung günstige Ausgangslage an der Schwelle der Weimarer Republik verschlechterte sich rasch und zwar aus mehreren Gründen:

1. Die Weimarer Friedensbewegung band ihr Schicksal mit historischer Notwendigkeit aufs engste an das Schicksal der Republik. Die Parteien der Weimarer Koalition waren nicht nur die natürlichen Adressaten ihrer Forderungen, sondern vor allem ihre natürlichen Verbündeten. Die in der Gründungsphase angelegten fundamentalen strukturellen Defizite der Republik belasteten indes unvermeidlich auch die Friedensbewegung; je stärker die Republik auf den Weg nach rechts gedrängt wurde, um so weniger ließ sich aufhalten, daß die Friedensbewegung in ihre marginale politisch-gesellschaftliche Rolle der Vorkriegszeit zurückfiel. Die daraus resultierende Frustration förderte die Radikalisierung der Friedensbewegung. Dies wiederum führte zur Lockerung der Verbindung mit den Parteien der Weimarer Koalition - bis zu dem Punkt, wo mit einer gewissen inneren Logik SPD und DDP beziehungsweise Deutsche Staatspartei 1931 die Guillotine ihres Unvereinbarkeitsbeschlusses aufrichteten.

2. Die Konjunktur, deren sich der Pazifismus nach Wort und Sache im Umbruch 1918/19 erfreuen konnte, schwand rasch, wegen der schiefen Perzeption von Pazifismus, vor allem in den Massen des Bürgertums. Dort hatte man Pazifismus mit einem milden Friedensschluß identifiziert. Als er nicht eintrat, gab man dem Pazifismus daran die Schuld. Das war ein wichtiger Grund dafür, daß Teile der Friedensbewegung, vor allem der traditionelle linksliberale Pazifismus, sich mit Vehemenz von Versailles distanzierten - gänzlich erfolglos: Pazifismus wurde künftig - und das wirkte nachhaltig - mit Versailles und der Mißachtung der nationalen Interessen Deutschlands identifiziert.

3. Mit den Punkten 1. und 2. steht in engem ursächlichen Zusammenhang ein dritter Punkt: das Erstarken alter Positionen reaktionären politischen Bewußtseins, die in der Gestalt von Neo-Militarismus, Chauvinismus, Revanchismus gegen Frankreich sowie militantem Antisemitismus wiederkehrten und sich massiv gegen den organisierten Pazifismus von Weimar wendeten.

Zunächst koexistierten schlecht und recht der durch diskursiven, argumentativen Stil und die individualethische Motivation charakterisierte traditionelle Pazifismus mit dem im Weltkrieg entfalteten neuen Pazifismus. Dieser trat radikaler auf, seine Anhänger waren meist ein Lebensalter jünger, und er zeigte sich der gesellschaftlichen Dimension pazifistischer Argumentation stärker bewußt, wußte sich den Bedingungen der Massendemokratie deshalb geschmeidiger anzupassen und verstand auch, die plebiszitären Möglichkeiten der Weimarer Verfassung zu nutzen.

Bezeichnenderweise verlief eine entscheidende Trennungslinie zwischen beiden Positionen in Bezug auf ihr jeweiliges Verständnis von innerpazifistischer Demokratie. Stark vereinfacht, ging es einerseits um ein individualethisches, bürgerlich-liberales Konzept von Verbandsdemokratie, dem Schutzrechte für unterlegene Minderheiten selbstverständlich waren, andererseits um ein gleichsam egalitär-jakobinisches Konzept, bei dem sich die Verbandsdemokratie auf ein mechanistisches, formales Mehrheitsprinzip zu verengen drohte, das dissidierenden Minderheiten nur die Wahl zwischen Unterwerfung und Sezession ließ. Gegen Ende der zwanziger Jahre trug das zweite Prinzip zwar den Sieg davon, der Preis war aber das Ausscheiden von Tausenden gemäßigter Pazifisten aus der zentralen pazifistischen Organisation, der Deutschen Friedensgesellschaft.

Das programmatisch Neue, das vor allem von praktizierten Vorbildern in England angeregt war, bestand in der Betonung der Kriegsdienstverweigerung mehr als Massenphänomen denn als individuelle Entscheidung - für den Fall, daß die Wiederaufrüstung der Republik eines Tages zur Wiedereinführung der allgemeinen Wehrpflicht und dann zu einem neuen Krieg weiter voranschreiten würde. Eine solche Position war unvereinbar mit der Überzeugung des älteren demokratischen Pazifismus, der immer den nationalen Verteidigungskrieg für legitim erklärt hatte, und auch mit der Haltung des organisatorischen Pazifismus, der den Sanktionskrieg des Völkerbundes als logische Konsequenz entschiedener Völkerbundspolitik vertrat.

Die Befürworter der Kriegsdienstverweigerung traten jedoch keineswegs einheitlich auf. Eine Minderheit, deren Kern sich in der "Gruppe revolutionärer Pazifisten" zusammenfand, agitierte für Kriegsdienstverweigerung generell und gegen den Sanktionskrieg des Völkerbundes im besonderen, weil der Völkerbund als Instrument des Weltkapitalismus begriffen wurde, und weil der Sanktionskrieg greifbar nur als Krieg gegen Sowjetrußland vorstellbar schien. Eine Mehrheit, die sich im Westdeutschen Landesverband der Deutschen Friedensgesellschaft konzentrierte, trat zwar intensiv und nicht weniger radikal gegen jeglichen Kriegsdienst auf, befand sich aber im Hinblick auf das Problem des Sanktionskrieges wegen ihrer Westorientierung, ihrer Völkerbundfreundlichkeit und ihres Antikommunismus in einem Dilemma, aus dem sie sich überzeugend nicht herauszuargumentieren vermochte.

Die hier nur idealtypisch dargestellten, einander logisch ausschließenden Positionen der Weimarer Friedensbewegung machen wohl die Heterogenität und das Ausmaß interner Belastung deutlich - beides um so folgenschwerer, als die dargestellten Positionen ja jeweils mit Personen und mit giftigen persönlichen Animositäten und Feindschaften verbunden waren.

Völkerbund und Völkerverständigung, Abrüstung und Kampf gegen illegale Rüstungen, die Verankerung pazifistischer Überzeugungen in den Massen und die Werbung für massenhafte Kriegsdienstverweigerung - das also sind die großen programmatischen, oft kontrovers diskutierten Themen der Weimarer Friedensbewegung.

5. Ausblick

Von all dem ist in der nach dem Zweiten Weltkrieg entstandenen Friedensbewegung kaum mehr als eine schwache historische Erinnerung übriggeblieben, ungeachtet des Wiederauftretens des einen oder anderen pazifistischen Aktivisten aus der Weimarer Zeit in den ersten Jahren nach 1945. Von einer deutlichen und dichten Kontinuität zwischen dem Weimarer und dem zweiten Nachkriegs-Pazifismus kann daher nur mit erheblichen Einschränkungen die Rede sein. Dies ist zum einen gewiß ein Ergebnis der NS-Herrschaft, die auch der Friedensbewegung gegenüber eine Praxis der Totalauslöschung nur allzu erfolgreich betrieben hat. (Für die meisten ins Exil gezwungenen deutschen Pazifisten machte die Erfahrung mit der Hitler-Diktatur den Krieg parlamentarischer Demokratien - auch im Bündnis mit der Sowjetunion - gegen den nationalsozialistischen Aggressor im übrigen zum legitimen Mittel zur Abschüttelung der Tyrannei.)

Entscheidender noch für jenen Neuanfang war die qualitativ neue Aufgabe, die sich der Friedensbewegung nach der Zäsur von 1945/50 mit der nuklearen Gefährdung der Menschheit und mit der mehr als einmal dicht vor dem Übergang zur militärischen Konfrontation der Supermächte stehenden Ost-West-Spannung stellte.

Nicht mehr umstritten war die Frage nach der Notwendigkeit weltweiter Staatenorganisation, jetzt in der Gestalt der Vereinten Nationen, - angesichts unaufhaltsamer Mondialisierung der Staatenbeziehungen und der Zahl der sich emanzipierenden früheren Kolonialvölker. Im Prinzip nicht mehr umstritten - zumindest in Westdeutschland - war auch die verfassungsmäßige Verankerung des Rechtes auf Kriegsdienstverweigerung als eines mit Gewissensgründen reklamierten Individualrechtes.

Die vom sogenannten "Nuklear-Pazifismus" vor allem der ausgehenden sechziger, der siebziger und achtziger Jahre aufgeworfenen neuen Fragen rückten die Risiken der von der offiziellen westlichen Verteidigungsdoktrin vertretenen nuklearen Abschreckungsstrategie in den Mittelpunkt öffentlicher Auseinandersetzung. Dabei wurde zugespitzt nach der moralischen Legitimierbarkeit einer das Risiko nuklearer Selbstdestruktion der Menschheit einschließenden Verteidigungsstrategie gefragt. Tatsächlich machte die Installierung neuer Raketensysteme mit nuklearer Ausstattung - auf westlicher Seite im Zuge der sogenannten "Nachrüstung" - die Aporie der beiderseitigen Militärdoktrinen so deutlich, daß nunmehr erstmalig seit längerer Zeit eine pazifistische Massenmobilisierung gegen die Praxis der permanenten Nachrüstung, gegen die Praxis der Rüstungsspirale gelang. Die von militärstrategischer Seite eröffnete Diskussion über eine Führ- und Gewinnbarkeit nuklearer Kriege wurde inzwischen von Teilen der öffentlichen Meinung als derart zynische und provozierende Verharmlosung empfunden, daß von ihr ein verstärkender Effekt für die deutsche (und internationale) Friedensbewegung des Westens ausging. Als "Ein Punkt"-Bewegung fiel der neue pazifistische Ausbruch jedoch in sich zusammen, als die Supermächte sich anschickten, den Wiederabbau ihrer Trägerraketen im Mittelstreckenbereich vertraglich zu vereinbaren.

Der Verlauf des hier nur anzudeutenden Prozesses pazifistischer Mobilisierung verweist auf die im Vergleich zu den früheren Entwicklungsstufen stark gewandelte Mobilisierungsweise, Organisations- und Entscheidungsstruktur und Aktionspraxis heutiger Friedensbewegungen. So sehr der Charakter als "Ein Punkt"-Bewegung die jüngste Friedensbewegung zu einer zumindest dem äußeren Anschein nach kurzlebigen Erscheinung gemacht hat, so leicht scheint doch eine erneute rasche Mobilisierung wegen des nach wie vor hohen Sensibilisierungsgrades von Teilen der öffentlichen Meinung in akut bedrohungshaltigen Situationen möglich. Offenbar gehört zu den Voraussetzungen dafür ein nicht bloß spontaner, sondern dauerhafter hoher Bewußtseinsstand vom Ausmaß der Gefährdung, wie er sich an Großdemonstrationen der frühen achtziger Jahren hat ablesen lassen.

Zum Selbstverständnis der heutigen Friedensbewegung, sei es in ihrer manifesten, sei es in ihrer jetzigen Latenzphase, gehört schließlich - ungeachtet der zeitweiligen Pointierung als "Ein Punkt"-Bewegung - das Bewußtsein davon, daß die Krieg-Frieden-Problematik mit einer Vielzahl weiterer schwerer Probleme verflochten ist. Die Thematisierung der ökologischen Krise, der Hunger- und Schuldenkrise zahlreicher Staaten der Dritten Welt, des internationalen Waffenhandels, regionaler Konfliktherde (Israel, der Persische Golf, Afghanistan), der Praxis ständiger Menschenrechtsverletzungen in zahlreichen Staaten, der parasitären Rolle des Militärs in ebenfalls zahlreichen Staaten, namentlich in Lateinamerika - dies alles bekräftigt eine der heutigen Friedensbewegung bewußte "weltgesellschaftliche" Verantwortung der heutigen Generation.

Otto Kimminich

Zur Bedeutung des Völkerrechts für die Streitschlichtung in der Weltgesellschaft

Wenn hier von der Bedeutung des Völkerrechts gesprochen wird, so ist damit jedenfalls nicht eine quantitativ erfaßbare Größe gemeint. Es kann nicht darum gehen, die Zahl der Entscheidungen des Ständigen Internationalen Gerichtshofs der Völkerbundära und seines Nachfolgers, des Internationalen Gerichtshofs der UNO-Ära, regionaler internationaler Gerichte, internationaler Schiedsgerichte und Schiedskommissionen, Vergleichs- und Vermittlungsvorschläge und so weiter aufzuzählen, um aus ihnen Schlüsse auf die Gewichtigkeit des Völkerrechts zu ziehen. Aber auch die bloße Beschreibung dieser Organe, Institutionen, Einrichtungen, Mechanismen und Verfahrensarten, verbunden mit der dazu nötigen Interpretation der ihnen zugrundeliegenden Völkerrechtsmormen, ist nicht gemeint.

Einerseits könnte hiervon nur ein winziger Bruchteil präsentiert werden, andererseits könnten selbst aus einer vollständigen Präsentation dieser ungeheuren Materialfülle keine Schlüsse über die Bedeutung des Völkerrechts für die Streitschlichtung in der Weltgesellschaft abgeleitet werden. Vielmehr wird die Themenstellung so aufgefaßt, daß es hier um die Frage geht, wie das Völkerrecht überhaupt zur Weltgesellschaft und zu den Konflikten in der Weltgesellschaft steht. Erst auf dieser Grundlage kann die weitere Frage angegangen werden, welche Möglichkeiten das Völkerrecht für die Konfliktverhinderung, Konfliktbegrenzung und Konfliktlösung geboten hat, bietet und in Zukunft bieten kann. Warum auf die Berücksichtigung der zeitlichen Dimension nicht verzichtet werden kann, soll alsbald erklärt werden. Es ist nicht der sattsam bekannte Hang deutscher Gelehrter, jede Darstellung mit einem historischen Vorspann einzuleiten, sondern der gegenwärtige Stand der Völkerrechtsentwicklung zwingt dazu.

Ferner würde die vollständige Behandlung des Themas an sich eine ausgiebige Beschäftigung mit der Rechtsphilosophie mit einschließen. Wer sich mit der Funktion irgendeiner Rechtsordnung beschäftigt, gerät zwangsläufig in rechtsphilosophische Fragestellungen. Das Völkerrecht steht der Rechtsphilosophie besonders nahe, weil bei seiner Anwendung die Frage nach der Existenz und dem Geltungsgrund von Rechtsnormen besonders häufig gestellt werden muß. Während der Rechtsanwalt, Richter oder Verwaltungsbeamte im innerstaatlichen Bereich in der Regel ein Gesetzgebungswerk aufschlagen kann, um ihm diejenige Rechtsnorm zu entnehmen, die auf den zu lösenden Fall zutrifft, muß der Völkerrechtler in der Regel zunächst mit großer Mühe das Vorhandensein und den Geltungsgrund der Rechtsnorm, die er anwenden will, untersuchen. Selten geht das ohne Bezugnahme auf die Rechtsphilosophie. Das beweisen nicht zuletzt die Urteile des Internationalen Gerichtshofs.

Daß die Zeit hierfür nicht reicht, braucht uns nicht zu beunruhigen. Die hier versammelten Experten kennen die philosophischen Grundfragen zur Genüge. Notwendig ist es jedoch, vor dem Eintritt in die völkerrechtliche Diskussion daran zu erinnern, daß das Völkerrrecht tatsächlich Recht ist, also "in das Reich der Normen"[1] gehört. Die Argumente der "Völkerrechtsleugner", von denen die Entfaltung der Völkerrechtswissenschaft durch Jahrhunderte begleitet war[2], sollen damit nicht achtlos beiseite geschoben werden. Die philosophische Diskussion über die Rechtsnatur des Völkerrechts wird wohl niemals ganz abgeschlossen sein, aber für alle praktischen Zwecke kann von der heute durchaus allgemein akzeptierten Auffassung ausgegangen werden, daß das Völkerrecht eine Rechtsordnung darstellt, die sich zwar materiell und formell von allen nationalen Rechtsordnungen unterscheidet, die aber vermöge ihrer Normqualität ohne Zögern dem Phänomen "Recht" zuzuordnen ist.

Aber in einer Zeit, in der die rechtstheoretischen Einwendungen gegen die Normqualität des Völkerrechts nahezu vollständig verschwunden sind, das Völkerrecht also tatsächlich als Recht anerkannt wird, scheinen der Widerstand und die Skepsis gegenüber dem Völkerrecht von politischer Seite zu wachsen. Immer häufiger sind Äußerungen von Politikern dahingehend zu hören, daß man sich jetzt nicht mit komplizierten Rechtserwägungen abgeben könne, sondern "Politik" machen müsse. Eine Steigerung dieser Maxime ist die "Realpolitik", und der Superlativ ist selbstverständlich die "harte Realpolitik", von der man täglich in den Zeitungen lesen kann. Die Berufung auf die "harten Realitäten" gehört zu den liebsten Gewohnheiten unserer Politiker. Auch der Jurist wird bei solchen Formulierungen

---

[1] Rudolf (1964), 259.
[2] Walz (1930).

hellhörig und beginnt zu fragen: Wie verhält sich das Recht zu den "harten Realitäten", zwingen sie wirklich zur Beiseiteschiebung des Rechts, nehmen sie dem Recht die konfliktlösende oder konfliktverhindernde Funktion?

Die Antworten, die auf diese Fragen in den letzten Jahrzehnten gegeben worden sind, lassen die Tendenz erkennen, das Völkerrecht stärker mit der Sozialordnung in Beziehung zu setzen. So begann Wolfgang Friedmann seinen völkerrechtlichen Grundkurs an der Haager Akademie für Internationales Recht im Jahre 1969 mit einem Kapitel über die Funktion des Völkerrechts in der gegenwärtigen Weltgesellschaft, und seine Eingangsworte lauteten: "Jedes Recht ist ein Instrument der Gesellschaftsordnung und ist deshalb eng verwoben mit der Struktur der Gesellschaft, die sie zu ordnen sucht".[3] Nur dem Umstand, daß sich in den letzten drei Jahrhunderten die absolute politische und rechtliche Souveränität des Nationalstaats über die seiner Rechtsordnung unterworfenen Gruppen und Einzelmenschen herausgebildet habe, sei es zuzuschreiben, daß der Geltungsgrund des innerstaatlichen Rechts kaum noch in Frage gestellt worden sei. Die Rolle des Rechts im Staate sei so stark fixiert, daß die Juristen das Recht in vollständiger Isolation von seinen politischen und gesellschaftlichen Funktionen betrachtet hätten.

Dieser pauschale Vorwurf kann gegenüber den Völkerrechtlern, insbesondere gegenüber denjenigen, die sich mit dem Friedensproblem beschäftigt haben, nicht erhoben werden. Das hängt wahrscheinlich mit mehreren Wesenszügen des Völkerrechts zusammen. Zu ihnen gehören - nach der Diktion eines weit verbreiteten Lehrbuchs - sein genossenschaftlicher Charakter, sein konkreter Charakter und sein politischer Charakter.[4] Der genossenschaftliche Charakter des Völkerrechts ist dem allein im innerstaatlichen Recht geschulten Juristen am schwersten verständlich. Genossenschaftliches Recht entsteht durch die Handlungen der Rechtsgenossen. Diese sind damit zugleich Normunterworfene und Normsetzer und stehen in beiden Funktionen gleichberechtigt nebeneinander. Genossenschaftliches Recht ist ein Recht unter Gleichen. Rechtshistorisch ist es nicht nur auf der internationalen Ebene nachweisbar. So hielt sich genossenschaftliches Rechtsdenken, aus der Tradition des germanischen Rechts kommend, in Europa nördlich

---

[3] Friedmann (1969), 47.
[4] Berber (1975), 16 ff. Dort werden als "Besonderheiten des Völkerrechts" herausgestellt: der genossenschaftliche Charakter des Völkerrechts, der schwachorganisierte Charakter des Völkerrechts, der konkrete Charakter des Völkerrechts, der politische Charakter des Völkerrechts, der ethische Charakter des Völkerrechts und der indirekte Charakter des Völkerrechts.

der Alpen bis weit in das Mittelalter hinein. Erst nach der Rezeption des römischen Rechts, das die Unterscheidung zwischen privatem und öffentlichem Recht und die Kennzeichnung des letzteren durch die hierarchische Über- und Unterordnung auch in diese Regionen brachte, verschwand die genossenschaftliche Tradition im innerstaatlichen Recht. Heute ist die Völkerrechtsordnung die einzige Rechtsordnung, die genossenschaftlich organisiert ist. Aber das ist kein Relikt aus alter Zeit, sondern eher ein Entwurf für die Zukunft, auch für innerstaatliche Rechtsordnungen.

Was es mit dem konkreten und dem politischen Charakter des Völkerrechts auf sich hat, ist offenkundig. Der unmittelbare Zusammenhang des Völkerrechts mit konkreten Machtpositionen und deren Veränderungen hat die Völkerrechtswissenschaft offenbar von Anfang an davor bewahrt, die von ihr untersuchte Rechtsordnung isoliert von deren politischen und gesellschaftlichen Funktionen zu betrachten. Mit der Rolle des Rechts bei der Konfliktlösung haben sich allerdings nur wenige Völkerrechtler beschäftigt. Einer von ihnen ist Bert Röling, und es ist kein Zufall, daß er seine Untersuchung über die Rolle des Rechts bei der Konfliktlösung mit ähnlichen Worten beginnt wie Wolfgang Friedmann seine Haager Vorlesung: "Das Recht ist eine Funktion einer gegebenen politischen Ordnung".[5]

Die Rückbesinnung auf den soziopolitischen Geltungsgrund der Rechtsnormen, die heute gerade in der Wissenschaft zu beobachten ist, soll wegführen von den romantischen Träumereien über die in den Sternen geschriebenen Gesetze und von der kritiklosen Gehorsamsbereitschaft, mit welcher der obrigkeitsstaatliche Jurist das positive Recht akzeptiert. Rechtsnormen sollen das Zusammenleben von Einzelmenschen und Gruppen ermöglichen und regeln. Das ist die Funktion eines jeden Rechts.[6] Man erkennt sie in der Definition der einzelnen Rechtsgebiete auf verschiedenen Ebenen: das Familienrecht ordnet das Zusammenleben in einer kleinen Gemeinschaft; Vereinsrecht, Betriebsverfassungsrecht, Gemeinderecht und ähnliche Normensysteme ordnen das Zusammenleben in größeren Gemeinschaften; das Verfassungsrecht bietet den Gesamtrahmen für das Zusammenleben im Staat.

---

[5] Röling (1970), 311.
[6] In der Rechtsphilosophie wird dieser Konsens über die Funktion des Rechts als "Rechtsbegriff mit mindestgemeinsamem Inhalt" bezeichnet. Vgl. Küchenhoff (1973), 21.

Schon der Begriff des Zusammenlebens läßt die Friedensfunktion des Rechts erkennen. Zusammenleben bedeutet mehr als nur das gleichzeitige Existieren in einem bestimmten geographischen Raum. Im folgenden wird noch zu zeigen sein, daß das Völkerrecht in seiner klassischen Periode, die in einer späteren Geschichtsschreibung vielleicht einmal als eine primitive Vorstufe gekennzeichnet werden wird, noch keineswegs ein solches Zusammenleben der Staaten regeln wollte, sondern lediglich den geordneten Verkehr zwischen ihnen, und zwar sowohl in Friedens- als auch in Kriegszeiten. Krieg und Frieden waren die beiden Rechtszustände, die im klassischen Völkerrecht ohne Werturteil nebeneinandergestellt wurden. Erst die im 20. Jahrhundert entstehende neuen Völkerrechtsordnung hat die Erhaltung des Friedens zur obersten Rechtspflicht gemacht. Damit wurde auch das Völkerrecht zu einer echten Ordnung des Zusammenlebens, wie es die Präambel der Satzung der Vereinten Nationen umschreibt, wenn sie unter den erklärten Zielen der Mitgliedsstaaten auch die Entschlossenheit nennt, "als gute Nachbarn in Frieden miteinander zu leben". Damit mag es zusammenhängen, daß die Einwände gegen die Normqualität des Völkerrechts erst im 20. Jahrhundert schwächer geworden sind.

Daß das Recht innerhalb einer Gemeinschaft aufs engste mit dem Frieden zusammenhing, erkannte man bereits im Alterum. Pindar rühmte den Frieden als Weggenossen des Rechts.[7] Bei den Germanen war "Friedlosigkeit" gleichbedeutend mit Rechtslosigkeit, das heißt Ausschluß aus der Volksgemeinschaft. Während des ganzen Mittelalters konzentrierte sich die Friedenssehnsucht im mitteleuropäischen Raum auf die Institutionen des Kaisers - auch noch in einer Zeit, als längst offenbar geworden war, daß hinter dieser Institution nur wenig äußere Macht stand. Es läßt sich nachweisen, daß auch hier die Identifizierung von Recht und Frieden gewirkt hat, die sich im Kaiser versinnbildlichte. Seine Friedensfunktion gab ihm im Hochmittelalter überhaupt erst den Ansatzpunkt für seine reichsrechtliche Kompetenz, und diese Gesetzgebungsgewalt blieb in späteren Zeiten der Anknüpfungspunkt für die Friedenshoffnung, die ihrerseits dazu beitrug, die Kaiseridee am Leben zu erhalten.[8]

---

[7] Pindar, Olympische Oden, 13, in: Eduard Meyer, Geschichte des Altertums, Bd. III, 2. Aufl. Stuttgart 1937, 580.
[8] Kimminich (1987), 127 f., 135.

Und auch als zu Beginn der Neuzeit die Souveräne, die sich von Kaiser und Papst losgesagt hatten und keinen Höheren über sich anerkannten, das Recht zum Kriege für sich in Anspruch nahmen - und vom klassischen Völkerrecht bestätigt erhielten -, mahnten doch gerade die bedeutendsten Lehrer jenes Völkerrechts, daß die Friedensfunktion des Staates im Inneren nicht ohne Auswirkung auf seine Beziehungen zu auswärtigen Mächten bleiben könne. In seinem Werk "Über die Gerechtigkeit und das Recht" schrieb einer der "Väter des Völkerrechts": "Die nächste Aufgabe des Soldaten ist die Verteidigung des einzelnen Postens, die des Feldherrn ist der Sieg, die des Königs aber der Friede; darum ist es die Aufgabe des Königs, alles Niedere auf dieses Höhere hinzuordnen".[9]

Ja sogar auf dem Höhepunkt der Souveränitätsanarchie des klassischen Völkerrechts, im Zeitalter der Kabinettskriege und der beginnenden nationalen Auseinandersetzungen, prägte ein Mann, der genau an der Nahtstelle dieser beiden Spielarten des "klassischen" Kriegssystems stand, nämlich Johann Gottlieb Fichte, die Formel: "Recht ist Friede". Auch dieses Wort wurde nicht nur mit dem Blick auf die innerstaatliche Rechtsordnung gesprochen, wie sein Standort zeigt. Es findet sich nämlich in der Rezension des Kant'schen Traktats zum ewigen Frieden.[10] Mit einer gewissen Berechtigung kann daher gesagt werden, daß das Völkerrecht des 20. Jahrhunderts das erreicht hat, was das Mittelalter ersehnt und die Aufklärung gefordert hatte.

Jedoch wird man die Formel "Recht *ist* Frieden" heute nicht mehr unbesehen übernehmen können. Die Friedensforschung hat gezeigt, daß der Friedensbegriff zu komplex ist, als daß er durch die Gleichsetzung mit einem anderen Phänomen umschrieben werden könnte. Die semantischen Bedenken gegen den Gebrauch des Wortes "ist" treten hier besonders stark auf. Die deutsche Sprache kommt um dieses Wort freilich nicht herum. Aber man wird zu berücksichtigen haben, daß der Friede kein statischer Zustand, sondern ein dynamischer *Vorgang* ist, und daß deshalb auch die Gleichsetzung von Recht und Frieden nur in dem Sinne verstanden werden kann, daß das Recht zu den Voraussetzungen für die Schaffung und Erhaltung des Friedens gehört. Diese Wahrheit wird von den Völkerrechtlern in Ost und West anerkannt.[11]

---

[9] Domingo Soto, De iustitia et iure libri decem, Venedig 1602, I qu 1, a 3.
[10] Johann Gottlieb Fichte's sämtliche Werke, hrsg. von J.H. Fichte, XIII. Bd., Berlin 1846, 433.
[11] Tunkin (1963), 72 ff.

Daß das Recht dem Frieden dienen, ihn bewirken oder zu ihm führen soll, ist aus seiner sozialen Funktion geschlossen worden: das Recht dient dem Zusammenleben der Menschen, ermöglicht und ordnet es. Diese Funktion läßt sich auf allen Ebenen der sozialen Organisation, von der Familie bis zur Völkergemeinschaft, nachweisen. Auf allen Ebenen aber findet das Recht, wann immer es entsteht, soziale Fakten vor, denen es Rechnung tragen muß. Dies bedeutet nicht, daß die Rechtsnormen nur eine Widerspiegelung der tatsächlichen Verhältnisse sind. Wer das Schlagwort von der "normativen Kraft des Faktischen" in diesem Sinne auslegt, hat es gründlich mißverstanden. Vielmehr kommt in jeder Rechtsordnung eine Wechselbeziehung zwischen Normen und Fakten zum Ausdruck.

Die Tatsache, daß die soziale Funktion des Rechts den Begriff des Friedens in sich schließt, bedeutet, daß der Friede das eigentliche Fernziel der Rechtsnormen ist. Daß die Prozeßordnungen Rechtsnormen für einen "Streit" enthalten, steht dem nicht entgegen. Der Rechtsstreit, also der Prozeß, endet mit dem Urteil, dessen Rechtskraft den "Rechtsfrieden" wiederherstellt. Das Wort "Recht ist Frieden" hat allerdings niemals bedeutet, daß unter der Geltung einer Rechtsordnung von vornherein die perfekte Harmonie herrscht. Vielmehr bestand von jeher Einigkeit darüber, daß die Herrschaft des Rechts die Zurückdrängung der privaten wie der öffentlichen Gewalt bedeutet und die erstere bis auf die Sonderfälle der Notwehr und der Selbsthilfe ausschaltet, während die letztere durch die Prinzipien der Rechtsstaatlichkeit streng an das Gesetz gebunden und der Kontrolle durch eigens zu diesem Zweck eingesetzte Organe, in der Demokratie letztlich durch das Staatsvolk, unterworfen ist.

Wäre es so, daß die im einzelnen und in der Gesellschaft schlummernden Kräfte des Unfriedens nicht mehr durch die normative Kraft der Rechtsnormen gebändigt werden können, so hätte das Recht in seiner sozialen Funktion vollkommen versagt und müßte der Macht- und Interessenpolitik weichen. (Die Folge wäre jenes allgemeine Chaos, das den Anarchisten vorschwebt.) Als anarchistische Zwecktheorie mag daher die These von der normativen Kraft der Unfriedlichkeit verständlich sein, als rechtswissenschaftliche Theorie aber ist sie unhaltbar. Wer sie verträte, würde nicht nur die Friedensfunktion des Rechts verneinen, sondern dem Recht letztlich jede normative Kraft und jede Fähigkeit zur Konfliktlösung absprechen.

Verglichen mit der Langsamkeit des Reifeprozesses historischer Rechtsordnungen hat sich das Völkerrecht erstaunlich rasch zu jenem Stadium entwickelt, in dem die Friedensfunktion in den Mittelpunkt der Normziele tritt. Die Geschichte des Völkerrechts umfaßt nämlich wenig mehr als 300 Jahre. Wohl mögen völkerrechtliche Beziehungen zwischen griechischen Stadtstaaten oder antiken Reichen bestanden haben. Die Welteinheit des römischen Imperiums aber ließ keinen Raum für völkerrechtliche Beziehungen. Mit Ausnahme des Perserreiches, das die Römer nie ganz besiegten, unterwarfen sie sich die ganze, ihnen bekannte Welt, und soweit sie mit außerhalb des römischen Imperiums wohnenden Volksstämmen in Berührung kamen, betrachteten sie diese als "Barbaren", mit denen kein Rechtsverkehr auf dem Boden der Gleichberechtigung gepflegt wurde. Nur soweit es die Handelsinteressen erforderten, wurden die Fremden als Einzelpersonen so weit in die Privatrechtsordnung einbezogen, daß Verträge mit ihnen abgeschlossen werden konnten. Das zu diesem Zweck entwickelte "ius gentium" war daher keineswegs eine Art Völkerrecht, sondern römisches Fremdenrecht.

Erst als das römische Imperium und nach ihm auch die praktischen Auswirkungen der juristischen Fiktion, durch die der Fortbestand des römischen Imperiums im Mittelalter als Rechtskonstruktion des christlichen Abendlandes aufrechterhalten werden sollte, immer mehr verfielen, konnte sich ein Völkerrecht im modernen Sinn herausbilden. So ist die Entstehung des Völkerrechts aufs engste verknüpft mit der Entstehung der Souveränität, die sich aus der spätmittelalterlichen Formel vom Fürsten, "der keinen Höheren über sich anerkennt", entwickelte. Die Formel richtete sich in gleicher Weise gegen jeden der beiden Repräsentaten der Einheit des christlichen Abendlandes, die zugleich als Einheit der Welt begriffen wurde, das heißt gegen Kaiser und Papst. Der Fürst, der diesen Unabhängigkeitsanspruch nach außen und den originären und obersten Herrschaftsanspruch nach innen erhob und durchsetzte, war "souverän". Endgültig wurde diese Eigenschaft den Fürsten des mitteleuropäischen Raumes im Westfälischen Frieden von 1648 auch rechtlich zugebilligt.

Das Völkerrecht entstand zur gleichen Zeit als Recht des Verkehrs zwischen den mit dieser Eigenschaft ausgestatteten Herrschern, den "Souveränen". Da sie keinen Höheren über sich anerkannten, konnte es sich nur um einen Verkehr auf der Grundlage der Gleichberechtigung handeln. Auf dieser Grundlage beruht das Völkerrecht noch heute. Auch die Satzung der Organisation der Vereinten Nationen erklärt in Art. 2 Abs. 1: "Die Organisation beruht auf dem Grundsatz der souveränen Gleichheit aller ihrer Mitglieder".

Die Völkerrechtsperiode, die mit dem Westfälischen Frieden begann, wird in der Literatur als Periode des "klassischen Völkerrechts" bezeichnet. Es war weit entfernt von der Berücksichtigung der sozialen Funktion des Rechts, die das gegenwärtige Rechtsdenken in den Vordergrund stellt. Völkerrechtssubjekte, das heißt Träger von völkerrechtlichen Rechten und Pflichten, waren damals ausschließlich die Souveräne, die sich allerdings im Zeitalter des Absolutismus bald mit dem Staat identifizierten. (Es scheint wie ein später Sieg des Absolutismus, daß nach der Französischen Revolution jene Eigenschaft der Fürsten ganz einfach in eine Eigenschaft des Staates umgemünzt wurde, so daß das System des 19. Jahrhunderts vollständig von der Staatssouveränität beherrscht war und damit einen erneuten Höhepunkt des klassischen Völkerrechts mit sich brachte.)

Das klassische Völkerrecht bezweckte, wie bereits ausgeführt, die Regelung des Verkehrs zwischen diesen Völkerrechtssubjekten. Für die Abwicklung dieses Verkehrs unterschied es grundsätzlich zwischen zwei Rechtszuständen: Krieg und Frieden. Hier zeigte sich nicht zuletzt ein römisches Erbe; denn auch die Römer hatten den Krieg als reinen Rechtsvorgang begriffen; und die Vorläufer der Völkerrechtstheoretiker, die gelegentlich auch als "Väter des Völkerrechts" bezeichnet werden, nämlich die spanischen Moraltheologen des 16. Jahrhunderts, hatten diese Tradition fortgeführt.[12] Sie hatten sich dabei, augustinischen Gedankengängen folgend, noch mit der Frage beschäftigt, unter welchen Voraussetzungen ein Krieg gerechtfertigt sein könnte. Sobald der Begriff des beiderseits gerechtfertigten Kriegs[13] auftauchte, war der Weg frei für eine ethisch neutrale Bewertung des Krieges und für das Prinzip, daß der souveräne Fürst (Staat) nach Belieben zum Krieg als Mittel der Politik greifen könne. Mit diesem Recht zum Kriege kraft ihrer Souveränität ausgestattet, tauchten die modernen Staaten in der Geschichte auf. Klassisches Völkerrecht, Souveränität, Recht zum Kriege und moderner Staat sind daher untrennbar miteinander verwoben.

---

[12] Vor allem Franciscus de Vitoria (1480-1546), Ayala (1548-1584), Domingo Soto (1494-1560), Franciscus Suarez (1548-1617).
[13] "Bellum iustum ex utraque parte". Es war Alberico Gentili (1552-1608), der diesen Begriff in seinem 1588 erschienenen Werk "De iure belli libri tres" zum ersten Mal verwendete.

Berücksichtigt man diese Verwobenheit, so erkennt man, daß das klassische Völkerrecht nicht auf Kriegsverhütung angelegt war. Wer heute dem Völkerrecht vorwirft, es habe bei der Unterdrückung des Krieges völlig versagt, sollte bedenken, daß das Völkerrecht in den ersten drei Jahrhunderten seines Bestehens gar nicht den Versuch unternahm, den Krieg als Mittel der internationalen Politik zu ächten. Erst im 20. Jahrhundert kam die Wende, die zugleich den Abschluß der Epoche des klassischen Völkerrechts bedeutete.

Bis dahin hatte sich allerdings das Völkerrecht auch nicht ganz indifferent gegenüber dem Krieg-Friedens-Komplex verhalten. Erstens war gerade unter der Geltung des klassischen Völkerrechts das Kriegsrecht entwickelt worden, dessen erklärtes Ziel es war, die Wirkungen des Krieges zu begrenzen. So war zwar das "Schreiten zum Kriege" der rechtlichen Nachprüfung entzogen, aber die einzelne Kriegshandlung unterlag einer solchen Nachprüfung nach den Regeln des ius in bello, das damit dem ius ad bellum wenigstens in dieser Richtung die Schärfe nahm. Vor allem entwickelte sich im Rahmen dieses Kriegsrechts das humanitäre Völkerrecht des 19. Jahrhunderts. Zweitens formalisierte das Völkerrecht den Kriegsbeginn und die Kriegsbeendigung, das heißt Waffenstillstand und Friedensschluß. Der letztere, heute als inzwischen "verlorengegangene Kunst" bezeichnet[14], sollte nicht nur den Krieg beenden, sondern den Frieden ermöglichen. Diesem Zweck dienten klare Formulierungen und rechtliche Regelungen der künftigen Beziehungen. So waren die großen Friedensschlüsse stets zugleich Rechtsgrundlagen für die Organisation der internationalen Beziehungen in einem bestimmten geographischen Raum, der um so größer war, je mehr Staaten an dem Krieg teilgenommen hatten.

So taucht in dieser Art von völkerrechtlichen Verträgen die Friedensfunktion des Völkerrechts auch schon während dessen klasssischer Periode zumindest am Rande auf. Die eigentliche Streitbeilegung erfolgte zwar noch immer durch den Krieg, ähnlich, wie in früheren Rechtsordnungen die Beilegung des Streites zwischen Einzelmenschen durch Gottesurteil gesucht worden war. Aber den Abschluß dieses rechtlich geregelten Gewaltanwendungsverfahrens bildete ein Rechtsinstrument, das - wie alle Rechtsakte und Rechtsnormen - in die Zukunft wirkte. Wegen dieses Wirkens in die Zukunft verlangte bereits Kant, daß kein Friedensvertrag für einen

---

[14] von Hentig (1965).

solchen gehalten werde, der mit geheimen Vorbehalten versehen sei, da diese den Keim des Unfriedens in sich trügen.[15]

In einer Beziehung war der Friedensschluß unter der Geltung des klassischen Völkerrechts einfacher als heute: da der Krieg nicht verboten war, sondern als legitimes Mittel der internationalen Politik betrachtet wurde, konnte sich mit ihm keine Strafvorstellung verbinden. Der Frieden war damit von vornherein ein "Versöhnungsfrieden", der von dem einem Rechtszustand in den anderen hinüberführte. Das galt insbesondere für das 17. und 18. Jahrhundert, in dem das Völkerrecht tatsächlich noch ein Recht des Verkehrs der Souveräne untereinander war, so daß folgerichtig auch der Krieg ausschließlich Sache der Souveräne und ihrer Armeen bleiben konnte. Schon im 19. Jahrhundert änderte sich das; denn nach der Beseitigung des Absolutismus und insbesondere seit dem Aufkommen des Nationalgefühls wurde der Krieg zur Sache des ganzen Volkes. Daß dies in einer Zeit geschah, in der einerseits das klassische Völkerrecht mit seiner Souveränitätsanarchie und dem Recht der souveränen Staaten zum Kriege noch unangefochten herrschte, andererseits aber die moderne Technik schon die ersten Massenvernichtungswaffen und moderne Transport- und Kommunikationsmittel produziert hatte, die den Krieg immer schrecklicher werden ließen, mag als die große Tragik des 19. Jahrhunderts gesehen werden, die im Ersten Weltkrieg gipfelte. Gerade hieraus aber erwuchs der feste Wille, dem System des klassischen Völkerrechts ein Ende zu bereiten und das Kriegsverbot an die Stelle der Kriegsfreiheit zu setzen.

Das Kriegsverbot des geltenden Völkerrechts ist diejenige Norm dieser Rechtsordnung, die mit der größten Sicherheit festgestellt werden kann.[16] Insgesamt befindet sich das Völkerrecht seit dem Ende des Ersten Weltkriegs in einer Umbruchsituation, die sich auf vielen seiner Teilgebiete äußert und zu einer weitgehenden Unsicherheit bezüglich der im Entstehen oder in der Transformation begriffenen Normen führt. Bezüglich des Kriegsverbots aber ist die Lage völlig eindeutig und wird von der Völkerrechtslehre in Ost und West in gleicher Weise interpretiert. Vom Recht der souveränen Staaten zum Kriege ist nichts mehr übriggeblieben. Die Staaten haben nicht mehr die Möglichkeit, Krieg oder Frieden

---

[15] Immanuel Kant, Traktat zum ewigen Frieden, 1795. Neudruck bei Kurt von Raumer, Ewiger Friede, Freiburg i. Br. 1953, 419 ff.
[16] Kimminich (1969), 29 ff., 347 ff.

zu wählen, sondern sind kraft allgemeinen Völkerrechts verpflichtet, den Frieden zu erhalten. Damit ist das Zweck-Mittel-Verhältnis in der internationalen Politik gegenüber dem Zustand des klassischen Völkerrechts grundlegend verändert worden. Während früher zuerst die außerpolitischen Ziele aufgestellt wurden und sodann die Entscheidung fiel, ob die Erreichung dieser Ziele mit friedlichen oder mit kriegerischen Mitteln erstrebt werden sollte, ist heute auf der Grundlage der allgemeinen Friedenspflicht der Friede das oberste Ziel, dem selbstverständlich die Mittel angepaßt werden müssen. Der "Krieg zur Beendigung aller Kriege" ist ebenso verboten wie jeder andere Angriffskrieg.

Jeder Jurist weiß, daß durch die bloße Existenz einer Norm noch keineswegs die durchgängige Befolgung dieser Norm gesichert ist. Ebenso, wie der innerstaatliche Gesetzgeber etwa beim Tötungsversuch davon ausgehen muß, daß trotzdem Tötungsdelikte begangen werden, muß das Völkerrecht mit der Möglichkeit rechnen, daß auch unter der Geltung des Kriegsverbots Kriege geführt werden. Für diesen Fall hält das Völkerrecht auch heute noch das ius in bello bereit, das Rechtsregeln für die Kriegführung und die Behandlung der Kombattanten und Nichtkombattanten im Kriege, die Stellung der Neutralen, den Schutz von Kulturgütern und so weiter enthält. Die mildernde und konfliktbegrenzende Kraft dieser Völkerrechtsnormen besteht daher nach wie vor. Allerdings kann nicht geleugnet werden, daß die Aggressor-Verteidiger-Position, in der nach der theoretischen Konstruktion allein noch Kriege möglich sind, die Staaten in die Versuchung führt, sich selbst jeweils als im Recht befindlichen Verteidiger herauszustellen und den Kriegsgegner als Völkerrechtsbrecher zu brandmarken. In dieser Situation liegt wiederum die weitere Versuchung nahe, dem Rechtsbrecher die Wohltaten des humanitären Völkerrechts vorzuenthalten.

Auf den ersten Blick erscheint dies als eine Situation, in der das Recht nicht zur Milderung, sondern zur Verschärfung des Konflikts beiträgt. Die nähere Untersuchung zeigt jedoch, daß es sich hierbei um einen Trugschluß handelt. Die Regeln des humanitären Völkerrechts, die im Rahmen des Kriegsvölkerrechts entwickelt worden sind, bezweckten von Anfang an den Schutz der einzelnen, vom Kriege betroffenen Menschen: der Soldaten, Kriegsgefangenen, Verwundeten und Kranken sowie der Zivilbevölkerung. Dabei mag die Frage auftauchen, ob der Einzelne diesen Schutz durch eigene Handlungen verwirken kann. Diese Frage ist insbesondere im Zusammenhang mit der Partisanenkriegführung erörtert worden, wobei übereinstimmend festgestellt wurde, daß auch der Partisan in den Genuß der Regeln des humanitären Völkerrechts gelangt, sofern er sich seinerseits an bestimmte Regeln der Kriegführung hält (unter anderem die deutliche Kennzeichnung als Kämpfer).[17] Dagegen ist es mit dem Sinn und Zweck des Kriegsrechts völlig unvereinbar, die Staatsangehörigen und Soldaten eines zum Aggressor abgestempelten Staates von den Wirkungen des Rechts auszunehmen. Wo dies geschieht, beruht daher die Verschärfung des Konflikts nicht auf einer Anwendung des Rechts, sondern gerade auf einer Mißachtung des Rechts. Das Völkerrecht hätte der Menschheit mit dem Kriegsverbot einen schlechten Dienst erwiesen, wenn es damit zugleich die Regeln der Menschlichkeit und die Rechte des Einzelnen dem Zufall der Machtkonstellation überantwortete.

Eine Möglichkeit kann allerdings nicht geleugnet werden: die Möglichkeit, daß der angreifende Staat siegreich bleibt und sich die Früchte des Sieges weiterhin durch Waffengewalt sichert. Es wäre unrealistisch, darauf zu hoffen, daß die Prinzipien des Völkerstrafrechts und der völkerrechtlichen Haftung auch gegen einen siegreichen Aggressor angewendet werden können. Damit ist der Kernpunkt der Bedenken der "Völkerrechtspessimisten" erreicht. Auf rein rechtstheoretischer Ebene könnte hier erneut das Problem der normativen Kraft des Völkerrrechts und seiner Zwangsdurchsetzung aufgerollt werden. Auf der Ebene der praktischen Politik stellt sich die einfache Frage: wie kann verhindert werden, daß ein Aggressor siegreich bleibt?

An diese Frage dachten die Schöpfer der UNO-Satzung (= SVN) offenbar, als sie an die Lösung des Problems gingen, wie die von ihnen erstrebte Welt der Gewaltlosigkeit organisiert sein sollte. Sie meinten, die Lösung im System der kollektiven Sicherheit gefunden zu haben: alle Mitglieder der Vereinten Nationen würden sich im Falle eines Friedensbruchs gegen den Aggressor wenden und ihn niederzwingen. Es ist bekannt, daß dieses System unter den Bedingungen der weltpolitischen Situation der Nachkriegszeit nicht funktionierte, und daß an die Stelle des globalen Systems der kollektiven Sicherheit eine Mehrzahl von regionalen Systemen der kollektiven Verteidigung traten, die zwar ebenfalls als von der Satzung der Vereinten Nationen gedeckt angesehen werden (Art. 51 SVN), aber

---

[17] Dieser bereits in der Haager Landkriegsordnung von 1907 anerkannte Grundsatz ist auf der 1977 beendeten Diplomatischen Konferenz zur Neubestätigung und Fortentwicklung des humanitären Völkerrechts, die zum Abschluß der beiden Zusatzprotokolle zu den Genfer Konventionen von 1949 führte, erneut bekräftigt worden. Vgl. Kimminich (1979), 199 ff.

nicht jene Funktion erfüllen können, welche die UNO-Satzung mit dem System der globalen kollektiven Sicherheit erstrebte.

Das Nebeneinander von Konzepten der kollektiven Sicherheit und der kollektiven Verteidigung ist ebenfalls kennzeichnend für das Stadium des Übergangs, in dem sich die Völkerrechtsordnung der Gegenwart befindet. Die Entwicklung der völkerrechtlichen Normen scheint den Tatsachen vorausgeeilt zu sein[18], und diese mangelnde Übereinstimmung zwischen der Rechtslage und der tatsächlichen Lage kann gefährlich werden. Deshalb sind selbst manche Völkerrechtler der Meinung, daß die Schöpfer der UNO-Satzung dem Völkerrecht mit der aus ihrer Sicht verfrühten Normierung des Gewaltverbots einen schlechten Dienst erwiesen hätten.[19] Aber ein derartiger Völkerrechtspessimismus ist nicht gerechtfertigt. Warum sollen Rechtsnormen nur dann durchsetzbar sein, wenn sie hinter den Tatsachen herhinken? Liegt es nicht im Wesen der Rechtsnormen, daß sie normative Kraft entfalten, das heißt auf die Tatsachen einwirken? Freilich tun sie das nicht von selbst, sondern es bedarf dazu der bewußten Anstrengungen der politisch Handelnden; denn Recht wird nicht nur durch politisches Handeln erzeugt, sondern auch durch politisches Handeln vollzogen.

Der oben erwähnte Gegeneinwand gegen die Normierung des Gewaltverbots wäre nur dann gerechtfertigt, wenn das völkerrechtliche Gewaltverbot nicht die geringste Chance hätte, beachtet zu werden. Aber das haben bis jetzt noch nicht einmal die schlimmsten Pessimisten behauptet. So ist es wohl nicht töricht, wenn in der völkerrechtswissenschaftlichen Literatur ganz überwiegend die Meinung vertreten wird, daß das Gewaltverbot - trotz aller Unklarheiten, die noch mit ihm verbunden sind - in der Völkerrechtsentwicklung einen Fortschritt darstellt. Dieser Fortschritt wird in zweifacher Weise deutlich: 1. Während das Kriegsverbot zeitlich erst an der Nahtstelle der beiden vom klassischen Völkerrecht zur Verfügung gestellten Rechtszustände eingreift, wirkt das Gewaltverbot in voller Breite auch auf den Rechtszustand des Friedens ein. 2. Das Gewaltverbot hat eine noch tiefergreifende Wirkung auf die Mittel der internationalen Politik als das Kriegsverbot.

Daß das Gewaltverbot seine Wirkung gerade im Frieden entfaltet, ist durchaus anerkannt und selbstverständlich. Welche Konsequenzen es im einzelnen für die

---

[18] So wörtlich Hoffmann (1965), 276.
[19] Schwarzenberger (1965), 323 ff.

Mittel der internationalen Politik in Friedenszeiten hat, ist noch nicht ganz klar. Erst langsam beginnt die Völkerrechtslehre denjenigen Meinungsstand zu überwinden, nach dem unter "Gewalt" im Sinne des völkerrechtlichen Gewaltverbots nur die militärische Gewalt verstanden wurde.[20] Gewaltlosigkeit bedeutet mehr als den Verzicht auf Waffengebrauch. Diese Erkenntnis setzt sich allmählich durch. Auf dem Gebiet des internationalen Vertragsrechts hat ihr die Wiener Vertragsrechtskonvention von 1969 bereits Rechnung getragen. Nach Art. 52 dieser Konvention ist jeder Vertrag, der unter Anwendung oder Androhung von Gewalt zustandegekommen ist, von Anfang an nichtig. Die Konvention begnügt sich nicht mit dieser Aussage, sondern regelt in ihrem vierten Abschnitt (Art. 65 ff.) das Verfahren, das bei der Geltendmachung der Nichtigkeit zu befolgen ist. In dieser Weise werden Selbsthilfe und Gewaltmethoden auch im Frieden immer mehr vom Völkerrecht zurückgedrängt, während gleichzeitig friedliche Mittel der Streitbeilegung an ihre Stelle treten.

In dieser Weise muß der Abbau der Gewalt in der internationalen Politik mit dem Aufbau friedlicher Streitbeilegungsmittel koordiniert werden. Das erfordert bewußte Anstrengungen; denn die Koppelung ist nicht automatisch. Es wäre völlig falsch zu glauben, daß die Verdichtung der internationalen Organisation und der Aufbau eines Systems von gewaltlosen Mitteln der Rechtsdurchsetzung bereits die Gewalt zum Verschwinden bringen. Auch muß der Aufbau der friedlichen Streitbeilegungsmittel sektoral erfolgen. Das Fernziel der Durchsetzung einer obligatorischen internationalen Gerichtsbarkeit ist nicht von heute auf morgen zu erreichen. Nach dem gegenwärtigen Stand der Völkerrechtsentwicklung ist der Internationale Gerichtshof, ebenso wie der Ständige Schiedshof, nur ein Angebot an die souveränen Staaten, sich dieses Streitbeilegungsmittels zu bedienen. Daneben bietet das Völkerrecht noch weitere Konfliktlösungsmittel, von denen einige bereits auf eine lange Tradition, begründet im klassischen Völkerrecht, zurückblicken können.

Der entscheidende Fortschritt, den das Völkerrecht des 20. Jahrhunderts gebracht hat, liegt darin, daß als Kehrseite des Kriegs- und Gewaltverbots eine allgemeine Friedenspflicht entstanden ist, auf deren Grundlage die Staaten zur friedlichen Streiterledigung verpflichtet sind. Diese Pflicht zur friedlichen Streiterledigung ist ebenso allgemein wie das völkerrechtliche Gewaltverbot, dessen Normierung in

---

[20] So noch Wengler (1967).

Art. 2 Ziff. 4 der Satzung der Vereinten Nationen nur deklaratorischen Charakter hat. Es ist völlig unbestritten, daß das Gewaltverbot dem allgemeinen Völkerrecht angehört, also unabhängig von der Satzung der Vereinten Nationen besteht, und deshalb auch fortexistieren würde, falls die Organisation der Vereinten Nationen aufgelöst würde. Dasselbe gilt für die aus dem Gewaltverbot fließende allgemeine Pflicht zur friedlichen Streiterledigung.

Der Gedanke einer Pflicht der souveränen Staaten zur friedlichen Streiterledigung tauchte bereits in der Völkerbundsatzung auf. Aber gerade der Vergleich zwischen den einschlägigen Bestimmungen der Völkerbundsatzung und der Satzung der Vereinten Nationen zeigt den Fortschritt. Art. 12 der Völkerbundsatzung, der in inoffiziellen Texten die Überschrift "Verpflichtung zur friedlichen Streiterledigung" trägt, lautet: "Alle Bundesmitglieder kommen überein, eine etwa zwischen ihnen entstehende Streitfrage, die zu einem Bruche führen könnte, entweder der Schiedsgerichtsbarkeit oder dem gerichtlichen Verfahren oder der Prüfung durch den Rat zu unterbreiten. Sie kommen ferner überein, in keinem Falle vor Ablauf von drei Monaten nach dem Spruch der Schiedsrichter oder der gerichtlichen Entscheidung oder dem Berichte des Rates zum Kriege zu schreiten." Dagegen heißt es in Art. 2 Ziff. 3 der Satzung der Vereinten Nationen lapidar: "Alle Mitglieder legen ihre internationalen Streitigkeiten durch friedliche Mittel so bei, daß der Weltfriede, die internationale Sicherheit und die Gerechtigkeit nicht gefährdet werden".

Friedliche Mittel zur Streiterledigung hat es bereits in der Epoche des klassischen Völkerrechts gegeben. Vermittlung (das heißt Tätigkeit eines dritten Staates zum Zwecke des Ausgleichs und der Streitschlichtung) und gute Dienste (das heißt Herstellung von Verbindungen zwischen den im Streit befindlichen Staaten durch einen dritten Staat) gehören zum Repertoire der klassischen Diplomatie. Die internationale Schiedsgerichtsbarkeit findet ihre Vorbilder in der Antike und im Spätmittelalter. Es ist ferner kein Zufall, daß zusammen mit dem Friedensoptimismus des späten 19. Jahrhunderts auch der Gedanke der friedlichen Streitbeilegung neuen Auftrieb bekam. In den beiden Haager Abkommen zur friedlichen Beilegung internationaler Streitfälle vom 29.7.1899 und vom 18.10. 1907 fanden diese Bemühungen sichtbaren Niederschlag. Die Abkommen schufen keine neuen Normen, sondern kodifizierten hauptsächlich bereits geltendes Gewohnheitsrecht, das sich in der Praxis des 19. Jahrhunderts bewährt hatte. Der Völkerbund stellte neben die Schiedsgerichtsbarkeit die ordentliche internationale Gerichtsbarkeit, die von der Satzung der Vereinten Nationen übernommen wurde und auf regionaler Ebene, insbesondere im Zuge der westeuropäischen Integration, eine weitere Intensivierung erfuhr. Noch ist es nicht gelungen, die internationale Gerichtsbarkeit allgemein obligatorisch zu machen. Aber weltweite Bemühungen konzentrieren sich auf dieses Ziel und auf den weiteren Ausbau der Mittel der friedlichen Streitbeilegung.

Wer nun aber der Meinung ist, daß der Ausbau der internationalen Gerichtsbarkeit das Völkerrecht hinsichtlich der konfliktlösenden Funktion automatisch auf die gleiche Stufe bringen würde wie ein durchschnittliches innerstaatliches Rechtssystem, befindet sich in einem Irrtum. Einmal ist gerade in der gegenwärtigen Situation zu berücksichtigen, daß sich das Völkerrecht im Umbruch befindet, so daß seine materiellen Normen zwangsläufig mit einer gewissen Unsicherheit behaftet sind, die noch dadurch erhöht wird, daß das Völkerrecht nicht kodifiziert ist. Diese Unsicherheit in bezug auf den materiellen Inhalt der Normen könnte im Augenblick auch durch einen noch so straffen Aufbau der internationalen Gerichtsbarkeit und des Verfahrensrechts nicht ausgeglichen werden. Das bedeutet nicht, daß an dem Ausbau der internationalen Gerichtsbarkeit nicht emsig weitergearbeitet werden sollte, aber es reduziert zunächst die Hoffnungen, die damit verknüpft werden. Zum anderen sind dem Völkerrecht aufgrund seiner spezifischen Eigenart bestimmte Grenzen gesetzt, die sich auch bezüglich seiner konfliktlösenden Funktion auswirken. Wichtig ist hier vor allem der "schwach organisierte" Charakter des Völkerrechts.[21]

Diese Eigenschaft der Völkerrechtsordnung, die einen ihrer wesentlichen Unterschiede zu den nationalen Rechtsordnungen ausmacht, gibt Anlaß zu einer grundlegenden Skepsis gegenüber der konfliktlösenden Funktion des Völkerrechts. Zwei so hervorragende Experten wie Richard Falk und Saul Mendlovitz, die keineswegs zu den "Völkerrechtspessimisten" gezählt werden können, haben dieser Skepsis mit folgenden Worten Ausdruck verliehen: "In einer modernen nationalen Gesellschaft stehen uns Institutionen der Kontrolle und des Wandels zur Verfügung, um gegensätzliche soziale Kräfte miteinander in Einklang zu bringen. Ganz automatisch werden zentralisierte Institutionen auf den Plan gerufen, auch wenn ihr

---

[21] Vgl. Berber (1975), 19 ff.

Wirken problematisch sein mag. Wenn aber die betreffende Gesellschaftsordnung keine angemessenen zentralen Institutionen aufweist, so ist die Lage völlig anders. Wie kann ein dezentralisiertes Rechtssystem zur Lösung fundamentaler Spannungen und Feindseligkeiten beitragen?"[22]

Somit gipfelt das Problem in der Frage des gewaltlosen Übergangs von einer dezentralisierten zu einer zentralisierten Völkerrechtsordnung, die noch als solche begriffen werden kann, das heißt keine Weltdiktatur darstellt, sondern allein eine Weltherrschaft des Rechts.[23] Ein solcher Übergang kann nur auf der Grundlage und mit Hilfe eines Rechts gefunden werden, das die einzelnen Rechtsgenossen freiwillig akzeptieren. Die Aussichten dafür sind keineswegs so schlecht, wie die Völkerrechtspessimisten annehmen. Das auf dem Boden der europäischen Kultur gewachsene Völkerrecht hat im Zuge der Entkolonisierung und Globalisierung seine große Bewährungsprobe bestanden. Die Hoffnung, daß der gewaltlose Übergang zu einer neuen Völkerrechtsordnung durch die Fortentwicklung des geltenden Völkerrechts gelingen könnte, ist daher nicht unbegründet. Der Prozeß der Globalisierung, das heißt der echten Ausdehnung des Völkerrechts auf die ganze Welt - im Gegensatz zum Rechtsverkehr zwischen den europäischen Kolonialmächten in den asiatischen und afrikanischen Kolonialgebieten -, ist noch nicht beendet. Zwar haben die unabhängig gewordenen Staaten das auf dem europäischen Kulturboden entstandene Völkerrecht zunächst freiwillig ohne größere Veränderungen übernommen, aber seit ihrem Eintritt in die organisierte Völkerrechtsgemeinschaft wirken sie an der Fortentwicklung des Völkerrechts gleichberechtigt mit. Dadurch entstehen neue Unsicherheiten, aber auch neue Chancen.

Die Akzeptierung des allgemeinen Gewaltverbots und damit auch der allgemeinen Friedensssicherungspflicht ist universal. Auf dieser Grundlage können alle Rechtskulturen beim Aufbau der gewaltlosen Streitschlichtungsmittel mithelfen. Außerhalb des europäischen Kulturraums liegt noch ein großes Potential, das in dieser Weise für die Rechtsordnung der internationalen Beziehungen nutzbar gemacht werden kann. Die Tatsache, daß gegenwärtig die meisten bewaffneten Konflikte außerhalb Europas stattfinden, darf darüber nicht hinwegtäuschen. Ein Blick in die Liste der völkerrechtswissenschaftlichen Neuerscheinungen genügt, um

---

[22] Falk/Mendlovitz (1963/64), 404.
[23] Vgl. Carlston (1962); Clark/Sohn (1961), 196 ff.; Falk (1968); Falk (1970), 554 ff.; Falk (1961), 12 ff.; Tunkin (1960), 293 ff.

zu zeigen, daß gerade in jenen Ländern das Interesse an der Stärkung des Völkerrechts überaus groß ist.

Wenn als Ergebnis festzustellen ist, daß das Recht im internationalen Bereich seine konfliktverhindernde und konfliktlösende Kraft erst dann voll entfalten kann, wenn auch in diesem Bereich die Herrschaft des Rechts unverrückbar feststeht, so ist damit eigentlich nur eine Binsenwahrheit ausgesprochen. Die zahlreichen Ansätze zur friedlichen Streitbeilegung, die das Völkerrecht seit Jahrhunderten kennt und die seit dem Ende des 19. Jahrhunderts zu einem imposanten System der Friedenssicherung ausgebaut worden sind, das unter der Geltung der Satzung der Vereinten Nationen durch die allgemeine Friedenssicherungspflicht aller Staaten verstärkt wird, müssen Stückwerk bleiben, solange noch irgendwo Menschen an verantwortlicher Stelle handeln, die der Meinung sind, sie könnten sich den Folgen einer Mißachtung des Rechts ohne weiteres entziehen. Daß die Lösung dieses Problems nicht darin bestehen kann, allen Einzelnen, deren Lebensschicksal zwangsläufig mit solchen Fehlentscheidungen politischer Führer verbunden ist, jegliche Rechte abzusprechen, ist bereits ausgeführt worden. Daß die Berufung auf angebliche Rechtspositionen nicht zur Verschleierung der reinen Machtpolitik führen darf, ist ebenso klar. Der Übergang zur Welt der Gewaltlosigkeit, die den Schöpfern der UNO-Satzung vorschwebte, muß auf diesem schmalen Grat zwischen dem Rechtsschutz des Einzelnen und dem Rechtsmißbrauch durch Gewalthaber gewagt werden. Jeder Fehltritt in der einen oder der anderen Richtung kann die Welt in die schrankenlose Herrschaft der brutalen Gewalt führen.

Das unablässige Ringen um die Lösung des Problems der Gewalt ist jedoch keine Besonderheit des Völkerrechts. Auch die innerstaatlichen Rechtsordnungen werden stets vor diesem Problem stehen. So imposant der Machtapparat eines Staates auch sein mag, der hinter den von diesem Staat gesetzten Rechtsnormen steht: jedermann, der sich mit den Problemen von Recht und Staat beschäftigt, gelangt alsbald zu der Erkenntnis, daß auch in einem "geordneten Staatswesen" die Trennwand zwischen Ordnung und totalem Chaos hauchdünn ist und ständig in der Gefahr steht, durchbrochen zu werden.

Demokratische Verfassungen versuchen, das Problem der Macht dadurch zu lösen, daß sie den Staat als System von Machtdelegationen konstruieren und die von den Bürgern delegierte und kontrollierte Macht zur Verstärkung jener Trennwand, nämlich des Rechts, mobilisieren und einsetzen. In gleicher Weise versucht die Satzung der Vereinten Nationen, die Macht der souveränen Staaten für das Recht zu mobilisieren und in kollektivem Einsatz für den Frieden zusammenzufassen. Gelingt dies, so kann das Recht seine konfliktverhindernde und konfliktlösende Funktion erfüllen.

Die Fälle, in denen das Recht infolge der hartnäckigen Rechtsbehauptungen einer Streitpartei scheinbar zur Verschärfung des Konflikts beiträgt, können dann als Rechtsmißbräuche entlarvt werden. Wird aber ein von der Weltöffentlichkeit noch unbemerkt schwelender Konflikt zwischen zwei Staaten einem internationalen Streitbeilegungsverfahren unterworfen, so mag dies von derjenigen Partei, die ein Interesse daran hat, den Konflikt zu verheimlichen oder zu beschönigen, statt ihn beizulegen, zunächst als eine Verschärfung der Situation angesehen werden. Vom Standpunkt der Rechtsverwirklichung aber wird sie gegen die friedliche Streitbeilegung nichts einwenden können. Es bleibt also bei dem Ergebnis, daß die unverbrüchliche Handhabung des Rechts die Grundvoraussetzung für die konfliktlösende und konfliktverhindernde Kraft seiner Normen ist.

Literaturangaben

Berber, Friedrich, Lehrbuch des Völkerrechts, 1. Bd., 2. Aufl., München 1975.

Carlston, Kenneth S., Law and Organization in World Society, Urbana 1962.

Clark, Grenville/Sohn, Louis B., Frieden durch ein neues Weltrecht, Frankfurt a.M. 1961.

Falk, Richard A., The Relations of Law to Culture, Power and Justice, in: Ethics, 1961, 12 ff.

ders./Mendlovitz, Saul H., Towards a Warless World: One Legal Formula to Achieve Transition, in: Yale Law Journal, 73, 163/64, 404 ff.

ders., Legal Order in a Violent World, Princeton, N.J. 1968.

ders., The Status of Law in International Society, Princeton, N.J. 1970.

Friedmann, Wolfgang, General Course in Public International Law, in: Académie de Droit International, Recueil des Cours, 127, 1969, 47 ff.

Hentig, Hans von, Der Friedensschluß. Geist und Technik einer verlorenen Kunst, 2. Aufl., München 1965.

Hoffmann, Stanley, The State of War, New York 1965.

Kimminich, Otto, Völkerrecht im Atomzeitalter, Freiburg i. Br. 1969.

ders., Schutz der Menschen in bewaffneten Konflikten. Zur Fortentwicklung des humanitären Völkerrechts, München/Mainz: 1979.

ders., Deutsche Verfassungsgeschichte, 2. Aufl., Baden-Baden: 1987.

Küchenhoff, Günther, Rechtsbesinnung, Göttingen 1973.

Röling, Bert V.A., Die Rolle des Rechts bei der Konfliktlösung, in: Anthony de Reuck/Julie Knight (Hg.), Weil wir überleben wollen, München 1970, 311 ff.

Rudolf, Walter, Zum Begriff des Völkerrechts, in: Festschrift für Herbert Kraus, Würzburg 1964, 259 ff.

Schwarzenberger, Georg, Beyond Power Politics?, in: The Year Book of World Affairs, 19, 1965, 323 ff.

Tunkin, Grigori J., The Role of International Law in International Relations, in: Völkerrecht und rechtliches Weltbild, Festschrift für Alfred Verdross, Wien 1960, 293 ff.

ders., International Law and Peace, in: C. Wilfried Jenks/Roberto Ago (Hg.), International Law in a Changing World, Dobbs Ferry 1963, 72 ff.

Walz, Gustav Adolf, Wesen des Völkerrechts und Kritik der Völkerrechtsleugner, Stuttgart 1930.

Wengler, Wilhelm, Das völkerrechtliche Gewaltverbot, Berlin 1967.

Christiane Rix

VÖLKERRECHTLICHE ANSÄTZE AUS POLITIKWISSENSCHAFTLICHER
SICHT - EIN KOMMENTAR

1. Ausgangsüberlegung

Bei der Suche nach konfliktlösenden und friedensstiftenden Strategien im internationalen System der Gegenwart bietet das Verhältnis zwischen politologischen und völkerrechtlichen Fragestellungen gemeinsame Ansatzpunkte, die eine interdisziplinäre Herangehensweise an friedenspolitische Perspektiven nicht nur nahelegen, sondern erforderlich machen. Ein Grund hierfür liegt darin, daß Völkerrecht zu den Voraussetzungen gerechnet werden muß, unter denen in internationalen System friedenspolitische Fortschritte erzielt werden können. Das Völkerrecht steht in enger Beziehung zu sozialen und gesellschaftlichen Strukturen. Es ist im dialektischen Sinn das Produkt ihrer Entstehung und Entwicklung und gleichzeitig ein Faktor für die Weiterentwicklung des internationalen Systems.

Die Völkerrechtsgemeinschaft als das rechtlich gefaßte System der internationalen Beziehungen gibt einerseits eine einheitliche Struktur für die Staatengemeinschaft ab, innerhalb derer sich alle Machtverhältnisse, das heißt auch Machtaufstieg und -abstieg einzelner Staaten und Staatengruppen abspielen, ohne den allgemeinen Rahmen sprengen zu können.

Andererseits geht das bestehende Völkerrecht über die Realität der internationalen Beziehungen hinaus. Die Entwicklung des Völkerrechts in bezug auf die Anwendung von (militärischer) Gewalt in den Beziehungen zwischen Staaten ist eindrucksvoll: Vom Recht zum Krieg über das Recht im Krieg bis hin zum Kriegsverbot (Völkerbund) und letztlich Gewaltverbot (UNO-Charta) des modernen Völkerrechts etablierte sich ein Normensystem der Staatengemeinschaft, das allerdings seit der Gründung der UNO an kaum einem Tag der Realität entsprach, denn an kaum einem Tag wurde nirgendwo geschossen und getötet.

Auch der Grundsatz der Gleichheit aller Staaten im internationalen System hat zu keinem Zeitpunkt in der Geschichte der Völkerrechtsgemeinschaft den machtpolitischen Realitäten entsprochen. Noch vor 100 Jahren wurde Völkerrecht als "ius publicum europaeum" bezeichnet. Die Erweiterung der Völkerrechtsgemeinschaft fand zunächst in Gestalt der Kolonialisierung großer Teile der Erde durch die europäischen Staaten und die Eingliederung fremder Territorien in ihr Hoheitsgebiet statt. Aber auch in Zeiten der Entwicklung des modernen Völkerrechts bis hin zum Gleichheitsgrundsatz der UNO-Charta bestand und besteht lediglich eine formal gerechte Gleichstellung aller Mitglieder der Völkerrechtsgemeinschaft.

Mit Blick auf die friedenspolitische Wirkungskraft des Völkerrechts der Gegenwart interessiert vor diesem Hintergrund aus politikwissenschaftlicher Sicht die Frage nach dem Verhältnis zwischen rechtlicher Normativität und politischer Faktizität. Es ist zu fragen, wo die Ursachen für die feststellbare Diskrepanz zwischen Normativität und Faktizität liegen. Aber auch für die Existenz der Normen (wie Gewaltverbot, Gleichheitsgrundsatz) gilt es nach Gründen zu fragen. Dies führt zu Aspekten, die die Politikwissenschaft besonders beschäftigen, nämlich zur Analyse von Interessen der in das Völkerrechtssystem integrierten Staaten an der Gestaltung und Regelung ihrer Beziehungen untereinander. Ausschließlich mit Blick auf die Gestalt der Regelung ihrer internationalen Beziehungen nach 1945 bis in die Gegenwart und unter dem Gesichtspunkt der friedenspolitischen Wirkungskraft der Völkerrechtsordnung sollen im folgenden Thesen aufgestellt werden, die die oben angedeutete Dialektik des Verhältnisses zwischen politischen Bedingungen und völkerrechtlichen Normierungen wieder aufgreifen.

2. Thesen

1. These:
Die Gestalt der internationalen Beziehungen nach 1945 weist besondere Strukturen auf, die sich durch folgende Aspekte von dem internationalen System früherer Zeiten unterscheiden:
Es entstanden nach 1945 internationale Organisationen, die vor allem den Zweck erfüllen sollten, internationalen Konsens und internationale Kooperation auf Teilgebieten der internationalen Politik herbeizuführen und zu gewährleisten. Obwohl auch diese Institutionen nicht Gleichrangigkeit realisieren, stellt doch ihre inter-

nationale Form einen Unterschied gegenüber früheren Perioden dar. Dies galt besonders für ökonomische Organisationen wie den Internationalen Währungsfond, GATT, die Europäischen Gemeinschaften, die OECD usw. Auch die Vereinten Nationen stellten einen Versuch dar, zu kollektiven Formen der Kooperation zu kommen, aber auch neue Bedingungen für das Austragen von Machtkämpfen zu schaffen.

Die Bildung der Militärblöcke NATO und Warschauer Vertrag waren Versuche, sowohl die militärische und politische Hegemonie der Großmächte USA und UdSSR abzusichern, als auch Formen von Konsens und Kompromißmöglichkeiten innerhalb der Allianzen zu schaffen. Obwohl diese Militärblöcke nicht als Bündnisse unter Gleichen geschlossen wurden, etablierten sie doch einen Rahmen für Kooperation und Konfliktaustragung, der sich von früheren Formen direkter militärischer Zwangsherrschaft abhebt.

Ein weiteres Kennzeichen des internationalen Systems der Nachkriegsordnung war die Entstehung zahlreicher kleiner souveräner Nationalstaaten in der sogenannten Peripherie. Die Erlangung staatlicher Souveränität durch ehemalige Kolonien, so wenig sie auch in der politischen Realität eine umfassende Unabhängigkeit mit sich brachte, bewirkte die Globalisierung des Völkerrechtssystems. Mit der Bildung regionaler Organisationen unternahmen die neu entstandenen Staaten zudem den Versuch, der globalen Interdependenz und häufig einseitigen Abhängigkeit machtpolitisch etwas entgegenzusetzen und durch die Institutionalisierung gemeinsamer Bedingungen die Möglichkeiten für eigenständige Entwicklung und die Wahrnehmung regionaler und nationaler Interessen auf der internationalen Ebene zu verbessern. Obwohl die jungen Staaten zunächst dem bipolaren System des Ost-West-Konfliktes untergeordnet wurden, begann der Nord-Süd-Gegensatz für die internationale Staatengemeinschaft eine immer größere Rolle zu spielen.

Eine neue Struktur in den internationalen Beziehungen der Nachkriegsordnung wurde durch den Aufstieg der Sowjetunion zur Weltmacht sowie die Entstehung eines sozialistischen Staatenbündnisses in Europa eingeführt. Die Sowjetunion etablierte ein zwischenstaatliches System, in dem sie (zunächst vor allem mit militärischen Mitteln) die Vormachtrolle übernahm und in Konkurrenz zu den Vereinigten Staaten als Großmacht auf der internationalen Ebene auftrat. Allerdings wäre es verfehlt anzunehmen, daß die Sowjetunion eine Herausforderung für die amerikanische Hegemonie in den internationalen Beziehungen der Nachkriegszeit war. Sowohl ökonomisch als auch politisch und militärisch nahmen die Vereinigten Staaten eine unangefochtene "Number One"-Position ein und bestimmten weitgehend die Spielregeln auf der internationalen Ebene. Dennoch trug die Rolle der Sowjetunion als Weltmacht "Nummer Zwei" neben den USA dazu bei, daß der Ost-West-Gegensatz zu einem globalen Strukturmerkmal der internationalen Beziehungen nach 1945 wurde.

Dieser machtpolitischen und militärischen Bipolarität entsprach auf der völkerrechtlichen Ebene die Regelung der zwischenstaatlichen Beziehungen in der Charta der Vereinten Nationen. Auch diese wurde, nicht zuletzt durch die Zusammensetzung des Sicherheitsrates, von den Großmächten dominiert, wobei hier kein Zweifel an der hegemonialen Rolle der Vereinigten Staaten aufkommen konnte. Obwohl der ursprüngliche Gedanke der Vereinten Nationen aufgrund der bestehenden Machtverhältnisse nicht realisiert werden konnte (Etablierung eines Systems Kollektiver Sicherheit), so bestand doch auch noch nach der Herausbildung der Bipolarität als wesentlichem Strukturmerkmal des internationalen Systems ein Kollektivinteresse an der Regelung der zwischenstaatlichen Beziehungen der Nachkriegszeit. Dieses Kollektivinteresse, wiederum dominiert von Weltordnungsmodellen der USA (Roosevelts "One-World" und "Pax Americana"), bestand vor allem in der Verhinderung von umfassenden Kriegen zwischen den industriellen Metropolen - also nicht zuletzt den kapitalistischen Zentren - und der Institutionalisierung von neuen Konflikt- und Krisenmanagementmöglichkeiten (s.o.).

2. These:
Das System der Abschreckung ist das militärische, politische und ideologische Pendant zum Gewaltverbot des modernen Völkerrechts. Das System der Abschreckung schuf eine neue Struktur zwischenstaatlicher Beziehungen im Nuklearzeitalter, die von dem objektiven Interesse an der Verhinderung umfassender globaler Kriege gekennzeichnet waren. Als Weltordnungskonzept für das "Management" der neuen Strukturen der Nachkriegsordnung unterschied es sich von früheren Ordnungsvorstellungen (so zum Beispiel dem balance of power-System) unter anderem dadurch, daß es das Element der Kriegsverhütung beinhaltete. Das Abschreckungssystem war und ist ein umfassendes politisches und

militärisches Sicherheitskonzept zur Regelung zwischenstaatlicher Beziehungen unter Bedingungen der Systemkonkurrenz, der Existenz nuklearer Massenvernichtungsmittel und der Blockstrukturen, die die jeweilige Vormachtstellung der USA und UdSSR zementierten. Abschreckung in diesem Sinne ist die übergreifende und umfassende militärisch-politisch-ideologische Doktrin der Nachkriegsordnung der internationalen Beziehungen. Parallel zur Normierung eines Gewaltverbotes im modernen Völkerrecht entwickelten die Führungsmächte und die ihnen zugeordneten Staaten ein Interesse, kriegerische Auseinandersetzungen unterhalb der Schwelle eines Nuklearkrieges dort zu verhindern, wo die Systeme unmittelbar aneinanderstießen: in Europa.

Wurden in früheren Zeiten, auch noch unter den Bedingungen des klassischen Völkerrechts, zur Sanktionierung von Machtverhältnissen zwischen Staaten gelegentliche Kriege als "normale" Mittel zur Durchsetzung politischer Interessen angesehen, konnte dies unter den Bedingungen
- des Systemgegensatzes auf zwischenstaatlicher Ebene und
- der Existenz nuklearer Massenvernichtungsmittel auf beiden Seiten

nicht mehr in Betracht kommen. Sowohl die Konkurrenz der kapitalistischen Staaten untereinander als auch die Systemkonkurrenz mußten aus diesem Grunde so ausgetragen werden, daß sie zwar immer noch militärische Mittel als Instrumente der Politik begriffen und nutzten, dies aber ausschließlich mit dem Willen zur Verhinderung ihrer tatsächlichen Anwendung geschah. Die so verstandene Rolle des Militärischen begründete das Kollektivinteresse an der Regelung der internationalen Beziehungen in ihrer neuen Gestalt nach 1945. In diesem Sinne steht Abschreckung in Einklang mit dem Gewaltverbot des modernen Völkerrechts, sofern es sich auf das abstrakte Interesse richtet, militärische Gewaltanwendung auszuschließen.

Gleichzeitig war mit dem Abschreckungssystem aber die Militarisierung der internationalen Beziehungen nach 1945 verbunden. Diese Militarisierung fand ihren Ausdruck in der militärischen Abschreckungslogik selbst, die den Rüstungswettlauf zwischen den Blöcken NATO und Warschauer Pakt stimulierte. Zudem ist die militärische Form und die Bedrohung durch einen festgelegten Feind permanent präsent. Abschreckung beinhaltet die tägliche Vorstellung der Austragung eines militärischen Konfliktes zwischen den Blöcken. In politischen Reden, Schriften sowie militärischer Erziehung und Planung wird auf der Basis der Abschreckung ständig ein potentieller Krieg ausgefochten. Das alltägliche Lebensumfeld wird als permanent bedroht aufgefaßt. Gleichzeitig definiert sich Sicherheit im Sinne des politischen und physischen Überlebens als ausschließlich durch Abschreckung von militärischer Eroberung beziehungsweise Vernichtung zu gewährleistendes Gut. So wurde und wird jeder Rüstungsschritt legitimiert, gleichgültig, welche neuen Bedrohungswahrnehmungen und objektiven Bedrohungen daraus für die andere Seite erwachsen. "Nach"rüstung auf jeweils beiden Seiten ist im die im Verlauf von 40 Jahren zur Routine gewordene Antwort auf Rüstungsschritte des Gegners.

3. These:
Die Widersprüchlichkeit des Abschreckungssystems, die vor allem darin besteht, mit militärischer Gewalt zu drohen, um militärische Gewalt zu verhindern, trat im Verlauf der vergangenen zwanzig Jahre zunehmend zu Tage. Dabei spielten folgende Faktoren eine Rolle:
- Die amerikanische Hegemonie in den internationalen Beziehungen geriet, insbesondere auf ökonomischem Gebiet, immer mehr in die Krise. Die westeuropäischen Verbündeten entwickelten sich zu Konkurrenten auf dem Weltmarkt, so daß es für die Vereinigten Staaten schwieriger wurde und auf ihrer Seite mehr Druckausübung erforderte, die Strukturen der Kompromißfindung und Konsensbildung im westlichen Bündnis in ihrem Sinne zu nutzen.
- Die Emanzipation der Länder der Dritten Welt trug, neben zunehmender Interdependenz im internationalen System, zu einer Entwicklung weg vom Bipolarismus hin zu mehr Polyzentrismus in den internationalen Beziehungen bei. Abschreckung als Instrument der Vorherrschaft der Großmächte auf der internationalen Ebene verliert zudem in dem Maße an Funktionalität, wie immer mehr Länder der Dritten Welt über die Fähigkeit zur Herstellung von Nuklearwaffen verfügen.
- Das Wettrüsten führte zur Entwicklung von Waffentechnologien, die politisch immer weniger kontrollierbar sind. Insbesondere der nukleare Aspekt des Abschreckungssystems, darüber hinaus aber auch jedes Sicherheitskonzept, das auf Drohung und Erpressung mit Vernichtung basiert, geraten von seiten der Bevölkerung in den europäischen Staaten beider Systeme immer mehr unter Legitimationsdruck. Die Glaubwürdigkeit militärischer Abschreckung sinkt nicht nur durch den ihr innewohnenden Selbstabschreckungseffekt sondern auch durch

(vor allem in Europa) zur Organisierung von Sicherheit in den internationalen Beziehungen.

4. These:
Durch diese hier nur angedeuteten Faktoren der Entwicklung der internationalen Beziehungen öffnete sich die Schere zwischen Normativität des Völkerrechts und Faktizität der machtpolitischen Realität der internationalen Beziehungen in den vergangenen 10 Jahren immer weiter. Der Hinweis auf gleichzeitig wachsende Interdependenzen ("Weltgesellschaft") kann über die zunehmende Ungleichheit und Widersprüchlichkeit der internationalen Beziehungen nicht hinwegtäuschen. Im Gegenteil: Die tatsächlichen Beziehungen sind vielfach ungleichgewichtige Abhängigkeiten, vor allem auch einseitige Abhängigkeiten der armen Länder der Dritten Welt von den reichen Industrieländern. Interdependenz beinhaltet somit eine Hierarchie von Abhängigkeitsverhältnissen, die sich unter den Bedingungen der Weltwirtschaftskrise und der Verschuldung der armen Länder zunehmend in einem Widerspruch zum Gleichheitsgrundsatz des Völkerrechts befindet. Diese verschiedenen Grade und Qualitäten von Abhängigkeitsbeziehungen bestimmen die Durchsetzfähigkeit und die Durchsetzungsmöglichkeiten von politischen Interessen im Rahmen des Völkerrechts, zum Beispiel innerhalb der UNO. Völkerrechtliche Sanktionsmittel sind in der Realität Machtmittel, die nicht allen gleichermaßen zur Verfügung stehen.

5. These:
Die wachsende Widersprüchlichkeit der Strukturen des internationalen Systems, die unter anderem dazu beigetragen haben, die hegemoniale Rolle der USA in ökonomischer Hinsicht in Frage zu stellen und neue Problemkomplexe der internationalen Beziehungen in den Vordergrund zu rücken, deutet auf ein Ende der Nachkriegsordnung hin. Es ist deshalb erforderlich, sich die normativen Vorgaben des Völkerrechts unter dem Gesichtspunkt anzusehen, inwieweit die Veränderung der Realitäten, das heißt der internationalen Hierarchie in der bisherigen Form, der Herrschaftsverhältnisse zwischen den Staaten und der Militarisierung ihrer Beziehungen, die Schere zwischen Normativität und Faktizität im internationalen System zu Gunsten einer Krisen- und Problemlösung im globalen Maßstab schließen könnte. Ein Beitrag auf der normativen Seite könnte zum Beispiel in einer Erweite-

rung des Gewaltverbotsbegriffs im Sinne eines Verbots struktureller Gewalt liegen. In der Tat sind Gegenbewegungen, neue Konfliktformationen und -dimensionen sowie neue Partizipationsmöglichkeiten sowohl in den zwischenstaatlichen Beziehungen als auch in einigen Staaten festzustellen, mit denen Perspektiven eröffnet werden, politische Interessen in den internationalen Beziehungen neu zu formulieren und zu formieren.

6. These:
Abschreckung könnte allerdings im Sinne des völkerrechtlichen Gewaltverbots auch als völkerrechtswidrig interpretiert werden, weil es ein System etabliert, das auf Drohung, auf Erpressung, auf Zwang und auf Freund-Feind-Denken angewiesen ist. Würde das völkerrechtliche Gewaltverbot nicht nur als Verbot der Anwendung militärischer Gewalt verstanden, sondern als Verbot jeglicher Form der Druckausübung, der Erpressung und der Unterdrückung, so wäre das System der Abschreckung als Weltordnungssystem nicht mehr mit der Völkerrechtsordnung vereinbar. Eine solche Entwicklung erscheint vor allem auch angesichts der Tatsache angebracht, daß die Militarisierung vieler Länder der Dritten Welt sowie die unaufhörliche Weiterverbreitung der Fähigkeit, Atomwaffen herzustellen, auf seiten der armen Länder häufig genug mit dem Hinweis auf die sicherheitsstiftende Wirkung der (nuklearen) Abschreckung begründet wird. Das Atomwaffen-Monopol der Großmächte brechen zu können, wird von mancher Regierung eines kleinen Landes als Gewinn an Sicherheit vor Erpressbarkeit und damit als Erweiterung der Handlungsspielräume für eine eigenständige, der Bipolarität entzogene Entwicklung aufgefaßt.

7. These:
Die zunehmende Interdependenz in den internationalen Beziehungen der Gegenwart und die wachsenden grenzüberschreitenden Probleme auf ökonomischer, ökologischer und militärischer Ebene schaffen eine widersprüchliche Situation: Auf der einen Seite bietet das Völkerrecht die Möglichkeit, die bestehenden Herrschaftsverhältnisse im internationalen System zu zementieren, in dem die vorhandenen rechtlichen Regelungen sowie die geschaffenen Institutionen im Sinne der bestehenden Machtverhältnisse genutzt werden. Im Rahmen der zur Verfügung stehenden Institutionen und Organisationen könnten in diesem Sinn die Probleme

der Verschuldung, Ökologie und Rüstung so angegangen werden, daß sie das Gesamtsystem nicht gefährden. Lösungsstrategien in diesem Sinne würden die Herrschaftsverhältnisse nicht angreifen, sondern sie gegebenenfalls sogar stabilisieren. Die Globalisierung von Herrschaft durch neue Informationstechnologien, die Kontrolle über Technologien, Ressourcen, Know-how, usw. könnte die Unmöglichkeit, aus dem internationalen System "auszutreten", zur Erhaltung der bestehenden Hierarchie ausnutzen. Auf der anderen Seite stellt sich allerdings die Frage, ob und inwieweit sich für eine solche Strategie überhaupt Handlungsspielräume auf seiten derer, die gegenwärtig über die Machtmittel verfügen, bieten. Anders ausgedrückt: Können es sich die reichen Industrieländer, die bisher von den Strukturen des internationalen Systems hauptsächlich profitiert haben, leisten, weiterhin auf Kosten der Armen zu leben, angesichts der globalen Probleme der Verschuldung, Naturzerstörung, Überbevölkerung, Rüstung usw.? Wo sind Widerstände gegen eine solche Strategie festzumachen? Welche Interessen stehen dem entgegen?

8. These:

Will man angesichts globaler Probleme und der Völkerrechtsordnung, die von der souveränen Gleichheit aller Staaten ausgeht, von einer "Weltinnenpolitik" sprechen, so bietet der Nationalstaat nach wie vor einen wichtigen Anknüpfungspunkt. Als historische Kategorie, die angesichts ungleicher Abhängigkeitsbeziehungen zwischen Staaten identitätsstiftend und handlungsleitend wirken kann, ist seine Bedeutung für die Organisierung von Interessen und die Stabilisierung der Gesellschaftsordnung und Produktionsverhältnisse nach wie vor nicht zu unterschätzen. Dies gilt auch für seine Funktion als politisch organisierende und integrierende Instanz nach innen und außen. Stützt man sich für eine friedenspolitische Perspektive zunächst noch auf den Staat als organisatorische und politische Einheit, so ist dies nicht mit neuer Kleinstaaterei oder Verkennung des politischen Charakters des bürgerlichen Staates zu verwechseln, sondern berücksichtigt vielmehr historische Bewegungsgesetze des internationalen Systems. Dieses hat sich nicht zuletzt auf Grundlage des Völkerrechtssubjektcharakters und der Souveränität einzelner Staaten entwickelt. Soll die Bewegungsrichtung geändert werden, ist bei den vorhandenen Instanzen anzuknüpfen, da sie Ansätze für eine Organisierung nicht nur der Herrschenden sondern auch der Gegenbewegungen bieten. Zudem lassen sich auch in der Gegenwart Beispiele dafür finden, daß Handlungsspielräume insbesondere kleinerer Staaten nicht selten durch die Besinnung beziehungsweise Wiederentdeckung kultureller und politischer Eigenständigkeiten und Eigentümlichkeiten definiert und genutzt wurden. Dies gilt für Länder der Dritten Welt genauso wie für die europäischen Staaten, die sich aus der Vorherrschaft der Blockführungsmächte zu lösen versuchen. Die Völkerrechtsordnung bietet für diese Prozesse den Rahmen, der im Sinne der Emanzipation und der Demokratisierung der internationalen Beziehungen genutzt werden kann.

9. These:
Das bestehende Völkerrecht bietet die Möglichkeit, über die Nutzung vorhandener Normen zu einer neuen Arbeitsteilung auf internationalem Gebiet zu kommen, die die bestehenden Probleme als gemeinsame begreift und zu lösen versucht. Durch Institutionalisierung von Problemlösungsstrategien kann versucht werden, Verschuldung, Naturzerstörung und Rüstung als strukturelle Fragen der gegenwärtigen hierarchischen Weltordnung zu behandeln. Da das Vorhandensein globaler, grenzüberschreitender Probleme noch nicht zwangsläufig gemeinsame Politik zur Folge hat, erscheint die Perspektive einer Regionalisierung von Problemlösungsstrategien aussichtsreich. So könnte die Partizipation sowohl im innerstaatlichen als auch im zwischenstaatlichen Bereich erleichtert werden, ohne gleichzeitig die internationale globale Koordination zu behindern. Zudem würde eine solche Strategie Differenzierungsprozessen zwischen Staaten Rechnung tragen können, die angesichts der Verschärfung von ökonomischen und politischen Widersprüchen überall festzustellen sind.

Eine Dezentralisierung von Problemlösungsstrategien unter Einbeziehung und Nutzung globaler Institutionen zur Koordination erschlösse folgende Möglichkeiten:
- Es würde eine Gegenbewegung zur internationalen "Vernetzung von Herrschaft" entstehen können, die sich unter anderen über die Konzentration von Information, Technologie und Know-how in den Händen weniger herstellt.
- Dadurch und durch die Verbreiterung der Partizipation mittels Berücksichtigung und Betonung regionaler Besonderheiten verschiedenster Art (politisch, ökonomisch, ideologisch, kulturell) könnten bestehende Ungleichheiten hinsichtlich der Mittel zur Durchsetzung politischer Interessen abgebaut werden. Regionali-

sierung in diesem Sinne bedeutet nicht Partikularität sondern Organisierung regional festmachbarer Interessen für die internationalen Beziehungen.
- Innerhalb eines internationalen Systems, für das das Völkerrecht den Rahmen abgibt und auf diese Weise den normierenden, dienenden und schützenden Raum einer Rechtsordnung bietet, könnten neue Technologien zur Kommunikation und Koordination herrschaftsmindernd genutzt werden.

Volker Rittberger

Frieden durch Assoziation und Integration?
Anmerkungen zum Stand der Forschung über Internationale Organisationen und Regime

1. Einleitung: "International Governance" als Einschränkung internationaler Anarchie[1]

Die politikwissenschaftliche Analyse der internationalen Beziehungen war schon immer auch von dem *"progressiven" Erkenntnisinteresse* daran durchdrungen, ob und auf welche Weise die Staaten Formen der *"international governance"* (im Unterschied zu "international government") auszubilden vermögen, das heißt Institutionen der kollektiven Problem- und Konfliktbehandlung, in oder gemäß denen Staaten freiwillig nach im voraus bestimmten Normen und Regeln kooperieren. Dieses "progressive" Erkenntnisinteresse kontrastiert mit dem *"tradionalistischen"*, das die wissenschaftliche Forschung auf die *Untersuchung kompetitiver Strategien* orientiert, die einzelnen Staaten (oder Staatengruppen) Sicherheitsvorteile oder Wohlfahrtsgewinne zu Lasten anderer Staaten ermöglichen. Dieses "traditionalistische" Erkenntnisinteresse geht von der Annahme aus, daß die *internationalen Beziehungen der Staatenwelt* als *"Anarchie"* begriffen werden müssen. Demgegenüber fungiert für das "progressive" Erkenntnisinteresse der Begriff der "internationalen Anarchie" nur als idealtypisches Konstrukt, das als Folie für die positive Bestimmung des Vorkommens und der Arten institutionalisierter Kooperation zwischen Staaten dient. Zwar wird das "progressive" Erkenntnisinteresse an den Möglichkeiten und Bedingungen nicht-anarchischer internationaler Beziehungen in "idealistischer" Übertreibung häufig mit den der "Anarchie" entgegengesetzten, ebenfalls idealtypischen Konstrukten "Weltgesellschaft" oder "Weltstaat" identifiziert; doch hat sich schon seit langem die Einsicht Bahn gebrochen, daß die Institutionalisierung kollektiven Handelns zwischen Gesellschaften nicht an den Staaten vorbei, sondern nur unter ihrem Einschluß

---

[1] Der Verfasser ist den Mitarbeitern der Arbeitsgruppe Friedensforschung am Institut für Politikwissenschaft der Universität Tübingen, insbesondere Martin List, Frank Schimmelfenning und Michael Zürn, für Anregungen und Kritik zu Dank verpflichtet.

gelingen kann. Das "progressive" Erkenntisinsteresse richtet sich demnach - anders als das "traditionalistische" - nicht primär darauf zu analysieren, wie Staaten miteinander umgehen, sondern sucht in Erfahrung zu bringen, *wie sich die Staaten (als Gesamtheit) selbst "regieren"*.

Dieses "progressive" Erkenntnisinteresse in der politikwissenschaftlichen Forschung über internationale Beziehungen ist nun keineswegs gleichzusetzen mit dem Anliegen der Friedens- und Konfliktforschung, die Möglichkeiten, Bedingungen und Schranken des Abbaus beziehungsweise der Überwindung von Friedlosigkeit zwischen Staaten in ihren unterschiedlichen Ausprägungen zu untersuchen. "International governance" ist nicht als Antithese zum anarchischen dezentralen Selbsthilfesystem und der darin beschlossenen formalen souveränen Gleicheit der Staaten zu sehen, sondern als Inbegriff jener metastaatlichen Institutionalisierung kollektiven Handelns von Staaten, die auf der Möglichkeit der freien Konsensbildung und damit des Gewaltverzichts zwischen den Beteiligten beruht; mit anderen Worten, *"international governance"* bezeichnet eine *von den Staaten selbst errichtete Schranke der "internationalen Anarchie"*, eine sich selbst auferlegte Einschränkung der souveränen Handlungsfreiheit. Die Friedensleistung von "international governance" im Sinne der Vermeidung *direkter* Gewalt ist somit eine erwartete, aber empirisch erst noch zu überprüfende Folge, deren Ausmaß unter Umständen nur in Abhängigkeit von unterschiedlichen Arten oder Typen von "international governance" festgestellt weden kann.

Die Beziehungen zwischen "international governance" und der Vermeidung beziehungsweise dem Abbau *"struktureller"* Gewalt zwischen Staaten sind demgegenüber erheblich komplexer. Hier weisen die einschlägigen Vermutungen ein breites Spektrum erwarteter Beziehungsmuster auf: Sie reichen von der Behauptung, daß es sich um einen bloßen Formenwandel der Beherrschung schwacher durch mächtige Staaten handele[2], bis hin zu der Aussage, daß die Institutionalisierung kollektiven Handelns von Staaten den schwächeren Beteiligten disproportional weniger Kosten aufbürde als den mächtigeren[3]. Auch hier gilt, daß die Folgen von "international governance" für strukturelle Gewaltverhältnisse unter Umständen je nach deren Art und Form verschieden sein können. Zusammen-

---

[2] Vgl. statt vieler: Galtung (1972), 61 ff.
[3] Vgl. Olson (1965), sowie die auf Olsons Theorie der kollektiven Güter basierenden Arbeiten über internationale Organisationen und Regime.

fassend können wir feststellen, daß *"international governance"* zwar *Friedenserwartungen begründet*, aber als solche, das heißt ohne nähere Formbestimmung, *weder für Sicherheit noch für Gerechtigkeit bürgen* kann.

2. Die Geschichte der Forschung über "International Governance" und Internationale Regime

Die Forschung über "international governance" als Schranke der anarchisch-dezentralen Selbsthilfe der Staaten hat sich seit dem letzten Drittel des 19. Jahrhunderts gleichsam wellenartig entfaltet und an *zentralen Begriffen* wie dem der *Internationalen Organisation* und *Verwaltung*, der *Internationalen*, besonders *Regionalen Integration* sowie in neuerer Zeit an dem des *Internationalen Regimes* festgemacht. Dabei hat sich diese wissenschaftssimmanente Bewegung durchaus an die Fersen der Politik geheftet, ohne jedoch diese nur affirmativ widerzuspiegeln. - Man mag eine Schwäche darin sehen, daß die wissenschaftliche Reflexion über "international governance" eher dazu tendierte, der politischen Praxis "idealistisch" vorauszueilen, als ihr - "realistisch"-distanziert - nachzuhinken; durch die Bereitstellung neuartiger Denk- und Analysekategorien trug sie immerhin dazu bei, in den Köpfen des politisch interessierten Publikums die reduktionistische Betrachtung der Anarchie in den internationalen Beziehungen im Sinne kruder Machtpolitik in Zweifel zu ziehen und die Bereitschaft zu wecken, der institutionalisierten Kooperation und kollektiven Konfliktregelung zwischen Staaten eine Chance zu geben.

Dem kritischen Beobachter der Praxis zeitgenössischer internationaler Organisationen wie des Verbands der Vereinten Nationen oder der Europäischen Gemeinschaft erschließt sich kaum noch die Tragweite jener *Neuerungen in der wissenschaftlichen Literatur*, die sich zum Teil schon vor über hundert Jahren mit der Erfindung der Termini "Internationale Organisation" und "Internationaler Verwaltungsverein" ankündigte[4]: In der Entstehung und Ausbreitung internationaler Sonderverwaltungen ("public international unions") konkretisierte sich die Ausbildung eines politisch-administrativen Steuerungsmechanismus der internationalen Vergesellschaftung, auf den Paul S. Reinsch schon 1911 den Oberbegriff der Internationalen Organisation anwandte. Aber bereits fast dreißig Jahre zuvor hatte

---

[4] Zur Begriffsgeschichte immer noch lesenswert Potter (1945).

Georg Jellinek in seiner "Lehre von den Staatenverbindungen" (1882) denselben Sachverhalt erfaßt. Da er als erster eine empirisch-analytische Sicht der "international governance" entwickelte und in der "state-of-the-art"-Literatur angelsächsischer Provenienz so gut wie unbekannt geblieben ist[5], sei hier kurz auf den uns besonders interessierenden Aspekt seines Werks eingegangen.

Anknüpfend an die Verwaltungslehre Lorenz von Steins schreibt Jellinek:

> "... Hier auf dem Gebiete der Verwaltung entwickelt sich in Folge der immer steigenden Solidarität der Staaten mit zwingender Kraft eine Organisation, welche nicht mehr auf dem Willen und der Kraft des Einzelstaates, sondern auf dem der Gemeinschaft beruht. Die internationalen Organe der Schiffahrts-, Post-, Telegraphen-, Meterconventionen bezeichnen den Anfang eines neuen zwischen-staatlichen Lebens."[6]

Wohl sieht Jellinek die Widerstände gegen diese Entwicklung auf seiten der Staaten, die "das Aufgeben ihres Sonderwillens zu Gunsten einer internationalen Behörde" zu vermeiden trachten. Dennoch hält er an der Erkenntnis einer sich deutlich abzeichnenden Entwicklungstendenz fest:

> "Da dieser Process der internationalen Verwaltungsorganisation aber im Laufe der Geschichte ein Gebiet der Verwaltung nach dem anderen, mit Ausnahme der ausschließlich einzelstaatliche Zwecke fördernden Staatsfunctionen, ergreifen wird, so ist diese Form der Staatenverbindung berufen, zu einer immer steigenden Wichtigkeit im Staatenleben zu gelangen."[7]

In der *"state-of-the-art"-Literatur* wird das Teilgebiet der Wissenschaft von den Internationalen Beziehungen, das sich durch das "progressive" Erkenntnisinteresse an der "international governance" konstituiert, unter der Bezeichnung "Internationale Organisation" beziehungsweise "Internationale Organisation und Integration" aufgeführt. Die Entwicklung dieses Teilgebiets der Internationalen Beziehungen wird zumeist nach chronologischen Schemata abgehandelt, deren analytische Zeitintervalle umso kürzer werden, je näher sie an die Gegenwart heranreichen. Im Grunde lassen derartige Arbeiten aber ein tieferes Verständnis des (politik)entwicklungsgeschichtlichen Sinns der beobachteten Sachverhalte vermissen.[8] Demgegenüber haben Kratochwil/Ruggie (1986) einen fruchtbareren

---

[5] Vgl. jüngstens Kratochwil/Ruggie (1986) und Rochester (1986).
[6] Jellinek (1882), 110f.
[7] A.a.O., 165.
[8] So zuletzt wieder Rochester (1986).

Weg eingeschlagen und sich von der These leiten lassen, daß es in der den Problemen der "international governance" gewidmeten Forschung eine *Aufeinanderfolge analytischer Schwerpunktverlagerungen* gegeben hat, in der ein zunehmend adäquateres Verständnis von Institutionen der kooperativen Problembearbeitung und Konfliktregelung zwischen Staaten zum Ausdruck kommt. Kratochwil/Ruggie schlagen in ihrer Analyse einen großen Bogen von der Konzentration der Forschung auf die Formalstruktur einzelner internationaler Organisationen bis zu der Betonung der Erkenntnis, daß die institutionalisierte Kooperation zwischen Staaten sich nicht nur im Schoße formaler Organisationen entfaltet, sondern auch aus wechselseitig akzeptierten Regelwerken folgt, die zwar in der Regel in einen formalen organisatorischen Rahmen eingebettet sind, ihre Wirkung jedoch nicht daraus beziehen.[9]

Die Entwicklung des üblicherweise "Internationale Organisation" genannten Teilgebiets der Internationalen Beziehungen ging zunächst von der *Identität von "international governance"* und den satzungsmäßig vorgesehenen beziehungsweise tatsächlich erfolgenden *Aktivitäten internationaler Organisationen* aus. Anfänglich beschäftigte sich die Forschung damit, die Entsprechung von Organisationsmandat und Organisationspraxis und die Zurückführung letzterer auf die Formalstruktur der Organisation herauszuarbeiten. Angesichts offenkundiger Diskrepanzen zwischen Organisationsmandat und Organisationspraxis und der geringen Erklärungskraft der Formalstruktur wandte sich die Forschung den tatsächlichen Entscheidungsabläufen und den darin zutage tretenden Bestimmungsfaktoren des "Organisationsoutputs" zu. Aber erst mit der Hinwendung der Forschung zu den Politikinhalten und -folgen der Aktivitäten internationaler Organisationen beginnt die *Vorstellung von der Identität zwischen "international governance" und internationalen Organisationen brüchig* zu werden: Einerseits führen die Prozesse der Politikentwicklung in internationalen Organisationen vor Augen, daß sie nicht nur die Aufgaben der kooperativen Problembearbeitung und Konfliktregelung verfehlen, sondern deren Erfüllung unter Umständen sogar erschweren können, wie zum Beispiel bei der Befassung der Beschlußorgane von Sonderorganisationen der Vereinten Nationen mit Fragen, die primär in die Kompetenz des Sicherheitsrates und der Generalversammlung der Vereinten Nationen fallen. Andererseits gibt es auch einige wenige internationale Organisationen, die - in einem regional und/oder

---

[9] Als Beispiel ließe sich das Antarktis-Regime anführen, dessen Bestand und Funktionsweise nicht an eine bestimmte zwischenstaatliche Organisation im formalen Sinne gebunden ist.

sektoral beschränkten Rahmen - Agenturen eines Prozesses politischer Integration "beyond the nation state" sind, also "international government" statt "international governance" anvisieren. Die aus der kritischen Performanzanalyse internationaler Organisationen einerseits und dem Supranationalitätsideal einiger weniger Regionalgemeinschaften andererseits folgende Entleerung von "international governance" führte schließlich zur *"Entdeckung" der Internationalen Regime* als deren neues konstitutives Element. Die Vorteile dieser begrifflichen und analytischen Umorientierung können in drei Punkten zusammengefaßt werden: (1) Die begriffliche Unterscheidung von Internationalen Regimen und Internationalen Organisationen trägt dem Umstand Rechnung, daß beide nicht notwendig aufeinander bezogen sind, dennoch aber beide füreinander von allergrößter Bedeutung sein können. (2) Die Einführung des Begriffs des Internationalen Regimes stellt ein deutliches Korrektiv zu den integrationsteleologischen Tendenzen in der Forschung über internationale Organisationen dar und betont stattdessen die zieloffenere Kategorie der - wenngleich institutionalisierten - Kooperation zwischen Staaten. (3) Mit dem Begriff des Internationalen Regimes sieht sich die wissenschaftliche Analyse in die Lage versetzt, den - fallweise, nicht generell - bekundeten Verzicht der Staaten auf Selbsthilfe beziehungsweise die Entscheidung gegen unilaterale Politik und zugunsten institutionalisierter Kooperation bei der Problembearbeitung und Konfliktbehandlung in angebbaren Handlungszusammenhängen nicht als marginal oder rätselhaft abtun zu müssen, sondern als integralen Bestandteil der internationalen Politik werten zu können, ohne damit jedoch die Existenz anderer, insbesondere kompetitiver Modi des kollektiven Konfliktaustrags zwischen Staaten zu negieren.

Über Internationale Regime als neuem Brennpunkt der Forschung über "international governance" hat sich eine lebhafte Konzeptualisierungsdebatte entwickelt. Die bislang einflußreichste *Definition*, die von Krasner vorgelegt wurde, sucht den Begriffsinhalt wie folgt festzulegen:

> "Regimes can be defined as sets of implicit or explicit principles, norms, rules, and decision-making procedures around which actors' expectations converge in a given area of international relations. Principles are beliefs of fact, causation, and rectitude. Norms are standards of behaviour defined in terms of rights and obligations. Rules are specific prescriptions or proscriptions for action. Decision-making procedures are prevailing practices for making and implementing collective choice."[10]

---

[10] Krasner (1983), 2.

Die Kritik an dieser Definition entzündete sich daran, daß sie immer noch sehr unterschiedliche Vorstellungen über den Objektbereich abdeckt, "die von regelhaftem Verhalten über konvergierende Normen und Erwartungen zu expliziten Geboten reichen".[11] Zur Hebung der analytischen Brauchbarkeit des Konzepts des Internationalen Regimes ist einem engeren Verständnis der Vorzug zu geben, da sonst die Gefahr besteht, zum einen die Normbestimmtheit staatlichen Verhaltens zu überschätzen und zum anderen bloß *regelhaftes* mit norm- und *regelgeleitetem* Verhalten zu verwechseln. Haggard/Simmons (1987) folgend sollen daher *"explizite Vorschriften"* als geeignete Indikatoren für die Existenz eines internationalen Regimes gelten. Somit lassen sich - Krasners komplexe Begriffsbestimmung präzisierend - Internationale Regime am besten definieren als "Übereinkünfte zwischen Staaten mit dem Ziel, nationale Handlungen innerhalb eines Problemfelds zu regulieren. Regime definieren die Reichweite erlaubten staatlichen Handelns nach Maßgabe expliziter Anordnungen."[12]

3. Die Friedensleistung Internationaler Regime

Da es bei der Forschung über "international governance" letztlich um den Versuch der Bestimmung funktionaler Äquivalente in den internationalen Beziehungen für die in Staaten existierende Rechtsordnung geht, stellt sich natürlich auch hier die Frage nach dem "Wozu". Ebenso wie diese Frage bei den Staaten durch den Verweis auf ihre friedensstiftende Funktion für ihre jeweiligen Gesellschaften beantwortet wird, rechtfertigen sich die Formen der "international governance" zumindest auch aus ihren *Friedensleistungen für die internationalen Beziehungen*. Dabei ist aber der Versuchung zu widerstehen, in die Definition des Staates einerseits und in die der Internationalen Organisation beziehungsweise des Internationalen Regimes andererseits die erwartete Wirkung: Frieden bereits einfließen zu lassen. Vielmehr ist diese begriffsanalytische Unterscheidung unverzichtbar, um der Selbstaffirmation der Institutionen des "government" oder der "governance" aufgrund bloß behaupteter Friedensleistungen kritisch begegnen zu können.

---

[11] So Haggard/Simmons (1987), 493 (Übersetzung vom Verfasser).
[12] Ibid., 495, (Übersetzung vom Verfasser). Ein davon etwas abweichender Versuch, die Definition von Krasner handhabbar zu machen, findet sich in Wolf/Zürn (1986).

Die Untersuchung der Friedensleistung verschiedener Formen der "international governance" (internationale Organisationen, Regionalgemeinschaften, Regime) hat eine Fülle von sehr unterschiedlichen Befunden gezeitigt, die schon methodisch kaum auf einen Nenner zu bringen sind. Selbst wenn wir zunächst von einer näheren Explikation des Friedensbegriffs absehen und uns auf die Betrachtung der *Verhütung oder Beendigung direkter kollektiver Gewalt* in den internationalen Beziehungen beschränken, fällt es nicht leicht, die unterschiedlichen Forschungsergebnisse angemessen einzuordnen.

Autoren wie Haas (1983; 1986) und Väyrynen (1985) haben die Aktivitäten der *Vereinten Nationen* und ihr *vergleichbarer Regionalorganisationen* zum Teil sehr eingehend untersucht und eine geringe Effektivität ihrer Friedensleistung ausgemacht. Ihre und anderer Forscher Befunde zusammengefaßt drängt sich der Schluß auf, daß keine der diesen Organisationen zu Gebote stehenden Aktionsformen - militärische und nicht-militärische Sanktionen, Verfahren der friedlichen Streitbeilegung, Entsendung von sogenannten Friedenstruppen - sich als durchschlagend wirksame Instrumente herausgestellt haben, um zur Wahrung der internationalen Sicherheit im Sinne von Eindämmung und Minderung direkter Gewalt in der Staatenwelt beizutragen. Allerdings darf dabei die Subsidiaritätsfunktion und Drittparteirolle dieser internationalen Organisationen - wie zuletzt bei der Beilegung des Afghanistan-Konflikts und des Krieges zwischen Iran und Irak erkennbar geworden - nicht übersehen werden. Diese Funktion beziehungsweise Rolle wird aber in der Regel erst dann aktiviert, wenn den Konfliktparteien die Kosten des gewaltsamen Konfliktaustrags - aus welchen Gründen auch immer - als nicht mehr tragbar erscheinen.[13]

Demgegenüber hat Nye schon sehr früh in seinem Buch "Peace in Parts" (1971) in sehr positiver Weise die Friedensleistung der auf dem Wege der politischen Integration sich befindenden *Regionalgemeinschaften*, insbesondere in Westeuropa, gewürdigt: Obschon sie über keine Instrumente der direkten friedenssichernden Intervention verfügten, sei die Kriegsgefahr zwischen ihren Mitgliedern gering oder gar praktisch nicht-existent, da der Integrationsprozeß nicht nur fallweise, sondern generell die Option der gewaltsamen Selbsthilfe zurückdränge beziehungsweise ausschließe. Wenngleich Nyes Analysen nichteuropäischer Regionalge-

---

[13] Siehe dazu auch Rittberger (1988), 157 ff.

meinschaften sich als zu optimistisch erwiesen, bleibt doch die von ihm und vielen anderen Autoren konstatierte Friedensleistung der Europäischen Gemeinschaft ein beachtenswertes Faktum.

Die Forschung über die *Friedensleistung Internationaler Regime* steckt bestenfalls in den Anfängen, da sich die theoretische Literatur und ihr folgend die empirische Forschung vorzugsweise mit der Entstehung und dem Wandel von Internationalen Regimen befaßten. Die Frage "Do International Regimes Matter?" ist zwar jüngst wieder von Haggard/Simmons (1987) explizit aufgeworfen, aber eben gerade nicht im Sinne der Friedensforschung formuliert, geschweige denn beantwortet worden. Die Effektivität von Internationalen Regimen als Schranke der direkten kollektiven Gewaltanwendung oder -androhung in den internationalen Beziehungen läßt sich vorläufig wohl am besten dadurch abschätzen, daß die Existenz und Stärke von *internationalen Sicherheitsregimen* ermittelt wird.

Die Errichtung von Internationalen Regimen im Politikfeld "Sicherheit" ist allerdings von vorneherein dadurch restringiert, daß Kooperation und insbesondere ihre Institutionalisierung ohne eine schon vorgängig oder parallel geschaffene Vertrauensbasis hohe Risiken für die physische Existenz und die "Freiheit der Eigenentwicklung" der beteiligten Staaten in sich birgt (jedenfalls höhere Risiken als im Falle nicht erwiderten kooperativen Verhaltens zum Beispiel in den Außenwirtschafts- oder internationalen Finanzbeziehungen).[14] Gleichwohl wird man die Suche nach internationalen Sicherheitsregimen nicht als ergebnislos abbrechen müssen. Sowohl für die Behandlung territorialer (und auch maritimer) Abgrenzungs- und Nutzungsprobleme lassen sich mit Verbindlichkeitsanspruch ausgestattete Regelwerke identifizieren, die sowohl positive als auch negative Verhaltensanordnungen an die beteiligten Staaten adressieren und damit den ihnen verbleibenden Handlungsspielraum für Strategien der einseitig-kompetitiven Interessenverfolgung abstecken.[15]

Weitaus schwieriger erweist sich die Bestimmung der Friedensleistung der verschiedenen Formen der "international governance" im Hinblick auf den *Abbau*

---

[14] Zu den Besonderheiten von internationalen Sicherheitsregimen und den Bedingungen ihrer Entstehung siehe unter anderem Jervis (1983).
[15] Ein treffliches Beispiel stellt das in der einschlägigen Literatur schon ausgiebig behandelte Nichtverbreitungsregime für Kernwaffen dar. - Neuere theoretische und vor allem empirische Beiträge zum Thema "Sicherheitsregime" finden sich in George et al. (1988).

beziehungsweise die *Überwindung "struktureller Gewalt"* oder anders formuliert: auf die *Förderung "gerechten Friedens"* in den internationalen Beziehungen. Läßt sich über die nähere Bestimmung des "effektiven Friedens" durch Bezugnahme auf die "direkte Gewalt" leichter Einigkeit erzielen, so wirft das Ideal des gerechten Friedens schwerwiegende Probleme der Selektion beziehungsweise der Vermittlung unterschiedlicher Gerechtigkeitsvorstellungen auf, wobei zunächst einmal zwischen *Verfahrensgerechtigkeit* und *Verteilungsgerechtigkeit* zu unterscheiden ist. Da hier kein Raum ist, um die Diskussion dieser Probleme zu vertiefen, sei nur so viel angemerkt, daß eine dem Erkenntnisinteresse und dem Praxisbezug der Friedensforschung gemäße Gerechtigkeitsvorstellung jedenfalls mit dem egalitaristischen Schematismus verfehlt wird.[16] Stattdessen scheinen mir für die Verfahrensgerechtigkeit Gesichtspunkte wie Repräsentativität und Korrigierbarkeit, für die Verteilungsgerechtigkeit das von Rawls formulierte sogenannte Differenzprinzip von zentraler Bedeutung zu sein.[17] Aber selbst diese ethische Fairness-Doktrin mag manchen noch zu anspruchsvoll erscheinen, und sie mögen es stattdessen vorziehen, das Gerechtigkeitsprinzip an der Befriedigung von Grundbedürfnissen und dem Verbot willkürlicher Diskriminierung festzumachen.

Da es an einer etablierten Tradition der Forschung über die Folgen von internationalen Organisationen, Regionalgemeinschaften und Regimen für eine Qualität der internationalen Beziehungen, die den Kriterien des gerechten Friedens genügt, mangelt, beschränke ich mich auf wenige Andeutungen:

Von allen Organisationen, die dem *Verband der Vereinten Nationen* angeschlossen sind, haben die Verteilungswirkungen der Aktivitäten von Weltwährungsfonds und Weltbank am häufigsten Kritik hervorgerufen, die auf prozedurale ebenso wie auf materielle Gerechtigkeitsdefizite hinweist; für andere Organisationen des VN-Systems hat es vergleichbare Kontroversen nicht gegeben.
Regionalgemeinschaften auf dem Weg der politischen Integration wie die EG sind zweifellos einer ständigen kritischen Beobachtung der Verteilungsfolgen der von ihr beeinflußten Marktprozesse und Strukturentwicklungen ausgesetzt. Die Süderweiterung der EG hat das im westeuropäischen Nord-Süd-Gefälle steckende materielle Gerechtigkeitsproblem schärfer hervortreten lassen, aufgrund verfah-

---

[16] Galtung (1971), 58 und passim.
[17] Vgl. hierzu den Beitrag von Klaus Dieter Wolf im vorliegenden Band.

rensgerechter kollektiver Entscheidungsprozesse aber auch einer friedlichen und materiell gerechten Regelung zumindest in Ansätzen zugänglich gemacht.

Bei den *Internationalen Regimen* kennen wir einige Fälle, deren Wirkungen in dem von ihnen geregelten Problemfeld einer Prüfung auf Verteilungsgerechtigkeit durchaus standhalten. Dies gilt einmal zum Beispiel für das internationale Zivilluftfahrtregime, das auch den luftfahrttechnisch und -ökonomisch weniger entwickelten Staaten eine faire Beteiligung an dem aus dem schnell wachsenden internationalen Luftverkehr erwachsenden Gesamtnutzen zusichert.[18] Zum anderen ist auf die Beispiele der Nutzungsregelung für die geostationäre Umlaufbahn sowie für das Satellitenfernsehen hinzuweisen. Durch die Abschwächung des Grundsatzes "first come, first served" sowie durch das Erfordernis des "prior consent" scheint sich ein allgemein verbindliches Regelwerk gerade unter Berücksichtigung der Interessen der kommunikationstechnologisch weniger entwickelten oder leicht zugänglichen Staaten durchzusetzen, das jedenfalls keiner krassen Ungerechtigkeit geziehen werden kann.[19]

Angesichts der diffusen Beziehungsmuster zwischen den verschiedenen Formen der "international governance" und der Art ihrer Wirkungen auf die internationalen Beziehungen, die sich aus den vorstehenden Andeutungen ergeben, muß das Aufspüren von Invarianzen methodisch reflektierter erfolgen. Dazu zählt vor allem das Bilden von Klassen oder Typen von internationalen Organisationen und Regimen und deren gedankliche Verknüpfung mit ihren zwischen die Pole "gerecht" und "ungerecht" fallenden Verteilungswirkungen. Zweckmäßige Klassifikationsmerkmale können einmal Kriterien der Verfahrensgerechtigkeit sein: So scheint die Vermutung plausibel, daß internationale Organisationen, die zum Beispiel der Repräsentativitätsregel genügen, ein höheres Maß an Verteilungsgerechtigkeit bewirken als andere, die Repräsentativitätsregel ignorierende Organisationen. Für den Bereich der Internationalen Regime hat Zürn (1987) in Anknüpfung an Krasner (1985) die Unterscheidung von drei Typen von Internationalen Regimen (= IR) vorgeschlagen und ihnen unterschiedliche Verteilungsleistungen zugeordnet:

---

[18] Vgl. hierzu Krasner (1985), 196 ff.
[19] So jedenfalls in der Tendenz Zürn (1987), 178 ff.

Merkmale von Regimetypen[20]

Regime- typen \ Regime- folgen	Verteilungs- gerechtigkeit	Effizienz	Beitrag zur Überwindung kollektiver Suboptimalität
Marktorientierte IR	Gering	Hoch	Gering
Nationalistisch-orientierte IR	Mittel	Mittel	Mittel
Internationalistisch-orientierte IR	Hoch	Gering	Hoch

Die Unterscheidung zwischen markt-, nationalistisch- und internationalistisch-orientierten Regimen verweist auf unterschiedliche Regelungsprinzipien, die der Regimebildung zugrunde liegen. Im Falle markt-orientierter Internationaler Regime soll das Tauschprinzip im betroffenen Problemfeld als die zentrale Steuerungsinstanz für die Verteilung der umstrittenen Güter aufrechterhalten und die Staaten verpflichtet werden, marktwidrige Interventionen zu unterlassen. Nationalistisch-orientierte Regime weisen demgegenüber die Regelungs- und Verteilungsbefugnisse im betroffenen Problemfeld den Nationalstaaten zu, binden diese aber an international vereinbarte Normen und Regeln. Internationalistisch-orientierte Regime übertragen dagegen die Regelungs- und Verteilungsbefugnisse internationalen Organisationen oder Behörden.

Die auf der Basis dieser Unterscheidung vermuteten Wirkungen unterschiedlicher Typen von Internationalen Regimen bedürfen jedoch weiterer eingehender empirischer Überprüfungen. Und selbst wenn sich die hier vermuteten Wirkungen als zutreffend erweisen sollten, verbleibt in jedem Fall die Aufgabe der Reflexion darüber, welche der angegebenen Wirkungen normativ höher zu veranschlagen ist: hohe Effizienz oder hohe Verteilungsgerechtigkeit. Diese Frage ist wiederum je nach Kontext wohl unterschiedlich zu beantworten: Im Falle ausgeprägter

---

[20] Nach Zürn (1987), 46. Dort finden sich auch Erläuterungen zum Verständnis der Begriffe "Verteilungsgerechtigkeit", "Effizienz" und "Beitrag zur Überwindung kollektiver Suboptimalität".

Ungleichheit wie in den West-Süd-Beziehungen sollte die Erhöhung der Verteilungsgerechtigkeit Vorrang vor Effizienzgesichtspunkten haben. Im Falle vergleichsweise hoher Verteilungsgerechtigkeit und anerkannt geringer Effizienz wie beispielsweise in den Ost-Ost-Wirtschaftsbeziehungen erscheint vor allem die Effizienzsteigerung als besonders erstrebenswert.

4. Der theoretische Beitrag der Regimeanalyse

Nachdem der Objektbereich unserer Betrachtungen: "international governance" begriffsanalytisch ausgeleuchtet und zugleich erörtert wurde, welche Friedensleistungen verschiedenen Arten der institutionalisierten Kooperation zwischen Staaten zugeordnet werden können, soll im folgenden auf die vielfältigen und sehr unterschiedlichen *Ansätze zur Erklärung der Entstehung* von "international governance" eingegangen werden. Dabei lassen wir uns von der Vorstellung leiten, daß es die Entwicklung der Forschung über institutionalisierte Kooperation zwischen Staaten nahelegt, die große Zahl der umfassenden oder Partial-Theorien über diesen Objektbereich in systematischer Absicht zu reformulieren beziehungsweise zu reorganisieren. Damit wird sich auch der Versuch verbinden lassen, eine Neubewertung der Tragfähigkeit bestimmter Theorietraditionen herbeizuführen und zugleich die Veränderung des relevanten Theoriespektrums zu verdeutlichen. Speziell für die Regimeanalyse gilt, daß sie keine eigene Theorie hervorgebracht und dies auch nicht angestrebt hat. Vielmehr geht es ihr darum, neben einer Neukonzeptualisierung des Untersuchungsgegenstands der Forschung über "international governance" auf die einschlägig-bekannten Theorien oder Theoriestücke zurückzugreifen, "um zu klären, was eine Theorie kann beziehungsweise nicht kann, und was sie uns über Regime mitteilt".[21]

1. Die Möglichkeit der *Bewertung der Tragfähigkeit bestimmter Theorietraditionen* ergibt sich durch die *Einführung der "neuen" abhängigen Variablen*: Internationales Regime. Für die auf die abhängige Variable: Integration fixierte Analyserichtung der Internationalen Beziehungen bietet die Regimeanalyse die Möglichkeit, sich von "idealistischen" Weltstaatsmodellen ("international government") ebenso wie von supranationalen Vergemeinschaftungsvorstellungen zu lösen und sich stattdessen

---

[21] Haggard/Simmons (1987), 492 (Übersetzung vom Verfasser).

politikfeldbezogenen Formen der institutionalisierten Kooperation zwischen Staaten ("international governance") bei der Hypothesenüberprüfung zuzuwenden.

Darüber hinaus bietet die Regimeanalyse einen *methodischen Vorzug* bei der empirisch-vergleichenden Forschung: Verglichen mit der Integrationsforschung hat es die Regimeanalyse mit einem weit größeren und verschiedenartigeren Fallmaterial zu tun. Dank diesem sind die methodischen Probleme der Hypothesenüberprüfung deutlich geringer als bei der Integrationsforschung, die sich überwiegend nur des methodisch wie theoretisch weniger ergiebigen Instruments der Einzelfallstudie bedienen kann.

Schließlich stellt der Regimebegriff ein *empfindlicheres Analyseinstrument* auch insofern dar, als er sich - anders als das Integrationskonzept - gerade auch für die Untersuchung der Entwicklung von Konfliktbehandlungsformen im Kontext friedensgefährdender Konfliktbeziehungen anbietet. Mit anderen Worten, die Transformation des Konfliktaustrags in angebbaren Problemfeldern von der gewaltträchtigen Regellosigkeit zur friedlichen Konfliktregelung qua institutionalisierter Kooperation läßt sich mit dem Begriff des Internationalen Regimes erfassen, mit dem Begriff der Integration jedoch nicht.

2. Die *theoretischen Innovationen der Regimeanalyse* halten sich durchaus in Grenzen. So tragen die Leitideen der Realistischen Schule, des sogenannten Funktionalismus und Neo-Funktionalismus zu dem Theoriefundus bei, aus dem die Regimeanalyse schöpft. Allerdings hat die Theoriediskussion, welche die Entwicklung der Regimeanalyse begleitet hat, dazu geführt, diese und andere Theorien beziehungsweise Theoriestücke teilweise zu reformulieren und sie neu zu kategorisieren: In der Regimeanalyse stehen bislang "problemstrukturelle", "machtstrukturelle", "situationsstrukturelle" und "normativ-institutionelle" beziehungsweise "autokatalytische" Faktoren für die Erklärung der Entstehung und des Wandels von Internationalen Regimen im Vordergrund.

a) Die *Reorganisation* und zugleich *Veränderung des relevanten Theoriespektrums* läßt sich zunächst am Beispiel der sogenannten problemstrukturellen Faktoren aufzeigen. *Problemstrukturelle Faktoren* erklären die Art der Konfliktbearbeitung aus der Beschaffenheit des zugrundeliegenden Konfliktgegenstandes beziehungsweise des Problemfeldes. Schon der Funktionalismus führte mit seiner klassischen

Unterscheidung von "high politics" und "low politics" einen solchen problemstrukturellen Faktor ein, um damit die Bildung und Effektivität internationaler Einzweck-Organisationen zu erklären. Während der Neo-Funktionalismus sich von diesen Anfängen problemstruktureller Hypothesenbildung eher distanzierte, konnte sich dieser Erklärungsansatz erst mit der Regimeanalyse, deren Verwandtschaft mit der "policy analysis" auch insoweit unübersehbar ist, vollends durchsetzen.

Als *Beispiel eines problemstrukturellen Ansatzes* zur Erklärung institutionalisierter Kooperation zwischen Staaten mag folgende Skizze dienen: Will man Konfliktgegenstände daraufhin untersuchen, ob sie aufgrund ihrer Beschaffenheit ein Potential für eine friedliche Konfliktregelung aufweisen, liegt die Konstruktion einer Konflikttypologie nahe. Einer solchen Typologisierung von Konfliktgegenständen folgend lassen sich dann Wertekonflikte von Mittel- und Interessenkonflikten unterscheiden: Während erstere sich eher gegen eine friedliche Konfliktregelung sperren, sind letztere - unbeschadet weiterer Differenzierungen - friedlicher Konfliktregelung eher zugänglich. Die theoretische Überlegenheit einer so gearteten Konflikttypologie gegenüber der Unterscheidung zwischen "low politics" und "high politics" erschließt sich zum Beispiel bei einer Betrachtung von Kooperationsfällen in den Ost-West-Beziehungen: Die Vereinbarungen zwischen Ost und West über die Errichtung und den Betrieb von "hot lines" oder über die Schaffung von Vertrauens- und Sicherheitsbildenden Maßnahmen lassen sich kaum durch deren Zuordnung zu der Kategorie der "high politics" erklären, wohl aber durch deren Einordnung in die erwähnte Typologie als Regulierung von Mittelkonflikten.[22]

b) Die Kategorie der *Macht* zählt zwar zu den grundlegenden Analyseinstrumenten der Realistischen Schule der Internationalen Beziehungen, wird aber nicht nur von dieser Schule verwendet. Schon seit dem Ende der fünfziger Jahre haben sich auch solche Autoren dieser Kategorie bedient, denen es um die Beantwortung der Frage nach den Voraussetzungen politischer Integrationsprozesse (in bestimmten Weltregionen) ging. Deutsch und andere (1957) haben zum Beispiel unter Rückgriff auf historische Fallbeispiele die Bedeutung von Machtzentren ("cores of strength") für

---

[22] Vgl. zur Darlegung dieser Konflikttypologie Efinger/Rittberger/Zürn (1988), 93 ff.. Jüngst hat auch Gowa (1988) am Fall der Außenwirtschaftspolitik der USA die Überlegenheit von feinrastigen problemstrukturellen Typologien gegenüber grobrastigen Politikfeldtypen aufgezeigt. Zur Begründung des problemstrukturellen Ansatzes vergleiche auch den Beitrag von Manfred Efinger/Michael Zürn im vorliegenden Band.

die Herausbildung von sogenannten Sicherheitsgemeinschaften unterstrichen. Die Frage nach dem "benötigten Ausmaß an Macht, um das Integrationsniveau zu erhöhen"[23] hat jedoch im Rahmen der Integrationsforschung zu keiner einheitlichen Hypothese darüber geführt, ob eine symmetrische oder eine asymmetrische Machtkonfiguration zwischen den betreffenden Staaten günstigere Integrationsvoraussetzungen bietet.

Die Regimeanalyse hat dazu beigetragen, diesen Erklärungsansatz im Rahmen der Forschung über verschiedene Formen der "international governance" wiederzubeleben. Aus der Frage nach dem politische Integrationsprozesse initiierenden und stabilisierenden "fédérateur" ist nunmehr die nach der hegemonialen Stiftung Internationaler Regime geworden. Neu ist dabei nicht nur, daß die aus der *Theorie der hegemonialen Stabilität*[24] abgeleiteten Hypothesen relativ eindeutig, wenngleich hinsichtlich ihrer Triftigkeit umstritten sind; neu ist eben auch die abhängige Variable dieses machtstrukturellen Erklärungsansatzes.

Über diese grundsätzliche Wiederbesinnung auf den Zusammenhang zwischen Machtstrukturen und institutionalisierter Kooperation zwischen Staaten hinaus ist vor allem die von Keohane/Nye (1977) vorgenommene *Auflösung des Machtbegriffs* für die Regimeanalyse bedeutsam geworden. Machtstrukturelle Erklärungen der institutionalisierten Kooperation zwischen Staaten erfahren eine mehrfache Brechung, die sie aus dem Bannkreis des "realistischen" Modells der internationalen Politik entläßt, aber auch gegenüber dem Gegenpol der "komplexen Interdependenz" noch auf Distanz bleiben läßt: Machtstrukturelle Erklärungen werden zum eine auf angebbare Problemfelder bezogen ("issue area structure") und ihre Übertragbarkeit zwischen einzelnen Problemfeldern insoweit offen gelassen, als eine eindeutige ex-ante Hierarchisierung der Problemfelder zurückgewiesen wird. Damit zusammenhängend wird zum anderen die Frage aufgeworfen, welchen Restriktionen der Einsatz gerade militärischer Machtressourcen bei dem Versuch unterliegt, bestimmte Politikresultate in unterschiedlichen Handlungsfeldern zu erzielen.

c) Als eine weitere Möglichkeit der Desaggregierung der groben machtstrukturellen Kategorie der allumfassenden Machtstruktur ("overall power structure") können

---

[23] Etzioni (1965), 95 (Übersetzung vom Verfasser).
[24] Als bekanntester Vertreter sei auf Keohane (1980; 1984) verwiesen.

spieltheoretische Modellüberlegungen betrachtet werden, die auf situationsstrukturell bedingte Handlungspositionen und -dilemmata abstellen. Die Regimeanalyse greift unter dem Stichwort "cooperation under anarchy"[25] eine von der Realistischen Schule der Internationalen Beziehungen vernachlässigte und unbeantwortete Frage wieder auf. Wohl ist die sozialwissenschaftliche Nutzung spieltheoretischer Modelle keine "Erfindung" der Regimeanalyse, denn ihrer Anwendung auf Sachverhalte der internationalen Beziehungen lag ursprünglich das "traditionalistische" Erkenntnisinteresse an den Erfolgs- beziehungsweise Mißerfolgsbedingungen kompetitiver Strategien zur Durchsetzung von "nationalen" Partikularinteressen zugrunde. Spätestens jedoch mit Axelrods Arbeit über "The Evolution of Cooperation" (1984) entwickelte sich ein zweiter, dem "progressiven" Erkenntnisinteresse an den Bedingungen der Möglichkeit der "international governance" verpflichteter Strang der sozialwissenschaftlichen Anwendung der Spieltheorie. Neuerdings gewinnt zudem die spieltheoretische Analyse der Entstehung von internationalen Regimen insofern zusätzliches Interesse, da durch die sogenannten "Two-Level-Games"[26] ein Analyseinstrument zur Verfügung zu stehen scheint, das gleichzeitig und gleichermaßen die systemischen und subsystemischen Aspekte der Regimeentstehung berücksichtigen kann, ohne dabei auf der Stufe der bloßen Deskription stehen zu bleiben.

d) Schließlich kommt in der Regimeanalyse den *normativ-institutionellen Erklärungsfaktoren* besondere Aufmerksamkeit zu. Die Bedeutung dieser Faktoren läßt sich in dem Begriff der "autokatalytischen Wirkung" bereits funktionierender Formen der institutionalisierten Kooperation zwischen Staaten zusammenfassen. Damit wird die neo-funktionalistische These von der Eigendynamik im Sinne der "Politisierung" sektoraler Integrationsprozesse aufgegriffen, diese aber zugleich um ihren teleologischen Inhalt und ihre Zwangsläufigkeitserwartungen verkürzt. Indem in der Regimeanalyse unter der Kategorie der autokatalytischen Faktoren so unterschiedliche Einflüsse wie die Regime-Implementation und -Legitimation durch internationale Organisationen, die Regime-Bildung durch internationale Kollektivverhandlungsprozesse oder die Ausstrahlung existierender internationaler Regime als Modell für die Konfliktregelung in anderen Problemfeldern berücksichtigt

---

[25] So der Titel eines von Oye (1986) herausgegebenen einschlägigen Sammelbandes.
[26] Vgl. beispielsweise Putnam (1988).

werden, kann von dem in der Integrationsforschung viel Verwirrung stiftenden Konzept des "spill over" sowie von seinen Derivaten wie "spill around" und "spill back" Abschied genommen werden.

5. Die vernachlässigte Dimension der Regimeanalyse: Subsystemische Faktoren

Unbeschadet der analytischen und theoretischen Relevanz "systemischer" und anderer von den Handlungseinheiten abstrahierender Erklärungssätze für Internationale Regime als Kernelemente der "international governance" liegt das Defizit dieser Forschung darin, daß Erklärungen, die auf der Ebene der politisch-administrativen Handlungseinheiten ansetzen, vernachlässigt, jedenfalls nicht in gleicher Weise systematisch vorangetrieben wurden wie die zuvor genannten Ansätze. Haggard/Simmons kritisieren dieses Defizit und betonen demgegenüber die Notwendigkeit der Untersuchung "wie Regime tatsächlich die Auswahl nationaler Strategien beeinflussen" und welches "die Determinanten nationaler Strategien für internationale Kooperation" sind".[27] Doch bleibt das von ihnen anvisierte Forschungsprogramm, "demzufolge internationale Kooperation nicht nur als Ergebnis der zwischenstaatlichen Beziehungen sondern auch der Wechselwirkung zwischen innenpolitischen und internationalen Machtspielen begriffen wird sowie von Koalitionen über nationale Grenzen hinweg"[28] viel zu allgemein und vor allem atheoretisch, um als vielversprechender Impuls zu wirken.

Derzeit lassen sich für die *"subsystemische" Analyse Internationaler Regime* in erster Linie zwei theoretisch gehaltvolle Erklärungsansätze ausmachen (ohne daß damit andere Erklärungsmöglichkeiten auf dieser Ansatzhöhe der Analyse ausgeschlossen oder in ihrem Wert gemindert werden sollen). Der erste und in der Regimeliteratur zunehmend anerkannte Ansatz läßt sich als *"kognitiver"* bezeichnen.[29] "Kognitivisten" argumentieren, daß die Kooperationsbereitschaft von Staaten durch "Lernprozesse", das heißt durch den Erwerb neuen Wissens beeinflußt werde. Als besonders bedeutsam wird die Entwicklung von "Konsenswissen" *("consensual knowledge")* für die Disposition von Staaten zur institutio-

---

[27] Haggard/Simmons (1987), 513 (Übersetzung vom Verfasser).
[28] Ebd. (Übersetzung vom Verfasser).
[29] Vgl. hierzu vor allem Haas (1980) und Nye (1987).

nalisierten Kooperation angesehen, obschon die Schwierigkeit konzediert wird, im voraus zu bestimmen, "an welchem Punkt konsensuale Werte oder Konsenswissen Kooperation hervorbringen wird".[30] In einem bemerkenswerten Versuch der Anwendung dieses "kognitiven" Ansatzes hat Nye die Herausbildung von "Sicherheitsregimen" zwischen den USA und der Sowjetunion unter Rückgriff auf das Konstrukt "nuclear learning" erklärt: "Over the past four decades, new information about nuclear weapons and experiences with their handling have altered prior beliefs. In several areas, it has even created a core of consensual knowledge that both countries share to a large extent."[31] *"Nukleares Lernen"* hat nun nach Nye nicht zu einem umfassenden Sicherheitsregime zwischen den Supermächten geführt, sondern institutionalisierte Kooperation in einer Reihe von sicherheitspolitisch sensiblen Problemfeldern wie bei der status-quo Sicherung in Europa, dem nuklearen Krisenmanagement und der Nichtverbreitung von Kernwaffen ermöglicht. In diesem Beispiel erweist sich die analytische Tragfähigkeit dieses Erklärungsansatzes daran, daß diese Art der Sicherheitskooperation zwischen Supermächten schwerlich machtstrukturell und nur bedingt problemstrukturell oder spieltheoretisch erhellt werden könnte.

Ein anderer Ansatz, der *Merkmalsausprägungen politisch-administrativer Handlungseinheiten* in die Analyse und Erklärung von Internationalen Regimen einführt, rekurriert auf die "klassische" Frage, ob die Unterschiede der politischen Systeme die internationalen Beziehungen von Staaten prägen - genauer: ihre Fähigkeit und Bereitschaft zur Stärkung der "international governance" mit hoher Friedensleistung beeinflussen. Diese Frage ist oft formalistisch dahingehend reformuliert worden, ob "friedliche Kooperation" (Galtung) oder "Sicherheitsgemeinschaften" (Deutsch et al.) nur unter Bedingungen der Homologie oder Homogenität der beteiligten Staaten möglich sei. Damit ist aber der Operationalisierungswillkür des jeweiligen Analytikers Tür und Tor geöffnet; diese Bedingungen sind in Gefahr, entweder zu weit oder zu eng konzeptualisiert zu werden, so daß ihr Erklärungswert als gering zu veranschlagen ist.

Eine typologisch gehaltvolle *Unterscheidung politischer Systeme* wie die zwischen *demokratischen Verfassungsstaaten* und *nicht-demokratischen Systemen* und daraus abgeleitete Homogenitätsbedingungen für die institutionalisierte Kooperation

---

[30] Haggard/Simmons (1987), 510 (Übersetzung vom Verfasser).
[31] Nye (1987), 382 ff.

zwischen Staaten können demgegenüber an eine ehrwürdige, keineswegs obsolete Theorietradition anknüpfen, welche die analytische Verknüpfung von Innen- und Außenpolitik durch Bezugnahme auf die Art der Herrschaftsordnung herstellt. Eines solchen theoretischen Ansatzes bedarf es auch, um erklären zu können, warum *Demokratien untereinander* die *höchste Dichte institutionalisierter zwischenstaatlicher Kooperation mit relativ hohen Friedensleistungen* aufweisen.[32] Für keine andere Teilmenge der Staatengesamtheit - ausgenommen Teilmengen der Gesamtheit der demokratischen Verfassungsstaaten selbst - läßt sich Vergleichbares beobachten. Unter Berücksichtigung aller diskutierten Theorieansätze zur Analyse und Erklärung der "international governance" könnte man daher den Schluß ziehen, daß der demokratische Verfassungssstaat sicherlich keine notwendige Bedingung für die Institutionalisierung zwischenstaatlicher Kooperation darstellt, wohl aber eine förderliche, wenn nicht gar hinreichende Bedingung für jene Kooperationsfolgen, die sowohl unter dem Gesichtspunkt der Sicherheit als auch unter dem der Gerechtigkeit als "hohe Friedensleistung" eingestuft werden können.

6. "International Governance" und Friedensforschung - ein Resümee

Die Forschung über internationale Organisationen und Regime arbeitet im allgemeinen weder mit dem Erkenntnisinteresse noch mit den Kategorien der Friedensforschung, sondern muß - wie es hier versucht wurde - im Hinblick auf die Leistungen der "international governance" bei der Behandlung internationaler Konflikte erst "gegen den Strich gebürstet" und um die Frage nach der Vermeidung direkter und des Abbaus struktureller Gewalt erweitert werden. Dabei zeigt sich, daß "international governance" zwar diese Zielvorstellungen nicht generell erfüllt, aber doch zu einer friedlichen Bearbeitung internationaler Konflikte beitragen kann. Aufgabe der Friedensforschung muß es sein zu ergründen, welche Formen der "international governance" zu mehr Sicherheit und Gerechtigkeit beitragen und welche Bedingungen ihrer Entstehung und Stabilisierung förderlich sind.

Das Konzept des Internationalen Regimes hat in dieser Hinsicht die Fruchtbarkeit der Forschung über "international governance" für die Friedensforschung nicht unwesentlich erhöht. War ihr Interesse zuvor im wesentlichen auf die spärlichen

---

[32] Näheres dazu bei Rittberger (1987).

*Integrations*prozesse und damit auf die zumindest langfristige *Überwindung* des Nationalstaatensystems und der diesem eigentümlichen internationalen Anarchie gerichtet, so erweitert das Regimekonzept das Gesichtsfeld der Friedensforschung um die vielfältigen Formen *norm-* und *regelgeleiteter Kooperation* zwischen den Staaten, die eine potentiell gewaltmindernde *Einschränkung* der internationalen Anarchie bedeuten. Mit der Regiemanalyse hat sich die Forschung über "international governance" der "Realität" der internationalen Beziehungen nicht nur weiter angenähert, sondern diese auch differenzierter erfahrbar gemacht, weil sie problemfeldspezifisch vorgeht und dabei auf jeweils unterschiedliche Konflikttypen und mögliche Bearbeitungsformen stößt.

Hatte sich die Integrationsforschung vor allem mit jenen Segmenten der internationalen Beziehungen beschäftigt, die schon als "befriedet" gelten konnten und daher außerhalb der Brennpunkte der Friedensforschung lagen (wie zum Beispiel Westeuropa oder Skandinavien), so ist die Regimeanalyse ein geeignetes Instrument, um Fragen der Konflikttransformation im Nord-Süd und im Ost-West-Verhältnis in analytisch befriedigender Weise zu bearbeiten. Anstatt sich bei der Frage nach dem "Wesenskern" dieser "Konfliktformationen" aufzuhalten, betreibt die Regimeanalyse deren "Kleinarbeitung" nach Problemfeldern und Konfliktgegenständen. Es gibt gute Gründe anzunehmen, daß schon eine solch differenzierte Wahrnehmung neue Möglichkeiten einer friedlichen Bearbeitung dieser Konflikte erkennen läßt. Umso mehr wird die weitere Forschung über die Bedingungen der Entstehung und des Wandels von Regimen Perspektiven der Konflikttransformation in den internationalen Beziehungen aufzeigen, ohne schon die Aufhebung des Staatensystems oder die Lösung von "Konfliktkernen" vorauszusetzen.

Literaturangaben

Deutsch Karl W. et al., Political Community and the North Atlantic Area. International Organization in the Light of Historical Experience, Princeton, N.J. 1957.

Efinger, Manfred/Rittberger, Volker/Zürn, Michael, Internationale Regime in den Ost-West-Beziehungen. Ein Beitrag zur Erforschung der friedlichen Behandlung internationaler Konflikte, Frankfurt a.M. 1988.

Etzioni, Amitai, Political Unification. A Comparative Study of Leaders and Forces, New York usw. 1965.

Galtung, Johan, Gewalt, Frieden und Friedensforschung, in: Senghaas, Dieter (Hg.), Kritische Friedensforschung, Frankfurt a.M. 1972, 29-104.

George, Alexander L. et al. (Hg.), U.S.-Soviet Security Cooperation, New York/Oxford 1988.

Gowa, Joanne, Public Goods and Political Processes in the United States, in: International Organization, 42, 1988, 1, 15-32.

Haas, Ernst B., Regime Decay: Conflict Management and International Organizations, 1945-1981, in: International Organization, 37, 1983, 2, 189-256.

ders., The United Nations and Collective Management of International Conflict, New York: UNITAR, 1986.

Haggard, Stephan/Simmons, Beth A., Theories of International Regimes, in: International Organization, 41, 1987, 3, 491-517.

Jellinek, Georg, Die Lehre von den Staatenverbindungen, Wien 1882.

Jervis, Robert, Security Regimes, in: Krasner, Stephen D. (Hg.), International Regimes, Ithaca, N.Y. 1983, 173-194.

Keohane, Robert O./Nye, Joseph S., Power and Interdependence, Boston, MA. 1977.

ders., The Theory of Hegemonic Stability and Changes in International Economic Regimes, 1967-1977, in: Holsti, Ole R. et al. (Hg.), Change in the International System, Boulder, Co. 1980, 131-162.

ders., After Hegemony. Cooperation and Discord in the World Political Economy, Princeton, N.J. 1984.

Krasner, Stephen D. (Hg.), International Regimes, Ithaca, N.Y. u.a.O. 1983.

ders., Structural Conflict. The Third World Against Global Liberalism, Berkeley u.a.O. 1985.

Kratochwil, Friedrich/Ruggie, John Gerard, International Organization: A State of the Art on an Art of the State, in: International Organization, 40, 1986, 4, 753-775.

Nye, Joseph S., Peace in Parts. Integration and Conflict in Regional Organization, Boston 1971.

ders., Nuclear Learning and U.S.-Soviet Security Regimes, in: International Organization, 41, 1987, 3, 371-402.

Olson, Mancur, The Logic of Collective Action. Public Goods and the Theory of Groups, Cambrridge, MA. 1965.

Oye, Kenneth A. (Hg.), Cooperation under Anarchy, Princeton, N.Y. 1986.

Potter, Pitman B., Origin of the Term International Organization, in: American Journal of International Law, 39, 1945, 4, 803-806.

Putnam, Robert D., Diplomacy and Domestic Politics: The Logic of Two-Level Games, in: International Organization, 42, 1988, 3, 427-460.

Reinsch, Paul, Public International Unions. Their Work and Organization, Boston/ London 1911.

Rittberger, Volker, Zur Friedensfähigkeit von Demokratien. Betrachtungen zur politischen Theorie des Friedens, in: Aus Politik zur Zeitgeschichte, B 44, 1987, 3-12.

ders., International Regimes and Peaceful Conflict Regulation, in: Wallensteen, Peter (Hg.), Peace Research, Boulder/London 1988, 144-165.

Rochester, Martin, The Rise and Fall of International Organization as a Field of Study, in: International Organization, 40, 1986, 4, 777-813.

Väyrynen, Raimo, Is There a Role for the United Nations in Conflict Resolution?, in: Journal of Peace Research, 22, 1985, 3, 189-196.

Wolf Klaus Dieter/Zürn, Michael, "International Regimes" und Theorien der Internationalen Politik, in: Politische Vierteljahresschrift, 27, 1986, 2, 201-221.

Zürn, Michael, Gerechte internationale Regime. Bedingungen und Restriktionen der Entstehung nicht hegemonialer internationaler Regime untersucht am Beispiel der Weltkommunikationsordnung, Frankfurt a.M. 1987.

Klaus Dieter Wolf

"Gerechter Frieden" durch internationale Regime?

1. Einleitung und Fragestellung

Im folgenden Beitrag wird der Problematik von Friedensstrategien aus der Perspektive der Analyse sogenannter internationaler Regime[1] nachgegangen. Darunter werden in der Politikwissenschaft bestimmte Formen einer institutionalisierten, regelgeleiteten zwischenstaatlichen Kooperation verstanden. Die an einem internationalen Regime beteiligten Staaten verständigen sich auf Prinzipien, Normen, Regeln und Verfahren, auf deren Grundlage sie spezifische Konflikte gewaltfrei bearbeiten wollen. Ein internationales Regime kann dann als funktionierend betrachtet werden, wenn ein hohes Maß an Erwartbarkeit in die Gegenseitigkeit der Regeleinhaltung besteht. Konflikte sollen durch internationale Regime möglichst dauerhaft geregelt werden, wobei eine formelle Institutionalisierung des Regimes durch eine internationale Organisation möglich, aber nicht unbedingt erforderlich ist.

Welche neuen Erkenntnisse kann der Untersuchungsgegenstand "internationales Regime" für die Politikwissenschaft erbringen? Die Analyse von internationalen Regimen unterbreitet der politologischen Teildisziplin "Internationale Beziehungen" ein doppeltes Angebot: Zum einen wird eine neue abhängige Variable bestimmt, zum anderen die Möglichkeit eröffnet, den vorhandenen Theoriefundus zu reorganisieren und der Überprüfung an diesem neuen Untersuchungsgegenstand zu unterziehen.[2] Darüber hinaus kann durch die Schwerpunktverlagerung auf internationale Regime mit zwei Mythen in den Internationalen Beziehungen aufgeräumt werden: dem Mythos von der absoluten Dominanz der "Macht" in der internationalen Politik, der von der "Realistischen Schule" in die Welt gesetzt worden ist, und dem Mythos von der strukturellen Unfähigkeit der Nationalstaaten zum Umgang mit grenzüberschreitenden Verflechtungsproblemen.

---

[1] Siehe dazu Krasner (1983), Wolf/Zürn (1986) oder Efinger/Rittberger/Zürn (1988).
[2] Siehe den Beitrag von Rittberger in diesem Band.

Der Mythos der "Macht"
Am Beginn der Regimeanalyse stand unter anderem die Beobachtung, daß sich politische und insbesondere militärische Machtressourcen nur unvollständig in Politikergebnisse umsetzen lassen.[3] Zur Erklärung dieser Diskrepanz werden die sich in internationalen Regimen manifestierenden Prinzipien, Normen, Regeln und Entscheidungsverfahren als mögliche Restriktionen bei der Durchsetzung von Interessen in den Blickpunkt gerückt. Eine politikfeldbezogene Betrachtungsweise erlaubte es darüber hinaus, die Übertragbarkeit von "Macht" zusätzlich zu relativieren. Schließlich wurde auch die Sphärentrennung von "Faktizität", das heißt von Macht und Interessen auf der einen und "Normativität" auf der anderen Seite, zumindest partiell dadurch aufgehoben, daß Institutionen und Normen als eigenständige Einflußfaktoren auf das Zustandekommen von Politkergebnissen untersucht werden.

Der Mythos der Überwindung der Nationalstaaten
Während der erste "Mythos", gegen den sich die Regimeanalyse wendet, der Tradition der "Realistischen Schule" entspringt, folgt der zweite dem funktionalistischen Denken in der Integrationsforschung. Diese setzte der Zwangsläufigkeit eines kompetitiven, auf Machterwerb und Machterhalt gerichteten staatlichen Außenverhaltens die idealistische Perspektive entgegen, daß im Zuge der Ausbreitung der industriellen Zivilisation neue Formen der politischen Bearbeitung von Verflechtungsproblemen den Nationalstaat als zentrale Bezugsgröße sukzessive ablösen müßten. An dessen Stelle würden, so die funktionalistische Erwartung, internationale Organisation und politische Integration treten. Der westeuropäische Integrationsprozeß wurde dafür als Anschauungsmaterial herangezogen.

Weil der beschriebene Prozeß der neuen Problembearbeitung zugleich als "Entstaatlichung" verstanden wurde, stand diese Schule der tatsächlich zu beobachtenden Unverwüstlichkeit des Nationalstaatensystems eher ratlos gegenüber. Dessen Widerstandsfähigkeit konnte nur als rückwärtsgewandtes Hindernis auf dem Weg zu weniger kompetitiven Konfliktregelungsformen in den internationalen Beziehungen aufgefaßt werden. Weil sie grenzüberschreitende politische Integration gegen den Nationalstaat auszuspielen versuchte, entging der Integrationsforschung eine wesentliche Tendenz in der Realentwicklung, die beides miteinander vereinbarte: die Herausbildung von kooperativen Konfliktregelungsstrukturen unter

---

[3] Vgl. grundlegend dazu Keohane/Nye (1977).

Bekräftigung der Rolle der Nationalstaaten. Diese Realentwicklung versucht die Regimeanalyse zu fassen. Ihre Perspektive der kollektiven zwischenstaatlichen Konfliktbearbeitung betrachtet internationale Regime als Instrumente zur Erweiterung der Staatstätigkeit und nicht zu deren Substituierung. Indem sie sich auf internationale Regime verständigen, verbessern die Staaten von dem Hintergrund des internationalen Vergesellschaftungsprozesses ihre Problembearbeitungsfähigkeit. Internationale Regime dokumentieren so den "Erfindungsreichtum" der Nationalstaaten bei der Sicherung und Verlängerung ihrer Existenz durch den Ausbau ihrer Steuerungskapazitäten.

Internationale Regime und Friedensstrategien
Begreift man internationale Regime in diesem Sinne als nationalstaatliche Instrumente, dann ist damit noch nicht ausgesagt, daß diese Instrumente "friedlicher" seien als andere. Die Bedeutung, die internationalen Regimen bei der Entwicklung von Friedensstrukturen in den internationalen Beziehungen zukommt, bedarf vielmehr einer eingehenden Betrachtung. Dadurch, daß internationale Regime die Abkehr von konfrontativen Konfliktregelungsverfahren zugunsten einer institutionalisierten Kooperation verkörpern, mögen sie bereits bestimmte Erwartungen an ihre Friedensleistung wecken. Aber nicht der Aspekt der Substituierung direkter Gewaltanwendung als Mittel der Konfliktregelung durch internationale Regime soll die folgenden Überlegungen anleiten, sondern die Frage, unter welchen Vorzeichen internationale Regime als Bestandteile eines Prozesses verstanden werden können, an *dessen Ende* die Herausbildung von Strukturen eines positiven oder gerechten Friedens steht.

Die Beantwortung dieser Leitfrage soll in zwei Teilschritten erfolgen: Zunächst ist zu klären, ob und gegebenenfalls wie die Friedensleistung von Konfliktregelungsverfahren im Dienste eines "gerechten "Friedens" bestimmt werden kann. In einem zweiten Schritt soll dann der Frage nachgegangen werden, welche Strukturbedingungen internationale Regime aufweisen müssen, damit Friedenserwartungen im Sinne eines "gerechten Friedens" begründet erscheinen. Dabei wird einem Typ von internationalen Regimen besondere Aufmerksamkeit gewidmet: Die Herausbildung *internationalistischer* Regime ist dort, wo sie bisher zumindest ansatzweise zu beobachten war, stets unter Berufung auf eine Ausgleichs- und Gemeinwohlorientierung der Zielsetzung erfolgt. Internationalistische Regime scheinen auch deshalb für die Beantwortung der Frage nach möglichen Strategien für die

Herausbildung von Strukturen eines "gerechten Friedens" besonders geeignet zu sein, weil sich in ihnen ein Wandel in den Gerechtigkeitsvorstellungen als Ausdruck der internationalen Vergesellschaftung dokumentiert.

2. Gibt es konsensfähige Vorstellungen über die Substanz des Begriffes "gerechter Frieden"? Kann insbesondere von einer anerkannten Verpflichtung der Staaten zur materiellen Solidarität in den internationalen Beziehungen gesprochen werden?

In dem Maß, wie sich die internationalen Beziehungen den binnengesellschaftlichen anglichen und im Zuge des internationalen Vergesellschaftungsprozesses Wohlfahrtsprobleme auch zwischengesellschaftlich einen Bearbeitungsbedarf ausgelöst haben, konnte sich ein als "Kooperationsvölkerrecht" bezeichnetes Normensystem herausbilden, in dem der Gedanke der Gemeinwohlorientierung auch auf die Ebene der internationalen Beziehungen übertragen worden ist. Weder kann jedoch der damit verbundene Prozeß der Überwindung des klassischen Völkerrechts als abgeschlossen betrachtet werden, noch kann in der gegenwärtigen Umbruchphase der normativen Konzeptentwicklung unwidersprochen behauptet werden, daß es sich bei der "Gemeinwohlorientierung" um eine für die internationalen Beziehungen bereits verbindliche Zielgröße handelt. Das gegenwärtige Umbruchstadium kommt gerade auch darin zum Ausdruck, daß "Gemeinwohlentwicklung" mit noch ganz unterschiedlichen Gerechtigkeitsvorstellungen verbunden wird. Die beiden wichtigsten sind die utilitaristische Orientierung an der Maximierung des Gesamtwohls, also an dem Ziel, die größte Summe der Befriedigung für die Gesamtheit zu erreichen, und die Vorstellung von Gerechtigkeit als Fairness, die die Duldung sozialer Ungleichheiten an ganz bestimmte Bedingungen knüpft. Solange selbst die Grundfrage nach der "substance of the normative principles that should govern action in the international realm"[4] keine einheitliche Antwort gefunden hat, muß es auch als umstritten gelten, welche Vorstellung von "Gerechtigkeit" zum Kriterium eines "gerechten Friedens" gemacht werden kann.

---

[4] Beitz (1979), 65.

2.1 Die Wechselbeziehung zwischen internationaler Vergesellschaftung und normativer Konzeptentwicklung

Es lassen sich auffallende Parallelen zwischen dem angedeuteten Wandel im Völkerrechtsdenken und der Ablösung eines "realistischen" durch ein an der Vorstellung von "komplexer Interdependenz" orientiertes Weltbild in den Internationalen Beziehungen beobachten. Der Souveränitätsanarchie des klassischen Völkerrechts mit seinen koexistenzsichernden Normen entspricht in der Politikwissenschaft das Modell der Welt als Staatenwelt. Wenn sich das internationale Koexistenzrecht gegenwärtig im Umbruch befindet, dann liegt die Ursache dafür in den gleichen Verflechtungsproblemen, die auch in der Politikwissenschaft zu neuen Analyseansätzen geführt haben: Eine Entwicklung zur "zwischenstaatlichen Entfaltung der Prinzipien der Freiheit, Gleichheit und Solidarität"[5] mußte dem lediglich auf formale Gleichheit und Souveränität ausgerichteten *traditionellen* Völkerrechtsdenken deshalb völlig fremd sein, weil allein das Bedürfnis der Staaten nach Koexistenzsicherung den Kern der Regelungsprobleme bildete.

Durch eine Ausweitung des Regelungsbedarfs vor allem im Bereich der internationalen Wirtschaftsbeziehungen mußte auch das Völkerrecht immer mehr an den sozialen Wandel in den internationalen Beziehungen angepaßt werden, weil es in seiner traditionellen Ausprägung dafür keine brauchbaren normativen Konzepte liefern konnte. Gefordert war die Verständigung auf konsensfähige Prinzipien und Normen, für die das Prinzip der Staatenfreiheit allein keine ausreichende Grundlage mehr bot.[6]

Indem es sich der neuen Aufgabe stellte, die Probleme der internationalen Wirtschafts- und Sozialbeziehungen friedlich zu regeln, mußte das Völkerrecht seine Prinzipien und Normen in Richtung auf eine Ordnung weiterentwickeln, "die im Dienste der Staatengleichheit steht und durch ein hohes Maß zwischenstaatlicher institutionalisierter Kooperation geprägt wird."[7] Für Kimminich steht dieses sich abzeichnende System "auf der Grundlage der Friedenspflicht und des Prinzips der internationalen Solidarität"[8].

---

[5] Vitzthum (1987), 236 und vgl. United Nations (1984), 11.
[6] Vgl. dazu Beitz (1979), 144. Dieser Autor charakterisiert das Normengefüge des internationalen Koexistenzrechts treffend "as the international analogue of nineteenth-century liberalism" (a.a.O., 66).
[7] Wolfrum (1984), 2.
[8] Kimminich (1986), 227.

Als ein Beleg dafür, daß sich die Normentwicklung der beschriebenen Herausforderung in der Realität tatsächlich gestellt hat, kann das Aufkommen des Prinzips vom gemeinsamen Menschheitserbe ("Common Heritage of Mankind") angesehen werden, das vor allem in die Konfliktregelung über die staatsfreien Räume und andere globale Gemeinschaftsgüter Eingang gefunden hat. Der Anerkennungsgrad dieses Prinzips ist ein Indikator neben anderen[9] dafür, inwieweit Gemeinwohlorientierung bereits zum Völkerrechtsgrundsatz geworden ist.[10]

2.2 Welche Bedeutung kommt der Verteilungsgerechtigkeit in den internationalen Beziehungen als einem normativen Konzept zu?
Die "Gerechtigkeitsfrage" in den internationalen Beziehungen konnte sich überhaupt erst unter den Vorzeichen der internationalen Vergesellschaftung stellen: "Gäbe es keine solche 'Kooperation', gäbe es keine Veranlassung für Gerechtigkeit".[11] Rawls betrachtet die Realisierung von Gerechtigkeit als die Legitimationsgrundlage sozialer Institutionen schlechthin. Er selbst verläßt jedoch dabei - ganz in der Tradition realistischen beziehungsweise koexistenzrechtlichen Denkens - nicht den Rahmen der binnengesellschaftlichen Beziehungen.

Welche normativen Begründungen werden für die Übertragbarkeit des Gerechtigkeitspostulats auf die zwischenstaatliche Ebene vorgebracht? Für Beitz gilt,

"da Staatsgrenzen nicht mit der Reichweite sozialer Kooperation zusammenfallen, markieren sie nicht die Grenzen von sozialen Verflechtungen ... Wenn, wie derzeit, nationale Grenzen keine abgetrennten, selbstgenügsamen Gesellschaften begründen, sollten wir sie nicht als die moralisch entscheidenden Merkmale der Sozialgeographie der Erde betrachten."[12]

Beitz begründet seine Position damit, daß einer Verständigung auf Normen, die eine solidarische Bearbeitung von internationalen Wohlfahrtsproblemen ("welfare

---

[9] Als weitere Beispiele, die die Gemeinwohlorientierung des sich herausbildenden internationalen Kooperationsrechts illustrieren, werden in der bereits angeführten Studie der Vereinten Nationen folgende Ausprägungsformen einer zumindest postulierten Kooperationspflicht angeführt: die Präferenzgewährung für Entwicklungsländer beim Handel mit Industriestaaten, die Exporterlösstabilisierung für Entwicklungsländer, das Recht auf Nutzen aus Wissenschaft und Technologie und das Recht auf Entwicklungshilfe. Siehe dazu auch Benedek (1986).
[10] Dem "Common Heritage"-Prinzip wird auch von Kewenig die Funktion als "Indikator für grundlegende, für strukturelle Veränderungen ..., die das gesamte Gebäude des gegenwärtigen Völkerrechts betreffen" (Kewenig (1981), 403) beigemessen.
[11] Beitz (1979), 131 (Übersetzung durch Autor).
[12] A.a.O., 151, 176; vgl. auch Amdur (1977), 453 ff. (Übersetzung durch Autor).

questions") vorschreiben, keine grundsätzlich anderen Hindernisse im Wege stünden als die, die bereits bei der Herausbildung koexistenzsichernder Normen überwunden worden seien. Diese aber hätten in Gestalt des internationalen Koexistenzrechts allgemeine Anerkennung gefunden. Daran zeige sich, daß weder "kultureller Relativismus", noch die Begründung, es sei "irrational, sich an moralische Regeln zu halten, wenn keine zuverlässige Erwartung besteht, daß andere das Gleiche tun"[13], als Gegenargument trügen. Im übrigen habe auch bei dem innergesellschaftlichen Verständigungsprozeß das Problem der Relativität von Normen überwunden werden müssen.

Auch wenn man Kooperationspflicht und Gemeinwohlorientierung als sich herausbildende normative Konzepte in den internationalen Beziehungen grundsätzlich anerkennt und die Übertragbarkeit des Gerechtigkeitsprinzips (unter Verweis auf ökonomische Interdependenz) konzediert, so stellen sich immer noch Fragen nach der
a) inhaltlichen Bestimmung dieses gewandelten Normenverständnisses, insbesondere des gültigen Gerechtigkeitsbegriffs in den internationalen Beziehungen
und nach den
b) Verfahren, mit denen die normativen Postulate realisiert werden sollten.

Reformuliert hieße dies nichts anderes als nach dem Modell eines "Regimes der internationalen Verteilungsgerechtigkeit" zu fragen. Berücksichtigt man allerdings die Heterogenität der Programmatik zur Errichtung einer "Neuen Weltwirtschaftsordnung", deren wesentliche Zielrichtung ja mit den Begriffen "Umverteilung" und "Veteilungsgerechtigkeit" umschrieben werden kann, so ist davon auszugehen, daß ganz unterschiedliche Verfahren zu diesem Ziel führen können und somit die Erwartung eines Regimes kaum berechtigt ist.

2.2.1 Gemeinwohlorientierung durch Verteilungsgerechtigkeit?
Zur Beantwortung der ersten Frage nach den für die internationalen Beziehungen gültigen Gerechtigkeitsvorstellungen bieten sich das utilitaristische Gerechtigkeitsprinzip, das die Nutzensumme in den Mittelpunkt stellt und sich nicht um Verteilungsfragen kümmert, und die beiden Gerechtigkeitsgrundsätze von Rawls

---

[13] Beitz (1979), 32. In der Tat belegt die Existenz von internationalen Regimen, daß auch in einer als anarchisch beschriebenen internationalen Umwelt Vertrauen in die Gegenseitigkeit norm- und regelgeleiteten Verhaltens hergestellt werden kann.

an. Die utilitaristische Vorstellung von Gerechtigkeit, ein Pendant zum traditionellen, liberalen und ebenfalls nicht ausgleichsorientierten Völkerrecht, hat im Zuge des gewandelten Normenverständnisses an Zugkraft eingebüßt, da von ihr gerade keine konzeptuellen Hilfestellungen für die Ableitung eines internationalen Sozialstaatsgebots erwartet werden konnten.

Dies gilt nicht für die von Rawls - zunächst für den binnengesellschaftlichen Bereich - formulierten Gerechtigkeitsgrundsätze. Danach kommt jedem (1) das Recht auf die größtmögliche gleiche Freiheit zu. (2 a) Ungleichheiten sind nur dann gerecht, wenn sie auch dem am schlechtesten Gestellten gegenüber einer Situation größerer oder völliger Gleichheit größtmögliche Vorteile bringen ("Unterschiedsprinzip"[14]), wobei (2 b) nach dem Grundsatz der fairen Chancengleichheit für jeden gleiche Zugangsmöglichkeiten zu Entscheidungspositionen bestehen sollen.[15] Inwieweit Rawls' Begründung dieser beiden Gerechtigkeitsgrundsätze tatsächlich zwingend ist - er versucht nachzuweisen, daß man sich in einem genauer definierten "Urzustand" auf genau diese Grundsätze einigen können müßte[16] - soll uns nicht weiter beschäftigen. Will man das Rawlssche Unterschiedsprinzip auf die internationalen Beziehungen übertragen, so wird die Anwendung seiner Kriterien dadurch erschwert, daß Rawls zwar die Maßstäbe liefert, an denen sich eine gerechte Ordnung messen lassen muß, er aber deren mögliche Erscheinungsformen nicht beschreibt. Wichtig ist es festzuhalten, daß Rawls "Gerechtigkeit" nicht losgelöst von "Verteilung" konzeptualisiert.

2.2.2 Verfahren des "gerechten Friedens"
Marktorientierte Regime können zweifellos einem allgemeinen Gemeinwohlkriterium genügen. Sie können dies zunächst einmal im Sinne eines utilitaristischen

---

[14] Zum Unterschiedsprinzip führt Rawls (1975), 96, aus: "Geht man von den Institutionen aus, wie sie von der gleichen Freiheit für alle und der fairen Chancengleichheit gefordert werden, so sind die besseren Aussichten der Begünstigten genau dann gerecht, wenn sie zur Verbesserung der Aussichten der am wenigsten begünstigten Mitglieder der Gesellschaft beitragen." Weiter stellt er fest: "Es wird mit dem Zustand der Gleichheit verglichen, und diejenigen, die mehr Vorteile haben, müssen das vor denen, die die geringsten Vorteile haben, rechtfertigen können" (a.a.O., 176).
[15] Siehe a.a.O., 336 f. Neben diesen beiden Grundsätzen seiner Bestimmung des Gerechtigkeitsbegriffes mit der Gerechtigkeitsvorstellung von "Gerechtigkeit als Fairness" formuliert Rawls noch zwei Vorrangregeln: "Vorrang der Freiheit" bedeutet, daß diese nur um ihrer selbst willen eingeschränkt werden dürfe; mit dem "Vorrang der Gerechtigkeit vor Leistungsfähigkeit und Lebensstandard" wird noch einmal unterstrichen, daß die faire Chancengleichheit dem Unterschiedsprinzip vorgeordnet sei, eine Chancen-Ungleichheit in jedem Fall die Chancen der Benachteiligten verbessern muß.
[16] Vgl. a.a.O., 39; siehe auch Amdur (1977), 439 ff.

Gerechtigkeitsbegriffs[17] leisten: Vertreter von liberal orientierten Regelungen argumentieren, gerade die individuelle Vorteilssuche frei wirtschaftender Subjekte resultiere in einer Maximierung der Summe des Gesamtnutzens.[18] Die Notwendigkeit für andere als liberal-orientierte Verfahren drängt sich somit nicht auf, solange "Gemeinwohlorientierung" utilitaristisch verstanden wird.

Auch die allgemeine Anerkennung einer Kooperationspflicht und Gemeinwohlorientierung bindet den, der sie erklärt, nicht an bestimmte Verfahren. Gilt dies aber auch für die Erfordernisse des Rawlsschen Unterschiedsprinzips? Es kann wohl davon ausgegangen werden, daß Rawls selbst die Verfahren zur "gerechten" Verteilung von Werten nicht präjudiziert.[19] Da in den internationalen Beziehungen keine Chancengleichheit bei der Verteilung von Gütern und Werten herrscht, ist es zur Beantwortung der bei Rawls offengelassenen Frage nach den möglichen Verfahren einer gerechten Verteilung zunächst erforderlich, zu klären, ob die besseren Aussichten, die der Marktmechanismus den Begünstigten bietet, tatsächlich auch die Aussichten der am wenigsten Begünstigten verbessert. Es liegt auf der Hand, daß "das Unterschiedsprinzip massive internationale Umverteilung erforderlich macht"[20]. Wenn Umverteilung erforderlich sein sollte, um die langfristigen Erwartungen der am schlechtesten Gestellten zu verbessern, dann könnte dies - so müßte ein Verfechter liberaler Verfahren argumentieren - etwa auch auf dem Wege der Entwicklungshilfe geschehen. Die chancenmindernden Folgewirkungen, die die bestehenden Ungleichheiten für die Benachteiligten in der Praxis gezeigt haben, widersprechen jedoch dem Rawlsschen Unterschiedsprinzip. Die in ihrem Kern markt-orientierten Verfahren haben Ungleichheiten hervorgebracht, die

---

[17] Vgl. Rawls (1975), 44; siehe auch Amdur (1977), 443.
[18] Ein Begriffsverständnis, das auch die Idee des Freihandels als "internationalistische" und "kosmopolitische" Programmatik betrachtet, läßt sich durchaus über den Kreis liberaler Autoren hinaus feststellen. So bei Senghaas (1986), 26 ff, der die nach seinem Begriffsverständnis zumindest partiell internationalistische Qualität einer Freihandelsordnung von "Protektionismus" und "Nationalismus" unterscheidet. Unser Internationalisierungsverständnis ist, wie aus dem oben Gesagten hervorgeht, von diesem partiellen zu trennen.
[19] So stellt Amdur (1977), 446, fest, "Rawls bevorzugt eine gewisse Art von Marktökonomie", zugleich aber auch, "daß das zweite Prinzip ausgedehnte staatliche Eingriffe in den Markt nötig macht". So ist auch bei Rawls eine Art Besteuerung vorgesehen, "um sicherzustellen, daß das Gesamteinkommen der am wenigsten Begünstigten ... geeignet ist, ihre langfristigen Erwartungen zu maximieren" (ebd.). Weit weniger radikal erscheint demgegenüber die Vorstellung, die langfristigen Erwartungen der am wenigsten Begünstigten durch Entwicklungshilfe zu verbessern (vgl. a.a.O., 456 ff.). (Übersetzung durch Autor.)
[20] Amdur (1977), 455, der weiter ausführt: "Um zu zeigen, daß unter dem Unterschiedsprinzip Umverteilung erforderlich ist, muß man nur nachweisen, daß diese die langfristigen Erwartungen der Armen verbessern würde" (ebd.). (Übersetzung durch Autor)

die Aussichten der am wenigsten Begünstigten nach deren Auffassung nicht verbessert, sondern vielmehr verschlechtert haben. Sie haben sich auch für die geforderte Umverteilung als untauglich erwiesen.

Unter der Voraussetzung bereits bestehender Ungleichheit und dem Erfordernis von Umverteilung sind offenbar besondere Anforderungen an die Struktur von internationalen Regimen zu richten, damit diese dem Kriterium des gerechten Friedens genügen können.[21]

3. Internationalistische Regime als Modelle für einen "gerechten Frieden"?

Als Modellfall eines internationalistischen Regimes wird immer wieder auf die Meeresbodennutzungsordnung im Rahmen des internationalen Übereinkommens der Dritten Seerechtskonferenz der Vereinten Nationen ("Meeresbergbauregime") rekurriert.[22] Welche allgemein festzuhaltenden Strukturmerkmale der Internationalisierung lassen sich daran illustrieren, die für internationalistische Regime charakteristisch sind? Bei der Bestimmung der internationalistischen Qualität eines internationalen Regimes sollen in Anlehnung an Wolfrums Definition des Terminus "Internationalisierung"[23] eine institutionell-strukturelle und eine Zieldimension dieses Begriffes unterschieden werden. Auf der institutionellen Ebene geht es dabei um Kriterien der gleichberechtigten Beteiligung aller und der internationalen Kontrolle. Auf der Zielebene wird die Gemeinwohlorientierung einer Konfliktregelung postuliert.

Die institutionell-strukturelle Bestimmung der Internationalisierung läßt sich am deutlichsten durch eine Gegenüberstellung mit dem Idealtypus nationalistisch-orientierter internationaler Regime illustrieren: Letzteren geht sowohl das Merkmal "internationale Kontrolle" ab, weil Verteilungsentscheidungen qua internationaler Vereinbarung in die Kompetenz der Regimemitglieder übergeben werden, als auch das der "gleichberechtigten Beteiligung aller". Die Regelung der Meeresfischerei

---

[21] Auch in diesem Zusammenhang wird im übrigen deutlich, daß internationale Regime nicht per se als Garanten eines "gerechten Friedens" betrachtet werden können.
[22] Diese Einschätzung teilt etwa auch Krasner (1985), 234 f.
[23] Siehe Wolfrum (1984), 10 ff.

zum Beispiel weist beide Kennzeichen eines nationalistisch-orientierten Regimes auf: Fischereirechte werden den Küstenstaaten übertragen, die ihrerseits darüber befinden, in welchem Umfang sie anderen Staaten Beteiligungsrechte einräumen wollen. Demgegenüber werden die Zugangsrechte für den Meeresbergbau nach den Vereinbarungen des Seerechtsübereinkommens durch eine internationale Behörde vergeben, deren Struktur allen Staatengruppen einen gleichberechtigten Zugang zur Entscheidungsfindung ermöglichen soll.

Grundsätzlich kann die institutionelle Dimension internationalistischer Konfliktregelung in verschiedene Richtungen variieren, womit sich zugleich Gradmesser für die strukturelle Seite der Internationalisierung benennen lassen: Sie kann unter Einschluß einer mehr oder weniger großen Zahl von Beteiligten stattfinden ("Universalität"); sie kann sich auf eine mehr oder weniger gleichberechtigte Partizipation dieser Beteiligten stützen ("Egalität"); sie kann eine unterschiedlich weit reichende Institutionalisierung der internationalen Kontrolle ("Intensität") aufweisen. Hinsichtlich dieses letztgenannten Kriteriums unterscheidet sich im übrigen - wie erwähnt - unsere regimeanalytisch angeleitete Begriffsbestimmung von der Wolfrums dadurch, daß unser Parameter nicht "Entstaatlichung"[24] ist, daß wir vielmehr internationalistische Regime auch als Ausdruck der grenzüberschreitenden Staatstätigkeit verstehen[25].

Die Einführung des zweiten, inhaltlich-zielorientierten Kriteriums impliziert, daß Internationalisierung nicht allein als Übertragung traditioneller Ziele der internationalen Politik auf neue Verfahren betrachtet werden kann, sondern - wie bereits angedeutet - an der *Gemeinwohlorientierung* als Zweck kollektiven Handelns festzumachen ist. Die Verfahrenskriterien sind für sich betrachtet "ziellos" und erhalten erst durch die Einführung der Gemeinwohlorientierung eine inhaltliche Ausrichtung.

Als Ergebnis läßt sich somit festhalten: Die "Inpflichtnahme der Staaten zum Wohle der Staatengemeinschaft unter gleichzeitiger international ausgerichteter institutioneller Absicherung"[26] begründet die internationalistische Qualität eines internatio-

---

[24] Vgl. a.a.O., 12, 19 und 21.
[25] Vgl. etwa Ruggie (1975), 578. Auch "internationale Kontrolle" wird durch Vertreter der Staaten ausgeübt.
[26] Wolfrum (1984), 25.

nalen Regimes. Diese "Inpflichtnahme" bedeutet im Unterschied zu der Auffassung Wolfrums nicht "Entstaatlichung", sondern kann auch aufgrund von zwischen Staaten vereinbarten Spielregeln garantiert werden. Internationalistische Regime müssen zudem den strukturellen Anforderungen Rechnung tragen, die an Verfahren zur Verwirklichung von Gerechtigkeit dann gestellt werden, wenn bereits existierende reale Ungleichheiten die Aussichten der am wenigsten Begünstigten nicht verbessern, sondern verschlechtern. Unter dieser Prämisse müssen liberale Verfahren zur Wiederherstellung von Verteilungsgerechtigkeit ausgeschlossen werden, weil sie keine Vorkehrungen für eine kompensatorische Ungleichbehandlung treffen.

Kriterien zur Bestimmung internationalistischer Regime

Internationalisierung	
Struktur	Ziel
Verfahren: gleichberechtigte Beteiligung; internationale Kontrolle der Gemeinwohlorientierung; **Gradmesser:** Universalität, Egalität, Intensität	**Inhalt:** gemeinwohlorientiert im Sinne von verteilungsgerecht und ausgleichsorientiert

Internationalistische Regime stellen nach diesem Verständnis eine Form der institutionalisierten Kooperation dar, die dem Ziel der Herstellung eines "gerechten Friedens" dient. Mit internationalistischen Regimen wird versucht, die internationale Vergesellschaftung politisch einzuholen, ohne damit zugleich Staatlichkeit einzubüßen. Sie sollen den Grundsatz der Verteilungsgerechtigkeit unter Bedingungen einer bereits bestehenden und chancenminimierenden Ungleichheit verwirklichen. Internationalistische Regime stellen damit eine Sonderform (verteilungs-) gerechter Regime im Sinne von Rawls dar.

Eine Sonderstellung innerhalb der Gruppe der internationalistischen Regime nehmen solche ein, die dem Prinzip des gemeinsamen Erbes der Menschheit folgen.

Dieses Prinzip[27] bestimmt mit "aktiver Nutzenbeteiligung" ("active sharing of benefits") und "Teilhabe an Verwaltung" ("shared management") das Verfahren sehr präzise, mit dessen Hilfe Verteilungsgerechtigkeit ("equitable sharing of benefits") gewährleistet werden soll. Insbesondere akzentuiert es den Aspekt der internationalen Kontrolle als ein strukturelles Kriterium für internationalistische Konfliktregelungsverfahren in einer ganz besonderen Weise.

Nimmt man den Implementationsgrad des Prinzips des gemeinsamen Menschheitserbes als einen Indikator dafür, inwieweit eine internationale Gemeinwohlorientierung im Sinne von Verteilungsgerechtigkeit bereits in die zwischenstaatliche Konfliktregelung Eingang gefunden hat, so stellt man fest, daß nur wenige Regime bestehen, in denen Verteilungskonflikte selbst im Bereich des "Common Heritage" internationalistisch geregelt werden. Als weitestgehende Annäherung wurde weiter oben bereits das Meeresbergbauregime der Dritten Seerechtskonferenz genannt. Dieses könnte zugleich als Teilstück eines "Regimes der internationalen Verteilungsgerechtigkeit" im Rahmen der Programmatik der "Neuen Weltwirtschaftsordnung" betrachtet werden.

Auf der Suche nach weiteren internationalistischen Regimen zur Regelung von Konflikten über die Nutzung des "Common Heritage" lassen sich allenfalls noch für den Bereich der geostationären Umlaufbahn von Satelliten Ansätze feststellen.[28] Diese geringe "Ausbeute" wirft die Frage auf, warum nicht auch in anderen, vergleichbaren Bereichen - etwa der Antarktis - internationalistische Regime entstanden sind. Kann die Regimeanalyse bei der Beantwortung dieser Frage behilflich sein?

---

[27] Die "klassische" Definition von Pardo/Mann Borgese (1975), 10, lautet: "The concept of the common heritage of mankind ... must supersede the traditional freedoms of the sea. This concept has five basic implications. First, the common heritage of mankind cannot be appropriated. It can be used but not owned (functional concept of ownership). Second, the use of the common heritage requires a system of management in which all users must share. Third, it implies an active sharing of benefits, including not only financial benefits but the benefits derived from shared management and the transfer of technologies. These latter two implications, shared management and benefit sharing, change the structural relationship between rich and poor nations and the traditional concepts of development aid. Fourth, the concept of the common heritage implies reservation for peaceful purpose (disarmament implications); and fifth, it implies reservation for future generations (environmental implications)."
[28] Vgl. dazu ausführlich Schrogl (1989) oder Zürn (1987), 178 ff.

4. Welcher Voraussetzungen bedarf es, damit internationalistische Regime entstehen können?

Die abschließenden Ausführungen hierzu haben vorläufigen Charakter. Weder wollen sie dem Anspruch genügen, theoriegeleitete Annahmen über die Bedingungen der Möglichkeit zu internationalistischen Regimen vollständig zu erfassen, noch dem, sie regimeanalytisch zu überprüfen.[29] Die bereits angesprochenen Fälle "Meeresboden", "geostationärer Orbit" und "Antarktis" lassen jedoch auf eine besondere Relevanz der folgenden Hypothesen schließen:

1. Die Entstehung internationalistischer Regime setzt Konfliktgegenstände voraus, die von den an einer Regelung interessierten Akteuren sowohl für eine internationale Verwaltung als auch für eine gemeinwohlorientierte Verteilung als geeignet angesehen werden. Dies scheint für globale Gemeinschaftsgüter ("global commons") grundsätzlich zuzutreffen. Die unterschiedlichen Formen der Verregelung in den genannten Fällen deuten allerdings darauf hin, daß dieses Kriterium zur Erklärung internationalistischer Regime nicht ausreicht, beziehungsweise weiter auszudifferenzieren ist. Eine sich in diesem Sinne anschließende Vermutung lautet, daß die Internationalisierungsbereitschaft bei globalen Gemeinschaftsgütern mit dem Symbolgehalt eines Konfliktgegenstandes steigt, während eine geringere Bereitschaft dann besteht, wenn substantiell in materielle Interessen und Besitzstände eingegriffen wird.

2. Internationale Policy-Making Systeme, die offen und egalitär strukturiert sind und sowohl die Möglichkeit zur Problemverknüpfung ("issue linkage") als auch zu Koalitionsbildungen bieten, begünstigen die Herausbildung internationalistischer Regime.

3. Offensichtlich beeinflußt auch die Struktur globaler Machtrelationen die Möglichkeiten der Herausbildung internationalistischer Regime. Insbesondere Auflösungserscheinungen globaler hegemonialer Machtstrukturen scheinen die Herausbildung internationalistischer Regime zu fördern.

Die internationalistische "Blüteperiode" zu Beginn der siebziger Jahre und deren relativ rasches Ende deuten jedoch darauf hin, daß der im Rahmen einer hegemonialen "Delegitimationsphase"[30] vermehrt vorhandene Spielraum für einen

---

[29] Diesen Versuch unternimmt der Verfasser im Rahmen einer noch nicht abgeschlossenen umfangreicheren Studie.
[30] Siehe Modelski (1982) und Rosecrance (1987).

Regimewandel dann eher zu protektionistischen, das heißt nationalistisch-orientierten Regimen führt, wenn Hegemonieverfall und weltwirtschaftliche Rezession zusammenfallen. Daß die Unterstützung eines internationalistischen Meeresbergbauregimes durch diejenigen westlichen Industriestaaten, die dem Seerechtsübereinkommen ihre Zustimmung versagt haben, seit dem Ende der siebziger Jahre rapide nachgelassen hat, könnte auf die sich verschlechternden weltwirtschaftlichen Rahmenbedingungen zurückgeführt werden, die ein insgesamt protektionistischeres Konfliktverhalten begünstigten.

Hier zeigt sich ein grundlegendes Dilemma: Einerseits besteht ohne eine Ungleichheit, die auch durch das Unterschiedsprinzip nicht zu rechtfertigen ist, keine Legitimation dafür, diese durch internationalistische Verfahren zu überwinden, mit deren Hilfe eine Gemeinwohlorientierung im Sinne von Verteilungsgerechtigkeit gewährleistet werden kann. Andererseits sind jedoch ohne eine einigermaßen symmetrische Verteilung von Macht und Gegenmacht internationalistische Regime kaum durchsetzbar. Wallerstein folgert daraus:

> Die Rahmenbedingungen der kapitalistischen Weltwirtschaft begrenzen die Möglichkeiten der Umwandlung des darin geltenden Belohnungssystems auf kritische Weise. Denn ungleiche Belohnung ist die grundlegende Motivierungskraft hinter der Wirkungsweise des Systems, so wie es strukturiert ist"[31].

Um so unerklärlicher muß die zumindest annäherungsweise gelungene Herausbildung des internationalistischen Meeresbergbau- und Orbitregimes erscheinen. Aus dem Dilemma scheint eine Betrachtung des Policy-Making Systems herauszuführen, in dessen Rahmen die Regimebildungsprozesse über die Antarktis stattfinden, beziehungsweise stattgefunden haben: Der Fall Antarktis zeigt die Folgen, wenn sich eine kleine Gruppe von Staaten faktisch oligopolistische Vorrechte aneignen und als geschlossener Klub eine in dem beschriebenen Sinne internationalistische Konfliktregelung verhindern kann. Dagegen sieht etwa Krasner in dem Verhandlungsprozeß, der zur Herausbildung des internationalen Seerechtsübereinkommens und des darin eingeschlossenen internationalistischen Meeresbergbauregimes geführt hat, geradezu ein Musterbeispiel dafür, in welchem Umfang "eine Entscheidungsstruktur mit gleichem, formalem Zugang für alle Staaten (bzw.) ... ein universales Forum mit einem weitgefächerten Mandat (a decision-making

---

[31] "The framework of the capitalist world limits critically the possibilities of transformation of the reward system within it, since disparity of reward is the fundamental motivating force of the operation of the system as it is structured.", Wallerstein (1980), 73, (Übersetzung durch Autor).

structure that provided equal, formal access for all states, ... a universal forum concerned with a wide range of issues)"[32] Politikergebnisse zu beeinflussen vermag. Der Rahmen dieses - die realen Einflußverhältnisse "draußen" nicht wiedergebenden - Policy-Making Systems ermöglichte eine Verknüpfung der Regelung der Schiffahrt mit der Regelung des Meeresbergbaus; dies war die Basis, auf der sich die Staaten der Dritten Welt das für eine Durchsetzung ihrer Ziele notwendige Gewicht verschaffen konnten.

Die Verknüpfung von verschiedenen Konfliktgegenständen kann nur dann die Aussichten auf eine erfolgreiche Durchsetzung der eigenen Ziele verbessern, wenn zumindest bei einem der zu einem Verhandlungspaket verschnürten Probleme sich die Verteilung der Verhandlungsmacht so gravierend von den übrigen unterscheidet, daß auch die ansonsten unterlegene Seite Machtressourcen ins Spiel bringen kann. Diese Voraussetzung war im Fall des Seerechtspaketes durch die geographischen Lage der Küstenstaaten aus der Dritten Welt gegeben, mit der diese glaubwürdig eine Behinderung des Schiffsverkehrs durch die Ausweitung ihrer Küstenzonen androhen konnten.

Ein weiteres Beispiel, das die Bedeutung sowohl offener internationaler Policy-Making Systeme als auch problemfeldspezifischer Machtressourcen für internationale Regime zu unterstreichen scheint, ist die Verteilung von Frequenzen und von Satellitenpositionen auf der geostationären Umlaufbahn im Rahmen verschiedener Funkverwaltungskonferenzen der International Telecommunication Union (ITU). Auch dort trafen beide Voraussetzungen zusammen, wobei sich die spezifische Verhandlungsmacht vor allem aus der Möglichkeit der Staaten der Dritten Welt ergab, im Fall einer nicht akzeptablen Regelung den Funkverkehr empfindlich stören zu können.[33]

Allerdings verweist die trotz vorliegender Seerechtskonvention bislang noch nicht in Kraft getretene internationalistische Regelung zur Nutzung der Meeresbodenressourcen darauf, daß auch die offene Struktur eines Verhandlungsforums allein Erfolg oder Mißerfolg von Versuchen, internationalistische Regime herauszubilden,

---

[32] Krasner (1985), 232.
[33] Vgl. Krasner (1985), 229 oder Zürn (1987), 181 ff. Beide Autoren begründen die problemfeldspezifische Verhandlungsmacht der Staaten der Dritten Welt aus der vorliegenden Gefangenendilemma-Situation, in der sich auch die Industriestaaten auf internationale Kooperation einlassen müssen, wenn sie die Gefahr einer Störung des Funkverkehrs bannen wollen.

nicht erklären kann. Hier ist die Regimeanalyse zu vergleichenden Untersuchungen aufgefordert. Diese hätten das relative Gewicht unterschiedlicher Einflußfaktoren zu analysieren und theoretisch zu verarbeiten.

Literaturangaben

Amdur, Robert, Rawls' Theory of Justice: Domestic and International Perspectives, in: World Politics, 29, 1977, 3, 438-461.

Beitz, Charles R., Political Theory and International Relations, Princeton, N.J., 1979.

Benedek, Wolfgang, Progressive Development of the Principles and Norms of International Law Relating to the NIEO - The UNITAR Exercise, in: Österreichische Zeitschrift für öffentliches Recht und Völkerrecht, 36, 1986, 4, 289-328.

Efinger, Manfred/Rittberger, Volker/Zürn, Michael, Internationale Regime in den Ost-West-Beziehungen, Frankfurt a.M. 1988.

Keohane, Robert O./Nye, Joseph S., Power and Interdependence. World Politics in Transition, Boston, Toronto 1977.

Kewenig, Wilhelm A., Common Heritage of Mankind - politischer Slogan oder völkerrechtlicher Schlüsselbegriff?, in: Ingo von Münch (Hg.), Festschrift für Hans-Jürgen Schlochauer, Berlin/New York 1981, 385-406.

Kimminich, Otto, Internationales Recht/Völkerrecht, in: Wolfgang W. Mickel (Hg.), Handlexikon zur Politikwissenschaft, Bonn: Schriftenreihe der Bundeszentrale für politische Bildung, 1986, 223-227.

Krasner, Stephen D. (Hg.): International Regimes, Ithaca 1983.

ders., Structural Conflict. The Third World Against Global Liberalism, Berkeley u.a. 1985.

Modelski, George, Long Cycles and the Strategy of U.S. International Economic Policy, in: William P. Avery, David P. Rapkin (Hg.), America in a Changing World Political Economy, New York/London 1982, 97-116.

Pardo, Arvid/Mann Borgese, Elisabeth, The New International Economic Order and the Law of the Sea. Occassional Paper, Royal University of Malta: International Ocean Institute, 1975.

Rawls, John, Eine Theorie der Gerechtigkeit, Frankfurt a.M. 1975.

Rosecrance, Richard, Long Cycle Theory and International Relations, in: International Organization, 41, 2, 1987, 283-301.

Ruggie, John Gerard, International Responses to Technology: Concepts and Trends, in: International Organization, 29, 3, 1975, 557-583.

Schrogl, Kai-Uwe, Das Regime für den geostationären Orbit, Magisterarbeit, Tübingen 1989.

Senghaas, Dieter, Die Zukunft Europas, Frankfurt a.M. 1986.

United Nations, Progressive Development of the Principles and Norms of International Law Relating to the New International Economic Order. Analytical Study, Dok. A/39/504/Add. 1, Annex III, New York, 1984.

Vitzthum, Wolfgang Graf, Technologietransfer und Technologieembargo im Völkerrecht, in: Oslo, 38, 1987, 233-263.

Wallerstein, Immanuel, The Modern World System II, New York 1980.

Wolf, Klaus Dieter/Zürn, Michael, "International Regimes" und Theorien der Internationalen Politik, in: Politische Vierteljahresschrift, 27, 1986, 2, 201-221.

Wolfrum Rüdiger, Die Internationalisierung staatsfreier Räume. Die Entwicklung einer internationalen Verwaltung für Antarktis, Weltraum, Hohe See und Meeresboden, Berlin u.a. 1984.

Zürn, Michael, Gerechte internationale Regime, Frankfurt a.M. 1987.

Manfred Efinger und Michael Zürn

UMWELTSCHUTZ UND OST-WEST-KONFLIKTFORMATION.
ZUR BEDEUTUNG PROBLEM- UND SITUATIONSSTRUKTURELLER FAKTOREN FÜR DIE ENTSTEHUNG INTERNATIONALER REGIME

1. Einleitung: Die mikroskopische Analyse der Ost-West-Beziehungen

Mit der Europäischen Gemeinschaft (EG) verbindet man vielfach Kooperation, Übereinkommen, schlimmstenfalls: Bürokratie, bestenfalls: Integration und europäische Identität. Mit den Ost-West-Beziehungen assoziiert man dagegen Kalten Krieg, Abschreckung, Kriegsgefahr, bestenfalls: Gipfeltreffen, schlimmstenfalls: Stellvertreterkriege. Entsprechen diese Bilder tatsächlich der Realität? Ist Politik in den Ost-West-Beziehungen wirklich so grundlegend anders strukturiert als in den West-West-Beziehungen? Sind wir mit unseren Assoziationen nicht bereits Opfer einer Ideologisierung des sogenannten "Ost-West-Konflikts" geworden, die von einigen Falken betrieben wird und primär eine innergesellschaftliche Funktion erfüllt? Und: Reproduzieren Politologen und Zeithistoriker nicht diese ideologischen Deutungsmuster, wenn sie ständig auf der Suche nach dem "Wesen des Konflikts" oder dem "Kern der Konfliktformation" sind?

Demgegenüber lenkt das Studium der Entstehungsbedingungen und der Wirkung internationaler Regime den Blick des Analytikers weg von den umfassenden Konfliktformationen[1] und hin zur empirischen Betrachtung konkreter Problemfelder[2]. An die Stelle der Interpretationen über das Wesen des "Ost-West-Konflikts" rückt eine detaillierte und problemfeldspezifische Betrachtungsweise - man könnte auch sagen: die makroskopische Sichtweise der Ost-West-Beziehungen wird durch eine mikroskopische ersetzt.[3]

---

[1] Nach wie vor als bester Überblick: Senghaas (1973) und neuerdings Senghaas (1988).
[2] Die Grenzen von Problemfeldern ergeben sich durch die Wahrnehmung der handelnden Subjekte. Problemfelder beinhalten meist einen oder mehrere Konflikte, wobei es nicht auszuschließen ist, daß diese Konflikte erst als Folge eines kollektiv wahrgenommenen beziehungsweise gemeinsamen Problems auftreten.
[3] Vergleiche ausführlicher dazu Efinger/Rittberger/Zürn (1988), 6 ff.

Welche analytischen Konsequenzen ergeben sich aus einer solchen Sichtweise? Diese Frage soll im folgenden andeutungsweise beantwortet werden, indem wir versuchen aufzuzeigen, wie die Entstehung von internationalen Regimen erklärt werden kann. Dies dient gleichzeitig der Erörterung des Problems, ob realistischerweise anzunehmen ist, daß internationale Regime auch im Rahmen der als stark kompetitiv betrachteten Ost-West-Beziehungen entstehen können.

Mit einer mikroskopischen Sichtweise, wie wir sie vorschlagen, sind zwei an und für sich einfache, in ihrer Verbindung jedoch selten auf alle ihre Konsequenzen durchdachte Prämissen verbunden, die jedenfalls "quer" zur "traditionellen" Analyse der Ost-West-Beziehungen liegen. Zum einen muß zwischen Konflikt, hier verstanden als unvereinbare Positionsdifferenz zwischen mindestens zwei Akteuren in bezug auf einen Konfliktgegenstand, und Konfliktaustragung beziehungsweise Konfliktbearbeitung unterschieden werden. Konflikte führen nicht automatisch zu gewalttätigen Auseinandersetzungen. Sie können auch kooperativ und friedlich bearbeitet werden. Internationale Regime beispielsweise sind eine Form der Regelung von Konflikten, bei der zumindest direkte Gewalt ausgeschlossen ist. Die Herstellung von Frieden und Sicherheit zwischen Ost und West bedürfte demnach nicht unbedingt einer Lösung des sogenannten Ost-West-Konflikts: Eine dauerhafte und friedliche Regelung der Konflikte, die zwischen Ost und West bestehen, wäre hierfür hinreichend.

Zum anderen wird deutlich, daß es innerhalb der Ost-West-Beziehungen nicht nur einen (wie die gebräuchliche Bezeichnung "der Ost-West-Konflikt" unterstellt), sondern eine Vielzahl von Konflikten[4] gibt, die auch nicht alle gleich, sondern zum Teil recht unterschiedlich bearbeitet werden können und müssen. Formuliert man diesen Gedanken etwas weiter aus, so wird deutlich, daß es systematische und kausale Zusammenhänge zwischen der Beschaffenheit eines Konflikts beziehungsweise eines Konfliktgegenstandes und der Form der Konfliktbearbeitung geben könnte, - deren Analyse in der wissenschaftlichen Literatur über internationale Konflikte unverständlicherweise bisher weitgehend vernachlässigt wurde. Abgesehen von der funktionalistischen Unterscheidung zwischen "high" und "low politics", auf deren Logik auch die traditionelle Unterscheidung zwischen den

---

[4] Entsprechend unserem Konfliktbegriff sind damit zunächst undifferenziert sowohl antagonistische Interessen in bezug auf die Verteilung und den Status bestimmter Konfliktgegenstände als auch unterschiedliche Vorstellungen über die adäquate Bearbeitung eines gemeinsam wahrgenommenen Problems gemeint.

"konfliktträchtigen" Sicherheitsbeziehungen und den "kooperationsträchtigen" Wirtschaftsbeziehungen[5] beruht, bleiben problem- und situationsstrukturelle Faktoren in der Disziplin der Internationalen Beziehungen praktisch unberücksichtigt. Die Anwendung der Regimeanalyse - zumindest in unserem Verständnis - lenkt nun aber gerade den Blick unter anderem auf Faktoren, die die Form der Konfliktbearbeitung aus der Sachbeschaffenheit eines Konfliktgegenstandes beziehungsweise Problemfeldes (Problemstruktur) oder aber einer bestimmten Konfliktsituation (Situationsstruktur) erklären. Die analytische Perspektive der Regimeanalyse lehnt sich damit an eine von Theodore Lowi begründete Tradition an, die in dem Satz zusammengefaßt werden könnte: "Policy determines politics".[6]

Die systematische und empirische Anwendung der mikroskopischen Betrachtungsweise geht also davon aus, daß es letztlich nicht "einen Ost-West-Konflikt" im Sinne eines alles dominierenden und steuernden Kerns der Konfliktbeziehungen, sondern "nur" eine Vielzahl voneinander relativ unabhängiger Konflikte über je verschiedene Gegenstände in den Ost-West-Beziehungen gibt. Ein solches Verständnis würde die Auseinandersetzung darüber, ob es sich beim "Ost-West-Konflikt" um einen "System-" oder "Hegemonialkonflikt", einen "internationalen Klassenkampf" oder um die "Verteidigung der Freiheit gegen den Totalitarismus" handelt, als zumindest sekundär erscheinen lassen und damit unter Umständen zu einer Entmystifizierung der Ost-West-Beziehungen beitragen.[7]

Dies ist eine gewagte These. Sie kann plausibel gemacht werden, indem gezeigt wird, daß der Erklärungsfaktor "Konfliktformation" einen geringeren Stellenwert hat, das heißt eine geringere Erklärungskraft besitzt als der Erklärungsfaktor "Problemstruktur". Formalisiert gesprochen heißt das, daß eine Erklärung vom Typ "weil ein Konflikt der Ost-West-Konfliktformation zuzuordnen ist, wird er weniger kooperativ und weniger friedfertig bearbeitet, als ein Konflikt, der der West-West-Konfliktformation zuzurechnen ist", weniger tragfähig ist als eine Erklärung vom Typ "weil der Konfliktgegenstand beziehungsweise die Situationsstruktur bestimmte Merkmale aufweist, ist die Konfliktbearbeitung weniger kooperativ und

---

[5] In dieser Tradition stehen auch die Hypothesen zum Verhältnis von Konflikt und Konfliktbearbeitung, die bei Czempiel (1981) zu finden sind.
[6] Die durch Lowi (1964) stark angeregte Politikfeldanalysen-Diskussion (vergleiche zusammenfassend Windhoff-Héritier (1987)) hat inzwischen auch in der Disziplin der Internationalen Beziehungen empirisch gehaltvolle Befunde erbracht (vergleiche Vasquez/Mansbach (1984)).
[7] Zur Auseinandersetzung über "den Ost-West-Konflikt" vergleiche Rix (1987).

weniger friedfertig als bei Konfliktgegenständen beziehungsweise Situationsstrukturen mit anderen Merkmalen".

2. Bearbeitung von Konflikten im Problemfeldtyp Umwelt im West-West- und Ost-West-Verhältnis

Die soweit ausgeführte These soll am Beispiel der Bearbeitung von Konflikten im Problemfeldtyp Umwelt konkretisiert werden. Gemäß unserer Annahme sollten Konflikte, die sich aus unvereinbaren Nutzungsanforderungen an fließende Grenz- oder an internationale Gewässer ergeben, in den Ost-West-Beziehungen nicht wesentlich andersartig bearbeitet werden als zum Beispiel in den West-West-Beziehungen. Spezifischer formuliert heißt dies: Die Konflikte über die Nutzungsrechte beziehungsweise Reinhaltungspflichten zwischen den Nordseeanliegern sollten genauso oder ähnlich bearbeitet werden wie die Konflikte zwischen den Anliegerstaaten der Ostsee. Die Bearbeitung der Nutzungskonflikte, die sich aus der Ober-/Unterliegerproblematik bei grenzüberschreitenden Flüssen ergeben, sollte im Falle des Rheins nicht sehr verschieden sein von der im Falle der innerdeutschen Gewässer.

2.1 Nordsee und Ostsee
Die Nordsee gehört zu den am stärksten verschmutzten Randmeeren auf dem Globus.[8] Hauptsächlich verursacht wird die Verschmutzung der Nordsee durch die Flüsse, die an der gesamten Verunreinigung zu zirka zwei Drittel beteiligt sind. Über 1,5 Millionen Tonnen Stickstoff und zirka 100.000 Tonnen Phosphate werden pro Jahr durch die Flüsse Rhein, Elbe, Weser, Humber und Themse in die Nordsee transportiert. Hinzu kommen mehrere Tausend Tonnen verschiedenster Schwermetalle und Salzverbindungen.[9] Außer durch die Schmutzfracht der Flüsse ergibt sich eine Verschmutzung der Nordsee durch direkte Einleitungen der Anrainerstaaten, den Öleintrag von Plattformen und vom Schiff aus, die Verklappung von Klärschlamm, den Eintrag aus der Atmosphäre sowie die Verbrennung von Sonderabfällen auf hoher See. Zu allem Überfluß verteilen sich diese Giftstoffe nicht gleichmäßig auf die ungefähr 575.000 km^2 große Wasserfläche. Besonders

---

[8] Zur ökologischen Situation der Nordsee vergleiche neuerdings Kleinhans (1988).
[9] So werden Jahr für Jahr 10.000 Tonnen Blei, 25.000 Tonnen Zink, 5.000 Tonnen Chrom, 3.000 Tonnen Kupfer, 1.500 Tonnen Nickel, 135 Tonnen Cadmium und 50 Tonnen Quecksilber in die Nordsee eingetragen (vergleiche Frankfurter Allgemeine Zeitung vom 21.11.1987).

betroffen sind aufgrund des Strömungsverlaufs und des zum Teil geringen Wasseraustausches die Küstenstreifen Dänemarks, der Bundesrepublik Deutschland sowie der Niederlande und hier wiederum vor allem das ökologisch besonders wertvolle und sensible Wattenmeer. Aus dieser Problembeschreibung wird offensichtlich, daß die "Rettung der Nordsee" nur durch Aktionen aller oder doch zumindest der meisten Anrainerstaaten möglich ist. Eine internationale Bearbeitung der Nutzungskonflikte erscheint unabdingbar.

Nach den zahlreichen Bemühungen zur Verbesserung der Situation der Nordsee seit Ende der 60er Jahre kam es auf der zweiten internationalen Konferenz zum Schutze der Nordsee, die im November 1987 in London stattfand und an der alle acht Anrainerstaaten (Belgien, Dänemark, Bundesrepublik Deutschland, Frankreich, Großbritannien, Niederlande, Norwegen und Schweden) teilnahmen, erstmals zu relevanten Regelungen der Nutzungskonflikte.[10] Obwohl der Gastgeber Großbritannien wieder einmal die Bremserrolle gegenüber umweltschützenden beziehungsweise zu kostenaufwendigen Vorschriften übernommen hatte, wurden einige Vereinbarungen erreicht, die von Experten und in der interessierten Öffentlichkeit zum Teil als überraschend weitreichend eingestuft wurden. Die Abfallbeseitigung vom Schiff aus (zum Beispiel Verklappung) soll sukzessive verringert werden und vom 1.1.1991 an ohne die Genehmigung einer zu etablierenden Prüfungskommission nicht mehr erlaubt sein. Die Abfallverbrennung auf See soll bis 1990 um 65% reduziert werden und ab Ende 1994 völlig verboten sein.[11] Zwar wurde die Nordsee (noch) nicht zum Schutzgebiet im Sinne des 1973 abgeschlossenen "Maritime-Pollution"-Abkommens (Marpol) der "International Maritime Organization" (IMO) erklärt, dennoch darf ab frühestens 1990 kein Schiffshaushaltsmüll mehr in die Nordsee geworfen werden. Dies und die angestrebte Verminderung der Verschmutzung durch Ölplattformen sollen durch eine verstärkte und weitgehend nationale Luftüberwachung kontrolliert werden. Außerdem vereinbarten die acht Anrainerstaaten der Nordsee auf dieser Konferenz eine Reduzierung der Einführung von Schad- und Nährstoffen um 50% bis 1995. Die nächste Folgekonferenz soll Anfang 1990 in Den Haag stattfinden.

---

[10] Die Vereinbarungen der zweiten Nordseeschutzkonferenz sind wiedergegeben in: Die ZEIT vom 4.12.1987.
[11] Das Verbot der Abfallverbrennung kann durchaus als Reaktion auf die seinerzeit von offizieller Seite scharf verurteilten Greenpeace-Aktivitäten gegen das Verbrennungsschiff "Vulcanus" gedeutet werden (vergleiche hierzu die Frankfurter Allgemeine Zeitung vom 20.10.1987).

Ließen sich diese Vorhaben tatsächlich auch durchführen, so hätte die zweite Nordseeschutzkonferenz ein internationales Regime zum Schutze der Nordsee ("Nordseeregime"[12]) als unerwartetes Ergebnis erbracht. Ob dies der Fall ist, bleibt jedoch noch abzuwarten.

Um so "überraschender" (vom Standpunkt der makroskopischen Sichtweise der Ost-West-Beziehungen) mutet es allerdings an, daß bereits seit etwa Mitte der 70er Jahre von einem existenten "Ostseeregime"[13] gesprochen werden kann, obgleich die sieben Anrainerstaaten unterschiedlichen "Blöcken" angehören. Die Bundesrepublik Deutschland und Dänemark gehören der Nordatlantischen Vertragsorganisation (NATO) und der EG an, Schweden und Finnland sind neutrale und nicht-paktgebundene Länder, die Deutsche Demokratische Republik (DDR), Polen und die Sowjetunion sind Mitglieder im Rat für gegenseitige Wirtschaftshilfe (RGW) und der Warschauer Vertragsorganisation (WVO).

Die Probleme der Ostsee resultieren nicht nur aus der Verschmutzung des Wassers und des Meeresbodens durch die jährliche Einleitung von zirka einer Million Tonnen Stickstoff, 55.000 Tonnen Phosphate und 2,5 Millionen Tonnen anderer sauerstoffverbrauchender Substanzen, verursacht durch Landwirtschaft, Industrie und private Haushalte, sondern werden noch verschärft durch den geringen Wasseraustausch in diesem Binnenmeer, das eine Fläche von 370.000 km^2 umfaßt. Schätzungen besagen, daß sich das Wasser in dem flachen Meeresbecken ungefähr zwischen 30 und 50 Jahren aufhält. Hauptprobleme sind daher die Euthrophierung und der Erstickungstod in der Ostsee. Hauptverschmutzer sind die DDR, Polen und die Sowjetunion, die ihre Abwässer größtenteils ungeklärt einleiten, sowie Schweden, das die Abwässer seiner Zellstoffindustrie in die Ostsee einführt. Wird

---

[12] Vorhergehende Vereinbarungen und Abkommen über die Reinhaltung der Nordsee haben sich bei weitem nicht als internationales Regime qualifiziert. Eine ausführliche Erörterung der Kriterien zur Bestimmung internationaler Regime findet sich in Efinger/Rittberger/Zürn (1988), 63 ff.
Die Bonner Konvention über die Zusammenarbeit bei der Behandlung von Ölverschmutzungen (9.6.1969) erbrachte kaum mehr als die gegenseitige Informationspflicht bei Ölunfällen. Das Oslo-Abkommen vom 15.2.1972, das London-Abkommen vom 29.12.1972 sowie das Pariser Übereinkommen über die Verhütung der Meeresverschmutzung vom Lande aus (04.06.1974) leisteten einen Beitrag zur Festlegung allgemeiner umweltpolitischer Ziele und zur Harmonisierung der Normen im Politikfeld Umwelt. Der konkrete Beitrag dieser Abkommen zur Reduzierung der Umweltverschmutzung ist eher als gering zu veranschlagen. Die erste internationale Nordseeschutzkonferenz vom 31.10. - 1.11.1984 hatte nur unverbindliche und wenig wirksame Absichtserklärungen zum Ergebnis (vergleiche den Überblick bei Rüster (1986)).
[13] In diesem Sinne argumentierten auch Strübel (1988) und neuerdings List (1989), der eine ausführliche Analyse über die Entstehung und Wirkung dieses Regimes erstellt hat.

die jeweilige Küstenlänge berücksichtigt, stehen allerdings Dänemark und die Bundesrepublik Deutschland den anderen Ostseeanrainer als Verschmutzer kaum nach. Auch die "Rettung der Ostsee" bedarf somit internationaler Aktivitäten.

Die Verhandlungen über eine Ostseeschutzkonvention erbrachten bereits 1970 ein erstes Abkommen zur Verhütung und Bekämpfung der Ölverschmutzung. Dieses Abkommen wurde seitens der Bundesrepublik aus Statusgründen zwar nicht unterzeichnet - die Bundesrepublik Deutschland wollte zum damaligen Zeitpunkt die DDR als Mitunterzeichner dieses Abkommens auf keinen Fall indirekt anerkennen - aber dennoch respektiert. Drei Jahre darauf wurde in Danzig eine Konvention über die Fischerei und den Schutz der lebenden Ressourcen in der Ostsee und den Belten erreicht, die allerdings das Problem der Einleitung von Schadstoffen in die Ostsee noch ausklammerte, ehe am 22.03.1974 in Helsinki ein Übereinkommen über den Schutz der Meeresumwelt des Ostseeraums (sogenannte Ostseekonvention) unterzeichnet wurde, das von allen sieben Anliegerstaaten inzwischen ratifiziert und seit dem 02.05.1980 in Kraft ist.[14] In der Ostseekonvention verpflichten sich die Unterzeichnerstaaten, die Verschmutzung des Binnenmeeres "soweit wie möglich" und mit den "bestmöglichen Mitteln" zu vermindern. Die zentrale normative Vorgabe dieses Abkommens lautet wie folgt:

> "Die Vertragsparteien treffen einzeln oder gemeinsam alle geeigneten Gesetzgebungs-, Verwaltungs- oder sonstigen einschlägigen Maßnahmen, um die Verschmutzung zu verhüten und zu verringern und die Meeresumwelt des Ostseeraums zu schützen und zu pflegen".

Das sich aus diesen Übereinkünften ergebende Regelwerk verbietet die Produktion und Anwendung von Dichlor-Diphenyl-Trichloräthan (DDT) und seiner Derivate im Einzugsbereich der Ostseezuflüsse sowie die Einleitung von Stoffen, die sich auf einer sogeannten "schwarzen Liste" befinden. Hinzu kommen Vorschriften zur Verhütung der Verschmutzung von Schiffen aus und die Beschränkung der Verschmutzung der Ostsee mit schädlichen Stoffen (vor allem Schwermetalle) auf ein Mindestmaß. Außerdem wurde die Ostsee inzwischen zum Sondergebiet gemäß des Marpol-Abkommens erklärt, mit der Konsequenz, daß keinerlei Verklappungen mehr durchgeführt werden dürfen. Die Einhaltung der Maßnahmen wird durch eine

---

[14] Das Übereinkommen über den Schutz der Meeresumwelt des Ostseeraums (Ostseekonvention) ist abgedruckt im Bundesgesetzblatt, (1979) II, 1229 - 1240. Finnland hatte diese Konvention als erstes Land am 27.06.1975, die Bundesrepublik Deutschland als letztes knapp fünf Jahre später ratifiziert.

Ostseekommission mit Sitz in Helsinki überprüft, deren Kontrollrechte sich allerdings auf die internationalen Gewässer beschränken.[15] Die Kommission tagt auf höchster politischer Ebene seit 1980 im jährlichen Turnus und erörtert dabei den Zustand der Ostsee, die Effektivität des Regelwerkes und beschließt unter Umständen neue notwendige Maßnahmen. Bei verbindlichen Beschlüssen besteht die Notwendigkeit zur Einstimmigkeit, so daß jeweils der Staat mit der am wenigsten progressiven Umweltschutzpolitik das Tempo der Entwicklung für alle Ostseeanlieger bestimmt. Zuletzt trafen sich die acht Anrainerstaaten im Februar 1988, wo eine - nicht bindende - Empfehlung über die Halbierung der Ableitungen von Nährstoffen, Schwermetallen und giftigen organischen Stoffen bis 1995 beschlossen wurde. Verbindlich ist allerdings die dort erzielte Übereinkunft über das Verbot giftiger Bootsanstriche. Ab 1991 dürfen Farben mit organischen Zinnverbindungen nicht mehr für die Imprägnierung von Booten und Rahmen von Fischernetzen verwendet werden.[16]

Vom ökologischen Standpunkt aus sind diese Maßnahmen - ebenso wie bei der Nordsee - bei weitem noch nicht ausreichend. Nach wie vor besteht für Teile der Ostsee die Gefahr des Umkippens; die ökologische Effektivität des Ostseeregimes ist alles andere als optimal. Es bleibt dennoch bemerkenswert, daß bereits Mitte der 70er Jahre im Rahmen der Ost-West-Beziehungen trotz mancher Statusprobleme (zum Beispiel Anerkennung der DDR oder Errichtung des Umweltbundesamtes in Berlin (West)) ein funktionierendes Ostseeregime entstehen konnte, während ein paralleles Nordseeregime - wenn überhaupt - sich erst allmählich herauszubilden beginnt. Die Wirkung des Ostseeregimes darf trotz aller Einschränkungen als nicht zu gering veranschlagt werden. So sind zum Beispiel die Giftmengen, die man in Vögeln und Fischen aus dem Ostseeraum festgestellt hat, infolge des Verbots der Gifte DDT und Polychlorid-Diphenyl (PCB) stark gefallen. Auch das Verbot, in der Ostsee Chemikalien zu versenken oder abzubrennen, das von der Helsinki-Kommission erlassen wurde, wird offenbar befolgt. Seitdem die Ostsee zum Sondergebiet (1980) erklärt worden ist, reduzierte sich auch der Müll, der von den Schiffen ins Meer geworfen und an die Strände geschwemmt wird. Der schwedische Kommissionsleiter Goete Svensson hat auf dem Treffen der Anrainerstaaten im Februar 1988 die Wirkung des Ostseeregimes umschrieben: "Es geht der Ostsee

---

[15] Vergleiche Füllenbach (1977).
[16] Vergleiche die Presseberichterstattung der Frankfurter Rundschau vom 20.02.1988.

jetzt nicht besser, aber ohne Helsinki-Kommission würde es ihr noch schlechter gehen".[17]

Nicht der Nutzungskonflikt, der im Rahmen der Ost-West-Beziehungen, sondern der, der in den West-West-Beziehungen besteht, wird (noch) nicht durch ein internationales Regime bearbeitet - obgleich die Bearbeitungsunterschiede als eher gering zu veranschlagen sind. Die Ähnlichkeit der Bearbeitung dieser Konflikte läßt sich demnach weit besser durch die Ähnlichkeit der Problemstellung oder -struktur erklären als unter Rückgriff auf die Dichotomisierung von "kooperativen" West-West-Beziehungen einerseits und "kompetitiven" Ost-West-Beziehungen andererseits. Es mag sein, daß die zwingende Notwendigkeit einer internationalen Regelung zum Schutz der Ostsee früher gegeben war als im Falle der Nordsee: Die Ostsee ist nicht nur das - auf die Gesamtfläche bezogen - verkehrsreichste Gewässer der Welt, sondern auch durch eine stabile Schichtung beziehungsweise geringe Ummischung des Wassers gekennzeichnet.[18] Die vergleichsweise erfolgreiche Bearbeitung intersystemarer Umweltkonflikte im Bereich der Ostsee mag sich beispielsweise in Absetzung zur Donauproblematik auch folgendermaßen erklären: "das ökonomische Entwicklungsniveau ist unter den sieben Ostseeanliegerstaaten ausgeglichener. Die für die Umweltschutzkooperation wesentliche Unterscheidung zwischen Oberlieger- und Unterliegerstaaten spielt an der Ostsee keine Rolle. Allen Uferstaaten ist das Interesse an der Nutzung dieses Binnenmeeres als Vorfluter für Industrie und Kommunen, als Erholungsgebiet sowie als Fischereigewässer gemeinsam".[19] Derartige Hinweise sind zwar nicht von der Hand zu weisen, sie deuten aber letztlich in dieselbe Richtung, in die hier argumentiert wird: In der traditionellen Analyse der Ost-West-Beziehungen wurden problem- und situationsstrukturelle Faktoren viel zu wenig systematisch berücksichtigt, zugunsten des in seiner Bedeutung überschätzten Faktors der Konfliktformation und zugunsten der Besonderheit von Konflikten und deren Bearbeitung in den Ost-West-Beziehungen.

---

[17] Zitiert nach der Stuttgarter Zeitung vom 19.02.1988.
[18] Vergleiche Strübel (1988).
[19] Füllenbach (1977), 224.

2.2 Rhein und innerdeutsche Gewässer

Die angestrebte Reinheit von Binnengewässern wie der Ostsee und von Randmeeren wie der Nordsee stellt ein typisches kollektives Gut dar[20], da von der erreichten Wasserqualität kein Anlieger ausgeschlossen, die Schaffung oder Erhaltung einer befriedigenden Wasserqualität aber nur durch gemeinsame Anstrengungen erreicht werden kann und diese wiederum ständig der Gefahr ausgesetzt sind, durch Trittbrettfahrerverhalten unterlaufen zu werden. Demgegenüber stellt sich das Problem bei Flüssen anders: Typischerweise ist der sogenannte Unterlieger an einer Reinhaltung des Gewässers wesentlich stärker interessiert, da er naturgemäß der Hauptbetroffene der Verschmutzung durch den Oberlieger ist. Der Oberlieger befindet sich in der besseren Position und möchte sich meist so wenig wie möglich Schranken für die Verschmutzung der grenzüberschreitenden Flüsse auferlegen lassen.[21] Das widerspricht jeglicher ökologischer Vernunft; die Staaten Europas scheinen jedoch ihre Interessen nach wie vor nur kurzfristig und unaufgeklärt zu definieren. Indem beispielsweise die Flüsse in die Nord- oder Ostsee münden und die Schadstoffe dort ablagern, werden damit auch Gewässer verschmutzt, an denen mancher Oberliegerstaat Anrainer ist. Infolgedessen schädigen sich diese Staaten letzten Endes selbst. Der Konflikt zwischen Ober- und Unterlieger wird dann noch verschärft, wenn die Oberlieger nicht zu den Anrainerstaaten eines dieser Meere gehören (zum Beispiel Schweiz, Tschechoslowakei, Österreich), obwohl gemäß der Logik des ökologischen Kreislaufs auch in diesem Fall die Oberlieger eine Selbstschädigung bewirken.

Derartige Nutzungskonflikte zwischen Ober- und Unterlieger lassen sich am Beispiel des Rheins sehr schön illustrieren. Frankreich als Oberlieger betrachtet den Rhein nicht zuletzt als Abflußbecken für die Salzabfälle aus den Kalibergwerken im Elsaß: es ist auf diese Weise zu zirka 40% an der Verseuchung des Rheins mit Salzen beteiligt. Beispielsweise werden von Frankreich täglich zirka 31.500 t Chloride in den Rhein geleitet. Auch die Schweiz - als Oberlieger - und die Bundesrepublik Deutschland - als Mittellieger - leiten in erheblichem Umfang Abwässer ihrer chemischen Industrien ein und haben damit den Hauptanteil der Belastung des Flusses mit Schadstoffen zu verantworten.[22] Jedes Jahr führt der

---

[20] "Ein Gemein-, Kollektiv- oder öffentliches Gut wird hier als jedes Gut definiert, das den anderen Personen in einer Gruppe praktisch nicht vorenthalten werden kann, wenn irgendeine Person Xi in einer Gruppe X1, ...Xi, ...Xn es konsumiert" Olson (1985), 13.
[21] Vergleiche Bryde (1986) und Prittwitz (1984).
[22] Vergleiche Mayer-Tasch (1987), 79.

Rhein der Nordsee eine Unmenge von Schadstoffen zu: 17 Millionen Tonnen Salz, 447.000 Tonnen Phenole, 344.000 Tonnen organische Kohlenwasserstoffverbindungen, 53.000 Tonnen Ammoniumverbindungen, 4.000 Tonnen Blei, 1.700 Tonnen Chrom, 320 Tonnen Arsen und 130 Tonnen Quecksilber.[23] Der Unterlieger Niederlande hat demgegenüber ein existentielles Interesse an einer Nutzung des Rheins als Trinkwasserreservoir und zur Bewässerung seiner Landwirtschaft. Eine Ironie des Schicksals will es also so, daß gerade der Unterlieger am meisten auf sauberes Rheinwasser angewiesen ist.[24]

Was ist nun der Stand der Bearbeitung dieser Nutzungskonflikte? Im Falle des Rheins versuchten die Anliegerstaaten relativ früh, eine Regelung dieses spezifisch westeuropäischen Umweltproblems herbeizuführen. Die 1950 gegründete Rheinschutzkommission verbesserte zunächst lediglich den wechselseitigen Informationsaustausch zwischen den daran beteiligten Staaten. Eine Fortentwicklung in dieser Richtung ergab sich durch das Rheinverschmutzungsabkommen (sic!) vom 29.04.1963 zwischen der Bundesrepublik Deutschland, Frankreich, Luxemburg, den Niederlanden und der Schweiz[25], durch das eine Internationale Kommission zur Überwachung der Bestimmungen sowie zur Erarbeitung von weiteren Empfehlungen und Beratung ins Leben gerufen wurde. Eine Verschärfung der Problemdefinition ergab sich erst Anfang der 70er Jahre im Rahmen des von der EG verabschiedeten Umweltaktionsprogramms (1973-1976). Die inzwischen etwa 20 von der EG erlassenen Richtlinien, die der Verbesserung der Wasserqualität der Oberflächengewässer in der Gemeinschaft dienen sollen, müssen aber allesamt unter den Begriff des "peripheren Eingriffs" (Mayer-Tasch) subsumiert werden. Ein erster bedeutsamer Schritt schien allerdings mit der Unterzeichnung des Rheinchloridabkommens am 3.12.1976[26] getan zu sein. Diese Abkommen sollte Frankreich beziehungsweise die elsässischen Kaliberwerke verpflichten, "nur" noch maximal 60 kg Chlorid-Ionen pro Sekunde in den Fluß zu schütten. Den verbleibenden Rest der Abfallsalze sollte Frankreich in den Boden verbringen. Die dabei anfallenden Kosten sollten von Frankreich zu 30% und den übrigen Staaten gemäß folgendem Verteilungsschlüssel aufgebracht werden: Niederlande 34%,

---

[23] Diese Angaben beziehen sich auf das Jahr 1980. Vergleiche Frankfurter Rundschau vom 29.11.1986.
[24] Ähnliches trifft übrigens auch auf die Nutzung anderer europäischer Fließgewässer wie zum Beispiel die Donau zu (vergleiche Pásztó (1985), 115 ff.).
[25] Bundesgesetzblatt (1965) II, 1433.
[26] Bundesgesetzblatt (1978) II, 1053.

Bundesrepublik Deutschland 30% und die Schweiz 6%. Daraufhin zahlten die Niederlande an Frankreich 132 Millionen Francs. Gegen zwei Verfügungen des Präfekten des französischen Departements Haut-Rhin, der den Kaliwerken im Widerspruch zum Abkommen gestattete, bis zu 130 kg Chlorid-Ionen pro Sekunde in den Rhein zu schütten, klagten die Niederlande erfolgreich vor dem Straßburger Verwaltungsgericht.[27] Aufgrund von innenpolitischen Widerständen (Landwirte und Salzindustrie) sah sich die französische Regierung 1986 aber veranlaßt, von ihren Zusagen abzuweichen. Sie sah sich nicht in der Lage, ihre Verpflichtungen gemäß diesem Abkommen einzuhalten.[28]

Im Gegensatz zu der ineffektiven Rheinchlorid-Übereinkunft zeitigte das im gleichen Jahr unterzeichnete Rheinchemieabkommen immerhin einen gewissen Erfolg bei der Reduzierung der Einleitung von Schwermetallen (v.a. Quecksilber) in den Rhein. Insgesamt gesehen befindet sich der Rhein Mitte der 80er Jahre jedoch im ökologisch gleichen Zustand wie 1976, zum Zeitpunkt des Abschlusses der beiden Übereinkommen. Erst ab Ende 1986 kam neue Bewegung in die Rheinverschmutzungsfrage. Neben dem "Unfall" bei der Basler Chemiefirma Sandoz im November 1986, der zu einer katastrophalen Verseuchung großer Teile des Rheins führte, gab es auch eine Rheinkonferenz, die in Straßburg stattfand und auf der beschlossen wurde, daß bis 1995 die Einführung von Schad- und Nährstoffen in den Rhein um 50% abgebaut werden soll.[29]

Ob und inwieweit diese Beschlüsse in reale Politik umgesetzt werden, bleibt allerdings abzuwarten. Zusammenfassend läßt sich jedenfalls festhalten, daß es in bezug auf die Nutzungskonflikte des Rheinwassers zwar vereinzelte Kooperationsansätze gibt, aber zum gegenwärtigen Zeitpunkt kaum von einem umfassenden Regelwerk gesprochen werden kann.

Ober-/Unterliegerkonflikte gibt es auch bei den innerdeutschen Gewässern. Bei fast allen innerdeutschen Flüssen (zum Beispiel Elbe, Werra, Weser, Spree, Leine, Jeetze, Röden, Saale) ist die Bundesrepublik Unterlieger und wird von Gewässerverschmutzungen, die in der DDR erfolgen, ökologisch und ökonomisch ge-

---

[27] Das Straßburger Urteil vom 27.07.1983 wird als Indiz für die langsame Bildung und Ausbreitung eines gewohnheitsrechtlich verfestigten internationalen Gewässerschutzrechts gewertet.
[28] Das bundesdeutsche Zustimmungsgesetz ist seit 1984 in Kraft.
[29] Vergleiche die Neue Zürcher Zeitung vom 27.11.1987.

schädigt. Besonders eklatant sind die Schäden, die durch die Versalzung von Werra und Weser entstehen. Hier werden die jährlichen Schäden auf zirka 60 Millionen Mark geschätzt. Die bei der Produktion von Kali anfallenden Salzwässer werden von der DDR seit 1968 vollständig in die Werra abgeleitet. Allein 1987 - dies gilt als Rekordjahr - leiteten die drei thüringischen Kalibergwerke fast 14 Millionen Tonnen Salz in Werra und Weser.[30] Bis 1967 versenkte die DDR diese Abwässer in den Untergrund. Seitdem jedoch verschiedentlich Salzabwässer zutage traten und die Trinkwasserversorgung in der Region gefährdet erschien, kippen die thüringischen Kalibergwerke die Salze direkt in die Werra. Damit wurde auch der 1913 zwischen Preußen und Thüringen geschlossene Staatsvertrag, wonach die Salzbelastung nicht höher als 2,5 Gramm Chlorid pro Liter Wasser sein darf, der bis dahin von der DDR de facto anerkannt wurde, unterlaufen. 1976 - in einem Jahr, in dem die Werra extrem wenig Wasser führte - wurden zeitweise 40 Gramm Chlorid pro Liter Wasser in der Werra gemessen. Der Salzgehalt des "Süßwasserflusses" Werra ist damit doppelt so hoch wie der durchschnittliche Wert des "Salzmeeres" Nordsee! Die Haldung der Salze - ein vergleichsweise sauberes Verfahren, welches in der Bundesrepublik Anwendung findet - lehnt die DDR wiederum aus ökonomischen Gründen ab. Nicht wesentlich geringer ist die Verschmutzung der Elbe, die - obwohl als Trinkwasserlieferant für die DDR unentbehrlich - nahezu im selben Ausmaß wie der Rhein belastet wird und das bei einer 30 mal geringeren Wassermenge.

Ähnlich wie im Falle des Rheins ist auch im Rahmen der innerdeutschen Beziehungen bis heute kein internationales Regime entstanden, das die entsprechenden Nutzungskonflikte umfassend regelt. Auch hier gibt es Kooperationsansätze[31], die dem Ausmaß der Umweltkooperation in der EG, trotz Statusproblem (wie beispielsweise der Ansiedlung des Bundesumweltamtes in Berlin (West) oder der Einbeziehung der Stadt in derartige Vereinbarungen) nicht wesentlich nachstehen und darüber hinaus auch inhaltlich denen der EG sehr ähneln. So kam es 1982 zur ersten bedeutsamen Regelung in den innerdeutschen Beziehungen im Bereich des Umweltschutzes, als sich die DDR bereit erklärte, eine dritte, chemische Renigungsstufe in den Großklärwerken "Falkenberg", "Münchenhofe" und "Nord" zum Abbau der abgegebenen Phosphate einzubauen. Diese Maßnahmen hatten eine Verringerung der Belastung der für die Wasserversorgung Westberlins so wich-

---

[30] Vergleiche Frankfurter Rundschau vom 05.02.1988
[31] Vergleiche den Überblick bei von Berg (1986).

tigen Gewässer wie Spree und Havel zur Folge. Die Bundesrepublik Deutschland beteiligte sich an den Investitionskosten mit 68 Millionen DM, während die DDR die Unterhaltskosten trägt. Die Einhaltung der vereinbarten Werte wird laut Vertragstext "durch regelmäßige Übermittlung von Meßwerten nachgewiesen und kontrolliert".[32]

Eine ähnliche Vereinbarung kam 1983 in bezug auf die Wassergüte der Röden zustande[33]; auch hier beteiligte sich die Bundesrepublik Deutschland mit 18 Millionen DM an den Investitionskosten. Ob bei den entsprechenden Verhandlungen über Werra und Weser und deren Versalzung durch den Kaliabbau in der DDR konkrete Ergebnisse erzielt werden können, bleibt abzuwarten. Die DDR zeigt zwar ein Interesse an der Übernahme des in der Bundesrepublik Deutschland entwickelten Verfahrens zur "Trocknung" der Kalilauge und deren Haldung. Dies scheint allerdings gegenwärtig an der Kostenverteilungsfrage und der mangelnden Bereitschaft des bundesdeutschen Unternehmens, das Wissen über das von ihm entwickelte Verfahren ohne Gegenleistungen weiterzugeben, zu scheitern. Hoffnungen für eine zukünftige umfassende Regelung der Nutzungskonflikte über innerdeutsche Gewässer sind durch das im Juni 1987 paraphierte Umweltschutzrahmenabkommen zwischen der DDR und der Bundesrepublik Deutschland[34] zwar geweckt worden. Inwiefern solche Hoffnungen bestätigt werden können, läßt sich gegenwärtig nicht zuverlässig ausmachen.

Zusammenfassend kann gesagt werden, daß sich im Falle der innerdeutschen Gewässer noch kein internationales Regime etablieren konnte. Allerdings fällt die Regelungsdichte allenfalls graduell hinter die beim Rheinproblem erreichte zurück. Entsprechend unserer Hypothese stellen sich also Konflikte, die sich aus unvereinbaren Nutzungsanforderungen an internationale Gewässer zwischen westlichen Industrieländern und zwischen Ost und West ergeben, in der Tat nicht wesentlich verschieden dar. Während seit geraumer Zeit von einem Ostseeregime gesprochen werden kann, ist ein Nordseeregime allenfalls seit Ende 1987 anvisiert. Ob es allerdings tatsächlich implementiert wird, bleibt noch abzuwarten. Die Kooperationsansätze zur Regelung der Konflikte über die Nutzung des Rheins sind zwar etwas weiter fortgeschritten als im Falle der innerdeutschen Gewässer, aber auch hier

---

[32] Vergleiche Bulletin der Bundesregierung No. 89 vom 29.09.1982, 814.
[33] Vergleiche Bulletin der Bundesregierung No. 106 vom 13.10.1983, 969-971.
[34] Dies ist abgedruckt im Bulletin der Bundesregierung No. 59 vom 16.06.1987, 522-523.

handelt es sich allenfalls um graduelle Unterschiede. Ähnlichkeiten in der Problemstellung legen offensichtlich eine ähnliche Konfliktbearbeitung nahe, unabhängig davon, ob der Konflikt den West-West- oder den Ost-West-Beziehungen zuzurechnen ist.

Diese Beobachtungen weisen darauf hin, daß weniger die Suche nach dem alles dominierenden Kern des sogenannten Ost-West-Konflikts und die aus ihm scheinbar folgenden Bearbeitungsimperative einen Beitrag zum Verständnis der Konflikte und deren Bearbeitung in den Ost-West-Beziehungen leisten, als vielmehr eine stärkere Berücksichtigung der bislang in der Disziplin der Internationalen Beziehungen stark vernachlässigten "problem- und situationsstrukturellen Faktoren".

3. Ansätze zu einer problem- und situationsstrukturellen Erklärung der Problemlage

Abschließend soll kurz skizziert werden, welche Art von problem- und situationsstrukturellen Faktoren zur Erklärung der Entstehung internationaler Regime ausgewählt und einer näheren Analyse unterzogen werden könnten. Problemstrukturelle Hypothesen versuchen, die Konfliktbearbeitung aus der Sachbeschaffenheit eines Konfliktgegenstandes beziehungsweise Problemfeldes heraus zu erklären.[35] Es ist insofern naheliegend, Konflikte zu typologisieren und Konflikttypen danach zu unterscheiden, wie wahrscheinlich ihre Bearbeitung durch internationale Regime ist. So könnten beispielsweise Werte-, Mittel- und Interessenkonflikte unterschieden werden. Während ein Wertekonflikt auf einem Dissens in Bezug auf den normalen Status eines Objekts beruht[36], besteht ein Mittelkonflikt dann, wenn ein Dissens über den Weg besteht, der einzuschlagen ist, um ein gemeinsames Ziel zu erreichen[37]. Ein Interessenkonflikt hingegen entspringt einer Mangelsituation. Die Konfliktakteure streben dasselbe Gut an, von dem nicht genug für alle Beteiligten

---

[35] In Efinger/Rittberger/Zürn (1988), 86 ff. findet sich ein Überblick über unterschiedliche problemstrukutrelle Erklärungsversuche, die zum Teil einem quantitativen Test unterzogen werden.
[36] Vergleiche hierzu Aubert (1972).
[37] Mittelkonflikte treten immer in Verbindung mit einem kollektiven Problem, also einer gemeinsam wahrgenommenen Soll-Ist-Diskrepanz auf. Erst durch diese Diskrepanz ergibt sich das gemeinsame Ziel, nämlich den Sollzustand zu erreichen. Dadurch verschwimmt in gewisser Weise die Grenze zwischen einer Konflikt- und einer Problembearbeitung. Gleichwohl kann die Annahme gewagt werden, daß in der internationalen Politik die Bearbeitung kollektiver Probleme nie völlig konfliktfrei vollzogen wird.

vorhanden ist. Unbeschadet möglicher weiterer Ausdifferenzierungen einer solchen Konflikttypologie läßt sich behaupten, daß Wertekonflikte einem geregelten Konfliktaustrag sehr schwer zuzuführen sind. Mittel- und auch die meisten Interessenkonflikte werden dagegen mit wesentlich größerer Wahrscheinlichkeit[38] mittels internationaler Regime bearbeitet.

Sowohl im Falle der grenzüberschreitenden Flüsse als auch im Falle von Ost- und Nordsee fallen die grundlegenden Konfliktgegenstände zum größten Teil in die Kategorie der Mittel- und zum kleineren Teil in die Kategorie der Interessenkonflikte. Alle Anrainerstaaten gehen davon aus, daß sie einen berechtigten Anspruch auf die Nutzung der Gewässer haben. In welcher Weise und in welchem Umfang dieser Anspruch realisiert werden darf, ist allerdings umstritten. Ebenso anerkennen alle Parteien prinzipiell das gemeinsame Ziel der Reinhaltung der Gewässer. Über die zu ergreifenden Maßnahmen herrschen allerdings unvereinbare Positionsdifferenzen. Mittels der angedeuteten Konflikttypologie kann demnach erklärt werden, weshalb die Kooperationsbereitschaft der Akteure beziehungsweise die Regelungsdichte in den Umweltbeziehungen (vor allem Mittelkonflikte) höher ist als im Bereich der Menschenrechte (vor allem Wertekonflikte) und geringer als in den Wirtschaftsbeziehungen (vor allem Interessenkonflikte).

Dennoch bestehen Unterschiede bei der kooperativen Bearbeitung der Nutzungskonflikte über die Nord- beziehungsweise Ostsee einerseits und über den Rhein beziehungsweise die innerdeutschen Gewässer andererseits, und zwar sowohl in bezug darauf, ob sich bereits ein internationales Regime herausgebildet hat, als auch hinsichtlich der im einzelnen erreichten Regelungsdichte.

Hier hilft ein zweiter, der sogenannte situationsstrukturelle Erklärungsansatz analytisch weiter. Dieser Ansatz[39] versucht die Entstehung von internationalen Regimen aus der Struktur einer Konfliktsituation anhand spieltheoretischer Modelle zu erklären. Die Vielzahl der möglichen Konfliktsituationen wird durch das Mischungsverhältnis von Interessenüberschneidung und Interessengegensatz, der zwischen den Akteuren besteht, analytisch erfaßt. Auf den einfachsten Nenner gebracht, läßt sich sagen, daß bei Situationsstrukturen, bei denen die Interessenüber-

---

[38] Für eine nähere Erläuterung dieser Konflikttypologie und ihrer theoretischen Aussagekraft vergleiche a.a.O.
[39] Vergleiche Zürn (1987).

schneidung dominiert, eher kooperative Bearbeitung möglich ist, als in Situationen, bei denen die Interessengegensätze dominieren.

Die Oberlieger-/Unterliegerproblematik, wie sie sich bei den oben erwähnten Fließgewässern ergibt, läßt sich spieltheoretisch als eine (Konflikt-) Situation beschreiben, in der ein starker Interessengegensatz zwischen den Akteuren besteht. Der Oberlieger hat kein besonderes Interesse an Kooperation. Die Verweigerung der Kooperation führt aus der Sicht des Oberliegers nicht zu Nachteilen. Der Unterlieger kann seinerseits den Oberlieger nicht zur Kooperation "zwingen", da seine Drohung der Nicht-Kooperation - selbst soviel wie möglich Schadstoffe in die Gewässer einzuleiten - völlig wirkungslos bleibt. Es kann daher angenommen werden, daß Umweltschutzmaßnahmen in diesem Falle lediglich im Sinne des "kleinsten gemeinsamen Nenners" zustande kommen können. Bei dieser Situationsstruktur ist demnach die Regimetauglichkeit sehr gering zu veranschlagen.

Die Konfliktsituation, wie sie bei den Konflikten über die Nutzung der Ostsee und Nordsee besteht, stellt dagegen eine andere Situationsstruktur dar. Die individuell-rationale Strategie der Anrainerstaaten ist das Ableiten der Schadstoffe. Da aber alle Staaten danach handeln, ergibt sich insgesamt - und damit auch für den einzelnen Staat - ein pareto-suboptimales Ergebnis (zum Beispiel die Gefahr des Umkippens der Meere). Würden die Staaten miteinander kooperieren und weniger Schadstoffe ableiten, dann würde insgesamt ein besseres Ergebnis die Folge sein, daß heißt der Zustand der Meere wäre zufriedenstellender. Die Kooperation zwischen den Staaten wird aber auch durch die Befürchtung verhindert, daß wenn ein einzelner die Ableitung der Schadstoffe reduziert, die anderen Anrainer dennoch mit der Verschmutzung fortfahren, um damit Produktionskosten zu externalisieren und ökonomische Vorteile zu erhalten. Die Ableitung von Schadstoffen wird deshalb solange vorgezogen, solange wie es nicht gelingt, ein verbindliches und überprüfbares Übereinkommen zwischen den Akteuren zum Beispiel in Form eines internationalen Regimes zu erzielen. Eine derartige Situationsstruktur ist leichter einer regelgeleiteten Bearbeitung zuzuführen als die der Oberlieger-/Unterliegerproblematik. Die Berücksichtigung situationsstruktureller Faktoren kann also einen Beitrag zur Beantwortung der Frage leisten, warum im Falle von Ostsee und Nordsee internationale Regime bereits existieren, beziehungsweise im Entstehen begriffen sind.

Die Heranziehung von problem- und situationsstrukturellen Faktoren zur Erklärung von Konfliktverhalten im internationalen System ist kein analytischer "Königsweg". Die Bedeutung solcher Faktoren wird jedoch unseres Erachtens in der Disziplin der Internationalen Beziehungen unterschätzt. Überschätzt werden hingegen die Besonderheit und Einzigartigkeit der Ost-West-Beziehungen. Am Beispiel der Analyse internationaler Umweltpolitik konnte gezeigt werden, daß die Einflußfaktoren "Problem- und Situationsstruktur" mindestens so bedeutsam sind wie der Einflußfaktor "Konfliktformation". Wir hoffen, daß dieser Befund dazu beiträgt, die Ost-West-Beziehungen zu entmystifizieren und damit auch zu entideologisieren: Trotz "Systemkonkurrenz" und "Hegemonialkonflikt" weist die Bearbeitung von Konflikten in den Ost-West-Beziehungen starke Parallelen zu der Bearbeitung strukturell ähnlicher Konflikte in anderen intersystemaren Beziehungen auf. Daraus ergibt sich unseres Erachtens, daß gerade auch eine praxisorientierte Friedensforschung vermehrt Befunde und Kenntnisse über das Verhältnis von Konflikttyp und Konfliktbearbeitung zur Verfügung stellen sollte.

Literaturangaben

Aubert, Wilhelm, Interessenkonflikt und Wertkonflikt. Zwei Typen des Konflikts und der Konfliktlösung, in: Bühl, Walter (Hg.), Konflikt und Konfliktstrategien. Ansätze zu einer soziologischen Konflikttheorie, München 1972, 178-205.

Berg, Michael von, Umweltschutzabkommen Bundesrepublik Deutschland/DDR, in: Haendcke-Hoppe, Maria/Merkel, Konrad (Hg.), Umweltschutz in beiden Teilen Deutschlands, Berlin 1986, 123-130.

Bryde, Brun-Otto, Wasser fließt bergab. Die Verschmutzung internationaler Binnengewässer und ihre Bekämpfung, in: Mayer-Tasch, Peter Cornelius (Hg.), Die Luft hat keine Grenzen. Internationale Umweltpolitik: Fakten und Trends, Frankfurt a.M. 1986, 43-55.

Czempiel, Ernst-Otto, Internationale Politik. Ein Konfliktmodell, Paderborn u.a.O. 1981.

Dicke, Klaus, Grenzüberschreitende Umweltverschmutzung als völkerrechtliches Problem, in Haendecke-Hoppe, Maria/Merkel, Konrad (Hg.), Umweltschutz in beiden Teilen Deutschlands, Berlin 1986, 105-122.

Efinger, Manfred/Rittberger, Volker/Zürn, Michael, Internationale Regime in den Ost-West-Beziehungen. Ein Beitrag zur Erforschung der friedlichen Behandlung internationaler Konflikte, Frankfurt a.M. 1988.

Füllenbach, Josef, Umweltschutz zwischen Ost und West. Umweltpolitik in Osteuropa und gesamteuropäische Zusammenarbeit, Bonn 1977.

Kilian, Michael, Umweltschutz durch Internationale Organisationen. Die Antwort des Völkerrechts auf die Krise der Umwelt, Berlin 1987.

Kleinhans, Bernd, Seenot - Nordsee in Gefahr, Köln 1988.

List, Martin, Das internationale Regime zum Schutz der Meeresumwelt der Ostsee - Eine Fallstudie über normgeleitete Kooperation in den Ost-West-Beziehungen, Tübingen (unveröffentlichtes Manuskript), 1989.

Lowi, Theodore J., American Business, Public Policy, Case Studies und Political Theory, in: World Politics, 15, 1964, 3, 677-715.

Mayer-Tasch, Peter Cornelius (Hg.), Die Luft hat keine Grenzen. Internationale Umweltpolitik: Fakten und Trends, Frankfurt a.M. 1986.

ders., Die verseuchte Landkarte. Das grenzen-lose Versagen der internationalen Umweltpolitik. München 1987.

Olson, Mancur, Die Logik des kollektiven Handelns. Kollektivgüter und die Theorie der Gruppen, 2. Aufl., Tübingen 1985.

Pásztó, Peter, Die Verschmutzung internationaler Binnengewässer und Kooperationsmöglichkeiten zu deren Verhinderung am Beispiel der Donau, in: Gumpel, Werner (Hg.), Grenzüberschreitender Umweltschutz (Südosteuropa-Jahrbuch, Bd. 15), München, 115-122.

Prittwitz, Volker, Umweltaußenpolitik, Grenzüberschreitende Luftverschmutzung in Europa, Frankfurt a.M./New York 1984.

Rix, Christiane (Hg.), Ost-West-Konflikt - Wissen wir, wovon wir sprechen, Baden-Baden 1987.

Rüster, Bernd, Freiheit der Meere - auch zur Verschmutzung?, in: Mayer-Tasch, Peter Cornelius (Hg.), Die Luft hat keine Grenzen. Internationale Umweltpolitik: Fakten und Trends, Frankfurt a.M. 1986, 29-42.

Senghaas, Dieter, Konfliktformationen in der gegenwärtigen internationalen Gesellschaft, in: Wulf, Christoph (Hg.), Kritische Friedenserziehung, Frankfurt a.M. 1973, 155-195.

ders., Konfliktformationen im internationalen System, Frankfurt a.M. 1988.

Strübel, Michael, Umweltpolitik und Internationale Beziehungen, in: Kohler-Koch, Beate (Hg.), Technik und internationale Politik, Baden-Baden 1986, 465-487.

ders., Probleme und Perspektiven grenzüberschreitender Umweltpolitik zwischen Ost- und Westeuropa (unveröffentlichtes Manuskript), 1988.

Vasquez, John A./Mansbach, Richard W., The Role of Issues in Global Co-operation and Conflict, in: British Journal of Political Science, 14, 1984, 4, 411-433.

Voss, Gerhard, Umweltschutz als Problem der internationalen Politik, in: Deutsche Gesellschaft für Auswärtige Politik (Hg.), Die Internationale Politik 1983-84, München 1986, 44-56.

Windhoff-Héritier, Adrienne, Policy-Analyse. Eine Einführung, Frankfurt a.M./ New York 1987.

Zürn, Michael, Gerechte internationale Regime. Bedingungen und Restriktionen der Entstehung nicht-hegemonialer internationaler Regime untersucht am Beispiel der Weltkommunikationsordnung, Frankfurt a.M. 1987.

Dieter Riesenberger

POLITIKWISSENSCHAFTLICHE ANSÄTZE AUS GESCHICHTSWISSEN-
SCHAFTLICHER SICHT - EIN KOMMENTAR

Der Politologie hat man die Unterscheidung von negativem Frieden und positivem Frieden zu verdanken. Dabei ist sicherlich richtig, daß beide Formen von Frieden zwar begrifflich-operativ getrennt diskutiert werden können, daß sie aber in enger Beziehung zueinander zu sehen sind: der "negative" Friede als Abwesenheit von Krieg ist die Voraussetzung für eine umfassende Friedensordnung. In Europa finden wir seit ca. 40 Jahren einen negativen Friedenszustand vor, dessen Labilität und Bedrohung die Friedensforschung gründlich analysiert hat. Die Friedensforschung kann auch mit Genugtuung feststellen, daß manche ihrer Anregungen - genannt sei nur die Konzeption einer gemeinsamen "Sicherheitspartnerschaft" - von der praktischen Politik aufgegriffen wurde. Vierzig Jahre sind historisch gesehen ein kleiner Zeitabschnitt - dennoch wird man feststellen müssen, daß die Chance zum Aufbau einer positiven Friedensordnung politisch kaum genutzt wurde; wird man sich fragen müssen, wo und wann diese Chancen bestanden haben. Man wird weiter fragen müssen, welche Schwierigkeiten sich gerade angesichts der jüngsten Abrüstungserfolge ergeben, die nicht nur neue Möglichkeiten, sondern auch - denkt man an die Diskussion um die konventionelle Rüstung - neue Gefahren bringen können.

Auf die hinter vielen politikwissenschaftlichen Ansätzen stehende Vermutung, es gäbe einen "Königsweg" zum Frieden, wäre aus Sicht der Geschichtswissenschaft, aber auch allgemein zu sagen, daß es einen solchen - gleichgültig welcher Qualität - nicht geben kann; es gibt ja auch keinen Königsweg zur Lösung der sozialen Frage oder anderer gesellschaftlicher beziehungsweise politischer Probleme. Je nachdem, welcher Friede gemeint ist, sind nicht nur die Strategien unterschiedlich, sondern auch die Aufgabenstellung. Es ist eine Sache, sich mit dem Problem der Kriegsverhütung beziehungsweise der Überwindung des Krieges zu befassen; es ist eine andere Sache, sich mit den Voraussetzungen und Anforderungen für eine umfassende Friedensordnung zu befassen. Grundsätzlich gilt, was der Politikwissenschaftler Dieter S. Lutz feststellte, daß es "zwar einen risikolosen Königsweg zum

Frieden nicht gibt, die bisherige Risikobereitschaft zum Krieg aber in Zukunft durch die Risikobereitschaft zum Frieden ersetzt werden muß".[1] Diese "Risikobereitschaft zum Frieden" ist im nuklearen Zeitalter die entscheidende Voraussetzung für ein Überleben. Die Möglichkeit der atomaren Selbstvernichtung der Menschheit stellt in der Geschichte der Menschheit eine völlig neue Situation dar; sie besteht - wie gesagt - allerdings auch schon vierzig Jahre und ist damit bereits eine historische Situation. Angesichts der atomaren Bedrohung unterwarf Georg Picht im Jahre 1970 die vorliegenden Friedensmodelle und Friedensentwürfe einer kritischen Prüfung und hielt fest: "Der eigentümlich irreale Charakter der heute zur Diskussion stehenden Friedensmodelle erklärt sich zu einem wesentlichen Teil aus den in ihrem Rücken wirksamen geschichtlichen Reminiszenzen und Vorurteilen, die längst vergangene Situationen reflektieren."[2]

Diese Annahme, die "Geschichte des voratomaren Zeitalters habe im Hinblick auf Frieden der Gegenwart im Grunde nichts mehr zu sagen", hat nicht nur Bemühungen erschwert, Geschichtswissenschaft und Sozialwissenschaften zusammenzuführen, sondern auch verhindert zu untersuchen, wie "groß denn die Kontinuitäten sind, welche die historische Zäsur überdauert haben. Noch immer gibt es Einstellungen und Institutionen, die sich aus dem voratomaren Zeitalter in das atomare hinübergerettet haben, obwohl sie längst ganz oder teilweise funktionslos und daher anachronistisch geworden sind."[3] Gerade die Untersuchung der Überlappungsproblematik von vor-atomarer Zeit und atomarem Zeitalter, die Herausarbeitung von Kontinuitäten und Diskontinuitäten könnten einen wichtigen Beitrag zur politischen Aufklärung leisten. So könnte man zeigen, daß historische - wenn man so will: historisch-anachronistische Einstellungen - selbst die atomare Strategie der Abschreckung geprägt haben.

Die Theorie der Abschreckung ist keineswegs, wie weithin angenommen wird, eine Erfindung des atomaren Zeitalters. Den ersten Beleg für eine sinngemäße Anwendung der gegenseitigen Abschreckungsstrategie fand ich bei Friedrich Schiller, der die Folgen der gegenseitigen Abschreckung in leuchtenden Farben zeichnete: "Endlich unsere Staaten - mit welcher Innigkeit, mit welcher Kunst sind sie ineinander verschlungen! Wieviel dauerhafter durch den wohltätigen Zwang der Not als

---

[1] Lutz (1987), 494.
[2] Picht (1970), 214 f.
[3] Wette (1987), 3.

vormals durch die feierlichsten Verträge verbündet! Den Frieden hütet jetzt ein ewig geharnischter Krieg, und die Selbstliebe eines Staates setzt ihn zum Wächter über den Wohlstand des anderen. Die europäische Staatengemeinschaft scheint in eine große Familie verwandelt. Die Hausgenossen können einander anfeinden, aber hoffentlich nicht mehr zerfleischen."[4] Am Beginn des 20. Jahrhunderts begründete A.H. Fried, Mitbegründer der "Deutschen Friedensgesellschaft" und Friedensnobelpreisträger, die friedenserhaltende Funktion der Hochrüstung als Abschreckung, wenn auch nur als Durchgangsstufe: "Je gewaltiger der Kriegsapparat ist, um so weniger zahlreich werden dennoch die Fälle sein, die es lohnend machen, den gewaltigen Apparat in Bewegung zu setzen." Die Risiken bei der Entfesselung "der modernen Kriegsmaschinerie wirkten daher eher abschreckend, denn aneifernd für die Zukunft ... Die zunehmenden Rüstungen, das Überbieten an neuen Mordmaschinen in Verbindung mit der zunehmenden Solidarität der Staatenfamilie sind also die wichtigsten Faktoren für die Schwächung der kriegerischen Aktion."[5]

Das Modell "Friedenserhaltung durch Abschreckung" ist also kein spezifisches Modell des atomaren Zeitalters, wenn es auch durch die atomare Rüstung seine letzte Konsequenz erhielt. Kontinuitäten von Einstellungen und Verhaltensweisen werden auch sichtbar bei den Verhandlungen über die Begrenzung der strategischen Waffen (SALT) und über Sicherheit und Zusammenarbeit in Europa (KSZE). J. Dülffer hat darauf hingewiesen, daß trotz der grundsätzlichen Verschiedenheit in den internationalen Rahmenbedingungen durchaus Parallelen zu den Haager Friedenskonferenzen von 1899 und 1907 bestehen. Weder für die Haager Konferenzen noch für die KSZE-Konferenzen gab es einen unmittelbaren Anlaß. Diese Ausgangslage aber bedeute gleichermaßen Erleichterung wie Beschwernis der Erfolgsaussichten. "Zunächst einmal: es bestand die Chance, unbelastet von konkreten und drängenden Interessengegensätzen Möglichkeiten und Grenzen einer verbesserten ... internationalen Ordnung zu diskutieren und Vereinbarungen zu schaffen, die sich nicht im tagespolitischen Ausgleich zu erschöpfen brauchten. Zum anderen jedoch: Die Dringlichkeit einer solchen Übereinkunft wurde herabgesetzt, weil kein akuter Anlaß vorlag. Die Konferenzerfolge mußten sich unter dem Druck nationaler öffentlicher Meinungen wie einer internationalen

---

[4] Schiller (1958), 757.
[5] Fried (1908), 24. In dieser Schrift nahm A.H. Fried auch schon die Unterscheidung von "relativem" und "positivem" Frieden vorweg, a.a.O., 27-34.

Öffentlichkeit rhetorisch und publikumswirksam vertreten lassen. Das heißt zugleich, daß der reale Kern vertrauensbildender internationaler Zusammenarbeit auf künftige Absichten, Möglichkeiten und Wünsche hin imposanter formuliert wurde, als es den bescheideneren verbindlichen Zusagen entsprach. Damit ging ... die theoretische Chance durch die Praxis wieder weitgehend verloren."[6]

Parallelen gibt es auch zu den SALT-Gesprächen. Bei der Ersten Haager Konferenz stand man - als Folge der rüstungstechnischen Entwicklung - erstmals vor dem Dilemma, daß "eine Formel für die Erfassung aller Rüstungsfaktoren" nicht möglich war. Deshalb konzentrierte man sich auf "isolierte, aber zentrale Faktoren der Rüstungsstärke zu Lande - so 1899 - oder zur See - so 1906/07. Das war ein wegweisender Schritt, der trotz des Scheiterns dieser Versuche und trotz des Strebens nach neuen Globaldefinitionen in der Zeit zwischen den beiden Weltkriegen über mehrere Zwischenstufen hin bis zu den strategischen Rüstungsdebatten der Gegenwart und den Verträgen über die Beschränkung einiger weniger strategischer Waffen reichte."[7]

Es ist wohl nicht möglich, trotz der zweifellos qualitativ neuen Situation im atomaren Zeitalter den vorliegenden Friedensmodellen und Methoden einen "irrealen Charakter" zuzusprechen, weil sie eben nicht nur "längst vergangene Situationen reflektieren". Ob es sich um zentralistische oder föderative Modelle handelt, um die Entwicklung des Völkerrechts oder um Überlegungen zur Einschränkung der nationalstaatlichen Souveränität, um die Pläne für ein geeintes Europa oder um den Beitrag internationaler Organisationen zur Friedenssicherung - alle diese Modelle wurden in der voratomaren Zeit entwickelt. Es ist unbestreitbar, daß manche Vorstellungen nicht mehr ernsthaft zur Diskussion stehen; dazu gehört auch - wie jüngst E. Krippendorff gezeigt hat - das Konzept einer aus souveränen Staaten bestehenden Weltordnung.[8] Andererseits spielen in der Praxis der internationalen Politik die souveränen Staaten immer noch eine beherrschende Rolle.

An diesem Beispiel zeigt sich, daß eine Diskrepanz besteht zwischen der Notwendigkeit zu radikalen Veränderungen und den nicht zuletzt historisch

---

[6] Dülffer (1981), 13.
[7] Ebd.
[8] Krippendorff (1985).

bedingten und damit begrenzten Möglichkeiten, dieser Notwendigkeit gerecht zu werden. Gänzlich aufheben wird man diese Diskrepanz wohl nie können; es wäre aber wichtig, sie zu thematisieren und gleichzeitig zu einer möglichst weitgehenden Verzahnung beider Ebenen zu gelangen. Etappen auf diesem Weg könnten sein:
- Analyse der historisch bedingten Gegenwart auf einzelnen, festumrissenen Problemfeldern
- anwendungsorientierte Prüfung vorliegender beziehungsweise Entwicklung neuer Modelle zur Friedenssicherung und Friedensgestaltung
- Differenzierung entsprechend dem politisch-sozialen und kulturell-zivilisatorischen Selbstverständnis und Entwicklungsstand.

Damit aber ist ein Problembereich berührt, der sich immer wieder als neuralgisch erweist, wenn es um das Verhältnis von Geschichtswissenschaft und Sozialwissenschaften geht: das Theorieproblem. W. Wette hat zu Recht betont, daß die "spezifische Stärke historischer Friedensforschung nicht in erster Linie in der generalisierenden Aussage, sondern in der Konkretheit der Darstellung liegt, welche durch die quellennahe Arbeit ermöglicht wird."[9] Das bedeutet jedoch nicht, daß der Historiker grundsätzlich auf die Anwendung von Theorien zur Erklärung und Einordnung historischer Sachverhalte verzichtet. Für die fünfziger und sechziger Jahre trifft der Vorwurf der Theorielosigkeit zu; für die späten siebziger Jahre konnte jedoch schon konstatiert werden: "Die Diskussion über Theorieprobleme der Geschichtswissenschaft ist gegenwärtig auf breiter Front in Gang gekommen."[10] Es muß jedoch kritisch angemerkt werden, daß diese fruchtbare Diskussion seit den siebziger Jahren inzwischen fast ganz verstummt ist. Das ändert aber grundsätzlich nichts daran, daß auch in der Geschichtswissenschaft Theorien ihren Platz haben. In Anlehnung an J. Kocka möchte ich fünf Grundsätze für die Verwendung von Theorien in der Geschichtswissenschaft nennen:
1. Es gibt zwar Theorien mit kleinerer oder größerer Reichweite; es gibt aber keine allgemeine Theorie, mit deren Hilfe die "ganze" Geschichte erklärt werden kann.
2. Die Bildung von Theorien und Begriffen muß der Eigenart des jeweiligen Untersuchungsgegenstandes angemessen sein; es wird nicht bestritten, daß die Wahl auch von den jeweiligen Erkenntniszielen abhängt.

---

[9] Wette (1987), 39.
[10] Kosellek/Mommsen/Rüsen (1977), 11.

3. Die Nützlichkeit einer Theorie wächst *nicht* mit ihrem Abstraktionsniveau. Eine maßgebliche Rolle spielt dabei die Stützbarkeit oder Zurückweisbarkeit durch die Quellen.
4. Theorien können gerade bei umgreifenden komplexen gesellschaftsgeschichtlichen Ansätzen als "Bedeutungsträger" eingesetzt werden, indem sie "systematisch konstruierte Brücken zwischen dem Untersuchungsgegenstand und einem gegenwärtigen Problem - und Kommunikationszusammenhang" darstellen. Voraussetzung dafür ist aber die empirische Absicherung des Untersuchungsgegenstandes.
5. Offenlegung des jeweiligen Ansatzes und Einsicht in die Grenzen des theoretischen Modells, komplementärer Theoriegebrauch mit der Absicht auf Synthese und komparative Theoriediskussion müssen gewährleistet sein.[11]

In der Gesichtswissenschaft geht es um Theorie-Anwendung; in den Sozialwissenschaften geht es offenbar um Theorie-Konstruktion. Das hängt auch damit zusammen, daß der Historiker nur noch erklären kann, der Politologe dagegen durch seine Konzeptionen die Zukunft mitgestalten will. Vielleicht sind deshalb die Theoriekonzeptionen - zumindest aus der Sicht des Historikers - zu umfassend und nomothetisch angelegt. Für den Politologen wird dann die Geschichte zum Steinbruch oder zum Material für Modelle, anhand derer "denkbare Konflikte in Gegenwart und Zukunft präemptiv analysiert und damit potentiell kontrolliert werden können".[12] Wenn die Politologie mit ihren globalen Entwürfen und Modellen für eine künftige Friedensordnung vorsichtiger und in ihrem Umgang mit der Geschichte beziehungsweise ihrer Interpretation sachgemäßer verfahren würde, dann hätte man vielleicht die Frage, ob es einen "Königsweg zum Frieden" gibt, etwas anders gestellt. Es kann nur die gedanklich-theoretischen und politischabstrakten Anstrengungen in ihrer ganzen Vielfalt geben, die darauf gerichtet sind, den Krieg zu überwinden und eine Friedensordnung zu schaffen - über ihre Wirksamkeit wird dann die Geschichtswissenschaft berichten. Das ist im Grunde die einzige Perspektive, die man aus der Sicht der Geschichtswissenschaft der Politologie mit Sicherheit garantieren kann.

Das Dilemma der Thematik "Konflikte in der Weltgesellschaft und Friedensstrategien" besteht darin, daß der Begriff "Weltgesellschaft" weder theoretisch

---

[11] Vgl. Kocka (1977), 178-188.
[12] Krippendorff (1970) 16.

begründet noch inhaltlich definiert ist. Es bietet sich in dieser Situation der Ausweg an, zunächst diesen Begriff zu "operationalisieren", ihn in Einzelfelder zu zerlegen und anschließend auf synthetischem Weg zu einer begriedigenderen Ausgangsbasis zu gelangen; davon ausgehend könnten dann die Fragen nach Konfliktregulierungen und Friedensstrategien diskutiert werden. Es wäre also - im Sinne einer "Operationalisierung" - beispielsweise zu fragen:
- Gibt es eine Weltwirtschaft und welche Konflikte werden durch sie verursacht?
- Gibt es eine Weltzivilisation? Wer sind ihre Träger und welche Auswirkungen hat sie auf die verschiedenen regionalen "Kulturen"?
- Welche politischen Instrumente gibt es und sind denkbar, um übergreifende, weltweit sich auswirkende Gefahren und Konflikte zu regulieren? (Hierzu liegen die Ausführungen von V. Rittberger über die Bedeutung der Internationalen Regime vor.)
- Welche Auswirkungen haben die weltweit einsetzbaren Kommunikationsmittel (Medien) auf bestehende oder entstehende Konflikte? Unter welchen Bedingungen können sie sich konfliktverschärfend oder konfliktlösend auswirken?

Ähnliche Fragen mit aufschlüsselndem Charakter könnten an Erscheinungen wie die weltweite Vernetzung der Verkehrssysteme und des Tourismus oder auch an die Herausbildung internationaler Rechtsnormen herangetragen werden. Dadurch könnte auf der Grundlage empirischer Arbeit der Versuch zu einer umfassenderen Bestimmung des Begriffs der "Weltgesellschaft", der in ihr existenten Konflikte und auch deren Lösungsmöglichkeiten gewagt werden.

Literaturangaben

Dülffer, Jost, Regeln gegen den Krieg? Die Haager Friedenskonferenzen 1899 und 1907 in der internationalen Politik, Berlin/Frankfurt a.M./Wien 1981.

Fried, Alfred H., Die Grundlagen des revolutionären Pazifismus, Tübingen 1908.

Kocka, Jürgen, Gegenstandsbezogene Theorien in der Geschichtswissenschaft, in: ders. (Hg.), Theorien in der Praxis des Historikers (Geschichte und Gesellschaft Sonderheft 3), Göttingen 1977, 178-188.

Kosellek, Reinhart/Mommsen, Wolfgang J./Rüsen, Jörn (Hg.), Einführung zu: Theorie der Geschichte. Beiträge zur Historik, Bd. 1, Objektivität und Parteilichkeit, München 1977.

Krippendorff, Ekkehart (Hg.), Einleitung zu: Friedensforschung, 2. Aufl., Köln/Berlin 1970, 13-23.

ders., Staat und Krieg, Frankfurt a.M. 1985.

Lutz, Dieter S., Friedensforschung - zwischen Theorie und Realität, in: J. Calließ, W. Lob (Hg.), Praxis der Umwelt- und Friedenserziehung, Bd. 1, Düsseldorf 1987, 489-497.

Picht, Georg, Ist eine Weltordnung ohne Krieg möglich?, in: Krieg oder Frieden, Wie lösen wir in Zukunft die politischen Konflikte?, München 1970, 203 ff.

Schiller, Friedrich, Was heißt und zu welchem Ende studiert man Universalgeschichte?, in: Sämtliche Werke, Stuttgart/Zürich/Salzburg, Bd. IV, 1958, 757.

Wette, Wolfram, Geschichte und Frieden. Aufgaben historischer Friedensforschung. AFB-Texte, Bonn 1987.

Helmut König

ZIVILISATION, STAAT UND SICHERHEIT

Ich nähere mich dem Thema auf einem Umweg. Das Thema heißt "Friedenspolitisches Handeln und Subjektivität. Die sozialpsychologische Sicht". Der Umweg führt über das Stichwort "Sicherheit". Ich werde im folgenden Überlegungen dazu anstellen, was es heißt, daß heute die Alternative Sicherheit/ Unsicherheit des Lebens die Industriegesellschaften weithin bestimmt. Ich werde danach fragen, welche Konflikte für diese Gesellschaften charakteristisch sind, und vor allem danach, welche Konsequenzen das Sicherheitsparadigma für die Subjektivität und für das politische Handeln hat.

Ich hole dazu etwas weiter aus, indem ich im ersten Teil einige historische Verbindungslinien zur (früh-)bürgerlichen Staatstheorie und zur Zivilisationstheorie herstelle. Der zweite Teil enthält Überlegungen zur Gegenwartsanalyse und Zeitdiagnose, und im dritten Teil schließlich formuliere ich einige Schlußfolgerungen und Fragen im Blick auf Subjektivität und Weltgesellschaft.

1. Historische und theoretische Verbindungslinien

1.1 Staats- und politiktheoretische Perspektive

Das entscheidende Argument, das Hobbes für die Bildung des modernen Territorialstaates und die Monopolisierung der physischen Gewalt vorbringt, ist der Hinweis auf die sicherheitsstiftende Funktion des Staates. Der Mensch, eingespannt zwischen Furcht und Überlebensinteresse, tritt nach Hobbes seine Rechte und Freiheiten an den Staat ab, weil er sich davon eine größere Sicherheit, eine durch den staatlichen Leviathan und nicht mehr durch die eigene körperliche Stärke garantierte Sicherheit verspricht. Der Staatsgründungsakt ist ein Tauschhandel, der sich für alle Beteiligten lohnt. Jeder hat auf seine unbeschränkte Freiheit und sein unbeschränktes Recht, auf sein 'ius in omnia', das der Mensch im Naturzustand für sich in Anspruch nimmt, zu verzichten und bekommt dafür Sicherheit. Im Ergebnis verfügt der Einzelne zwar über ein im Vergleich zum Naturzustand geringeres Maß an Rechten und Freiheiten, dieses geringere Maß aber wird ihm mit einer Zuverlässigkeit und Sicherheit garantiert, von der er als unbeschränktes und ungebundenes Individuum nur träumen kann.[1]

Warum aber - diese Frage liegt auf der Hand - soll der Mächtige und Starke auf seine überlegene Position verzichten und sich auf die gleiche Stufe mit dem Schwachen stellen, für den der Schutzvorteil des Vertragsabschlusses ja relativ leicht einsichtig ist? Hobbes antwortet: Der Mächtige macht sich im Vertragsabschluß deswegen dem Schwächeren gleich, weil er ihm an einer entscheidenden Stelle immer schon gleich war. Die Unsicherheit des Lebens ist nämlich grundsätzlich demokratisch verteilt, das heißt gleich und ohne Ansehen der Person. Der Reiche und Überlegene ist vor dem Mörder kaum mehr geschützt als der Schwache. Und der Schwache ist immer noch so stark, daß er den Reichen und Mächtigen töten kann.[2] Alle haben also ihren Zugewinn an Sicherheit, wenn sie sich auf Freiheitsverzicht und Rechtsübertragung einlassen, das heißt den modernen Staat gründen.

Die Argumentation von Hobbes hat - sehr holzschnittartig gesprochen - zwei große Stärken. Erstens knüpft sie mit einem plausiblen Argument an Selbsterhaltungsinteressen an, die allen unterschiedslos eigen sind. Das ist bei Hobbes ganz nüchtern und modern gedacht, ohne jeden Rekurs auf Moral, Religion, ja sogar ohne allzusehr die Vernunft der Menschen zu bemühen (der Hobbes grundsätzlich

---

[1] "Immer wenn jemand sein Recht überträgt oder darauf verzichtet, so tut er dies entweder in der Erwägung, daß im Gegenzug ein Recht auf ihn übertragen werde, oder weil er dadurch ein anderes Gut zu erlangen hofft. Denn es handelt sich um eine willentliche Handlung, und Gegenstand der willentlichen Handlung jedes Menschen ist ein Gut für ihn selbst. ... Und letztlich sind Motiv und Zweck, um derentwillen Rechtsverzicht und Rechtsübertragung eingeführt worden sind, nichts anderes als die Sicherheit der Person hinsichtlich ihres Lebens und der Mittel, das Leben so erhalten zu können, daß man seiner nicht überdrüssig wird." Hobbes (1651), 101 f.

[2] "Die Natur hat die Menschen hinsichtlich ihrer körperlichen und geistigen Fähigkeiten so gleich geschaffen, daß trotz der Tatsache, daß bisweilen der eine einen offensichtlich stärkeren Körper oder gewandteren Geist als der andere besitzt, der Unterschied zwischen den Menschen alles in allem doch nicht so beträchtlich ist, als daß der eine auf Grund dessen einen Vorteil beanspruchen könnte, den ein anderer nicht ebensogut für sich verlangen dürfte. Denn was die Körperstärke betrifft, so ist der Schwächste stark genug, den Stärksten zu töten - entweder durch Hinterlist oder durch ein Bündnis mit anderen, die sich in derselben Gefahr wie er selbst befinden. Und was die geistigen Fähigkeiten betrifft, so finde ich, daß die Gleichheit unter den Menschen noch größer ist als bei der Körperstärke." Hobbes, a.a.O., 94. Auf die Frage, wie Hobbes die Gleichheit der geistigen Fähigkeiten begründet, gehe ich hier nicht ein. Meine Darstellung ist insgesamt natürlich sehr grob und vereinfachend. Eine schlüssige detaillierte Interpretation von Hobbes auf dem Hintergrund der Funktionsnotwendigkeit einer 'Eigentumsmarktgesellschaft' findet man bei Macpherson (1962). Vgl. ferner den Sammelband von Bermbach/Kodalle (1982).

mißtraut).³ Zweitens spricht Hobbes offen aus, daß ein Zugewinn an Sicherheit seinen Preis hat, mit anderen Worten, daß es dabei um eine politische Frage geht.

Mit den Argumenten von Hobbes lassen sich bis heute die staatliche Sicherheitsproduktion und ihre Legitimation charakterisieren. Um einen großen Sprung in die Gegenwart der Bundesrepublik zu machen (bei dem natürlich viele an sich notwendige Differenzierungen unter den Tisch fallen): Die Politik der 'inneren Sicherheit'⁴, die seit Anfang der 70er Jahre eine große Karriere gemacht hat, funktioniert getreu dem von Hobbes beschriebenen Tauschhandel. Der Staat verspricht größere Sicherheit, er beschränkt sich zum Beispiel nicht mehr auf die Verfolgung von Rechtsbrechern, sondern will schon im Vorfeld, präventiv, Sicherheit herstellen. Das geht aber nicht ohne die Senkung der Eintrittsschwellen in die Sphäre der Freiheitsrechte des Einzelnen. Für den Gewinn von präventiv produzierter Sicherheit fordert der Staat also die Einschränkung bestimmter Grundrechte und Freiheiten auf seiten der Bürger. Die Konservativen sprechen das ganz offen aus. Die sozial-liberale Koalition, die die Politik der 'inneren Sicherheit' Anfang der 70er Jahre erfunden hat, stellte sie als neue große Lebensqualität vor. Und wie heftig auch immer die Reste der liberalen Öffentlichkeit und aufgeklärte Juristen auf die schleichende und offene Erosion von Grundrechten und Freiheitsrechten hinweisen, - vom Versprechen größerer Sicherheit scheint ein solcher Zauber auszugehen, daß die breite Zustimmung der Öffentlichkeit so gut wie sicher ist.⁵

Gegen diese Theorie des Staates und der Sicherheit gibt es im wesentlichen fünf kritische Einwände.⁶

1. Die juristische Kritik. Sie besagt, daß der Staat sein Versprechen nicht einlöst, daß er vertragsbrüchig ist. Rechtsabtretung und Freiheitsverzicht führen nicht zu

---

³ Denn "... die Gedanken sind gleichsam die Kundschafter und Spione der Wünsche, die das Gelände erkunden und den Weg zu den gewünschten Dingen finden sollen" (Hobbes, a.a.O., 56), - sie stehen also, psychoanalytisch gesprochen, im Dienste des Lustprinzips.
⁴ Vgl. zum Thema innere Sicherheit Funk/Werkentin (1977).
⁵ Vgl. Schneider (1986): "Im öffentlichen Bewußtsein (scheint sich) eine grundlegende Prioritätenverschiebung abzuzeichnen, welche einer umfassenden Sicherheitsversorgung durch den Staat eindeutig den Vorrang vor einer freiheitlichen und damit zwangsläufig auch risikobehafteten Lebensgestaltung einräumt."
⁶ Zu den ersten drei dieser fünf Einwände vgl. Münkler (1983).

größerer Sicherheit, sondern zur Willkür des Staates und dazu, daß er seinen Aufgaben nicht gerecht wird.
Auf diese Kritik gibt es zwei Antwortmöglichkeiten. Die eine lautet: Wenn der Staat tatsächlich vertragsbrüchig geworden ist, dann müssen die an ihn abgetretenen Rechte an die Menschen zurückfallen. So argumentiert die vertragstheoretische Weiterführung der Staatskonstruktion von Hobbes. Während bei Hobbes die staatliche Gewalt nicht in den Vertrag eingebunden war - es handelte sich juristisch gesprochen, um einen unkündbaren Begünstigungsvertrag - wird nun die Möglichkeit der Kündigung eingebaut. In der zweiten Antwort dagegen wird das Argument herumgedreht: Wenn der Staat seine Sicherheitsaufgabe nicht angemessen erfülle, so liege das daran, daß ihm durch Grenzen, Regeln und Zustimmungspflichten allzusehr die Hände gebunden seien. Also müsse man den Staat mit mehr Macht und Gewaltbefugnissen ausstatten. So lautet die Argumentation der Vertreter des autoritären/starken Staates, zum Beispiel von Carl Schmitt, dem sogar der absolutistische Leviathan von Hobbes noch zu schwach ist, da er für Subjektivismus und Privatinteressen zu viel Raum läßt.[7] Zugleich aber bezeichnet dieses Argument auch die Realentwicklung in den letzten zwei Jahrzehnten in der Bundesrepublik, ohne daß es aber bislang zum autoritärer oder starken Staat gekommen wäre.

2. Die ethisch-politische Kritik. Sie meint, daß man den Menschen mit der Gewalt das einzige Mittel nimmt, mit dem sie die Verhältnisse ändern könnten. Die gesamte Diskussion über Gewalt als Mittel der Protestbewegung, jüngst aktualisiert durch Günther Anders, hängt mit diesem Einwand zusammen.[8] Das Argument war ein stetiger Begleiter der Geschichte der Arbeiterbewegung. Es steckte hinter der Hoffnung zum Beispiel eines Friedrich Engels, daß die Arbeiter in dem Augenblick, wo sie Zugang zu den Waffen hätten, diese Waffen gegen diejenigen richten würden, von denen sie sich einstmals (im imaginären Vertrag) entwaffnen ließen. Die einen also fürchten die Rache der Entwaffneten, die anderen hoffen auf sie.

3. Die anthropologische Kritik. Hier lautet das Argument, daß der Mensch in der Vertragstheorie grundsätzlich auf eine Objektrolle reduziert und damit in seiner Existenz, seiner Freiheit, seiner Würde und Autonomie eingeschränkt, sozusagen kastriert wird. Das ist - am Ende - das Argument des westdeutschen Terrorismus.

---

[7] Vgl. Schmitt (1938).
[8] Vgl. Anders (1987a und 1987b).

Ihm wird Terror zur Form der Selbstbefreiung, zum Beweis der eigenen Souveränität und Stärke.

4. Die demokratische Kritik. Hier ist die Überlegung, daß der Rechts- und Freiheitsverzicht des Einzelnen auf die Dauer zur politischen Entmündigung, zum Verlust an politischer Autonomie und Selbstbestimmung und zur Fixierung auf den Staat führt. Schließlich wird das Mittel zum Zweck: War der Staat zunächst Garant für die Sicherheit der Bürger, so muß jetzt der Bürger Garant für die Sicherheit des Staates werden. Und da das persönliche Sicherheitsbedürfnis durch die Abtretung an die 'allgemeine Gewalt' auf so vielfältige Weise mit der Sicherheit des Staates verflochten ist[9], kommt es dazu, daß tatsächlich jeder Einzelne auf dem Wege der Identifikation die Staatssicherheit zu seiner eigenen Sache macht. Das Grundgesetz schreibt das in seinem berühmten § 20, Abs. 4 fest: "Gegen jeden, der es unternimmt, diese Ordnung zu beseitigen, haben alle Deutschen das Recht zum Widerstand, wenn andere Abhilfe nicht möglich ist." Aus dem Widerstandsrecht als Recht des Einzelnen gegen den Staat ist hier das Recht des Staates auf Schutz durch seine Bürger geworden.

5. Die friedenspolitische Kritik. Sie ist der Überzeugung, daß der Staat, wie die Geschichte zeigt, nicht pazifiziert, nicht Sicherheit produziert, sondern umgekehrt nur zur Potenzierung von Unsicherheit führt. So argumentiert zum Beispiel Krippendorff, die Hobbes-Konstruktion umdrehend, indem er sagt: Wo Staat, da Krieg (sprich: Unsicherheit).[10] - Man kann das Argument allgemeiner auch so zusammenfassen: Die Monopolisierung der Gewalt hat diese nicht vermindert, sondern zu ihrer Kumulation beigetragen. Und auch die Gewaltenteilung ist eher eine Steigerung als eine Abschaffung der Gewalt zu nennen. In diese Richtung deutet Freud in der bekannten Passage aus 'Zeitgemäßes über Krieg und Tod', wo er feststellt, "daß der Staat dem Einzelnen den Gebrauch des Unrechts untersagt hat, nicht weil er es abschaffen, sondern weil er es monopolisieren will wie Salz und Tabak. Der kriegführende Staat gibt sich jedes Unrecht, jede Gewalttätigkeit frei, die den Einzelnen entehren würde. Er bedient sich nicht nur der erlaubten List, sondern auch der bewußten Lüge und des absichtlichen Betruges gegen den Feind,

---

[9] Vgl. Volmerg/Volmerg/Leithäuser (1983).
[10] Vgl. Krippendorff (1985).

und dies zwar in einem Maße, welches das in früheren Kriegen Gebräuchliche zu übersteigen scheint."[11]

1.2 Zivilisationstheoretische und sozialpsychologische Perspektive

Hobbes, um ihn ein letztes Mal aufzunehmen, begriff die Sicherheitsgründung durch die Konstitution des Staates nicht als ein bloß politisches Unternehmen, sondern als Gründung der Zivilisation.[12] Norbert Elias nimmt also nur diesen Faden auf, wenn er in seinem 30 Jahre nach dem Erscheinen doch noch berühmt gewordenen Buch "Über den Prozeß der Zivilisation" eben diesen Zivilisationsprozeß an die Ausbildung von Zentralinstanzen knüpft, die über die Jahrhunderte hinweg untereinander einen Ausscheidungskampf austragen, um endlich das Stadium der Weltgesellschaft unter einer einheitlichen Monopolgewalt zu erreichen (was freilich immer noch aussteht).[13] Wichtig am Buch von Elias ist mir aber hier noch nicht dieser Evolutionsgedanke (auf den ich am Ende noch eingehen werde), sondern die Behauptung, daß die Ausbildung des modernen Territorialstaates mit einem Zivilisierungsschub einhergeht, in dem sich der Verhaltensstandard und die Affektökonomie des Menschen grundlegend ändern. Zivilisation ist für Elias ein Prozeß, in dem immer strengere Schemata der Selbstkontrolle und der Affektmäßigung immer weitere Bevölkerungskreise ergreifen und psychostrukturell immer tiefer in den Einzelnen hinein verlegt werden.

Das geschieht seit dem 18./19. Jahrhundert auf dem Wege einer permanenten Konditionierung, die in frühester Kindheit einsetzt, durch Verdrängung und Anästhesierung von Triebregungen und den Aufbau innerer Ängste. Das Ziel besteht nach Elias darin, daß sich im Einzelnen "gleichsam als eine Relaisstation der gesellschaftlichen Standarde eine automatische Selbstüberwachung der Triebe im Sinne der jeweiligen gesellschaftsüblichen Schemata und Modelle, eine 'Vernunft', ein differenziertes und stabiles 'Über-Ich' herausbildet, und daß ein Teil der

---

[11] Freud (1915), 329 f.
[12] "Deshalb trifft alles, was Kriegszeiten mit sich bringen, in denen jeder eines jeden Feind ist, auch für die Zeit zu, während der die Menschen keine andere Sicherheit als diejenige haben, die ihnen ihre eigene Stärke und Erfindungskraft bieten. In einer solchen Lage ist für Fleiß kein Raum, da man sich seiner Früchte nicht sicher sein kann; und folglich gibt es keinen Ackerbau, keine Schiffahrt, keine Waren, die auf dem Seeweg eingeführt werden können, keine bequemen Gebäude, keine Geräte, um Dinge, deren Fortbewegung viel Kraft erfordert, hin- und herzubewegen, keine Kenntnis von der Erdoberfläche, keine Zeitrechnung, keine Künste, keine Literatur, keine gesellschaftlichen Beziehungen, und es herrscht, was das Schlimmste von allem ist, beständige Furcht und Gefahr eines gewaltsamen Todes - das menschliche Leben ist einsam, armselig, ekelhaft, tierisch und kurz." Hobbes (1651), 96.
[13] Vgl. zu Elias' Zivilisationstheorie Breuer (1988).

zurückbehaltenen Triebregungen und Neigungen ihm überhaupt nicht mehr unmittelbar zum Bewußtsein kommt."[14]

Worin besteht der Gewinn dieses Prozesses der Zivilisierung, dieser Ausbildung einer inneren "Selbstzwangapparatur" im Menschen?[15] Elias schreibt: "Die Bedrohung, die der Mensch für den Menschen darstellt, ist durch die Bildung von Gewaltmonopolen einer strengeren Regelung unterworfen und wird berechenbarer. Der Alltag wird freier von Wendungen, die schockartig hereinbrechen. Die Gewalttat ist kaserniert; und aus ihren Speichern, aus den Kasernen, bricht sie nur noch im äußersten Falle, in Kriegszeiten und in Zeiten des gesellschaftlichen Umbruchs, unmittelbar ins Leben des Einzelnen ein. ... Aber es ist nicht mehr eine beständige Unsicherheit, die sie in das Leben des Einzelnen hineinträgt, sondern eine eigentümliche Form von Sicherheit."[16] "Selbstbeherrschung und Selbstzwang"[17] sind "der Preis, den wir für die größere Sekurität ... bezahlen."[18]

Affektkontrolle und Selbstzwang führen also, so meint Elias, zu größerer Sicherheit. Der sich selbst regulierende und beherrschende Mensch muß nicht von außen gewaltsam eingeschränkt werden, - er nimmt die Kontrolle selber vor. Dies ist nach Elias keine vorweggenommene Unterwerfung, sondern ein Zugewinn an Unabhängigkeit. Der Einzelne ist nicht nur den äußeren Gewalten viel weniger als früher unterworfen, sondern er hat auch die Autonomie gegenüber seiner eigenen Triebnatur vergrößert. Er ist den Affekten, von denen er sonst in jähem Wechsel hin- und hergewirbelt wurde, nicht mehr wie einer Naturgewalt ausgeliefert. Die Zivilisation hat den affekt- und leidenschaftsbestimmten Menschen in ein sanftes und gesittetes Wesen verwandelt, das verantwortungsbewußt und berechenbar geworden ist.

Das Zivilisationsthema ist jedoch nicht nur mit der Durchsetzung von Zentralinstanzen und Monopolinstitutionen verknüpft, sondern zugleich mit der Geschichte des Kapitalismus. Es ist, wie Albert O. Hirschman in seinem Buch über 'Zivilisation und Leidenschaften' gezeigt hat, geradezu die entscheidende politische Legitimation für die Durchsetzung des Kapitalismus, daß er sich mit der Geschichte

---

[14] Elias (1936), Bd. I, 329.
[15] A.a.O., 327.
[16] A.a.O. 325.
[17] A.a.O., 327.
[18] A.a.O., 423.

der Zivilisation, das heißt mit dem Ziel der 'Produktion eines zuverlässigen Menschen'[19] verbinden konnte. Der Kapitalismus war für seine theoretischen Vorreiter nicht einfach eine neue und größere Reichtümer versprechende Form des Wirtschaftens, sondern ein Unternehmen der Zivilisierung. Die anthropologische Idee, die dem zugrunde liegt, läßt sich so zusammenfassen: Derjenige, der seine ökonomischen Interessen verfolgt, also der homo oeconomicus, ist nicht länger seinen zerstörerischen Leidenschaften und Lastern, dem Ehrgeiz, der Machtgier und der Sinnlichkeit unterworfen. Er handelt seinen ökonomischen Interessen gemäß und ist damit für sich wie für die anderen berechenbar, vertragsfähig, friedlich, rational und beständig geworden. Die Maxime, die diesen Gedanken auf eine Formel bringt und die im England des 17. Jahrhunderts weite Verbreitung fand, lautet: Interest will not lie. Die leidenschaftliche Liebe, die - wie Hume sagt - ruhelos, ungeduldig, launisch und veränderlich ist[20], wird verwandelt in die beständige Liebe zum Geld und verliert dadurch ihren Schrecken.

Die kapitalistische Erwerbsgesellschaft wird von den Zeitgenossen begrüßt, wie Hirschman eindrucksvoll belegt, weil sie mehrere Probleme gleichzeitig zu lösen verspricht. Sie verfeinert die Sitten[21], führt zur "Gewöhnung an Ordnung, Sparsamkeit und Achtsamkeit"[22] und bringt auch in die Beziehungen zwischen den Staaten eine friedliche Note hinein.[23] Sogar für ein politisches Zentralproblem des 18. Jahrhunderts, für die Kontrolle der Regierenden und die Beschränkung der Staatsgewalt, scheint die Freisetzung des Erwerbstriebs eine Lösung zu bieten. Je

---

[19] Vgl. Treiber/Steinert (1980).
[20] "Die Liebe ist eine ruhelose und ungeduldige Leidenschaft, sie ist launisch und veränderlich: überraschend ausgelöst durch den Ausdruck eines Gesichts, durch einen Windhauch, durch nichts, vergeht sie ebenso plötzlich." Hume, zitiert nach Hirschman (1980), 63.
[21] Für Montesquieu ist es "beinahe eine allgemeine Regel, daß überall dort, wo die Sitten der Menschen angenehm sind, Handel getrieben wird; und wo immer Handel getrieben wird, sind die Sitten der Menschen angenehm", zitiert nach Hirschman (1980), 69.
[22] Smith (1776), Bd. I., 548.
[23] Montesquieu schreibt: "die natürliche Folge des Handels ist, daß er zum Frieden führt. Zwei Nationen, die miteinander Handel treiben, werden voneinander abhängig: wenn die eine daran interessiert ist zu kaufen, so ist die andere daran interessiert zu verkaufen; und alle Bündnisse beruhen auf wechselseitigen Bedürfnissen." Zitiert nach Hirschman (1980), 90. Vgl. ähnlich Kant in seiner Schrift über den ewigen Frieden: "Es ist der Handelsgeist, der mit dem Kriege nicht zusammen bestehen kann, und der früher oder später sich jedes Volks bemächtigt. Weil nämlich unter allen der Staatsmacht untergeordneten Mächten (Mitteln) die Geldmacht wohl die zuverlässigste sein möchte, so sehen sich Staaten (freilich wohl nicht eben durch Triebfedern der Moralität) gedrungen, den edlen Frieden zu befördern und, wo auch immer in der Welt Krieg auszubrechen droht, ihn durch Vermittlungen abzuwehren, gleich als ob sie deshalb im beständigen Bündnisse ständen; denn große Vereinigungen zum Kriege können der Natur der Sache nach sich nur höchst selten zutragen und noch seltener glücken. - Auf die Art garantiert die Natur durch den Mechanismus der menschlichen Neigungen selbst den ewigen Frieden." (1795, 368).

weiter die ökonomische Entwicklung voranschreite, so meint Montesquieu, desto geringer werde der Spielraum für die Willkür der Mächtigen.[24]

Die Stärke dieser Überlegungen liegt ähnlich wie bei den Sicherheitsargumenten von Hobbes vor allem darin, daß man bei ihnen nicht gezwungen wird, von Gott, Religion, Moral und Vernunft zu reden, sondern - realistisch - von dem, was die Menschen dirckt berührt und angeht, also von ihren Interessen und ihren Leidenschaften.

Natürlich sind die Vorstellungen dennoch in vieler Hinsicht kritikwürdig. Wie in meinem staats- und politiktheoretischen Teil zähle ich auch hier gleich die Varianten der Kritik mit auf.

1. Die ökonomische Kritik. Für sie ist die Vorstellung, daß Menschen, die ausschließlich ihren ökonomischen Interessen folgen, stets harmlos und friedlich sind, durch die Geschichte des Kapitalismus und Imperialismus gründlich widerlegt worden. Eine Gesellschaft, in der jeder nur seine eigenen individuellen ökonomischen Interessen im Sinn hat, sei stets vom Chaos, vom Auseinanderbrechen und vom Krieg bedroht.

2. Die medizinische Kritik. Sie weist darauf hin, daß Triebeinschränkung und Selbstkontrolle, jedenfalls zuviel davon, krank und neurotisch machen. Das ist Freuds Argument: "Die Erfahrung lehrt, daß es für die meisten Menschen eine Grenze gibt, über die hinaus ihre Konstitution der Kulturanforderung nicht folgen kann. Alle, die edler sein wollen, als ihre Konstitution es ihnen gestattet, verfallen der Neurose; sie hätten sich wohler befunden, wenn es ihnen möglich geblieben wäre, schlechter zu sein."[25]

3. Die politische Kritik. Sie ist davon überzeugt, daß die Domestikation der leidenschaftlichen Triebnatur des Menschen im Kern ein Mechanismus zur Beherrschung der Unterdrückten ist. Zivilisierung sei im Grunde ein Prozeß der sozialen Disziplinierung und Unterwerfung. Sie führe zur Verdummung der Arbeiterklasse und lenke sie von ihren eigentlichen Interessen ab. - So argumentiert zum Beispiel Wilhelm Reich am Vorabend des NS-Staates. Die sozialistische Revolution ist für

---

[24] Vgl. Hirschman (1980), 83 ff.
[25] Freud (1908), 154.

ihn an die sexuelle Revolution gebunden. Und im gleichen Sinn sagt Peter Weiss in seinem 'Marat': Was wäre eine Revolution ohne eine allgemeine Kopulation?

4. Die anthropologische Kritik. Für sie sind Affektkontrolle, Sicherheitsbestreben und Interessenegoismus kleinbürgerliche und armselige Ideale. Jedenfalls laufen sie ihrer Meinung nach auf das Gegenteil eines vollen, prallen, sinnlichen und entfesselten Lebens hinaus, das erst das eigentliche Leben wäre. So argumentieren zum Beispiel die Bohemiens und Dandys des 19. Jahrhunderts, die damit gleichsam das aristokratisch ritterliche Erbe antreten und es auf dem Boden der bürgerlichen Gesellschaft als individuelle Lebenskunst - ohne Anschluß ans Allgemeine - zu leben versuchen. Nichts ist diesen Bürgerschrecks verhaßter als Sekurität. Die Arbeiterbewegung tat sich mit dieser betont individualistischen Kritik am bürgerlichen Lebensstil der Selbstkontrolle und der Sparsamkeit stets sehr schwer. Für sie sprach daraus nur Dekadenz. Statt mit Baudelaire hielt sie es mit Schiller und statt der dadaistischen Vereinigung von Kunst und Leben plädierte sie für Realismus. Trotzdem sind die 'gelungenen', wirkungsmächtigen historischen 'Aufbrüche' (zum Beispiel die französische Revolution, die russische Revolution, auch die Studentenbewegung Ende der 60er Jahre) immer dadurch gekennzeichnet, daß sie beides in sich vereinigen: das reflexive Element und das vitale.[26]

5. Die friedenspolitische Kritik. Sie ist das Pendant zu der oben referierten politiktheoretischen Kritik am Gewaltmonopol des Staates. Ihre Überlegung lautet: Zunehmende Affektkontrolle und intensivierter Selbstzwang des Einzelnen bedeuten nicht die Abschaffung der bedrohlichen Leidenschaften, sondern (auf seiten der Zentralinstanz) ihre Monopolisierung und (bei den 'Untertanen') ihre Verdrängung. Zentralisierung hier und Verdrängung dort können hochexplosive Verbindungen eingehen. Dann nämlich, wenn das Verdrängte wiederkehrt, sich aber von der Zentralinstanz in Regie nehmen läßt. Hier liegt der Kern der Massenpsychologie: die - aus Sicherheitsgründen, versteht sich - staatlich angeordnete Wiederkehr der Lust aufs Abenteuer und die Sehnsucht der 'Untertanen' nach dem Ausbruch aus dem langweiligen bürgerlichen Gehäuse der Sicherheit amalgamieren sich und geben den modernen autoritären Massenbewegungen ihre zerstörerische Dynamik.[27]

---

[26] Ich kann das hier nur andeuten. Für das 19. Jahrundert wird das Thema behandelt von Fietkau (1978).
[27] Auf der ersten Seite von Ernst Jüngers 'Stahlgewittern' (1920) heißt es: "Wir hatten Hörsäle, Schulbänke und Werktische verlassen und waren in den kurzen Ausbildungswochen zu einem großen begeisterten Körper zusammengeschmolzen. Aufgewachsen in einem Zeitalter der

2. Gegenwartsanalyse

Das Thema Sicherheit ist alt. Man kann schon hinter archaischen Riten und den zu ihnen gehörigen Geschichten, den Mythen, als treibende Kraft die Bewältigung von Unsicherheit am Werke sehen. Das sicherheitsversprechende 'Fürchtet Euch nicht' ist der zentrale Inhalt aller Erlösungsreligionen, und die Aufklärung tritt ihr Erbe an. Man könnte die Weltgeschichte getrost als einen Prozeß beschreiben, der von stets sich steigernden Sicherheitsanstrengungen bestimmt ist und der am Ende in die Wiederherstellung seines Ausgangspunkts mündet, also in die Universalität der Unsicherheit und des Schreckens.

Das Thema Sicherheit ist zugleich ganz neu. Seine Dimensionen stellen in der Gegenwart alles bisher Bekannte in den Schatten. Das gilt nicht nur für die sogenannte Politik der inneren Sicherheit, die - wie gesagt - eine Erfindung vom Anfang der 70er Jahre ist und seitdem unentwegt an Attraktivität und Politikbedeutsamkeit gewinnt. Das gilt vor allem für die Strukturveränderungen, die die Industriegesellschaften in den letzten zwei Jahrzehnten durchgemacht haben.

Am überzeugendsten hat meines Erachtens Ulrich Beck diese Entwicklungen protokolliert und in Ansätzen auch analysiert. Sein zentrales Stichwort ist Risikogesellschaft. Nach Beck hat die historische Entwicklung ein Stadium erreicht, in dem - vorerst unwiderruflich - die Produktion von Reichtümern stets zugleich auch Risiko- und Unsicherheitsproduktion ist. Und zwar nicht in dem Sinn, daß dieser oder jener ein Risiko eingeht und scheitern kann, sondern in der universalen Bedeutung möglicher Selbstvernichtung der Erde - wohlgemerkt: einer selbstgemachten Vernichtung, nicht einer Vernichtung, die auf das Konto des Natursubjekts gehen würde. Wir haben es also mit modernisierungsabhängigen Unsicherheiten zu tun, nicht mehr mit den Unsicherheiten, für die die Launen der Natur und der sie beherrschenden Götter verantwortlich waren. "Die Risikogesellschaft", so Beck, "ist eine katastrophale Gesellschaft."[28] Ihr Signum ist "Mangel an Sicherheit" und "Überfluß an Risiken".[29] Die alten, uns allen geläufigen Begriffe der Klassengesellschaft gelten zwar noch, aber sie verlieren ihren universalen Erklärungsanspruch.

Sicherheit, wob in uns allen die Sehnsucht nach dem Ungewöhnlichen, nach der großen Gefahr." Vgl. dazu Horn (1988).
[28] Beck (1986), 31.
[29] A.a.O., 46.

Die neuen Risiken und Unsicherheiten halten sich nicht an die konventionellen Grenzen von Raum und Zeit, Arbeit und Freizeit, arm und reich, an Nationalstaat oder Militärblöcke und Kontinente. Sie sind grenzüberschreitend. Man kann ihnen deswegen durch individuelles Fluchtverhalten nicht oder nur unzulänglich entkommen. Sicherheitsspendende archimedische Punkte außerhalb, räumlich und intellektuell, sind weggeschmolzen. Eine unhintergehbare, objektive Basis der Sicherheit gibt es nicht mehr. Die Naturwissenschaften, deren 'sicheren Gang' Kant philosophisch in den Rang eines nachahmenswerten Ideals erhoben hatte und zu deren einzigartiger Erfolgsgeschichte die Sozialwissenschaften neidvoll heraufblickten, haben diese Rolle ausgespielt. Aus Garanten für den fortschrittlichen Gang der Gattung sind sie zum größten Sicherheitsrisiko geworden. Unsicherheiten und Gefahren gehen nicht mehr von den unterdrückten Massen aus, vor deren Rache die bürgerliche Gesellschaft sich zu Recht fürchtete, sondern von den technisch-wissenschaftlichen Entwicklungen; nicht von einzelnen Revolutionären, die man des Landes verweisen könnte, sondern von den Wissenschaftlern, Technikern, Ingenieuren und Spitzenmanagern, auf die man nicht verzichten kann. Neben der Kontrolle des Untergrundes und seiner Rebellion sind vor allem sie es, die beaufsichtigt werden müssen. Nicht mehr 'Wir Bürger' sind das 'Sicherheitsrisiko'[30], die Gefahr geht auch nicht mehr von den (aufsässigen) Menschen aus[31], sondern von den vom Verdacht staatsfeindlicher Umtriebe weitgehend freien Managern von Nukem und Alkem, von den Ingenieuren der Atomindustrie und den Wissenschaftlern der Kernforschungsanlagen.

Unsicherheitssteigernd wirkt aber nicht nur die Tatsache, daß die objektiven Gefahren zugenommen haben. Hinzu kommt, wie Günther Anders schon seit langem immer wieder feststellt[32] und wie Beck wiederholt, daß unsere Sinne angesichts der neuen Gefahren antiquiert sind und in ihrer Rolle als Realitätsvermittler, als Organe, über die wir zuverlässig mit der Realität in Kontakt kommen können, versagen. Das Sichtbare ist aus dem Garanten der Gewißheit zum Inbegriff der Täuschung geworden. Der Augenschein trügt.[33]

---

[30] Vgl. Narr (1977)
[31] Vgl. Cobler (1980).
[32] Vgl. z.B. Anders (1956).
[33] "Hinter den harmlosen Fassaden stecken gefährliche, feindliche Wirkstoffe. Alles muß doppelt gesehen, kann erst in dieser Doppelung richtig erfaßt, beurteilt werden. Die Welt des Sichtbaren muß auf die gedachte und doch in ihr versteckte zweite Wirklichkeit hin befragt, relativiert, bewertet werden. Die Maßstäbe der Bewertung liegen in dieser, nicht in der sichtbaren selbst. Wer

Und nicht nur sind wir mit ganz neuen Unsicherheiten und Gefahren konfrontiert. Nicht nur müssen wir die Unzulänglichkeiten unserer Sinne erfahren. Darüber hinaus und zugleich haben auch die alten Formen der Angstbewältigung ihre Kraft eingebüßt. Traditionen und Institutionen wie Familie, Ehe, Geschlechtsrollen, Klassenbewußtsein und darauf bezogene politische Parteien, die gegen Unsicherheiten und Gefahren einen zum Teil durchaus wirksamen Schutz boten, verlieren an Bedeutung. Im gleichen Maße wird die Bewältigung der Angst zu einer Sache der einzelnen Subjekte. Sie wird individualisiert.[34]

Ich fasse zusammen. Unsicherheiten und Risiken sind nach Beck das hervorstechendste Produkt, das die gegenwärtigen Industriegesellschaften hervorbringen. Wo die Klassengesellschaften soziale Ungleichheit hervorriefen, da produzieren die Risikogesellschaften Unsicherheit. Wo der Klassengesellschaft die Gleichheitsutopie korrespondierte, da korrespondiert der Risikogesellschaft die Utopie der Sicherheit. Beck schreibt: "Klassengesellschaften bleiben in ihrer Entwicklungsdynamik auf das Ideal der Gleichheit bezogen. ... Nicht so die Risikogesellschaft. Ihr normativer Gegenentwurf, der ihr zugrundeliegt und sie antreibt, ist die Sicherheit. An die Stelle des Wertsystems der 'ungleichen' Gesellschaft tritt also das Wertsystem der 'unsicheren' Gesellschaft. ... Die treibende Kraft in der Klassengesellschaft läßt sich in dem Satz fassen: Ich habe Hunger. Die Bewegung, die mit der Risikogesellschaft in Gang gesetzt wird, kommt demgegenüber in der Aussage zum Ausdruck: Ich habe Angst!"[35]

---

die Dinge einfach gebraucht, so nimmt, wie sie ihm erscheinen, nur atmet, ißt, ohne nach der toxischen Hintergrundswirklichkeit zu fragen, ist nicht nur naiv, er verkennt auch die ihn bedrohenden Gefährdungen und setzt sich diesen damit ungeschützt aus. Die Hingabe, der unmittelbare Genuß, das einfache So-Sein ist gebrochen. Überall kichern Schad- und Giftstoffe und treiben wie die Teufel im Mittelalter ihr Unwesen. Die Menschen sind ihnen fast auswegslos ausgeliefert. Atmen, Essen, Wohnen, Kleiden - alles ist von ihnen durchsetzt. Wegreisen hilft letztlich ebensowenig wie Müsli essen. Auch am Ankunftsort warten sie, und in den Körnern stecken sie. Sie sind - wie der Igel im Wettlauf mit dem Hasen - immer schon da. Ihre Unsichtbarkeit ist kein Beleg ihrer Nichtexistenz, sondern gibt - da sich ihre Wirklichkeit sowieso in den Sphären des Unsichtbaren abspielt - ihrem vermuteten Unwesen fast grenzenlosen Raum." Beck (1986), 97.
[34] Vgl. a.a.O., 101 f.
[35] A.a.O., 65 f.

3. Schlußfolgerungen und Fragen:
Subjektivität, Weltgesellschaft - Weltstaat

3.1 Subjektivität

In Unsicherheitslagen einen klaren Kopf zu behalten, ist nicht leicht. Unsicherheit ist nicht in jedem Fall, sondern nur wenn bestimmte Bedingungen gegeben sind, der Phantasie und dem Denken zuträglich. Sind die Bedingungen nicht so günstig, dann ist Unsicherheit eher ein Treibhaus für Verschiebungen und Verdrehungen, für Ressentiments und Vorurteile, kurz: für Regressionen, das heißt für die Produktion von Ersatzsicherheiten. Deren wichtigstes Produktionsmittel ist die Ritualisierung. In Ritualen will man sich mächtig machen über etwas, dem man in Wirklichkeit ohnmächtig gegenübersteht. Vielleicht liegt da der Grund für die Zunahme der ritualisierten Verhaltensweisen in unserer Gesellschaft, nicht nur auf seiten der Regierenden, sondern auch in den Protestbewegungen.[36]

Wenn an den Überlegungen Becks ein Körnchen Wahrheit ist - und ich sehe nicht, wie man das bestreiten könnte - dann wird auf die Dauer 'Angstkommunikation' (Luhmann) an die Stelle der an Interessen orientierten Kommunikation treten, mindestens gleichrangig neben ihr existieren. Anzeichen dafür lassen sich allerorts bemerken. Und zweifellos ist die Zunahme der Angstkommunikation zu begrüßen. Denn wie anders, wenn nicht über die Artikulation der Angst sollte die 'Apokalypseblindheit' (Anders) überwunden werden können. Nur wer sich die Katastrophe vorzustellen vermag, kann sich gegen sie wehren.

Andererseits knüpfen sich daran viele Fragen. Vielleicht werden sie am deutlichsten, wenn ich das neue Angstparadigma mit dem Interessenparadigma vergleiche, von dem ich oben gesprochen habe. Interesse definiere ich für meine Zwecke und etwas salopp als eine Mischung aus Egoismus (Nutzen, Vorteil) und Vernunft. Interessen sind eine gute, klare Basis für politisches und soziales Handeln. Es ist normalerweise leicht, die Interessen und Kräfte anzugeben, die mit den eigenen konfligieren. Die individuellen Interessen müssen sich mindestens ein Stück weit mit Vernunft ausstatten, das heißt begründen können, daß sie mit dem allgemeinen Interesse zusammenstimmen, - das jedenfalls war einmal das treibende

---

[36] Huizinga hat in seinem Buch über den 'Herbst des Mittelalters' (1919) gezeigt, wie im 14./15. Jahrhundert die Ausarbeitung und Verbreitung von protokollarischem, rituellem Verhalten als Beruhigungsmittel gegen unerträglich werdende Unsicherheiten diente. Unter diesem Gesichtspunkt die Gegenwart zu analysieren, wäre eine lohnende Aufgabe.

Motiv der Idee der bürgerlichen Öffentlichkeit. Realiter wurde die Frage freilich meist nicht durch Vernunft, sprich Rede und Gegenrede bei Abwesenheit von Zwang gelöst, sondern auf dem Wege der Macht.

Aber Angst und Unsicherheit? Sie offensiv zu vertreten, ist schwer. Man hat sie nicht, so wie man Interessen hat, sondern man ist von ihnen eher *betroffen*. Wieweit trägt es, betroffen zu sein? Kann Betroffenheit den Interessenbegriff ersetzen?[37] Die Polemiken gegen den Begriff, die Rede von der Betroffenheits-Besoffenheit zum Beispiel, melden laute Zweifel an. In welcher Weise können sich die, die von Unsicherheit betroffen werden, organisieren? Wie verwandelt sich Betroffenheit in Solidarität? Wie weit ist es her mit der Trennschärfe der 'Betroffenheit'? Wo alle betroffen sind, ist es niemand, und Betroffenheit bleibt folgenlos. Wie läßt sich auf ihrer Basis dauerhafte politische Arbeit denken? Wie ist das Verhältnis von Angst, Betroffenheit, Unsicherheit und individuellem Nutzenkalkül? Worauf also setzen? Wo liegt die Basis?

Ich referiere zwei Antworten auf diese Fragen. Die eine setzt auf Vernunft: die andere auf 'Erfahrungsgemeinsamkeiten des organischen Lebens'. Für die erste Antwort zitiere ich Klaus Horn aus einem seiner letzten Texte, der den Titel trägt 'Kriegsangst als politischer Ratgeber'. Zunächst formuliert Horn das Problem, um das es geht. "Angst ist also einerseits ein sehr dynamisches, flexibles emotionales Potential, das leichter zu mobilisieren als zu zivilisieren ist. ... Andererseits klammert sich Angst an herkömmliche Bewältigungsformen, weil der Übergang zu neuen psychisch besonders hohe Kosten aufbürdet."[38] Die Lösung, die Klaus Horn anbietet, lautet: man braucht "hohe kognitive Leistungen", und man muß die Emotionen "zureichend kognitiv ausstatten".[39]

Ein Beispiel für die zweite Antwortvariante ist Beck. Er fällt, wenn er über die hier aufgeworfene Frage nachdenkt, in einen Ton der Beschwörung, der sonst gar nicht seine Art ist, und redet von 'anderen Erfahrungsschicksalen', die die Einheit des Menschen mit der Natur herstellen. "Wo Bäume gefällt, Tierarten vernichtet werden, fühlen sich in einem bestimmten Sinne die Menschen *selbst* getroffen, 'verletzt'. Die Lebensgefährdungen der Zivilisationsentwicklung rühren an Erfah-

---

[37] Vgl. dazu die aufschlußreichen Überlegungen von Rauschenbach (1988).
[38] Horn (1987), 69.
[39] A.a.O., 73 f.

rungsgemeinsamkeiten des organischen Lebens, die menschliche Lebensbedürfnisse zusammenbinden mit denen von Pflanze und Tier. Der Mensch erfährt im Sterben der Wälder sich als 'Naturwesen mit moralischem Anspruch', als bewegliches, verletzliches Ding unter Dingen, als natürlichen Teil eines bedrohten natürlichen Ganzen, für das er Verantwortung trägt. ... Es wird eine Gemeinsamkeit zwischen Erde, Pflanze, Tier und Mensch spürbar, eine 'Solidarität der lebenden Dinge', die in der Bedrohung gleichermaßen jeden und alle(s) trifft."[40]

Beide Antworten stimmen nicht sehr zuversichtlich.[41] Die erste, von Horn, ist hell und leuchtend und sympathisch, aber idealistisch.[42] Die zweite ist eher dunkel und raunend. Wie klar, unspekulativ und realistisch waren demgegenüber die Argumente für den bürgerlichen Staat und für die zivilisatorische Kraft des Kapitalismus. Sie bedurften weder der Vernunft noch der Ethik, noch der Metaphysik. Sie verbündeten sich mit den ganz unmittelbaren Interessen und den subjektiven Nutzenkalkülen, deren Gültigkeit für *alle* Menschen der Erwerbsgesellschaft gleichermaßen mit viel Plausibilität unterstellt werden konnten.[43] Idyllische Zeiten.

---

[40] Beck (1986), 99.
[41] Es gibt natürlich viele weitere Antwortvarianten, auf die ich hier nicht eingehen kann, z.B. eine theologisch-religiöse: sie reicht von Dorothee Sölle bis Erhard Eppler (1983), oder auch eine eher melancholische (vgl. z.B. Johano Strasser 1987).
[42] Ich weiß, daß die Position von Horn damit nur sehr schlagwortartig, vielleicht zu schlagwortartig charakterisiert ist. Es ging ihm ja in seinen Arbeiten um einen Vernunftbegriff, der die psychoanalytische Aufklärungskritik in sich aufnimmt (Vgl. dazu König 1985). Aber für eine fundamentale Schwierigkeit der Psychoanalyse als praktische Aufklärung der Gesellschaft hat auch Klaus Horn keine Lösung gefunden: Die Psychoanalyse als therapeutisch-praktisches Verfahren hat ihren Ort nicht coram publico, sondern ist eine eher private, wenn auch keine privatistische Sache, die zu ihrem Gelingen der Abgeschiedenheit des Ordinationszimmers bedarf, in dem die Realkonflikte natürlich - vermittelt über die beteiligten Personen - ständig präsent sind. Der entscheidende Unterschied zum Interessenbegriff liegt darin, daß Interessen ohne Schwierigkeiten (in der Idee jedenfalls) im Medium der Öffentlichkeit zum Allgemeinen in Beziehung gesetzt werden können.
[43] Diese Gleichheitsannahme ist nach der Interpretation von Macpherson für das 17. und 18. Jahrhundert in England durchaus realistisch. Im 19. Jahrhundert dagegen wird ihr durch die Zerreißungen und Konflikte, die den entfalteten Kapitalismus kennzeichnen, der Boden entzogen, und die liberale Theorie der Gesellschaft kann nur noch eine kontrafaktische, realitätsfremde Konstruktion sein. - Interessanterweise spielt Macpherson am Ende seines Buches mit dem Hinweis auf eine neue 'Gleichheit der Unsicherheit' Überlegungen an, die mit dem, was ich hier diskutiert habe, viele Berührungspunkte aufweisen. Macphersons Argumentation setzt auf Gleichheit und Vernunft und stellt auf dieser Basis die Analogie zur Staatstheorie von Hobbes her. Es ist aber gerade die Frage, ob diese Analogie so einfach gezogen werden kann. Macpherson schreibt (1962, 309): "Derselbe Faktor, nämlich der technische Wandel in den Methoden der Kriegsführung, der den Krieg als Grundlage des inneren Zusammenhalts unbrauchbar gemacht hat, hat unter den Individuen eine neue Gleichheit der Unsicherheit geschaffen, nicht nur innerhalb einer Nation, sondern überall. Die Vernichtung aller Individuen ist nun eine realere und aktuellere Möglichkeit, als Hobbes es sich vorstellen konnte. Hieraus ergibt sich die Möglichkeit einer neuen rationalen politischen Verpflichtung. Wir müssen die Hoffnung aufgeben, eine das Individuum an eine einzelne Nation bindende gültige Pflichtenlehre zu erhalten. Wenn wir aber nichts weiter

Was - außer Angstmacherei (was ich gar nicht negativ meine), außer Emotionen, Vernunft, Metaphysik, Theologie, Melancholie und Zynismus - haben wir zu bieten?

3.2 Weltgesellschaft - Weltstaat
Noch einmal zurück zu Norbert Elias. Seiner Universalgeschichte liegt die Idee zugrunde, daß die zunehmende Verflechtung, verursacht durch fortschreitende Arbeitsteilung und Differenzierung, zwangsläufig in immer größere und immer weniger politische Einheiten mündet. Das geschieht nicht friedlich, sondern durch Kampf und Krieg. "Kriege sind ... nicht nur das Gegenteil des Friedens. Mit ... Zwangsläufigkeit ... gehören Kriege kleinerer Verbände im bisherigen Verlauf der Geschichte zu den unvermeidlichen Stufen und Instrumenten der Pazifizierung von größeren. ... Die Tatsache, daß in unseren Tagen, genau wie früher, die Verflechtungszwänge zu solchen Auseinandersetzungen, zur Bildung von Gewaltmonopolen über größere Teile der Erde und damit, durch alle Schrecken und Kämpfe zu deren Pazifizierung weiterdrängen, ist deutlich genug. Und man sieht ... hinter den Spannungen der der Erdteile, und zum Teil in sie verwoben, bereits die Spannungen der nächsten Stufe auftauchen. Man sieht die ersten Umrisse eines erdumfassenden Spannungssystems von Staatenbünden, von überstaatlichen Einheiten verschiedener Art, Vorspiele von Ausscheidungs- und Vormachtkämpfen über die ganze Erde hin, Voraussetzung für die Bildung eines politischen Zentralinstituts der Erde und damit auch für deren Pazifizierung."[44]

Um den Optimismus, der hinter dieser Konstruktion steht, kann man Elias nur beneiden, über ihre Naivität kann man sich gar nicht genug wundern, - das Buch erschien 1936; mit dem Realismus der Überlegung muß man sich auseinandersetzen. Mit Realismus meine ich erstens, daß tatsächlich die Verflechtungen und Abhängigkeiten mittlerweile - ex negativo allerdings - weltgesellschaftliche Dimensionen angenommen haben. Die Atomkatastrophe würde, gleich wer sie

---

postulieren als den Grad vernünftigen Verständnisses, den man schon immer für jegliche moralische Theorie politischer Pflichten hat postulieren müssen, dann sollte eine akzeptable Theorie der Verpflichtung des Individuums gegenüber einer weiter gefaßten politischen Autorität möglich sein. Ist dieser Grad von Vernünftigkeit gegeben, so wird das auf sein eigenes Interesse bedachte Individuum, was immer sein Besitz und seine Bindung an die Eigentumsmarktgesellschaft sein mögen, erkennen können, daß die Beziehungen der Marktgesellschaft aufgegeben werden müssen zugunsten der alles überragenden Forderung, daß (mit Overtons Worten, die nun eine neue Bedeutung erhalten) 'menschliche Gesellschaft, das Zusammenleben oder Dasein der Menschen ... vor allen irdischen Dingen verteidigt werden muß'."
[44] Elias (1936), Bd. II, 452.

auslöst, alle treffen, sie wäre räumlich nicht begrenzbar. Die Unsicherheitsdynamik hat längst die Grenzen von Bündnissystemen und Wirtschaftsblöcken unterlaufen, und die Gefährdungen lassen sich nur im Rahmen einer Weltgesellschaft auffangen.- Mit Realismus meine ich zweitens, daß die Chancen für die Realisierung eines Weltstaates nicht sehr groß sind. Das hat Ernst Tugendhat vor kurzem in einem Vortrag sehr klar herausgearbeitet. Tugendhat knüpft an das Interessenparadigma an. Er sucht nach den Interessen, die für die Realisierung eines Weltstaats sprechen, - daß er von Gott, der Natur oder der Vernunft gewollt wird, ist vergleichsweise unwichtig. Das Ergebnis seiner Überlegungen ist, daß "die freiwillige Realisierung eines Weltstaates unwahrscheinlich ist, weil alle wichtigen Kontrahenten auf ihre Macht freiwillig verzichten müßten"[45], - und das widerspricht ihren kurzfristigen Interessen, und in langfristigen Interessen können sie nicht denken. So bleibe nur noch die Möglichkeit, daß der Weltstaat durch Anwendung von Zwang, also durch Krieg, realisiert wird. Und Tugendhat erinnert daran, daß Bertrand Russell, der seiner Meinung nach "größte Pazifist unserer Zeit"[46], 1948 den Vorschlag machte, die USA sollten die Sowjetunion notfalls durch Krieg dazu zwingen, einem Weltstaat beizutreten. Heute erschrecken wir vor der Absurdität dieses Vorschlags: Der Versuch, den Weltstaat zu realisieren, würde das herbeiführen, was dieser gerade verhindern sollte: die Selbstvernichtung auf der Erde. - Es geht mir wie Tugendhat: Ich weiß hier nicht weiter und beende deswegen an dieser Stelle meinen Beitrag.

Literaturangaben

Anders, Günther, Die Antiquiertheit des Menschen, Bd. 1, München 1956.

ders., Gewalt - ja oder nein. Eine notwendige Diskussion, hg. von Manfred Bissinger, München 1987 a.

ders., Günther Anders antwortet. Interviews und Erklärungen, hg. von Elke Schubert, mit einem einleitenden Essay von Hans-Martin Lohmann, Berlin 1987 b.

Beck, Ulrich, Risikogesellschaft, Frankfurt a.M. 1986.

---

[45] Tugendhat (1987), 76.
[46] Ebd.

Bermbach, Udo/Kodalle, Klaus-M., Furcht und Freiheit, Opladen 1982.

Breuer, Stefan, Über die Peripetien der Zivilisation. Eine Auseinandersetzung mit Norbert Elias, in: Helmut König (Hg.), Politische Psychologie heute, Opladen 1988, 411-432.

Cobler, Sebastian, Die Gefahr geht von den Menschen aus, Berlin 1980.

Elias, Norbert (1936), Über den Prozeß der Zivilisation, 2 Bde., Frankfurt a.M. 1976.

Eppler, Erhard, Die tödliche Utopie der Sicherheit, Reinbek 1983.

Fietkau, Wolfgang, Schwanengesang auf 1848. Ein Rendezvous am Louvre: Baudelaire, Marx, Proudhon und Victor Hugo, Reinbek 1978.

Freud, Sigmund (1908), Die 'kulturelle' Sexualmoral und die moderne Nervosität, GW VII, London 1941.

ders. (1915), Zeitgemäßes über Krieg und Tod, GW X, London 1946.

ders. (1930), Das Unbehagen in der Kultur, GW XIV, London 1948.

Funk, Albrecht/Werkentin, Falco, Die siebziger Jahre: Das Jahrzehnt innerer Sicherheit?, in: Wolf-Dieter Narr (Hg.), Wir Bürger als Sicherheitsrisiko, Reinbek bei Hamburg 1977.

Hirschman, Albert O., Interessen und Leidenschaften, Frankfurt a.M. 1980.

Hobbes, Thomas (1651), Leviathan, hg. und eingeleitet von Iring Fetscher, Frankfurt a.M./Berlin/Wien 1976.

Horn, Klaus, Die insgeheime Lust am Krieg, den keiner ernsthaft wollen kann, in: ders., Gewalt - Aggression - Krieg. Studien zu einer psychoanalytisch orientierten Sozialpsychologie des Friedens, Baden-Baden 1988, 161-232.

ders., Kriegsangst als politischer Ratgeber, in: ders., Volker Rittberger (Hg.), Mit Kriegsgefahren leben, Opladen 1987, 60-91 (auch in Horn 1988, 267-298).

Huizinga, Johan (1919), Herbst des Mittelalters, Stuttgart 1953.

Jünger, Ernst (1920), In Stahlgewittern, Berlin 1941.

Kant, Immanuel (1795), Zum ewigen Frieden, in: Kants Werke (Akademie-Ausgabe), Band VIII, Berlin 1968.

König, Helmut, Marx und Freud und die Aufklärung, in: Leviathan. Zeitschrift für Sozialwissenschaft 1985, 453-475.

Krippendorff, Ekkehart, Staat und Krieg, Frankfurt a.M. 1985.

Macpherson, C.B. (1962), Die politische Theorie des Besitzindividualismus. Von Hobbes bis Locke, Frankfurt a.M. 1967.

Münkler, Herfried, Sehnsucht nach dem Ausnahmezustand, in: Faszination der Gewalt (Friedensanalysen 17), Frankfurt a.M. 1983, 60-88.

Narr, Wolf-Dieter (Hg.), Wir Bürger als Sicherheitsrisiko, Reinbek bei Hamburg 1977.

Rauschenbach, Brigitte, Betroffenheit als Kategorie der Politischen Psychologie, in: Helmut König (Hg.), Politische Psychologie heute, Opladen 1988, 147-170.

Schmitt, Carl, Der Leviathan in der Staatslehre des Thomas Hobbes. Sinn und Fehlschlag eines politischen Symbols, Hamburg 1938.

Schneider, Hans Peter, Wenn der Staat zu neugierig ist, bleibt die Freiheit auf der Strecke, in: Frankfurter Rundschau, 8. November 1986.

Smith, Adam (1776), Wealth of Nations. Eine Untersuchung über Natur und Wesen des Volkswohlstandes, Zwei Teile, Gießen 1973.

Strasser, Johano, Sicherheit als destruktives Ideal, in: Wieviel Katastrophe braucht der Mensch? Weinheim/Basel 1987, 71-87.

Treiber, Hubert/Steinert, Heinz, Die Fabrikation des zuverlässigen Menschen. Über die 'Wahlverwandtschaft' von Kloster- und Fabrikdisziplin, München 1980.

Tugendhat, Ernst, Überlegungen zum Dritten Weltkrieg, in: Die Zeit, 27. November 1987.

Volmerg, Birgit/Volmerg, Ute/Leithäuser, Thomas, Kriegsängste und Sicherheitsbedürfnis, Frankfurt a.M. 1983.

Hanne-Margret Birckenbach

WEDER FLUCH NOCH SEGEN.
THESEN ZUR AMBIVALENZ DES ZIVILISATIONSPROZESSES

Nach dem Verhältnis von "Weltgesellschaft und Friedensstrategien" zu fragen, setzt voraus, daß es eine globale Entwicklung in Richtung auf eine Weltgesellschaft gibt, die in doppelter Weise für die Friedensforschung zum Problem wird. Einerseits gilt es, die globale Entwicklung im Hinblick auf ihre friedenspolitische Gestaltbarkeit zu analysieren. Aus sozialpsychologischer Sicht geht es dabei vor allem um die Entwicklungsmöglichkeiten friedensfähiger und gestaltungsfähiger Subjektivität. Andererseits gilt es, friedenspolitische Veränderungsstrategien im Hinblick auf ihre Triftigkeit für die globale Entwicklung zu erörtern. Inwiefern haben Friedensstrategien die globale Entwicklung und die damit erforderlich gewordenen Lernprozesse im Blick?

1. Entwicklungsmöglichkeiten friedensfähiger Subjektivität

Sozialpsychologische Untersuchungsperspektiven in der Friedensforschung neigen zu kulturpessimistischen Einschätzungen. Um die Frage nach den Bedingungen friedensfähiger Subjektivität in der Weltgesellschaft zu klären, scheint es mir dagegen notwendig, sich von allen Idealisierungen der Vergangenheit hinsichtlich der Sozialisationsbedingungen und Sozialisationsresultate[1] zu befreien und sich stärker für das Paradigma der Ambivalenz des Zivilisationsprozesses zu öffnen, das insbesondere von Norbert Elias[2] beschrieben worden ist. Ohne die Anerkennung einer solchen Ambivalenz kann die Frage nach der friedenspolitischen Gestaltbarkeit der Weltgesellschaft meines Erachtens nicht bearbeitet werden. Sie wäre vorab entschieden.

Wendet man die Erkenntnisse, die Norbert Elias in seinen soziogenetischen und psychogenetischen Untersuchungen über den abendländischen Zivilisationsprozeß

---

[1] Zu deren Kritik vgl. deMause (1980 und 1982).
[2] Elias (1976).

gewonnen hat, auf die Entwicklungsmöglichkeiten friedensfähiger Subjektivität in der Weltgesellschaft an, lassen sich drei Thesen als Ausgangspunkt für die weitere Diskussion formulieren:

1. Vergesellschaftung im Sinne der Herausbildung eines arbeitsteiligen Funktionszusammenhangs führt auch im globalen Maßstab keinesfalls zur umfassenden Homogenität. Vielmehr kommt es zur Ausprägung differenzierter und abstimmungsfähiger Rollen, Verhaltensweisen, Empfindungen, Bedürfnisse und Wünsche der Menschen. Diese Differenzierung von Subjektivität ist daran gebunden, daß die Individuen Fähigkeiten zur Affektkontrolle ausbilden. Sie beruht auf einer wachsenden "Psychologisierung der Realitätsverarbeitung". Darunter versteht Elias die beständige Regelung des Triebgeschehens gemäß der gesellschaftlichen Standards in eine Struktur, die den sich verändernden Gefahrenlagen im Zivilisationsprozeß entspricht und den Individuen ermöglicht, zu überleben.[3]

2. Die historische Differenzierung der Psyche erlaubt den Individuen, ein Gewaltverbot zu respektieren. Das heißt, das allgemeine Gewaltverbot darf nur (und bislang immer noch) unter eingeschränkten Bedingungen qua Amt und dann jedoch mit unermeßlich gestiegener Destruktionswirkung verletzt werden. Die gleiche Entwicklung erlaubt aber auch die Substituierung physischer Gewalt durch Handlungsweisen die in einer arbeitsteiligen Gesellschaft erfolgversprechender sind, um kollektive Abhängigkeit zu bewältigen. "Intrigen, Kämpfe, bei denen um Karriere und sozialen Erfolg mit Worten gestritten wird", auf der Basis von neu sozialisierten Eigenschaften wie "Überlegung, Berechnung auf längere Sicht, Selbstbeherrschung, genaueste Regelung der eigenen Affekte, Kenntnis der Menschen und des gesamten Terrains werden zu unerläßlichen Voraussetzungen jeden sozialen Erfolgs."[4]

3. Der Prozeß der Vergesellschaftung ist sowohl mit Einschränkungen der Handlungsspielräume (hinsichtlich der Möglichkeiten zur unkontrollierten Affektentladung), wie auch mit einer Erweiterung der Handlungsfreiheiten, (nicht zuletzt aufgrund der erweiterten Fähigkeit zur Affektkontrolle) verbunden. Weil derjenige in seiner sozialen Existenz bedroht ist, der "spontanen Wallungen und Leidenschaften nachgibt", und derjenige im Vorteil, der seine Affekte zu dämpfen vermag,

---

[3] Elias (1976), Bd. 2, 369 ff.
[4] A.a.O., 370

"wird jeder Einzelne von klein auf dazu gedrängt, die Wirkungen seiner Handlungen oder die Wirkungen der Handlungen von anderen über eine ganze Reihe von Kettengliedern hinweg zu bedenken".[5] Er wird "auf jede beständige Zurückhaltung und Langsicht abgestimmt, die er für die Erwachsenenfunktion braucht."[6] Dazu gehört die Ausbildung einer sozialen und psychischen Kompetenz, in Konfliktsituationen so zu handeln, daß der Gebrauch physischer Gewalt unterbleibt. Dieses Mittel zur Durchsetzung von persönlichen Wünschen und Interessen scheidet mehr und mehr aus dem Verhaltensrepertoire aus. Die Heranwachsenden entwickeln eine gewisse Scheu oder oft auch tiefe Abneigung, eine Art "Ekel vor dem Gebrauch physischer Gewalt"[7] und werden zu "zivilisierten" Menschen, ausgerüstet mit der Fähigkeit einer "weitgehend selbständigen Bändigung spontaner Impulse zu Gewalttätigkeiten", realitätstüchtig und für die arbeitsteilige Produktionsweise nützlich. Darin liegt zweifelsohne eine einschränkende Vereinheitlichung. Diese Anpassung der Ich-Organisation an die Anforderungen gesellschaftlicher Arbeit ist in vielfältiger Weise mit Kränkungen, Unsicherheiten, Niederlagen und Schmerzen verbunden, mit Identitätskämpfen, die Norbert Elias selbst als einen nach innen verlegten "Krieg" bezeichnet.[8] Diese Seite ist in vielen Sozialisationstheorien in den Vordergrund gerückt und als instrumenteller Zugriff auf die Individuen zum Zweck von Herrschaftsausübung kritisiert worden.[9]

Andererseits beinhalten diese Einschränkungen zugleich eine Befreiung des Menschen von der Herrschaft seiner Leidenschaften; erlauben also das, was Elias als "humanisierende Affekttransformation", bezeichnet.[10] Darin sieht Elias Chancen zu einer Humanisierung menschlichen Zusammenlebens. Sie schaffen Voraussetzungen für vielfältige situationsangemessene Formen kommunikativer Konfliktbewältigung. Merkwürdigerweise wird diese Seite des Sozialisationsprozesses in der sozial-psychologischen Friedensforschung wenig berücksichtigt.

---

[5] A.a.O., 322.
[6] A.a.O., 329.
[7] Elias (1981), 101.
[8] Vgl. Elias (1976) Bd. 2, 350 f.
[9] Vgl. z.B. den Band der Friedensanalysen "Vom Krieg der Erwachsenen gegen die Kinder", Steinweg (1984).
[10] Elias (1976), Bd. 1, 281.

Für die Erklärung friedenspolitischer Verhaltensdefizite und zur Förderung friedenspolitischen Lernens in der Weltgesellschaft ergeben sich aus den hier referierten Thesen folgende Ansatzpunkte.

1. Die vielfach beobachtete Unfähigkeit, globale Gefahren zu erkennen und ihnen gegenüber verantwortungsbewußt zu handeln, wird in der Weltgesellschaft zu einem Sicherheitsrisiko. Soll es durch die Entwicklung von Subjektivität verringert werden, so ist der zivilisationsbedingte Widerspruch zwischen Gewaltabscheu einerseits und Gewalttoleranz andererseits, zwischen Pazifizierung und Gewalt[11] das zentrale Problem, das bearbeitet werden muß, und nicht eine vermeintliche mangelnde Empfindsamkeit gegenüber Gewalt, wie oft behauptet wird. Das häufig beobachtete "Wegschauen" vor dem Elend der Gewalt ist keinesfalls als Folge der häufig behaupteten "Entsinnlichung der Subjektivität" zu erklären. Im Gegenteil, es resultiert aus einer langfristigen Sensibilisierung der Menschen für ihr gegenseitiges Verhalten, die eine gesteigerte Empfindlichkeit gegenüber allen Gesten, die an physischen Angriff erinnern, zur Folge hat. Elias schreibt: " Die unmittelbare Angst, die der Mensch dem Menschen bereitet, hat abgenommen, und im Verhältnis zu ihr steigt nun die durch Auge und Über-Ich vermittelte innere Angst. ... Wenn der Gebrauch der Waffe mehr und mehr eingeschränkt wird, wenn Fremd- und Selbstzwänge zugleich dem Einzelnen die Äußerung von Erregung und Wut durch einen körperlichen Angriff immer schwerer machen, werden die Menschen allmählich immer empfindlicher gegen alles, was an Angriff erinnert. Schon die Geste des Angriffs rührt an die Gefahrenzone."[12]

Es ist die gleiche zivilisatorische Entwicklung, die so unterschiedliche Reaktionsweisen auf die globale Bedrohung hervorbringt wie die sogenannte "Betroffenheitsoffenheit" und die von Friedenspädagogen beklagte Gleichgültigkeit und Apathie. Beide Reaktionsweisen signalisieren Ohnmachtsgefühle gegenüber den verinnerlichten Widersprüchen politischer Realität. Für die Interpretation von Apathie als "teilnahmsloser Teilnahme", spricht gerade auch die allgemeine Verbreitung der Atomkriegsangst selbst bei denjenigen, die davon nichts wissen wollen.[13] Es handelt sich um Haltungen, die in der friedenspolitischen Diskussion

---

[11] Birckenbach (1985).
[12] Elias (1976), Bd. 2, 407.
[13] Das gilt vermutlich auch für die Versuche einer Auseinandersetzung mit dem Phänomen des "Wegschauens" im Nationalsozialismus.

viel kritisiert, zu wenig aber darauf hin untersucht werden, ob sie ähnlich wie die sogenannte "Langeweile", Empfindungslosigkeit nur vortäuschen und die starke Anspannung und die Beunruhigung nur verbergen. Diese vorhandene "Empfindsamkeit" wird in Friedensforschung, -erziehung und -bewegung bislang wenig berücksichtigt. Viel zu häufig wird die verbreitete Ignoranz gegenüber dem Elend der Gewalt ungewollt dadurch gefördert, daß den Adressaten das furchtbare und gefürchtete Elend immer krasser vor Augen geführt wird.

2. Ohne Zweifel sind die wissenschaftlichen, ökonomischen, technologischen, sozialen und psychologischen Grundlagen einer potentiellen atomaren Vernichtung ohne die Ausdifferenzierung und gewachsene Sensibilisierung des psychischen Apparates und Verhaltensrepertoires der Menschen nicht denkbar. Andererseits schaffen sie auch die Grundlagen dafür, den Krieg durch andere Formen der Konfliktbewältigung zu substituieren und dadurch zu überwinden. Um die Terminologie von Erich Fromm zu benutzen: "autonomer Gehorsam" und "humanistisches Gewissen" entwickeln sich auf der gleichen Basis wie "heteronomer Gehorsam" und "autoritäres Gewissen".[14] Die gleiche Entwicklung, die zu einer Steigerung von objektiven und subjektiven Destruktionskapazitäten führt, ist es, die es erst erlaubt, die Option des Krieges ernsthaft infrage zustellen.

Um diese Ambivalenz des Zivilisationsprozesses zu verstehen, könnte es helfen, wenn Friedensforscher/innen ihre eigenen Haltungen und Arbeitsweisen reflexiv mit in die Untersuchung der Konflikte in der Weltgesellschaft einbeziehen. Die gleichen Vergesellschaftungsprozesse, die kritisiert werden, weil sie die Menschen angeblich für die Gefahr taub machen, sind es, die es uns ermöglichen, unsere Analysen durchzuführen. Keiner von uns könnte die Rüstungsdynamik analysieren, ohne über die konfliktreiche und zum Teil leidvolle zivilisatorische Affektumwandlung im Verlauf der eigenen Sozialisation dadurch in die Lage versetzt worden zu sein. Zum Beispiel wäre es unmöglich, die Zerstörungskraft der Waffen zu berechnen und sich in demselben Moment gleichzeitig vor dem, was die Daten symbolisieren, zu ängstigen. Was es uns möglich macht, die Rüstungsdynamik zu untersuchen und auf der Basis von Kenntnissen die von ihr ausgehenden Gefahren wahrzunehmen, ist gerade die zivilisatorische Fähigkeit zur Aufschiebung der unmittelbaren Reaktion. Als Friedensforscher brauchen wir die

---

[14] Fromm (1982), 12 f.

Fähigkeit, uns die Bedrohung vom Leib zu halten, sie durch Distanzierung auszuhalten, sie quasi von außen so zu betrachten, als hätten wir nichts mit ihr zu tun. Wir brauchen aber auch die Fähigkeit, die Bedrohung zu spüren, um daraus die Motivation zum Engagement zu schöpfen.

Warum sollte dieses emotionale Qualifikationsprofil nur für Friedensforscher/innen und nicht auch für andere Bürger und Bürgerinnen gelten? Der Aufbruch der Friedensbewegungen zu Beginn der 80er Jahre hat gezeigt, daß die Ausbreitung einer solchen doppelten Kompetenz möglich ist. Die Geschwindigkeit, mit der sich Sachwissen zur Rüstungsdiskussion verbreitete und die provokativ wirkende Kraft, mit der es der Friedensbewegung gelang, die Gefühlsebene in die Diskussion einzubeziehen und die vorhandenen Ängste auszudrücken[15], kam für die meisten Beobachter überraschend. Die anhaltende Resignation in der Friedensbewegung hat deutlich gemacht, wie schwer es ist, die doppelte Kompetenz zu erhalten, wenn der professionelle, beziehungsweise gesellschaftliche Druck zur dauerhaften Aufmerksamkeit für die Gefährdung des Friedens nicht vorhanden ist und wenn Erfolge nicht unmittelbar erkennbar sind.

3. Die Aufrechterhaltung der Balance zwischen Engagement und Distanzierung und die ethische Bindung dieser Fähigkeit an friedenspolitische Handlungsnormen ist eine Gratwanderung. Es bleibt die Aufgabe von Friedensforschung und -pädagogik sowohl herauszufinden, wie die Subjekte dafür besser ausgerüstet werden können als auch vorzuschlagen, wie die Wege für die sozialen Träger von Friedensstrategien durch "Markierungen", "Umwege", "Abkürzungen", und "Hilfsmittel", begehbarer gemacht werden können.

Auch der Frieden in der Weltgesellschaft wird keine Idylle und kein von den Zwängen der Zivilisation befreites Leben sein, sondern er muß als ein sich immer weiter differenzierendes Konfliktgeschehen auf der individuellen, gesellschaftlichen und staatlichen Ebene gedacht werden. Daraus ergibt sich für die Subjekte die Notwendigkeit, ihr Repertoire im Umgang mit Konflikten zu erweitern, belastbarer und zugleich konfliktfähiger zu werden. Umfassende Affektkontrolle, Triebaufschub und -sublimierungen, Langsicht und Vorausschau bleiben psychische

---

[15] Vgl. Senghaas-Knobloch (1984).

Voraussetzungen zur Bewältigung kollektiver Abhängigkeit durch den Streit mit Worten statt mit Waffen.

Das Wissen um die dennoch bleibende Tendenz, im Affekt zu handeln und eigene Wünsche und Bedürfnisse ohne Rücksicht auf die langfristigen Folgen kurzfristig durchzusetzen, das Gespür für den inneren Konflikt zwischen Pazifizierung und Gewalt, das Begreifen der Neigung, Elend und Not nicht wahrhaben zu wollen, als "Protest ohne Einfluß", die Ausweitung von Gelegenheiten zum Probehandeln, Perspektivenwechsel und zur Erfahrung der unausweichlichen Involviertheit in die Konfliktfelder der Weltgesellschaft[16] sind weitere Bedingungen für die Einübung von friedenspolitisch wirksamer Konfliktfähigkeit. Ohne sie ist eine gesteigerte Friedensfähigkeit in der Weltgesellschaft nicht vorstellbar. Friedensstrategien sind folglich auch unter dem Gesichtspunkt zu bewerten, inwiefern sie solche Lernprozesse fördern oder ob sie globales Denken nur vortäuschen.

2. Friedensstrategien: Selbsttäuschungen?

Die meisten in der Forschung diskutierten Friedensstrategien - sei es allgemeine Abrüstung oder die Vorstellung von einem dauerhaften Weltfrieden - unterstellen die Existenz eines weltgesellschaftlichen Zusammenhanges im Sinne einer globalen, von Menschen hervorgerufenen und von ihnen beeinflußbaren Bedrohung. Diese erfordert veränderte Denkansätze, die der Einsicht gerecht werden, daß die Menschen ungeachtet ihrer Zugehörigkeit zu verschiedenen Nationen eine gemeinsame, zu schützende Menschlichkeit teilen. Dieser Ausgangspunkt gilt auch für Friedens- und Sicherheitsstrategien, die sich auf den Ost-West-Konflikt in Europa beziehen und auch von etablierten Kräften befürwortet werden. Bundespräsident Richard von Weizsäcker begründete seine Forderungen nach Systemöffnung mit einem Katalog neuartiger ökonomischer, ökologischer, politischer, technischer, moralischer, ethischer und religiöser Anforderungen, die kein System ohne oder gegen das andere bewältigen könne.[17] Und das sogenannte Ideologiepapier von SPD und SED begründet die Politik des streitbaren Dialogs ebenfalls mit der Existenz von Menschheitsaufgaben, die von Ost und West nur gemeinsam bewältigt werden können und deren Erfüllung Voraussetzung für eine stabile, dauerhafte

---

[16] Alger (1984).
[17] Von Weizsäcker (1987 a) und von Weizsäcker (1987 b).

Friedensordnung in Europa und der Welt sei.[18] Lange vorher kursierte in der Friedensbewegung der Slogan: Think globally, act locally. Der Russell-Aufruf für ein atomwaffenfreies Europa von Polen bis Portugal formulierte 1980 - allerdings noch weitgehend beschränkt auf Europa - die Lernziele in der Weltgesellschaft: "Wir müssen damit anfangen so zu handeln, als ob ein vereintes, neutrales und friedliches Europa bereits existierte. Wir müssen lernen, nicht gegenüber dem "Osten" oder "Westen", sondern untereinander loyal zu sein, und wir müssen uns über die von den Nationalstaaten verhängten Verbote und Beschränkungen hinwegsetzen."[19]

Ich vermute, daß diese Perspektive auf eine Weltgesellschaft zunehmende Bedeutung erhalten wird, und daß Friedensforscher/innen es daher weiter mit dieser globalen, bislang wenig griffigen Begrifflichkeit zu tun haben werden, wenn sie sich auf praktische Politik beziehen - trotz der analytischen Schwierigkeiten, die mit diesem Ansatz verbunden sind, weil empirisch das internationale System noch immer eher durch mangelnde Kohärenz gekennzeichnet ist.[20]

Diese ideologische Entwicklung ist interessant. Es besteht offensichtlich heute ein großer Bedarf nach einer universalistischen Perspektive, der sich artikuliert, wenn über politische Friedensstrategien nachgedacht wird. Die Rede von "Menschheitsfragen" erscheint in der Politik als eine bewegende, sinn- und konsensstiftende Kraft. Hier trifft sich eine politisch-ideologische Entwicklung mit Zielen und Absichten, die diejenigen geleitet haben, die den Begriff der Weltgesellschaft in die Friedensforschung eingeführt haben.[21]

Mir scheint deren Perspektive, die auf eine Veränderung der wissenschaftlichen Ansätze, der Denk- und Sehgewohnheiten in der Öffentlichkeit und der politischen Realität gerichtet ist, aus empirischen wie normativen Gründen weiterhin hilfreich. Sie repräsentiert einen gegenüber der internationalen Politik kritischen Denkansatz. Mit der Perspektive Weltgesellschaft wird versucht, das, was in der internationalen Politik wie auch noch in der Lehre von internationalen Beziehungen als zwei Welten gilt, nämlich die Welt der sogenannten innenpolitischen und die Welt der

---

[18] Grundwertekommission (1987).
[19] Auf Initiative der Bertrand-Russell-Friedens-Stiftung: Aufruf für ein atomwaffenfreies Europa, in Plümer (1981).
[20] Vgl. Senghaas (1988).
[21] Zum Ansatz Weltgesellschaft vgl. den John W. Burton gewidmeten Reader von Banks (1984).

sogenannten außenpolitischen Konflikte zusammenzudenken und analytisch neu zu fassen. Der Ansatz Weltgesellschaft ist kritisch gegenüber der These, bei den internationalen Beziehungen handele es sich um eine Welt sui generis, die von demokratischer Kontrolle ausgenommen werden müsse. Und er ist kritisch gegenüber einem Menschenbild, das den Menschen konstitutiv einseitig als schlecht, nicht vertrauenswürdig, aggressiv und auf Machterwerb ausgerichtet zeichnet.[22] Der Denkansatz Weltgesellschaft geht gerade davon aus, daß auch die internationalen Beziehungen von Menschen gemacht sind, dem sozialen Wandel unterliegen, und daß in der bestehenden Realität Anknüpfungspunkte für friedenspolitische Veränderungen vorhanden sind. Damit ermöglicht dieser Ansatz, solche Aspekte der internationalen Realität zu sehen, die einen Verflechtungszusammenhang von Interessen, Bedürfnissen und Werten andeuten, ein Zusammenhang, der gewöhnlich als irrelevant ausgeblendet wird, der aber in seinen destruktiven und kreativen Potentialen untersucht werden muß. Schließlich scheint mir dieser selbstreflexive Denkansatz für die Friedensforschung wichtig, weil er eine veränderte Prioritätensetzung vorschlägt. Stabilität, nationale Sicherheit, also Werte, die mit Staaten verbunden werden und sogar der Staat selbst, werden relativiert zugunsten von menschlichen Grundbedürfnissen (human needs), deren Realisierung eine größere Aufmerksamkeit erfährt. Die globale Perspektive einzunehmen, bedeutet, politisches Handeln unter dem Gesichtspunkt aller davon Betroffenen zu analysieren und die Aufgaben und Funktionen der Nationalstaaten neu zu beschreiben und zu bewerten.

Nun wird die wissenschaftliche Tauglichkeit des Begriffs Weltgesellschaft unter Friedensforschern kontrovers beurteilt. Insbesondere die ideologiekritischen Bedenken veranlassen mich zu der Frage: Wie können wir am Begriff der Weltgesellschaft festhalten und gleichzeitig die Bedenken gegen den Ansatz berücksichtigen?[23]

---

[22] Vgl. Sandole (1984).
[23] Den Ideologie- und Herrschaftsverdacht, der im Vorwurf besteht, die Perspektive Weltgesellschaft sei eurozentristisch, halte ich allerdings für unzutreffend. Der Eurozentrismusvorwurf wird von vielen Seiten seit langem sowohl gegenüber den Friedensbewegungen als auch gegenüber der Friedensforschung und einzelnen friedenspolitischen Forderungen bzw. Entscheidungen (z.B. gegen die atomare Proliferation und Beschränkungen des Rüstungsexports) vorgetragen. Diese Kritik beansprucht zwar Herrschaftskritik zu sein, aber sie verliert meines Erachtens jeden Bezug zur Friedensforschung als Rüstungskritik ebenso wie zum Thema Friedensstrategien.

Den Ideologie- und Herrschaftsverdacht ernstzunehmen, heißt zunächst, den herrschaftsmäßigen Gebrauch globaler Begrifflichkeit kritisch zu durchdringen und eine angemessene Terminologie zu entwickeln. So wäre zu klären, wie der Terminus Weltgesellschaft in der Politik gebraucht wird und wie er zumindest in der Friedensforschung gebraucht werden sollte. Meinen wir, wie beispielsweise John Burton, einen erkenntnistheoretisch begründeten Ansatz, beziehungsweise die Fähigkeit, die Wahrnehmung von Politik so zu verändern, daß eine Relativierung der nationalstaatlichen Perspektive möglich erscheint? Meinen wir einen Prozeß globaler Verflechtung, Arbeitsteilung und wechselseitiger, nationale Grenzen überschreitender Abhängigkeit, der sich hinter den Rücken der Menschen ohne deren Willen durchsetzt, wie Jürgen Gantzel vorschlägt? Meinen wir einen Zustand der umfassenden Bedrohung, der mit der Fähigkeit zur globalen Selbstzerstörung verbunden wird? Oder meinen wir einen Prozeß wachsender Verantwortlichkeit von Menschen für die Entwicklung der Menschheit? Und was sind "Menschheitsfragen"? Was macht ein Problem zur Menschheitsfrage? Ist es allein die Grenzenlosigkeit der Bedrohung? Läßt sich die globale Begrifflichkeit von den religiösen und theologischen Vorstellungen über Schöpfung, Weltende und universelle Heilsbotschaften zugunsten von politischen Konzepten lösen, in denen die Menschen selber als politisch gestaltende Wesen betrachtet werden? Und wie läßt sich der Appell, übergreifende Loyalitäten zu erzeugen, in empirische Kritik an all den Vorgängen überführen, die die national-staatliche Perspektive einüben und damit sicherstellen, daß selbst globale Probleme noch durch die nationale Staatsbrille wahrgenommen werden.[24]

Den Ideologie- und Herrschaftsverdacht ernst zu nehmen, heißt aber auch, ihn zu prüfen. Für die sozialpsychologische Friedensforschung gilt es, das Bedürfnis nach einer globalen Perspektive, seinen Verbreitungsgrad, seine Beweggründe, seine destruktive und kreative Potenzen genauer zu untersuchen. Auch hierfür kann die These von der Ambivalenz des Zivilisationsprozesses eine Grundlage sein. Resultiert das Bedürfnis nach einer globalen Perspektive im politischen Denken aus Einsicht in die veränderte Gefahrenlage oder handelt es sich nur um Rationalisierungen partikularistischen Handelns, um Rhetorik also, die über die Gewaltpotentiale hinwegtäuschen und das "schlechte Gewissen" neutralisieren soll?[25] Dann würde die globale Rhetorik dazu beitragen, den Widerspruch zwischen

---

[24] Alger (1984).
[25] Vgl. Jäger (1988).

Pazifizierung und Gewalt zu erhalten, und nicht dazu, ihn friedenspolitisch zu überwinden. Aber handelt es sich wirklich nur um alte apokalyptische Heilsvisionen, wie manche mit Unbehagen angesichts der Verbreitung globalen Denkens in der Friedensbewegung vermuten? Oder haben sich implementierbare Ansätze zu einem politisch verantwortlichen Denken herausgebildet? Und wie variieren diese Ansätze in verschiedenen politischen und geographischen Zonen? Inwiefern beeinflußt dieses Denken die tatsächliche Politik? Ist es Leitprinzip oder nur ideologische Täuschung? Noch immer wird man sowohl für die friedenspolitische Diskussion wie für die in der Forschung entwickelten Friedensstrategien feststellen müssen, daß sie die Frage, wer, wie Frieden realisieren soll und welche Anforderungen damit an die Entwicklung von Subjektivität gestellt werden, vernachlässigen, als fiele der Frieden vom Himmel.

Zusammenfassend ergibt sich auf meine eingangs gestellte Frage zum Verhältnis von Weltgesellschaft und Friedensstrategien die These: Das friedliche Zusammenleben in der Weltgesellschaft erfordert eine weitere Differenzierung von Subjektivität. Deren Friedensfähigkeit ist weder zwangsläufig gegeben noch zwangsläufig blockiert, sondern unterliegt zunehmend gesellschaftlichen Gestaltungsmöglichkeiten. Einschränkungen von Handlungsspielräumen sind eine psychosoziale Voraussetzung für die Ausweitung von Handlungsfreiheiten. In der Art und Weise, wie Einschränkungen und Ausweitungen erfolgen und ineinander greifen, liegt vermutlich der Schlüssel für die ethischen Bindungen, die die psychosozialen Potentiale eingehen.

Die Diskussion um Friedensstrategien muß die zur Realisierung von Frieden notwendigen Lernprozesse, die die Substitution von Gewalt durch andere, noch näher zu qualifizierende Formen der Konfliktbewältigung erlauben, stärker reflektieren, wenn sie über die Aufgaben, die zu lösen sind, nicht hinwegtäuschen soll.

Literaturangaben

Alger, Chadwick, Effective Participation in World-Societies: Some Implications of the Columbus Study, in: Michael Banks (Hg.), Conflict In World Society. A New Perspective on International Relations, Brighton 1984, 39-55.

Banks, Michael (Hg.), Conflict In World Society, A New Perspective on International relations, Brighton 1984.

Birckenbach, Hanne-Margret, Mit schlechtem Gewissen - Wehrdienstbereitschaft von Jugendlichen. Zur Empirie der psychosozialen Vermittlung von Militär und Gesellschaft, Baden-Baden 1985.

DeMause, Lloyd, Evolution der Kindheit, in: Ders. (Hg.), Hört ihr die Kinder weinen. Eine psychogenetische Geschichte der Kindheit, Frankfurt a.M. 1980, 12-111.

ders., Foundations of Psychohistory, New York 1982.

Elias, Norbert, Über den Prozeß der Zivilisation. Soziologische Untersuchungen, Bd. 1: Wandlungen des Verhaltens in den weltlichen Oberschichten des Abendlandes, Bd. 2: Wandlungen der Gesellschaft. Entwurf zu einer Theorie der Sozialisation, Frankfurt a.M. 1976.

ders., Zivilisation und Gewalt. Über das Staatsmonopol der körperlichen Gewalt und seine Durchbrechungen, in: Joachim Matthes (Hg.), Lebenswelt und soziale Probleme. Verhandlungen des 20. Deutschen Soziologentages zu Bremen, Frankfurt a.M. 1981, 98-122.

Fromm, Erich, Der Ungehorsam als ein psychologisches und ethisches Problem (1963), In: Ders., Über den Ungehorsam und andere Essays, Stuttgart 1982, 9-17.

Gouldsblom, Johann, Aufnahme und Kritik der Arbeiten von Norbert Elias in England, Deutschland, den Niederlanden und Frankreich, in: Peter Gleichmann, Johann Gouldsblom, Hermann Korte (Hg.), Frieden vor Ort. Ausbrechen - Verantwortlich werden, Magazin Brennpunkte 28, Frankfurt a.M. 1982, 73-91.

Grundwertekommission der SPD, Akademie für Gesellschaftswissenschaften beim ZK der SED, Der Streit der Ideologien und die gemeinsame Sicherheit, dokumentiert in: FAZ vom 28.8.1987.

Jäger, Herbert, Versuch über Makrokriminalität, in: Strafverteidiger 4/1988, 172-179.

Plümer, Lutz (Hg.), Positionen der Friedensbewegung, Die Auseinandersetzung um den US-Mittelstreckenraketenbeschluß. Dokumente, Appelle, Beiträge, Frankfurt a.M. 1981.

Sandole, Dennis J.D., The Subjectivity of Theories and Actions in World Society, in: Michael Banks (Hg.), Conflict in World Society. A New Perspective on International Relations, Brighton 1984, 39-55.

Senghaas, Dieter, Konfliktformationen im internationalen System, Frankfurt a.M. 1988.

Senghaas-Knobloch, Eva, Einmischung in friedenspolitischer Absicht. Zwischen Machtpolitik und Subjektivität, in: Feministische Studien, 3, 1984, 2, 9-26.

Steinweg, Reiner (Red.), Vom Krieg der Erwachsenen gegen die Kinder, Möglichkeiten der Friedenserziehung (Friedensanalysen 19), Frankfurt a.M. 1984.

Weizsäcker, Richard von, Neues Denken ist zuerst eine Forderung an uns selbst. Die Ansprache von Weizsäckers zur Verleihung der Ehrendoktorwürde der Harvard-Universität vom 11. Juni (1987 a), dokumentiert in FR Nr. 138, 19.6.1987, 16.

ders., Die Rede des Bundespräsidenten im Wortlaut, Internationale Aspen-Konferenz über "Perspektiven für das 21. Jahrhundert" (1987 b), dokumentiert in: Der Tagesspiegel Nr. 12796 vom 28.10.1987, 64.

Peter Heitkämper

WALTER REST ZUM 80. GEBURTSTAG

FRIEDENSPÄDAGOGIK, FRIEDENSPOLITISCHES HANDELN UND SUBJEKTIVITÄT

Die Friedenspädagogik arbeitet mit einem nach wie vor ungeklärten Subjektbegriff. Nun ist aber gerade der Subjektbegriff einer der zentralen Begriffe für jede Erziehungs-Theorie und -Praxis. Eine Klärung dieses Begriffs bedeutet also eine weitere Klärung des "Gegenstandes" auch von Friedenserziehung.

Zu Beginn möchte ich zwei zusammenhängende Thesen aufstellen:
1. "Subjekt" ist nicht gleich "Subjektivität". Der Subjektbegriff gehört (in der Sprache von Volker Buddrus) abstrakten (Wissenschafts-) Systemen an, er ist also nur ein "quasi-lebender" Begriff. Im Zusammenhang dieses Aufsatzes kann es hauptsächlich nur um den Subjektbegriff gehen. Demgegenüber ist Subjektivität viel umfassender, nämlich dynamisch, lebendig: der "Gegenstand" der Pädagogik ist der lebende Mensch unter dem Gesichtspunkt, "den Menschen in seiner Menschwerdung weiterzubringen". Es wird deutlich, wie begrenzt die Tragweite der Wissenschaft von der Erziehung und Bildung für das Leben des Menschen ist.
2. Es gibt in verschiedenen Epochen und auch heute die unterschiedlichsten Subjekt-Auffassungen in der Pädagogik/Erziehungswissenschaft, die dementsprechend die Frage nach der Beziehung erzieherischen Handelns als Mikrophysik der Macht (Michel Foucault) zur Meso- und Makrophysik des Weltzusammenhangs je differenziert beantworten. Dies ist Gegenstand der Überlegungen hier. Sie verweisen auf einige neuralgische Punkte und Defizite von Friedenspädagogik.

Zur Vorgehensweise: Ich vergleiche verschiedene geschichtliche und aktuelle Erziehungs-Konzeptionen unter drei Gesichtspunkten:
a) der Subjekt-Auffassung,
b) dem daraus folgenden Konzept pädagogisch-politischen Handelns und
c) dem Zusammenhang zur Weltgesellschaft/den Weltkonflikten.

Dies kann nur sehr aphoristisch, "cum grano salis", geschehen, offenbart aber exemplarisch die Komplexität einer heute notwendigen, neuen Konzeption von Friedenserziehung.

Es gibt im Zusammenhang mit dem Subjektbegriff eine große Zahl verwandter Begriffe (Ich, Identität, Personalität, Persönlichkeit, Person, Selbst), die hier nicht einbezogen werden können. Zielsetzung ist also nicht die breite Darlegung von Subjekt-Theorien (in der Erziehungswissenschaft), sondern eingeschränkt die Frage, welche Wirkungsweisen dem Subjekt für das Handeln in der "Weltgesellschaft" zugeschrieben werden. Davon hängt dann die pragmatisch bedeutende Fähigkeit der Friedenspädagogik ab, Weltkonflikte (und sei es auch nur in der Mikro-Sozialität) lösen zu helfen.

1. Zum Subjekt in humanistischen Konzeptionen: die Parallelisierung von Subjekt und Weltgesellschaft

So vermessen es wäre, die unterschiedlichen Subjekt-Auffassungen aus einem Zeitraum von mehreren Jahrhunderten zusammenzufassen, so hilfreich ist zunächst der Hinweis auf ihren hohen Bekanntheitsgrad. Dies entbindet jedoch nicht von der Notwendigkeit, ständig zurückzufragen und sich der verschiedenen Interpretationen unter heutigen Gesichtspunkten zu vergewissern.

a) Humanistische Konzeptionen betrachten erkenntnistheoretisch das Subjekt - "den Menschen" - als Urheber der Wirklichkeitskonstruktion. Insofern gehören hierher auch, weil von der Geisteswissenschaft ausgehend, zum Beispiel so weit auseinanderliegende Bereiche wie die Psychoanalyse, Psychotherapien, die Kritische Theorie, soweit sie im Bewußtsein des Subjekts die Heilung von der Barbarisierung (Adorno) sucht, sowie die neuhumanistische Marx'sche Bildungskonzeption. Die Subjekt-Auffassung humanistischer Konzeptionen gipfelt in dem transzendentalen Subjekt Kants, dem Ich Fichtes, dem Einzelnen Kierkegaards.[1] Hier ist die punkthafte Einheit von Empirismus und Rationalismus, von res extensa (Objekt) und res cogitans (Subjekt) formuliert. Hier wird auch versucht, die Zweiwertigkeit von Wahrheit zu überwinden.

---

[1] Rest (1937) und (1961).

b) Im humanistischen Gedankengang setzt das pädagogisch-politische/friedenserziehende Handeln beim Subjekt, beim Einzelnen, an. Der Einzelne in der "Intrasubjektivität und Intersubjektivität"[2] handelt politisch. In den meisten humanistischen Entwürfen wird auch das Politische als persönliche Handlung und Verantwortung aufgefaßt. Hans Jonas parallelisiert sogar trotz mancher Kontraste die Verantwortung und das Handeln von Eltern und Staatsmännern.[3] Dies geht zum Teil an die Grenze der Illusion.

Wie hält es der individualisierende humanistische Ansatz mit dem Handeln/ Friedenshandeln? Da werden Appelle versandt, friedfertig zu sein, Vorurteile und Feindbilder abzulegen, zumindest zu durchschauen, Vorbilder nachzuahmen, die Partnerschaft zu anderen Kontinenten zu pflegen.[4] Soweit der ältere Ansatz. Die erweiterten, auf dem heutigen Diskussionsstand befindlichen Vorstellungen eines humanistischen Friedenshandelns des Subjekts schließen Kritik (Kritische Theorie), gewaltfreie und ökosophische Spiritualität, prozeßorientiertes Denken und Handeln ein. Im Grunde sieht auch der humanistische Ansatz, daß die Bereiche der Psyche, der Gesellschaft und der Natur gegenüber früheren philosophischen Überlegungen allein schon durch den Ausbau der Wissenschaften ein unübersehbares, einzuarbeitendes Schwergewicht bekommen haben; gleichwohl bleibt hier die Tendenz erhalten, den Einzelnen (in seinen Beziehungen zu Gesellschaft und Natur) bewußt werden zu lassen und gegebenenfalls therapeutisch zu korrigieren, ausgehend von der Vorstellung, durch die Verbesserung der menschlichen Beziehungen politisch einzugreifen: "Ein verändertes Bewußtsein hat veränderte Beziehungen zur Folge, und veränderte Beziehungen haben eine veränderte Politik zur Folge. Kein einziger Schritt auf diesem Weg ist verloren, wenn wir auch sehr viele Schritte von dieser Qualität machen müssen."[5]

c) Unbestreitbar sind trotz kritischer Einwände zwei Gesichtspunkte der humanistischen Friedenserziehungs-Konzeptionen von zentraler Bedeutung: 1. Zur Informationsebene: Das Subjekt ist die einzige Einheit, die mit ihrer Fähigkeit, Informationen aufzunehmen, die Makro-Ebene der Weltgesellschaft erreichen kann. Weltkonflikte werden durch die Information von Subjekten erst bewußte Wirklich-

---

[2] Rest (1971).
[3] Jonas (1979), 189 ff.
[4] Schütz (1981), 107 ff.
[5] Bauriedl (1986), 242.

keit. Ohne Information sind sie nicht existent. 2. Zur Beziehungsebene: Weltkonflikte können nur von Subjekten (mit Hilfe von Objekten) hervorgebracht werden. Das Subjekt ist auch die einzige Einheit, die die Beziehungsebene (als Basis der Inhaltsebene) konkret friedlich gestalten kann: denn die Beziehungsebene ist die einzige Möglichkeit, die Mikro-Ebene lokal und tiefgreifend zu erreichen. Diese lokale Beziehungsebene kann in der Hierarchie der Gesellschaften/Institutionen/Transnationalitäten "niedriger" oder "höher" angesiedelt sein.

Wenn viele an ihrem Platz ihre Beziehungen, induzierten kollektiven Wahnvorstellungen, Machtinteressen, Identifizierungen, Projektionen und ihren Vernunftgebrauch, ihre Verantwortung, Wahrhaftigkeit, Moralität im Sinne des Friedens veränderten, würden Weltkonflikte eher zu lösen sein. Ganz offensichtlich herrscht in der humanistischen Friedenserziehungskonzeption das Modell der Parallelisierung vor. Das Verhalten der Subjekte stößt das Bewußtsein anderer Subjekte an, die über ihre Vernunft ihr bisheriges Verhalten ändern.

Stärken und Schwächen dieses Ansatzes liegen auf der Hand. Das ohne Zweifel bei jeder Handlung agierende und alles beeinflussende Subjekt ist heute in eine Unzahl komplexer Handlungszusammenhänge eingebunden - der Rede nach zwar "verantwortlich" und schuldig, was sich faktisch aber aus machtpolitischen, psychologischen, strukturellen Gründen allzu oft auf eine Restverantwortung reduziert.

2. Das Subjekt in sozialwissenschaftlichen Konzeptionen: der Versuch einer strategischen Einflußnahme auf die Weltgesellschaft

Der idealistisch-ethische Grundzug geisteswissenschaftlich-humanistischer Konzeptionen des Subjekts konnte das Defizit nicht verbergen, daß die Brücke von lokalem zu globalem Handeln praktisch nicht gebaut wurde. Demgegenüber betonen gesellschaftsorientierte Sichtweisen die ausschlaggebende Bedeutung sozialer/ökonomischer Verhältnisse für friedliches Handeln. Skizziert werden sollen hier sehr kurz einige Merkmale der Konzeption des Subjekts in der sozialistischen, der institutionellen und der systemtheoretischen Pädagogik.

Diese Konzeptionen stellen radikal die Frage nach dem Hierarchie-Problem, das sie aus einem Schichtenmodell entwickeln und zu überwinden trachten. Der Marxismus sieht die Abhängigkeit des Bewußtseins vom Sein, der Institutionalismus betont den Zusammenhang des Subjekts mit der Institution, und die Systemtheorie thematisiert die Zuordnung von Teilsystemen zum ganzen System. Die ersten beiden Konzepte wollen die Schichtung von zwei Ebenen, der subjektiven und der gesellschaftlichen, auf eine einheitliche Basis zurückführen, nämlich auf die Vergesellschaftung des Menschen beziehungsweise auf die Institutionalisierung des Subjekts. Das erlaubt diesen Sichtweisen, das Subjekt in eine Systematik, eine Dialektik, eine *Strategie* der sozialen Verhältnisse einzubinden: die zielgerichtete erzieherische Veränderung der Subjekte bringt durch deren gesellschaftliches Handeln ebenfalls zielgerichtete Wirkungen hervor.

Haben Marxismus und Institutionalismus das Subjekt durch die Einebnung beziehungsweise Reduzierung auf eine eindimensionale Basis immer bedeutungsloser, "sozialer", gemacht, so funktionalisiert die systemtheoretische Pädagogik das Subjekt bis zu einem Grade, daß von ihm (fast) nichts mehr übrig bleibt.

2.1 Das Subjekt der sozialistischen Pädagogik und die Friedenserziehung
a) Die Theorie der sozialistischen Persönlichkeit des Marx'schen Neuhumanismus bis hin zum Marxismus versteht das vergesellschaftete Subjekt in Dialektik zur (keineswegs gleichrangigen) zu vermenschlichenden Natur. "Das um Wahrung seiner Identität bemühte Subjekt unterwirft die ihm entgegenstehenden Objekte seinen eigenen Zielsetzungen und Zwecken, indem es sie, in hervorbringender und verändernder Produktion, seiner eigenen Welt eingliedert und sie allein von dieser her und auf sie zu bestimmt, handhabt und beurteilt".[6]

Dieses Subjekt als Natur und Gesellschaft untersteht den Gesetzen des historischen Materialismus: Durch dieses Subjekt kommt das Sein zum Bewußtsein, und sein Bewußtsein muß durch die sozialistische Bildung das Sein verändern.

Je nach der historischen Realität erhält das Subjekt qualitative Ausprägungen, die Klassencharakter tragen; wie diese sich auswirken, hängt aber entscheidend von der Selbsterziehung ab. "Die Millionen Menschen, die am revolutionären Kampf und am gesellschaftlichen Aufbau beteiligt sind, verändern sowohl die Gesellschaft als auch sich selbst".[7] Dieser vielfältige dialektische Prozeß unterliegt dem materia-

---
[6] Guzzoni (1976), 325.
[7] Koroljow/Gmurman (1973), 111.

listischen Gang der Geschichte. Entsprechend ist in der marxistischen Sichtweise das Individuum historisch vielfältig veränderlich.

Einen besonderen Stellenwert unter den sozialistischen Pädagogiken darf die Befreiungspädagogik Paulo Freires beanspruchen: sie ist die radikalste weil unmittelbar politische, auch geographisch eine der weitreichendsten sozialistischen Pädagogiken heute, im übrigen auch als "unfriedfertige" Friedenspädagogik konzipiert: Das Subjekt ist dialogische Begegnung, vermittelt durch die Welt; ihm kommt das Recht zu, das Wort zu sagen, die Welt zu benennen: in Liebe zum Menschen, in Demut sich selbst gegenüber, im Glauben ans Volk, in Hoffnung als Kampf und in kritischem Denken als Schaffung der Wirklichkeit als Prozeß. Aufgabe der revolutionären Pädagogik ist die Befreiung des Subjekts: die Transformation des Unterdrückers und des Unterdrückten durch die dialogische, problemformulierende Bildung, deren Strategie immer generativ-selbstbestimmt und niemals instrumentalisiert sein darf. Freire hat also einen starken Subjektbegriff: Der Mensch ist dazu bestimmt, Subjekt zu sein. Das Mittel der Alphabetisierung ist die nicht abschließbare Bewußtseinsbildung als Reflexion-Aktion in der konkreten kommunikativen Situation mit dem Ziel, eine Praxis der Freiheit durch die Organisation zu erreichen, die die Kultur durchdringt und verändert.

b) Friedenserziehung hat damit auf den ersten Blick in der gesamten sozialistischen Erziehung einen ideologisch klar umrissenen Auftrag: Sie ist die Erziehung gegen Faschismus, Kapitalismus, Imperialismus überhaupt, und, positiv, zumindest in der Konzeption, die Erziehung zur Veränderung eigener und gesellschaftlicher Bedürfnisse zum gleichberechtigten Wohle aller. Bei näherer Betrachtung aber fordert die Geschichtsdialektik, in die das geschichtliche Subjekt selbst eingebunden ist, eine ständige Neubestimmung dessen, was Erziehung aufgrund der erreichten Ebene für den Frieden zu tun hat. Pädagogisch-politisches Handeln unterliegt also einerseits einer historischen Notwendigkeit mit einer Zielrichtung; dementsprechend ist eine Strategie zu entwerfen. Andererseits ist es als subjektives Handeln unrückführbar, originell, mit zufälligen Wirkungen versehen.

Freire setzt mit seinem Subjektbegriff Friedenserziehung konkret, situativ an. Pädagogisches Handeln hat jegliche kognitive und kulturelle "Invasion", also Überschwemmung mit Wissen und Erfahrung, zu meiden, weil sie nicht originär vom Subjekt eingefordert sind, sondern Herrschaftscharakter tragen und selbstbestimmtes Handeln blockieren. Friedenserziehung kämpft nach Freire auch nicht abstrakt gegen Ideologien und Gewalten, sondern "das Volk" der Armen, Entrechteten, Unterdrückten sucht (unter Anleitung von revolutionären Führern und Pädagogen) selbst nach seinen Bewußtsein und Widerstand generierenden spezifischen Themen, lernt die politische Alphabetisierung der authentischen Rede, der kooperativen Organisation zur Befreiung von dem konkreten Unterdrücker. Gegenwärtig gibt es keine Friedenserziehungsstrategie, die so konkret durchdacht, gefühlt, erlebt, erkämpft wird, wie die von Paulo Freire.

c) Damit ist in dieser sozialistischen Pädagogik trotz aller Unterschiede eine klare Zielrichtung auf die Weltgesellschaft vorhanden, ja eine formulierte Strategie, wie Frieden angestrebt werden muß. Weil das Subjekt auf der Mikro-Ebene schon die Gesellschaft/die Weltgesellschaft und die Zukunft in sich trägt, braucht diese historische Dimension nur nachdrücklich genug durch Erziehung hervorgehoben und ausgestaltet zu werden, um zu einer klaren Analyse der menschlichen Ursachen von Weltkonflikten zu gelangen. Erziehung und Bildung sind nur ein kleiner Teil des Weltgeschehens, das seinen historischen Gang nicht verfehlen wird. Entsprechend materialistisch gesehen herrscht die Vorstellung vor, der Mensch sei durch diesen historischen Prozeß selbst bestimmt, gezielt beeinflußbar und somit auch mitbestimmend für fast immer aus den gleichen (imperialistischen) Ursachen entstehende Weltkonflikte und deren Bewältigung.

2.2 Institutionalisiertes Subjekt und Autogestion
Friedenserzieherisch bedeutsam, aber noch nicht herausgearbeitet ist die französische Bewegung "pédagogie institutionnelle", eine Abzweigung der großen pädagogischen Freinet-Bewegung. Sie verbindet die Erkenntnisse der Psychoanalyse/ -therapien mit Institutions- und Organisationstheorien, ebenso auch marxistische Kategorien und anarchistische Begriffe miteinander. Daraus entwickelt sie eine Pädagogik der Veränderung und Befreiung des Subjekts.

a) Zwei Richtungen der institutionellen Pädagogik sind herauszuarbeiten[8]: Die erste, mehr psychotherapeutisch orientierte Gruppierung (um F. Oury, A. Vasquez, R. Fonvieille) sieht die erzieherische Notwendigkeit, im Austausch gegen die strukturelle Gewalt äußerlich bleibender Institutionen innere, selbstbestimmte Insti-

---

[8] Weigand (1983).

tutionen zu errichten; erst das mit pädagogischer und psychotherapeutischer Hilfe institutionalisierte, sich selbst befreiende Subjekt ist das subjektive Subjekt, weil es gelernt hat, Normen, Regeln, Funktionen selbst zu organisieren, bürokratische Techniken zu verarbeiten, entsprechende Kommunikationsformen anzuwenden; erst wenn das Subjekt sich selbst (gruppendynamisch in Verbindung mit den anderen) instituiert hat, kann darauf aufbauend von Verantwortung (Hans Jonas), Begegnung (Martin Buber), Mündigkeit - also von humanistischen pädagogischen Kategorien - gesprochen werden. Zwar bleiben die äußeren Bürokratien und die äußere strukturelle Gewalt bestehen, aber sie werden "entweder in ihrem Einfluß auf die Individuen abgemildert oder gänzlich in Frage gestellt und zu verändern versucht".[9]

Die zweite Tendenz der institutionellen Pädagogik, die die institutionelle Analyse und pädagogische Selbstbestimmung (autogestion) betont, fordert radikaler die Beseitigung der Entfremdung auf Grund der zentralen Machtkonzentration unserer Bürokratie-Gesellschaft (und der Lehrer-Rolle) mit Hilfe pädagogischer Mittel schon in der école caserne. Selbstbestimmung gewinnt das Subjekt durch Selbstanalyse, indem es sich selbst und die anderen (in Kleingruppen) beobachtet[10]; durch Selbstbestimmung und Selbstanalyse/Fremdbeobachtung gewinnt das Subjekt Selbst-Bildung (auto-formation)[11], das heißt, das Subjekt schafft sich "innere Institutionen" wie Selbstwertgefühl, Ich-Kompetenzen, soziale Kompetenzen, Kommunikationsstrategien und damit auch die Vergrößerung seines Freiheitsspielraumes in der Umwelt. Die innere Instituierung des Subjekts wird zusammen mit der (freilich nur analytischen) Befreiung von äußerer Institutionalisierung und der damit eingeleiteten Veränderung der bürokratischen Machtverhältnisse gesehen. Konkret: Strukturelle Gewalt kann dadurch gemildert, bekämpft, abgeschafft werden, daß die Subjekte sich "instituieren", also Machtausübung im Kleinen kennenlernen.

b) Das pädagogisch politische Handeln ist in den beiden genannten Richtungen von institutionalisierter Pädagogik darauf gerichtet, Institutionenverhalten - zum Beispiel in der Schulklasse - einzuüben: jeder Schüler hat "materialistisch" eine wichtige, die Mitschüler abhängig machende Funktion, entsprechende Organisationsmacht,

---
[9] A.a.O., 47.
[10] Lapassade, in: A.a.O., 102 ff.
[11] A.a.O., 105.

technische Macht, Materialien (Ressourcen), Beziehungen; "soziologisch" ist er Teil von Gesamteinheiten; "psychoanalytisch" verarbeitet er Bedürfnisse, Verdrängungen, also das Unbewußte in seinen vielfältigen Variationen - denn "die Institution ist das politisch Unbewußte".[12]

Die heftige Diskussion um reformistische oder revolutionäre Befreiungspädagogik beider Richtungen (die zu vielen Abspaltungen geführt hat) kommt an der Tatsache nicht vorbei, daß das pädagogische Handeln, wenn überhaupt, so nur subjektiv bürokratische Gewalt aufheben kann und allenfalls nach dem Prinzip Hoffnung durch veränderte Subjekte einmal veränderte Institutionen durchsetzen wird. Instituierendes Handeln aller Teilnehmer pädagogischer Prozesse (1. indirekt politisch und 2. direkt politisch aufgefaßt) verändert entscheidend die Akzeptanz und Resonanz, also die Gewaltsamkeit institutionalisierter Gewalt. Entsprechend reagierende Menschen relativieren Gewalt, setzen dagegen eine gewaltminimierte Organisation, eine möglichst weitgehende, zufriedenstellende Selbstorganisation. Auch wenn der Gedanke des Friedens in dieser französischen Pädagogik nicht Schwerpunkt ist - und für eine Friedenspädagogik müßte er thematisiert werden -, so ist mit der theoretischen und praktischen Verarbeitung der Gewalt, der Befreiung, der Selbstbestimmung, der Institution, des Bürokratismus, der Intervention und Transversalität (das heißt vielfältiger Verflochtenheit)[13] ein beträchtliches Spektrum notwendiger neuer friedenspädagogischer Kategorien angesprochen.

c) Die Institutionelle Pädagogik thematisiert also weitergehend als die meisten Erziehungskonzeptionen den Zusammenhang von Mikrophysik und Makrophysik der Macht (Michel Foucault). Wenn sie einerseits auch, wie die humanistische Pädagogik, eine bloße Parallelisierung von Schulerziehung und institutionellem Verhalten in größeren Bürokratien annimmt[14], so geht sie doch andererseits darüber hinaus, indem sie dieses Verhalten einübt und dadurch zugunsten von Selbstbestimmung und Veränderung in Institutionen systematisch unwirksam zu machen versucht.

So vorteilhaft aber dieses systematische Element auch für Friedenserziehung "strategisch" eingesetzt werden kann, so problematisch ist die verlockende Idee,

---

[12] Lapassade (1975) 56 u. ö.; Weigand (1983), 52 ff.
[13] Weigand 1983, 155.
[14] Lobrot (1966).

von Institutionen auf der Mikro-Ebene wie Familie und Schule Verhalten auf quantitativ ausgedehnteren (und damit auch qualitativ verschiedenen) Ebenen wie Kommune, Nation, Kontinent, Weltgesellschaft einüben zu können. Es gilt nämlich das Hierarchie-Problem: jedes "höhere" System enthält das "niedere", aber nicht umgekehrt[15]: wenn das höhere beeinträchtigt wird, leidet das niedere mit, kaum aber viceversa. Familien- und Schulerziehung können also nur bedingt "strategisch-systematisch" auf friedliche Bedingungen der Weltgesellschaft hin erziehen. Auch die "Autogestion" ist nicht ein solcher archimedischer Punkt, "weil ja doch in allen Bürokratien Menschen handeln". Denn diese Selbstbestimmung steht, will sie gesellschaftlich effektiv sein, in Dialektik zur Qualität (und Quantität) der jeweiligen Institutionen, da jede Bürokratie spezifische Verarbeitungen braucht.

2.3 Systemtheoretische Pädagogik oder die Überwindung des Subjekts
a) Der Funktionalismus von Niklas Luhmann definiert den Zusammenhang von Mensch und Gesellschaft durch den Begriff der "Autopoiese" neu. Jürgen Oelkers[16] befaßt sich ausführlich mit der Begriffsgeschichte des Subjekts, die dazu geführt haben mag, daß Luhmann das Subjekt als System zu fassen sucht. Denn nach Luhmann gibt es kein Subjekt.[17] Mit dieser These der Entmaterialisierung des Menschen vollzieht er den Schritt, den die Wissenschaft in anderen Bereichen (besonders der Naturwissenschaft) längst gegangen ist. Es gibt nur Lebens-/Funktionssysteme, die sich gefühlsmäßig, durch Interessen und Bedürfnisse Identität vorstellungsmäßig zuschreiben; diese Funktionsysteme arbeiten angeblich nach dem biologischen Paradigma von Maturana und Varela autopoietisch-selbstreferentiell; die Abgeschlossenheit des autopoietischen Systems nach innen verlangt seine definitorische Abgrenzung nach außen durch das Prinzip der Differenz zu seiner Umgebung, auf die dieses System freilich genau aus demselben Grunde wegen der Zufuhr zu seiner Erhaltung hochgradig angewiesen ist. Im Unterschied zur Leibniz'schen Monade ist dieses "Individuum" entsubstantialisiert, (ähnlich dem Fahrer im "Auto") nur eine Lokalisierung des Komplexitätsgefälles (in sich weniger komplex als die ihm relationale Umwelt).

Eigentümlich ist, daß Luhmann den Begriff der Person meint beibehalten zu müssen, damit Verhaltenserwartungen geordnet, Aufrichtigkeit und Authentizität

---

[15] Huschke-Rhein (1986), 119.
[16] Oelkers (1987).
[17] Luhmann (1986).

gefordert werden könnten[18]; - dies, ohne das Subjekt "auszufüllen", etwa mit einer Welt von Gefühlen zu ästhetisieren, oder ethisches Verhalten zu werten. "Faktisch wird auf die Tiefendimension der Seele verzichtet"[19], auf das Eigentliche des alteuropäischen Subjektbegriffs[20], obwohl es doch Relationsphilosophien gab, die diese Tiefendimensionen ohne Restaurierung der Dinghaftigkeit des Subjekts gewährleisten. Zur Vermeidung von Substantialität wird also Relativismus/Funktionalismus gepredigt. Alle Handlungen lassen sich so vorteilhaft über einen reduktionistischen Leisten schlagen.

b) Friedenspädagogisches Handeln muß sich in der Denkweise Luhmanns erhebliche Korrekturen gefallen lassen. Jede Selbstorganisation ist mit sich selbst am meisten beschäftigt; Erziehung im Sinne von Einwirkung eines Subjekts auf ein anderes ist deshalb ein relativ erfolgsunwirksames Handeln, aber ungeheuer wichtig: die autopoietische Einheit bezieht nämlich einerseits nur dasjenige in ihr selbstreferentielles Handeln ein, was sie für sich als Sinn verarbeitet, andererseits nimmt sie bereitwillig aus ihrer Um-Welt (pädagogisch) sinnvoll bereitgestellte Informationen auf, auf die sie zur Selbsterhaltung, zur Identitätsbildung gegenüber anderen Systemen, angewiesen ist, die also in möglichst großer Quantität und Qualität bereitzustellen sind. Abschied nehmen müssen wir von der Vorstellung (die in der Geschichte der Pädagogik ja schon vielfach widerlegt worden ist), durch strategisches Lehren ("Didaktik") eine Verbesserung, eine direkte positive Beeinflussung, eine richtungweisende Bestimmung im Sinne eines kausalen Ursache-Wirkungszusammenhangs durchsetzen zu können. Ein psychisches System kann nicht das andere bestimmen, weil dazwischen jeweils die Selbstorganisation beider Systeme liegt. Die friedenserzieherische Aufgabe besteht darin, möglichst viele Ressourcen, sinnvolle friedliche Strukturen der Umwelt, "vorbereitete Umgebungen" (Maria Montessori), Friedensinformationen, die "im Raum herumschwirren" und an denen keiner mehr vorbeigehen kann, bereitzustellen in der Hoffnung, daß die "selbstorganisierenden Systeme" darin Sinn sehen und dies verwerten - denn diese Systeme sind sinnverarbeitende Systeme.

Damit wird jede Zielpädagogik als Illusion gekennzeichnet, auch die Curriculum-Diskussion der 70er Jahre. Pädagogik kann keine Ziele verfolgen, beziehungsweise

---

[18] A.a.O., 187.
[19] A.a.O., 189.
[20] A.a.O., 190.

nur Ziele, die mit Sinn (Sinnlichkeit, Sinnhaftigkeit) rückgekoppelt sind und autopoietisch angenommen werden. Strategische Friedenspädagogik kann es in direktem Sinne nicht geben, sehr wohl aber im indirekten, nämlich als friedlich angereicherte "Umwelt", "indirekte Mitteilung"[21]. Diese Handlungsstrategie sollte sich nach Luhmann die Nähe der Funktionssysteme aussuchen, die mit Friedensfragen zu tun haben, - ein strategisch gemeinter Vorschlag, aber eben zu zielorientiert gedacht, denn die indirekte Wirkung von unprofessionellen Funktionsträgern kann durchaus viel stärker sein als die von einer starren Funktionsverteilung vorsortierte. Friedenserzieher stört dabei nicht so sehr die realistisch-pessimistische Sicht ihrer Wirksamkeit, die heilsam ernüchternd die Allmachtsphantasien von Pädagogen reduzieren könnte, sondern die Leere eines Funktionalismus, der mit einer Ethik aufgeladen wird, in der Psyche, Bedürfnisse, Sinn nur als Chiffre gebraucht werden.

c) Weltprobleme/-konflikte können gemäß dieser Konzeption erzieherisch nur angegangen werden, wenn folgende "Resonanzen"[22] erzeugt werden können: Die Friedensfrage wird, bereitgestellt durch eine entsprechende Umwelt, autopoietisch von einigen psychischen Systemen als vordringlich wichtig erlebt; diese haben das Bedürfnis, ihre Abgrenzung zu anderen psychischen Systemen (das heißt ihre egoistische Identitätsdefinition) zugunsten einer Einheit der Überzeugung zu überspringen (das heißt sie definieren sich nicht mehr egoistisch selbstreferentiell mit vielen anderen psychischen Systemen); sie schaffen durch diese Einheit mit anderen ein anderes Verhältnis zur Umwelt, andere Umwelten, letztendlich anderes Verhalten vieler einflußreicher gesellschaftlicher Gruppen bis hin zur Weltgesellschaft. Luhmann meint, das Überspringen einer solchen Selbstdefinition sei jedoch eher unwahrscheinlich.[23] Die Frage der Auswirkungen von Friedenserziehung auf die Weltgesellschaft ist damit dem Zufall überlassen. Es sollte allgemein möglichst viel für den Frieden getan werden; konkreter können die dafür vorgesehenen Funktionssysteme indirekt-strategisch angegangen werden; - aber ob sie Weltkonflikte bearbeiten, hängt von ihren funktional-selbstreferentiellen Interessen ab.

---

[21] Rest (1937).
[22] Luhmann (1986), 40 ff.
[23] A.a.O., 227 ff.

3. Die integrative Autonomie der Subjektivität in einer vernetzten Weltgesellschaft

Zuviel Menschliches wird in der zuletzt dargestellten Konzeption ausgeblendet und in die Abstraktion verflüchtigt, als daß die Pädagogik diese Wirklichkeitskonstrukte für wahr halten könnte. Ein vorzuschlagendes ökologisch ausgerichtetes Paradigma, die Vorstellung einer Vernetzung von Mensch-Gesellschaft-Natur, geht in die Richtung, der abstrakten Systemeinheit "Subjekt" mehr Subjektivität zu verleihen. Eine dynamisch-systemische Friedenspädagogik steigert ihre Wirksamkeit, indem sie viel mehr an Lebensfülle, Geschichtlichkeit, Naturhaftigkeit, Vernunft (auch des Herzens) miteinander "vernetzt". Aber so sehr die Pädagogik sich gegen den beschriebenen soziologistischen Funktionalismus sträubt, so dringend muß sie an dem Gedanken der Auflösung des Substanz-Menschen und der für selbstverständlich gehaltenen anthropologischen Hierarchien festhalten zugunsten einer relationalen Komplexität[24].

a) Der Mensch als Subjekt ist nicht substantielles Sein, sondern relationales Werden[25]. Das systemisch-ökologische Subjekt ist die Zusammenfassung der gesamten in ihm enthaltenen physischen, kommunikativen/gesellschaftlichen/zivilisatorischen und mentalen Evolutionsgeschichte, in vielfältiger Vernetzung mit ihrer Umwelt.[26] Im Versuch einer Schematisierung läßt sich dieser Subjekt-Verbund folgendermaßen darstellen:

---

[24] Hamelin (1925), Cassirer (1910).
[25] Heitkämper (1971).
[26] Für die physische Evolutionsgeschichte sei auf Erich Jantsch (1979), und Frederic Vesters Biokybernetik (1984) verwiesen, für die Zivilisationsgeschichte beispielhaft auf Norbert Elias (1978), aber auch die Verhaltensforschung und Anthropologien, für die mentale historische Evolution auf Jean Gebser (1949 ff.), für das systemisch-ökologische Paradigma speziell in der Pädagogik auf Rolf Huschke-Rhein (1986 und 1987), Volker Buddrus (1987), Peter Heitkämper (1986).

ELEMENTE DES SYSTEMISCHEN SUBJEKTS

Geschichte	physisch (Evolution) Überleben	gesellschaftlich (Kommunikation) Interessen	mental (Bewußtsein) Rationalität	handelnd im Umweltbund
Körper	Selbstorganisation	Körpersprache	archaisch	
Seele$_1$ Seele$_2$	Instinkt Motivation	Symbolsprache Sprache$_1$	magisch mythisch	Parallelisierungen
Geist$_1$	Information	Sprache$_2$	mental	Strategien
Geist$_2$ Geist$_n$ ↓	Bio-Energetik	mehrwertige Sprache	transrational/ spirituell	integratives Handeln

Zwei Bemerkungen sind für die Neufassung des subjektiven Subjektbegriffs wichtig:
1. Das ökologisch aufzufassende Subjekt ist die Kybernetik dieser in uns arbeitenden geschichtlichen Wirklichkeiten. Bei jeder Handlung wird die vielfältige Rückkoppelung des Ziels ("Solls") mit dem "Ist-Zustand", mit der Steuerung/Kontrolle und mit der Ausführung neu gemischt. Alle im Schema aufgezeigten Akzentuierungen sind möglich.
2. Es dürfte deutlich sein, daß das Subjekt nicht allein als ein Punkt des Denkens und Handelns und in diesem Sinne als "Identität" gesehen werden kann, sondern daß es ein ökologischer, systemischer, kybernetischer Zusammenhang ist.

b) Für pädagogisch-politisches Handeln, Friedenshandeln, ist in der hier geforderten realistischen Komplexität (statt Reduktion auf substantielle Einlinigkeit) eine geeignete Aktionstheorie zu entwerfen. Ein parallelistischer und strategischer Determinismus von Evolution ist abzulehnen: gerade um die Natur-Notwendigkeit zusammen mit "Zufall" zu sehen, um die Wahrscheinlichkeit der geschichtlichen Entwicklung in Wechselwirkung mit der Freiheit menschlichen Handelns zu relativieren und um die Rationalität als Rationalität von Irrationalität und die Irrationalität von Rationalität zu begreifen, darf Handeln nicht eindimensional der Illusion unterliegen, die in den vorangegangenen Beispielen herausgearbeitet wurde: 1. es gibt keinen Determinismus oder eine "prästabilierte Harmonie" (Leibniz), auf die das Subjekt vertrauen könnte, nämlich daß sein Handeln *parallel* auf anderen Ebenen ohne weiteres sichtbare Folgen haben werde, und 2. es gibt keine *Strategie*, sei sie noch so rational, noch so wissenschaftlich ausgeklügelt, womit das subjektive Handeln den gewünschten Erfolg erzielte.

Friedenserzieherisches Handeln vertraut bisher auf beides: auf parallele Resonanzen, ungewollte Nebenwirkungen, und auf den Einsatz strategischer Überzeugungsarbeit. Aber parallele, "niedrig strukturierte"[27] Resonanzen auf mehreren (Natur-, Gesellschafts-, Bewußtseins-) Ebenen bedürfen der rationalen Durcharbeitung, und auch "höher strukturierter" strategischer Instrumentalisierung fehlt noch die spirituelle Kraft des integrativen Handelns, der conscientização (siehe Schema). Diese Bewußtseinswerdung (Reflexion und Aktion) verbindet nicht nur beide Elemente, sie vernetzt auch alle anderen Elemente des systemisch aufgefaßten Subjekts. Ebenso können umgekehrt aus jeder mehrwertigen Vernetzung Elemente herausgelöst und zweiwertig akzentuiert, differenzierter strukturiert werden.

Mit dem Begriff "Vernetzung" ist schon angedeutet, daß eine überschaubare Darstellung der im Schema angedeuteten Zuordnungen sich Vorstellungen der Kybernetik bedienen sollte. Die einzelnen zu verbindenden Elemente von Natur/Evolution, Gesellschaft/Kommunikation und ratio/Spiritualität werden in der kybernetischen Sichtweise verbunden. Sie kristallisiert heraus, welche Akzente im Vordergrund einer Handlung standen und welche weniger gewichtet und welche korrigiert werden müssen.

Jede (friedens)erzieherische Handlung kann im natürlichen, sozialen und mentalen Bereich begründet sein. Im Sinne eines kybernetischen Regelkreises ist zu prüfen, welcher Sollwert (Führungsgröße oder Zielvorgabe) im Vergleich zum Istwert (dem bisherigen Zustand, den sozialen Erfahrungen etwa) vorliegt, ob die Steuerung (Motivationen, Naturbasis) oder Störungen zur Außenwelt/Umwelt der Anlaß zu Handlungen waren. Die pädagogische Handlung versucht mit allen diesen Elementen rückzukoppeln und die zu regelnden Größen auszubalancieren. Verwiesen sei hier exemplarisch auf die lernbiologische Didaktik Frederic Vesters[28]. Das Aus-

---

[27] Huschke-Rhein (1987), 31.
[28] Vester (1975).

tarieren wird durch die Regeln der Biokybernetik[29], die Regeln sozialer Ökologie[30] und die Regeln der Ökosophie[31] erleichtert. So sind zum Beispiel die friedensfördernden Regeln der Energieminimierung (bei der eigenen Motivation einsetzen), Symbiose (Natur), kritische Solidarität, Partizipation (Sozialität), Gewaltfreiheit (Spiritualität) dialektisch mit den Gegenpolen Survival for the fittest, Interessendurchsetzung und strategischem, instrumentellem Denken zu vermitteln.

c) Ist nun ein systemisch aufgefaßtes Subjekt eher als anders handelnde Subjekte in der Lage, Weltkonflikte in der Weltgesellschaft zu bearbeiten? Zunächst einmal ist es in sich hinreichend komplex, hochdifferenziert genug und ganzheitlich strukturiert, um kritische Aufklärung, soziale Kompetenz und Sinnlichkeit/Engagement einsetzen zu können. Das bedeutet keineswegs, daß in allen Situationen immer alle Elemente vollständig aktiviert werden müssen: es ist aber erforderlich, daß alle systemisch bedeutsamen Variablen einer Situation präsent sind und zur Geltung kommen, insbesondere auch die vielfach vernachlässigten intuitiven subjektiven Elemente.[32] Die Einbeziehung der natürlichen Grundlagen zum Beispiel ermöglicht dem sonst abstrakt-objektiv-transzendental zu denkenden Subjekt eine Subjektivität (wie dies im Anfang dieser Ausführungen schon angedeutet worden ist).

Die Frage, ob ein solches systemisch zu denkendes Subjekt Einfluß auf die Weltkonflikte gewinnen kann, ist so strategisch gestellt, daß sie im Rahmen der Pädagogik wegen deren begrenzten Möglichkeiten mit Vorbehalten versehen werden muß. Es gibt unzweifelhaft eine bedeutende langsame gesellschaftspolitische Auswirkung, wenn Subjekte es gelernt haben, mit Hilfe dieser kybernetischen Rückkopplung auf die wichtigsten Elemente von Subjektivität ihr Leben freier und selbstbestimmter als bisher zu leben[33]. Dies ist gegenüber alten Konzepten ein Fortschritt, weil ein solches systemisches Subjekt in der Lage ist, Widerstand gegen strukturelle Gewalt zu methodisieren, ohne in eine den Menschen instrumentalisierende Strategie zu verfallen, die nämlich die Transformation des Selbst wieder zunichte machen würde.

---

[29] Vester (1984), 81 ff.
[30] Bossel (1978).
[31] Kern/Wittig (1982).
[32] Huschke-Rhein (1986).
[33] Heitkämper (1986).

Aber die Grundfrage bleibt: Wer gebietet den Weltkonflikten Einhalt, wer kann sie bewältigen? Die Erziehung kann mit der modernsten Subjekt-Theorie arbeiten - sie ist dazu verpflichtet, diese auf die moderne Weltgesellschaft hin stets neu zu denken - und das Subjekt kann in praxi sein Leben noch so vollgültig als Subjektivität leben: Der Einfluß auf das Makro-System bleibt begrenzt; er ist eine vielfältig vernetzte Leistung verschiedener Interessenselemente, zu der die Pädagogik ihren wichtigen, aber nicht ausschlaggebenden Basisbeitrag erarbeiten muß.

Literaturangaben

Bauriedl, Thea, Die Wiederkehr des Verdrängten. Psychoanalyse, Politik und der Einzelne, München 1986.

Bossel, Hartmut, Bürgerinitiativen entwerfen die Zukunft, Frankfurt a.M. 1978.

Buddrus, Volker u.a. (Hg.), Die Zukunft pädagogisch gestalten?, Bielefeld 1987.

Capra, Fritjof, Wendezeit, Wien 1984.

Cassirer, Ernst, Substanzbegriff und Funktionsbegriff, Berlin 1910.

Ebeling, Hans, Das Subjekt im Dasein. Versuch über das bewußte Sein, in: Konrad Cramer/Hans Friedrich Fulda/Rolf-Peter Horstmann/Ulrich Pothast (Hg.), Theorie der Subjektivität und Selbsterhaltung, Frankfurt a.M. 1987, 76 ff.

Elias, Norbert, Über den Prozeß der Zivilisation, 2 Bde., Frankfurt a.M. 1978.

Freire, Paulo, Pädagogik der Unterdrückten, Stuttgart 1970.

Gebser, Jean, Ursprung und Gegenwart, Stuttgart 1949.

Guzzoni, Ute, Selbsterhaltung und Anderssein. Ein Beitrag zur Kritischen Theorie, in: Hans Ebeling (Hg.), Subjektivität und Selbsterhaltung, Frankfurt a.M. 1976, 314 ff.

Hamelin, Octave, Essai sur les éléments principaux de la représentation, Paris 1925.

Heitkämper, Peter, Bildung als transformierende Politik, in: ders./Rolf Huschke-Rhein (Hg.), Allgemeinbildung im Atomzeitalter, Weinheim 1986, 28 ff.

ders., Der Personalitätsbegriff bei Octave Hamelin, Meisenheim 1971.

Hess, R., La pédagogie institutionnelle aujourd'hui, Paris 1975.

Huschke-Rhein, Rolf, Systempädagogische Wissenschaftslehre als Bildungslehre im Atomzeitalter, 2 Bde., Köln 1987.

Jantsch, Erich, Vom Urknall zum menschlichen Geist, München 1979.

Jonas, Hans, Das Prinzip Verantwortung, Frankfurt a.M. 1979.

Kern, Peter/Wittig, Hans-Georg, Pädagogik im Atomzeitalter. Wege zu innovativem Leben angesichts der Ökokrise, Freiburg 1982.

Koroljow, F.F./Gmurman, W. J., Allgemeine Grundlagen der marxistischen Pädagogik, Pullach 1973.

Lapassade, Georges, Socianalyse et potentiel humain, Paris 1975.

Lobrot, Michel, La pédagogie institutionnelle, l'école vers l'autogestion, Paris 1966.

Luhmann, Niklas, Ökologische Kommunikation. Kann die moderne Gesellschaft sich auf ökologische Gefährdungen einstellen?, Opladen 1986.

Oelkers, Jürgen, System, Subjekt und Erziehung, in: Jürgen Oelkers/Heinz-Elmar Tenorth (Hg.), Pädagogik, Erziehungswissenschaft und Systemtheorie, Weinheim 1987, 175 ff.

Popper, Karl/Eccles, John, Das Ich und sein Gehirn, München 1977.

Rest, Walter, Indirekte Mitteilung als bildendes Verfahren, dargestellt am Leben und Werk Sören Kierkegaard's, Emsdetten 1937.

ders., Prolegomena und Sentenzen zu einer jeden künftigen Pädagogik, Ratingen 1971.

Schütz, Klaus, Mobilmachung für das Überleben als Aufgabe von Friedensforschung, Friedenspädagogik und Friedensbewegung, Waldkirch 1981.

Vester, Frederic, Neuland des Denkens. Vom technokratischen zum kybernetischen Zeitalter, Stuttgart 1980/1984.

Weigand, Gabriele, Erziehung trotz Institutionen? Die pédagogie institutionnelle in Frankreich, Würzburg 1983.

Renate Mulzer

SOZIALPSYCHOLOGISCHE ANSÄTZE AUS FRIEDENSPÄDAGOGISCHER SICHT - EIN KOMMENTAR

1. Gegenstand meiner Thesen.
Friedenspädagogik - so wie ich sie verstehe - will dazu beitragen, daß die gesellschaftliche Entwicklung sich in Richtung Frieden bewegt. Die Frage ist dann: Inwieweit und in welcher Weise unterstützt die Sozialpsychologie die Friedenspädagogik in diesen Bemühungen? Enger auf das Tagungsthema bezogen und als Resümee aus friedenspädagogischer Sicht würde die Frage lauten: Was ist der Beitrag der Sozialpsychologie zur Erhellung der Konflikte in der Weltgesellschaft und zu ihrer Bewältigung - und in welcher Beziehung steht das zum möglichen oder notwendigen adäquaten Umgang der Friedenspädagogik mit diesen Konflikten?

2. Vorab erscheint es mir jedoch notwendig, meine Perspektive etwas näher zu erläutern: Daß sie "friedenspädagogisch" ist, sagt ja erst mal wenig, da es doch sehr unterschiedliche Ansätze von Friedenspädagogik gibt, wie sich hier auf der Tagung gezeigt hat. Der philosophische Ansatz ist nicht der meine. Mir geht es um Vermittlung, diese aber nicht beschränkt auf Schule und Kinder. Für mich ist Friedenspädagogik das Bemühen, Menschen zu befähigen, Frieden zu schaffen. Das wiederum ist eine Aufgabe politischen Handelns, deshalb hat Friedenspädagogik viel mit politischer Bildung zu tun - allerdings nicht im Sinne von Institutionenkunde, auch nicht im Sinne von folgenlosen Appellen zur Teilhabe an der Demokratie, sondern als Befähigung zum politischen Handeln, zum Sich-Einmischen in die Politik von unten. Dieser friedenspädagogische Ansatz möchte die Einsicht vermitteln, daß es notwendig ist, das öffentliche Leben mitzugestalten, er möchte Wege dazu aufzeigen, und er möchte Mut und Bereitschaft dazu schaffen.

3. Um das zu bewerkstelligen, versteht es sich von selbst, daß die Friedenspädagogik ein handlungsorientiertes Verstehen der Menschen, das heißt der

unterschiedlichen Zielgruppen in dieser Gesellschaft braucht. Das scheint mir der wesentliche Anknüpfungspunkt zwischen Friedenspädagogik und Sozialpsychologie zu sein. Gemeinsam dürften Sozialpsychologie und Friedenspädagogik das Interesse am Subjekt in seinen sozialen Bezügen haben. Der Wunsch, aus dem Verstehen der Subjekte möge handlungsorientierendes Wissen resultieren, mag eher das Anliegen der Friedenspädagogik sein.

Oder anders ausgedrückt: Die Friedenspädagogik möchte nicht nur verstehen, wie Menschen - oder besser gesagt: Gruppen von Menschen in unserer Gesellschaft denken, fühlen und handeln und warum das so ist. Sie will auch wissen, wie und unter welchen Bedingungen sich dieses Denken, Fühlen und Handeln ändert.

4. Friedenspädagogik und Sozialpsychologie haben also teilweise gleiche Fragestellungen. Zum Teil jedoch sind die Fragestellungen anders akzentuiert, oder die Friedenspädagogik fragt ganz quengelig weiter. Ich will das an ein paar wenigen Beispielen aus der Tagung skizzieren.

- Im Beitrag von Helmut König haben wir unter dem Stichwort "Zeitdiagnose" gehört, daß wir in einer Risikogesellschaft leben und daß diesen Risiken niemand entkommen kann. Unsere Sinne können jedoch die objektiven Gefahren nicht wahrnehmen, und die traditionellen und institutionellen Formen der Angst- und Unsicherheitsbewältigung haben an Kraft verloren. Was bedeutet das nun - in den Kontext von Friedenspädagogik gestellt?

Ziel ist, die Risiken zu ändern, sie zu minimieren - und zwar dadurch, daß die von den Risiken betroffenen Bürger Möglichkeiten von politischem Handeln sehen, wahrnehmen wollen und können. Nur: einem erheblichen Teil der Bürger sind diese Risiken als solche gar nicht bewußt. Ein extremes Beispiel dafür ist jener Münchner Bürger, der - den Hinweisen auf eine "Ausstellung zur Sicherheitspolitik" folgend - in unserer Ausstellung "Schreck laß nach" landete und baß erstaunt war, nichts über Sicherheitsschlösser oder ähnliches vorzufinden. Als Jugendliche, ebenfalls im Zusammenhang mit dieser Ausstellung, Passanten befragten, ob sie sich sicher fühlen, ging kaum eine/r der Befragten auf globale Bedrohungen ein. Die meisten oder viele Befragte gaben an, sich sicher zu fühlen, weil sie ausreichend viele Versicherungen abgeschlossen haben.

Der Hinweis auf fehlende Möglichkeiten der sinnlichen Wahrnehmung der Gefahren und das Wegfallen von Möglichkeiten der Angstbewältigung trägt sicher zum Verstehen dieses Phänomens bei. Aber wie kann uns dieses Verstehen Anregung und Hilfe für die pädagogische Praxis sein? Als Friedenspädagogen möchten wir wissen: Wie läßt sich trotzdem oder deshalb ein Bewußtsein über die Risiken schaffen? Und wie sind die Bedingungen dafür zu schaffen, daß diese Bewußtheit über die Gefährdung aushaltbar und bearbeitbar ist, das heißt, daß sie eben nicht zum "Treibhaus für Regression" wird?

- Ein weiteres Beispiel aus dem Beitrag von Helmut König: Als Antwort auf die Frage, wie auf der Basis von Betroffenheit dauerhafte politische Arbeit möglich und denkbar ist, wurde Becks Beschwörung von "Erfahrungsgemeinsamkeiten des organischen Lebens" zitiert. Auch das wirft sofort eine Reihe von Fragen auf, die ebenfalls mit Alltagsbewußtsein zu tun haben: Warum und wie haben manche Leute mittlerweile gelernt, so eine Erfahrungsgemeinschaft zu spüren - und zu versuchen, ihre Lebenspraxis daran auszurichten? Und weiter: Was ist oder was wäre, wenn es die von Beck postulierte "Solidarität der lebenden Dinge" gäbe? Bewirkt das lediglich individuelles umweltfreundlicheres Verhalten oder eröffnet das Perspektiven für einen kollektiv anderen Umgang mit Natur in dem Sinne, daß an die Stelle von Nutzbarmachen und Beherrschen Respekt, Achtung und Schonung treten?

- Und noch ein Beispiel: Frau Girgensohn hat kurz die Skript-Theorie referiert: Unsere Handlungen werden von impliziten Theorien geleitet. Sie stellte zur Diskussion, ob diese impliziten Theorien bei politischen Entscheidungsträgern besonders rigide sind, weil sie sich ständig unter Handlungsdruck fühlen.

Ich frage mich: Ist es nicht auch eine implizite Theorie, daß in erster Linie das Handeln von Politikern als für Friedensfragen relevant erachtet wird? Welcher Stellenwert wird denn zum Beispiel dem Handeln von Friedensgruppen beigemessen?

Die Skript-Theorie könnte auch interessante Beiträge zum Verständnis des Handelns von in Friedensgruppen engagierten Menschen liefern. Bisher wird landläufig davon ausgegangen, das Handeln dieser Menschen sei vor allem von Gefühlen oder gar nur von Furcht und Angst geleitet. Ich halte das für eine unbewiesene Unterstellung und fände es aufschlußreich, folgenden Fragen nachzugehen: Haben in politischen Basisgruppen engagierte Menschen nicht ihre impliziten Theorien darüber, wie Politik funktioniert? Wenn ja, welche Rolle spielen solche impliziten Theorien und woher kommen sie? Gibt es Bezüge zu politikwissenschaftlichen Theorien, zum Beispiel über den Einfluß von Basisbewegungen?

Diese letztgenannten Fragen freilich gehen über die sozialpsychologische Perspektive hinaus - aber das liegt in der Natur von Friedenspädagogik, der es letztendlich um ihren Beitrag zur Durchsetzung politischer Ziele geht. Friedenspädagogische Arbeit möchte aufbauen auf Erkenntnissen der Sozialpsychologie ebenso wie auf relevanten Ergebnissen anderer "Disziplinen" der Friedensforschung. Viele der im friedenspädagogischen Zusammenhang entstandenen Fragen jedoch sind noch nicht befriedigend beantwortet.

Birgit Volmerg

FRIEDENSPÄDAGOGISCHE ANSÄTZE AUS SOZIALPSYCHOLOGISCHER
SICHT - EIN KOMMENTAR

Meine Aufgabe in diesem Forum verstehe ich darin, die friedenspädagogischen Beiträge dieser Tagung auf ihren Antwortgehalt zum Problem der risikoträchtigen globalen Interdependenzen zu reflektieren. Eingeschränkt ist meine sozialpsychologische Sicht dabei auf zweierlei Weise: zum einen durch die fachspezifische Blickrichtung selbst, zum anderen durch den auf dieser Tagung repräsentierten Ausschnitt, der sicher nicht das gesamte Feld friedenspädagogischer Antworten abgesteckt hat.

Bevor ich auf die Beiträge im einzelnen eingehe, möchte ich mich auf die friedenspädagogischen Implikationen des Tagungsthemas selbst beziehen, die sich im Begriff der "Weltgesellschaft" verdichten. Wie sich in den Beiträgen und Diskussionen herausstellte, ist der Begriff der "Weltgesellschaft" äußert schillernd. Das hat nicht nur mit den verschiedenen Blickrichtungen der Disziplinen zu tun, sondern mit der Vielschichtigkeit dieses Begriffes selbst. Er impliziert eine sachlich-analytische Aussage und einen normativen Gehalt. Über beides wurde gestritten, ohne sich jeweils über den Diskurstyp im klaren zu sein, also darüber, ob Sachaussagen beziehungsweise normative Aussagen verhandelt wurden. So entstand Verwirrung. Auf der sachlichen wie auf der normativen Ebene scheint die im Begriff der "Weltgesellschaft" angesprochene globale Problemlage zu einer globalisierenden Darstellung zu verführen. Dies betrifft nicht nur die friedenspädagogischen Beiträge auf dieser Tagung, sondern auch die der anderen Disziplinen.

Für die Reflexion der pädagogischen Implikationen des Begriffs "Weltgesellschaft" ist primär der normative Gehalt bedeutsam. Die Entwicklung von Ethiken des Überlebens (hier ist besonders der Philosoph Hans Jonas zu nennen) baut auf das Motiv der Furcht, um Menschen zu kollektivem und individuellem verantwortlichen Handeln zu bewegen. "Weltgesellschaft" bezöge ihre normative Kraft und ihren moralischen Imperativ hier aus einer *Notgemeinschaft der Betroffenen*. Aus einer sozial-psychologischen Perspektive muß allerdings gefragt werden, ob Furcht und

Angst die Kräfte sein können, die eine konstruktive Lösung der Weltprobleme zu befördern vermögen. Unser psychologisches Wissen um die Dynamik von Abwehr und Verdrängung läßt Zweifel an der Tragfähigkeit solcher Empfindungen für verantwortliches Handeln aufkommen.

Hier stellt sich die Frage, an welche "Adresse" im Menschen ethische Forderungen und pädagogische Bemühungen überhaupt sinnvoll gerichtet werden können? Wodurch wird Handeln angesichts der Überlebensprobleme am ehesten in Gang gesetzt: durch intellektuelle Einsicht, durch den Appell an die Moral, durch das persönliche Interesse oder durch Solidarität? Fest steht, daß manifeste pädagogische Ziele stets in eine Form-Inhalt-Dialektik eingebunden sind, die gute Ziele und wahre Intentionen zunichte machen können, ja in ihr Gegenteil verkehren können. Besonders in einer durch Institutionen vermittelten Pädagogik kann die Asymmetrie zwischen Lehrenden und Lernenden manifesten emanzipatorischen Zielen widersprechen. Das *Unbehagen* an der Pädagogik, das man besonders als Erwachsener hat, begründet sich aus jenen nicht reflektierten infantilisierenden Vermittlungsformen. Beide friedenspädagogische Beiträge dieser Tagung, der Beitrag von Herrn Köpcke-Duttler und der Beitrag von Herrn Heitkämper, versuchen auf dieses Form-Inhalt-Problem in der Pädagogik eine Antwort zu geben.

Allerdings haben sich beide Referenten vorrangig mit philosophischen Fragestellungen und Konzepten für eine Friedenspädagogik befaßt; weniger haben sie konkrete Vermittlungsschritte diskutiert, wie "Weltprobleme" in der pädagogischen Arbeit behandelt werden können. Deutlich wurde das jeweils umfassende Selbstverständnis der Friedenspädagogik, in der Elemente der verschiedensten Wissenschaften verarbeitet werden. Aber auch das Feld pädagogischen Handeln scheint umfassend. Folgen wir Herrn Köpcke-Duttler, so ist das friedenspädagogische Handeln nicht nur generations- und institutionenübergreifend zu verstehen, sondern auch kulturen- und religionsübergreifend. Auf die Globalität der Problemlagen antwortet seine Friedenspädagogik mit einem ökumenischen und ökologischen Bildungskonzept. Herr Köpcke-Duttler führte aus, was auf der Subjektseite, auf der Objektseite und was methodisch angestrebt werden sollte. Es geht um die Bewahrung der Eigenrechte bedrohter Kulturen und der Natur, um die Solidarität mit Unterprivilegierten; es geht um Kritik, Abbau und Befreiung (illegitimer) Herrschaft durch eine Erziehung zum Ungehorsam. Subjektive Haltungen, um sich solchen Zielen zu nähern, liegen, nach Köpcke-Duttler, in der Energie der

Gelassenheit, in der Selbsttranszendierung und Selbstvertiefung, im Wissen um die Gewalt in uns und in der ethischen und religiösen Fundierung. Am konkreten Ort der Sozialarbeit, aber auch in einem Weltengespräch (wobei sicher interessant gewesen wäre, hier konkretere Vorstellungen zu diskutieren) werden Chancen für die Verwirklichung ökumenischer und ökologischer Bildungsziele gesehen.

Einen anderen pädagogischen Zugang präsentierte Peter Heitkämper. Durch Einbeziehung der Erkenntnisse der biologischen Evolutionstheorie, der Neurophysiologie, der kybernetischen Systemtheorie stellte Herr Heitkämper den Ansatz der *systemischen Pädagogik* vor. Kybernetische Modelle im Zusammenhang mit der Evolutionstheorie finden auch in anderen Wissenschaften ihren Niederschlag, und sie werden auch im Alltag zunehmend Folie für ein "ganzheitliches" Welt- und Selbstverständnis. Allerdings fordert der Rückgriff auf biologische Modelle zur Erklärung gesellschaftlicher Phänomene, das heißt von Menschen produzierter Wirklichkeiten, zur Kritik heraus.

Aus der Sicht der historischen Friedensforschung hat Karl Holl in seinem Beitrag auf die Legitimationsfunktion biologischer Evolutionstheorien, wie den Sozialdarwinismus verwiesen. Das historische Beispiel der Legitimierung imperialistischer Strategien und Unmenschlichkeit sollte uns auf die möglichen Funktionen heutiger Evolutionstheorien für Herrschaftszusammenhänge aufmerksam machen. Die Theorie selbststeuernder Kreisläufe und dissipativer Strukturen läßt die Vorstellung autonomen Handelns und eines Subjekts in der Geschichte als illusorisch erscheinen. Aus dem Blick gerät dadurch, daß gesellschaftliche Verhältnisse von Menschen produzierte Verhältnisse sind. Das Verschwinden des Subjekts aus der Geschichte wird auf dem Hintergrund von Evolutionstheorie und kybernetischen Modellen nicht kritisiert, statt dessen wird der Anspruch auf individuelle Autonomie als dem Systemcharakter nicht angemessen zurückgewiesen und für illusorisch erklärt.

Eine solche Verkehrung läßt vermuten, daß *diese* Antwort auf die "Risikogesellschaft" selbst ein Versuch ist, mit den Angst und Unsicherheit erzeugenden globalen Problemlagen subjektiv zurechtzukommen. Die angstabwehrende Funktion solcher Modelle für die Lebenspraxis läßt sich an einer zunehmenden Bedeutsamkeit magischer und mythischer Konzepte der Verbundenheit mit Welt und Natur ablesen. Es scheint mir hier eine psychische Logik am Werk, die ich in eine Formel kleiden möchte, wie man sie zuweilen auch im Umgang von Kindern mit Versagungen erleben kann: Was ich nicht mehr bekommen kann, will ich schon gar nicht erst gehabt haben. Auf diese Weise werden Selbstgewißheit und Autonomie durch eine willentliche Entscheidung *gegen* subjektive Ansprüche wieder hergestellt.

Für mich wurden Spuren dieses Mechanismus auch in der von Herrn Heitkämper vorgestellten systemischen Pädagogik deutlich. Im Modell der systemischen Pädagogik werden Menschen nicht als Individuen, sondern als Verhältnis im Systemzusammenhang aufgefaßt. Infolgedessen sind sie den Systemeigenschaften und ihrer Dynamik unterworfen und müssen den illusionären Anspruch aufgeben, autonome Ziele verfolgen zu können. Veränderungen geschehen daher nicht über zielgerichtetes Handeln, sondern vielmehr über "Resonanzen" (analog der "kritischen Masse" in der Physik). Sinn ist dementsprechend nichts, was intentional und durch sprachliche Verständigung hergestellt wird. Sinn ist systemisch, nicht subjektiv.

Schlußfolgerungen für die pädagogische Praxis liegen vor allen Dingen in der Ablehnung einer zielorientierten pädagogischen Einflußnahme. Kinder sind "autopoetische Systeme", denen man zur "Sinnaktivierung" entsprechende Umwelten pädagogisch bereitstellen muß. Ohne Einbettung in lernbiologische, magische und mythische Zusammenhänge - so Heitkämper - versagt die Pädagogik. Mich persönlich hat besonders die Inhumanität des Sprachgebrauchs erschreckt, die doch eine Theorie ganzheitlicher Zusammenhänge begründen soll. Wenn der Systemgedanke in der Sprache die Worte *Subjekt* und *Individuum* verdrängt, dann frage ich mich, welche Wirkungen für die Pädagogik ein unserem Selbstverständnis als Individuum fernes Modell haben mag.

Mir scheint hier vor allem die auch in den Diskussionsbeiträgen dieser Tagung betonte Eigentümlichkeit menschlichen Erlebens und Handelns zu kurz zu kommen. Diese Eigentümlichkeit ist zu berücksichtigen, wenn wir beanspruchen, daß der ethische Gehalt des Begriffs "Weltgesellschaft" durch Menschen verwirklichbar sein soll. Für Menschen ist die Welt nur in sinnlich erfahrbaren Raum-Zeit-Zusammenhängen erlebbar. Wir sind in Kleingruppen, in der Familie sozialisiert und bleiben in unserem psychischen und sozialen Leben auf durch menschliche Beziehungen vermittelte Kontexte angewiesen. Unsere kognitive wie emotionale Ausstattung setzt unserem Vorstellungsvermögen Grenzen. "Weltgesellschaft" kann daher für uns nur über entsprechende Vermittlungsschritte eine sinnlich-konkrete

Realität werden. Solche Vermittlungsschritte zu entwickeln, gehört meines Erachtens mit zu den Aufgaben der Friedenspädagogik.

In der Diskussion wurde immer wieder darauf hingewiesen, daß die globale Tendenz zur Vergesellschaftung lokale und regionale Gegentendenzen hervorruft. Die Tendenz zur "Weltgesellschaft" scheint die Dialektik von Besonderem und Allgemeinem nicht aufzuheben. In diesen Gegenbewegungen sehe ich daher nicht eine Fluchttendenz, wie das in der Diskussion angemerkt wurde, sondern einen konstruktiven Ansatz, den Zentralisierungs-, Nivellierungs- und Entsinnlichungstendenzen Eigensinn, Vielfalt und Autonomie entgegenzusetzen. In Bezug auf das menschliche Handeln und auf die einzelne Person gilt es, die Differenz zwischen Individualität und Funktionalität im Bewußtsein zu behalten und durch konkrete Praxis zu stärken.

Die Tagung hat viele Fragen aufgeworfen, und häufig fühlte ich mich versucht, die einzelnen Referenten und Referentinnen nach ihrer persönlichen Einschätzung von Veränderungsmöglichkeiten und Lösungswegen zu fragen. Ich möchte daher zum Abschluß auch diese Frage an mich selbst stellen, welchen Weg ich in der Friedenspädagogik für erfolgversprechend halte. Angesichts der risikoträchtigen globalen Interdependenzen kam mir der bekannte Slogan in den Sinn: ***Denke global, handle lokal***. Dieser Slogan beinhaltet ein pädagogisches Modell, das für mich mit den Namen von Oskar Negt und Paulo Freire verbunden ist. Das exemplarische Lernen und die Pädagogik der Unterdrückten scheinen mir Wege zu eröffnen, sinnliche Erfahrungsbezüge, subjektive Bedürfnisse und objektive Herrschaftszusammenhänge angemessen zu vermitteln. Solche Vermittlung wäre allerdings nicht am traditionellen Konzept der Aufklärung orientiert, sondern an dem Konzept der Partizipation und Gestaltung der eigenen Lebens- und Arbeitswelt. Hier hätte auch institutionenkritisches Lernen seinen Ort für diejenigen, die in Institutionen sogenannten Rollen- und Sachzwängen unterworfen sind und für diejenigen, die gar nicht erst über Institutionen eine soziale Identität erwerben können, weil sie ausgegrenzt, marginalisiert und entrechtet sind. Für Ivan Illich ist Deinstitutionalisierung ein erster Schritt der Wiederaneignung verwalteter Lebensformen. Für unseren eigenen AFK-Arbeitskreis möchte ich mir eine weitere Empfehlung von Illich zueigen machen, die das Expertentum betrifft. Wiederaneignung und Rückführung der kognitiven Wissensbestände in den gemeinsam

Diskurs könnten erreicht werden, wenn wir uns in und vermittels der Kooperation ein Stück weit entdisziplinieren.

Verzeichnis der Autorinnen und Autoren

Hanne-Margret Birckenbach-Wellmann, Dr., wissenschaftliche Referentin am Institut für Friedensforschung und Sicherheitspolitik an der Universität Hamburg

Manfred Efinger, M.A., wissenschaftlicher Angestellter am Institut für Politikwissenschaft der Universität Tübingen, Arbeitsgruppe Friedensforschung

Heinz Gärtner, Dr. wissenschaftlicher Referent am Österreichischen Institut für Internationale Politik, Laxenburg/Österreich

Bettina Girgensohn-Marchand, Dr., Professorin am Institut für Pädagogische Psychologie der Universität Göttingen

Peter Heitkämper, Dr., Professor am Institut für Theorie der Schule und der Bildungsorganisation der Universität Münster

Karl Holl, Dr., Professor für Geschichte mit dem Schwerpunkt Deutsche Zeitgeschichte und Deutsche Parteiengeschichte an der Universität Bremen

Otto Kimminich, Dr., Professor für Öffentliches Recht, insbesondere Völkerrecht, Staatsrecht und Politik an der Universität Regensburg

Helmut König, Dr., Sozialwissenschaftler, Berlin

Arnold Köpcke-Duttler, Dr., Habilitation an der Universität-GHS-Kassel, Rechtsanwalt und Dipl. Päd., Kist b. Würzburg

Martin List, Dipl.Pol., wissenschaftlicher Angestellter am Institut für Politikwissenschaft der Universität Tübingen, Arbeitsgruppe Friedensforschung

Bernhard Moltmann, Dr., wissenschaftlicher Referent an der Forschungsstätte der Evangelischen Studiengemeinschaft, Heidelberg

Renate Mulzer-Grasse, M.A., Mitarbeiterin der Arbeitsgemeinschaft Friedenspädagogik München

Dieter Riesenberger, Dr., Professor für Neueste Geschichte und Didaktik der Geschichte an der Universität-GHS-Paderborn

Volker Rittberger, PhD., Professor für Politikwissenschaft an der Universität Tübingen und Leiter des Arbeitsbereiches Außenpolitik und Internationale Beziehungen / Friedens- und Konfliktforschung

Christiane Rix, Dr., Studienleiterin der Neuen Gesellschaft - Vereinigung für politische Bildung Hamburg

Eva Senghaas-Knobloch, Dr., Privatdozentin für Friedens- und Konfliktforschung an der Universität Bremen

Kurt P. Tudyka, Dr. Professor für Politische Wissenschaft, insbesondere Internationale Beziehungen an der Katholischen Universität Nijmegen/Niederlande

Birgit Volmerg, Dr., Privatdozentin für Psychologie/Arbeitspsychologie an der Universität Bremen

Hermann Weber, Dr., wissenschaftlicher Referent am Institut für Internationale Angelegenheiten der Universität Hamburg

Wolfram Wette, Dr., Historiker am Militärgeschichtlichen Forschungsamt, Freiburg/Brsg.

Klaus Dieter Wolf, Dr., wissenschaftlicher Mitarbeiter am Institut für Politikwissenschaft der Universität Stuttgart

Michael Zürn, M.A., wissenschaftlicher Angestellter am Institut für Politikwissenschaft der Universität Tübingen, Arbeitsgruppe Friedensforschung

Die Arbeitsgemeinschaft für Friedens- und Konfliktforschung e.V. (AFK)

Die Arbeitsgemeinschaft für Friedens- und Konfliktforschung (AFK) wurde 1968 als wissenschaftliche Vereinigung der Friedensforscherinnen und Friedensforscher in der Bundesrepublik Deutschland gegründet. Es ist das Anliegen der AFK, zur wissenschaftlichen Beschäftigung und zum handlungsrelevanten Verständnis der Bedingungen von Frieden beizutragen. In diesem Zusammenhang bemüht sich die Vereinigung um die Zusammenarbeit verschiedener wissenschaftlicher Disziplinen und versteht sich als ein Forum des Austausches der verschiedenen Fachrichtungen untereinander sowie der Friedensforschung mit Politik und Gesellschaft.

Dieser Aufgabe dienen vor allem die von der AFK veranstalteten wissenschaftlichen Kolloquien und die daraus folgenden Publikationen in einer eigenen Schriftenreihe. Außerdem beteiligt sich die AFK an der Herausgeberschaft der Zeitschriften "Friedensanalysen" (gemeinsam mit der Hesssischen Stiftung Friedens- und Konfliktforschung Frankfurt und der Berghof Stiftung für Konfliktforschung), die unter der Redaktion von Reiner Steinweg und Christian Wellmann im Suhrkamp Verlag erscheinen, und an der "Militärpolitik.Dokumentation" im Verlag Haag und Herchen, Frankfurt (Redaktionsleitung: Peter Lock). Innerhalb der AFK oder mit ihr verbunden arbeiten Studiengruppen zu Fragen der historische Friedensforschung, der psychologische Friedensforschung, der Friedenserziehung und zu Problemen der Rüstungsexporte.

Zu der AFK gehören derzeit etwa 200 Personen aller Disziplinen, vor allem der Humanwissenschaften. Außerdem hat die AFK etwa 20 korporative Mitglieder, in erster Linie inner- und außeruniversitäre Forschungseinrichtungen.

Die Geschäftsadresse der AFK lautet zur Zeit:
Arbeitsgemeinschaft für Friedens- und Konfliktforschung e.V..c/o Professor Dr. Klaus Jürgen Gantzel, Institut für Politische Wissenschaft, Allende Platz 1, D-2000 Hamburg 13, Tel.: 040/4123-3105.

Publikationen der Schriftenreihe der AFK:

Band I: Bedrohungsvorstellungen als Faktor der internationalen Politik, Bertelsmann Universitätsverlag, Düsseldorf 1971.

Band II: Friedensforschung und politische Praxis, Bertelsmann Universitätsverlag, Düsseldorf 1972.

Band III: Perspektiven der Kooperation zwischen kapitalistischen und sozialistischen Ländern, Bertelsmann Universitätsverlag, Düsseldorf 1975.

Band IV: Friedensforschung und Entwicklungspolitik, Bertelsmann Universitätsverlag, Düsseldorf 1975.

Band V: Rüstung und Militär in der Bundesrepublik Deutschland, Westdeutscher Verlag, Opladen 1977.

Band VI: Konflikte in der Arbeitswelt, Waldkircher Verlags-Gesellschaft, Waldkirch 1977.

Band VII: EG unterwegs zur Europäischen Union - Neue Friedensordnung oder konventionelle Supermacht? Waldkircher Verlagsgesellschaft, Waldkirch 1978.

Band VIII: Christiane Rajewsky (Hg.), Rüstung und Krieg. Zur Vermittlung von Friedensforschung, Verlag Haag + Herchen, Frankfurt a.M. 1983.

Band IX: Harald Müller/Detlef Puhl (Hg.), Ressourcenpolitik. Konfliktpotentiale und Kooperationschancen bei der westlichen Rohstoffsicherung, Verlag Haag + Herchen, Frankfurt a.M. 1984.

Band X: Hanne-Margret Birckenbach (Hg.), Friedensforschung, Kirche und kirchliche Friedensbewegungen, Verlag Haag + Herchen, Frankfurt a.M. 1983.

Band XI: Lothar Brock/Berthold Meyer (Hg.), Die Zukunft der Sicherheit in Europa, Nomos Verlag, Baden-Baden 1984.

Band XII: Klaus Jürgen Gantzel (Hg.), Krieg in der Dritten Welt, Nomos Verlag, Baden-Baden 1988.

Band XIII: Klaus Horn, Gewalt-Aggression-Krieg. Studien zu einer psychoanalytisch orientierten Sozialpsychologie des Friedens, Nomos Verlag, Baden-Baden 1988.

Band XIV: Christiane Rix (Hg.), Ost-West-Konflikt - Wissen wir, wovon wir sprechen? Nomos Verlag, Baden-Baden 1987.

Band XV: Bernhard Moltmann (Hg.), Perspektiven der Friedensforschung, Nomos Verlag, Baden-Baden 1988.

Bernhard Moltmann (Hrsg.)
Perspektiven der Friedensforschung

Seit über zwanzig Jahren wird in der Bundesrepublik Deutschland Friedensforschung betrieben. Trotz politischer und wissenschaftlicher Kontroversen haben sich die von ihr vorgetragenen Fragestellungen und Ansätze behauptet. Ebenso wie in der Vergangenheit zeigt sich gegenwärtig und für die absehbare Zukunft ein inhaltlicher Bedarf, sich wissenschaftlich mit dem Frieden und seinen Bedingungen zu beschäftigen. Mit der Publikation unter dem Titel »Perspektiven der Friedensforschung« soll eine Diskussion darüber aufgenommen werden, ob die Friedensforschung die richtigen Fragen in angemessener Weise behandelt. Welchen Problemen sieht sie sich gegenüber? An welchen Stellen greift sie Kontroversen auf, an welchen Stellen umgeht sie diese? Welche Schlußfolgerungen ergeben sich daraus für den Entwurf einer Agenda zukünftiger Forschung? Dieses Buch gibt einen Überblick über den gegenwärtigen Stand der Diskussion in der Friedensforschung und Anregungen zu deren Fortführung.

1988, 230 S., brosch., 37,– DM, ISBN 3-7890-1705-1
(Schriftenreihe der Arbeitsgemeinschaft für Friedens- und Konfliktforschung e.V. (AFK), Band XV)

 NOMOS VERLAGSGESELLSCHAFT
Postfach 610 · 7570 Baden-Baden

Christiane Rix (Hrsg.)
Ost-West-Konflikt - Wissen wir, wovon wir sprechen?

Der Band, der aus dem XIV. Colloquium der Arbeitsgemeinschaft für Friedens- und Konfliktforschung hervorgegangen ist, gibt unterschiedliche Ansätze zur Erklärung, Interpretation und Perspektive des Ost-West-Konflikts wieder.
Ist der Ost-West-Konflikt wirklich ein Systemkonflikt oder handelt es sich nicht vielmehr um einen traditionellen Machtkampf zwischen Großmächten, wie es ihn schon seit eh und je gibt? Handelt es sich bei den gegensätzlichen Gesellschaftsordnungen nicht um ein und dasselbe Zivilisationsmodell? - Wie weit beruht der Ost-West-Konflikt auf realen Erfahrungen, auf der Wahrnehmung tatsächlicher Gegensätze? Handelt es sich bei ihm um Projektionen eigener Widersprüche, Defizite, Ängste vor einem Feind? Oder beruht er gar auf manipuliertem Bewußtsein? Wie ist der Ost-West-Konflikt in Europa zu überwinden? Wie sind die gegenwärtigen Entwicklungen in Ost- und Westeuropa einzuschätzen? Bieten sich neue Perspektiven zur Überwindung der Blockkonfrontation? Der vorliegende Band gibt nicht auf alle diese Fragen Antworten. Es ist der Versuch, einen Teil der Debatte in der Friedensforschung über ihre theoretischen Grundlagen und handlungsrelevanten Ansprüche zu dokumentieren, ihre Erklärungsansätze zur Diskussion zu stellen und damit einen Beitrag zur interdisziplinären Auseinandersetzung in der Wissenschaft und aktuellen Diskussion in der Politik zum Thema Ost-West-Konflikt zu leisten.

1987, 286 S., brosch., 34,- DM, ISBN 3-7890-1528-8
(Schriftenr. der Arbeitsgemeinschaft für Friedens- und Konfliktforschung e.V. (AFK), Band XIV)

 NOMOS VERLAGSGESELLSCHAFT
Postfach 610 · 7570 Baden-Baden

Klaus Horn
Gewalt-Aggression-Krieg
Studien zu einer psychoanalytisch orientierten Sozialpsychologie des Friedens

Wie kommt es, daß sich Menschen objektiv aggressiv gegenüber ihren Mitmenschen verhalten, insbesondere im Extremfall Krieg, ohne daß sie damit notwendigerweise persönlich gerichtete feindselige Gefühle verbinden? Und umgekehrt: Was sind das für Gefühlslagen, die sogar ein kritisches friedenspolitisches Handeln manchmal so ungeschickt machen, daß es dem bewußten Ziel zuwiderläuft? Der Band versammelt zehn Studien aus einer zwanzigjährigen Schaffensperiode des Autors, in denen er sich mit herkömmlichen Ansätzen der Aggressions- und Kriegsursachenforschung auseinandersetzt und an je zeitgenössischem Material einen eigenen psychoanalytisch orientierten Ansatz zu einer Sozialpsychologie des Friedens entfaltet. Ob am Beispiel autoritätsgebundenen Gehorsamkeitsverhaltens, rechtsextremistischer Weltdeutungen oder der Selbstdarstellung eines wegen Kriegsverbrechen verurteilten Soldaten, – immer geht es dem Autor um die Frage, wie Aggression und Gewalt durch uneingelöste, im gesellschaftlichen Alltag nicht anerkannter persönliche Bedürfnisse und Wünsche produziert werden aber auch, wie sie durch psychologische Selbstaufklärung und durch politische Lernprozesse überwunden werden können.

1988, 299 S., brosch., 39,- *DM*, ISBN 3-7890-1538-5
(Schriftenreihe der Arbeitsgemeinschaft f. Friedens- und Konfliktforschung, Bd. 13)

 NOMOS VERLAGSGESELLSCHAFT
Postfach 610 · 7570 Baden-Baden

Klaus Jürgen Gantzel (Hrsg.)
Krieg in der Dritten Welt
Theoretische und methodische Probleme der
Kriegsursachenforschung – Fallstudien

Dieser Band, hervorgegangen aus einem wissenschaftlichen Kolloquium der AFK, enthält im 1. Teil eine ausführliche Einführung des Herausgebers in die Tendenzen kriegerischer Konfliktaustragung in der Welt der Gegenwart und in einige zentrale Forschungsfragen über Kriegsursachen; eine Abhandlung von E. Krippendorff über Staat als Kriegsursache; Thesen von U. Albrecht über kriegsursächliche militärische Faktoren; eine geschichtswissenschaftliche Problematisierung vergleichender Kriegsursachenforschung von H.-W. Jung; grundlegende Fragen und Anregungen von K. Horn zur sozialpsychologischen Kriegsursachenforschung; schließlich einen umfassenden Literaturbericht zum Stand der Forschung von M. Mendler und W. Schwegler-Rohmeis. Im 2. Teil werden exemplarisch untersucht der Krieg in El Salvador (U. Niebling), im Tschad (R. Meyer), in Palästina (D. Diner), zwischen Irak und Iran (M. Massarat), in Afghanistan (F. Halliday) und in Vietnam (A. Buro). Der Band schließt mit einer eindringlichen Predigt für Kriegsursachenforscher von E. Valtink.

Der Herausgeber ist Professor für Politische Wissenschaft (Internationale Politik, Friedens- und Konfliktforschung) an der Universität Hamburg und Leiter des dortigen "Forschungszentrums Kriege, Rüstung und Entwicklung" im Institut für Politische Wissenschaft. Seit 1983 ist er Vorsitzender der AFK, der wissenschaftlichen Vereinigung der Friedens- und Konfliktforscher/innen in der Bundesrepublik.

1988, 508 S., brosch., 48,- DM, ISBN 3-7890-1569-5
(Schriftenreihe der Arbeitsgemeinschaft f. Friedens- und Konfliktforschung, Bd. 12)

 NOMOS VERLAGSGESELLSCHAFT
Postfach 610 · 7570 Baden-Baden